DIE GROSSEN WELTRELIGIONEN

FRIEDEMANN BEDÜRFTIG

DIE GROSSEN
WELTRELIGIONEN

FRIEDEMANN BEDÜRFTIG

Hinweise

Die heiligen Schriften des Judentums sind weitgehend identisch mit den Texten des Testaments, das die Christen das Alte nennen, weil für sie Jesu Verkündigung das Neue bildet, das die Juden aber nicht anerkennen. Zitate dürfen wegen der gleichen Grundlage daher der Ausgabe »Die ganze Heilige Schrift« nach der Übersetzung Martin Luthers in der revidierten Fassung von 1984 folgen. Die wenigen Talmud-Zitate orientieren sich an der Auswahlausgabe des Jerusalemer Talmuds von Hans-Jürgen Becker, die 1995 im Reclam-Verlag erschienen ist.

Altes und Neues Testament sind die schriftliche Grundlage der christlichen Lehre. In diesem Buch werden die Texte zitiert nach der Ausgabe »Die Bibel nach der Übersetzung Martin Luthers« auf der Grundlage der zuletzt 1984 revidierten Fassung, herausgegeben von der Deutschen Bibelgesellschaft Stuttgart.

Wenn nicht anders vermerkt, wird der Koran in diesem Buch nach der Übersetzung von Max Henning aus dem Jahr 1888 zitiert, in durchgesehener und verbesserter Auflage beim Verlag Reclam seit 1991 lieferbar.

Die heiligen Schriften des Hinduismus sind in der Literatur-Sprache Sanskrit verfasst. Hinduistische Begriffe erscheinen daher hier ebenfalls in der Sanskrit-Form, wenn nicht anderes vermerkt ist. Da Gesamtausgaben für Nicht-Wissenschaftler viel zu umfangreich sind, seien zur Lektüre als Beispiel für die frühesten Texte die sorgfältig kommentierten »Gedichte aus dem Rigveda« (Reclam 1964) in der Übersetzung von Paul Thieme empfohlen. Als spätere literarische Quelle beeindruckt besonders »Die Bhagavadgita« (dtv 1997), der »Gesang des Erhabenen«, in der Übersetzung von Klaus Mylius. Dieser hat auch eine sehr gute Auswahl »Älteste indische Dichtung und Prosa« herausgegeben (Edition Erata 2002).

Sofern nicht anders ausgewiesen, handelt es sich bei längeren Zitaten der buddhistischen Schriften um solche aus dem Tipitaka (Sanskrit: Tipitaka = Dreikorb) oder Pali-Kanon, der ältesten Sammlung von Lehrreden Buddhas. Eine vorzügliche Auswahl bietet das 500 Seiten starke Buch von Klaus Mylius »Die vier edlen Wahrheiten – Texte des ursprünglichen Buddhismus«. Originalbegriffe sind in der Volkssprache Pali wiedergegeben, Ausnahmen sind die Wörter »Karma« und »Nirvana«, die sich in der Sanskritform bei uns eingebürgert haben, und solche, bei denen dies ausdrücklich vermerkt ist.

© Fackelträger Verlag GmbH, Köln
Gesamtherstellung: Fackelträger Verlag GmbH, Köln
Alle Rechte vorbehalten
ISBN 3-7716-4328-7

Inhalt

JUDENTUM — 6

- Frühzeit 8
- Blütezeit und Exil 12
- Der zweite Tempel 16
- Eingottlehre und Erwählung 22
- Die heiligen Schriften 30
- Die religiöse Praxis 36
- Sephardim und Aschkenasim 42
- Emanzipation und Zionismus 50
- Antisemitismus und Holocaust 55
- Modernes Israel 62

CHRISTENTUM — 68

- Zeitenwende 70
- Der Nazarener 74
- Der Neue Bund 82
- Urchristentum 86
- Staatsreligion 95
- Papsttum 101
- Mönche, Theologen 112
- Reformation 116
- Ökumene 126

ISLAM — 130

- Vorislamischer Naher Osten 132
- Mohammed 139
- Der Koran 149
- Die Ausbreitung des Islam 154
- Politischer Verfall 161
- Das Osmanische Reich 168
- Die »fünf Säulen« 174
- Islamisches Recht 182
- Die islamische Welt heute 187

HINDUISMUS — 192

- Frühes Indien 194
- Veda/Veden 198
- Upanishaden, Epen 206
- Bhagavadgita, Puranas 212
- Vaishnavismus 219
- Shaivismus 225
- Neuere Entwicklungen 231
- Kult und Alltag 239

BUDDHISMUS — 254

- Vorbuddhistisches Indien 256
- Siddharta Gautama 261
- Die vier edlen Wahrheiten 269
- Die heiligen Schriften 283
- Hinajana, Mahajana, Vadjrajana 286
- Der Buddhismus in China 295
- Entfaltung in Korea und Japan 300
- Das restliche Südostasien 308
- Buddhismus heute 314

REGISTER — 318

Judentum

Das Judentum als älteste monotheistische Religion, Mutter von Christentum wie Islam, kennzeichnet die These von der göttlichen Erwähltheit des jüdischen Volkes, ausgedrückt im Bund des Stammvaters Abraham mit *Jahwe* (Gott) und der Übergabe der Gesetzestafeln am Berge Sinai an das Gottesvolk Israel. Diese Erwählung wurde von den Juden als Auftrag gegenüber der ganzen Welt begriffen, vertrug sich aber oft nicht mit dem Selbstwertgefühl anderer Völker und führte letztlich zum Antisemitismus, dem Judenhass. Er entfaltete sich nach der Vertreibung der Juden aus Palästina seit der römischen (1./2. Jahrhundert) und später der islamischen Eroberung (7./8. Jahrhundert), die das Judentum als Volkseinheit zerstörte und eine Zerstreuung *(Diaspora)* in alle Welt zur Folge hatte.

Der gemeinsame Glaube und Ritus schützte die verstreuten Gemeinden unter ihren geistlichen Führern, den Rabbinern, vor dem Verlust der religiösen Identität. Sie beruht nicht nur auf dem mit dem Christentum gemeinsamen Alten Testament und den Gesetzen, der *Tora*, sondern auch auf dem *Talmud*. Er ist die Zusammenfassung der jüdischen Jahwe-Religion in Gestalt einer Jerusalemer (5. Jahrhundert) und einer babylonischen Version (7. Jahrhundert), die beide bereits die Lehre aus der Verfolgung zogen: Strikte Einhaltung der Gesetze, Vermeidung der Vermischung, Abschließung von allem Fremden. Die Gesetze bestimmen das Leben der Gläubigen bis in die täglichen Verrichtungen: regelmäßige Gebete, vorschriftsmäßige Kopfbedeckung, Beschneidung der Knaben, Sabbatheiligung (Verbot des Reisens, Rauchens, Schreibens), Genuss nur koscherer Speisen, Einhaltung bestimmter Feste.

Im Judentum gab es zwei religiöse Hauptrichtungen: die streng dem Talmud folgende und die *Kabbala*, aus der sich der *Chassidismus* mit seiner volksnahen Frömmigkeit entwickelte. Diese Richtungen haben jedoch den Wesenskern des Judentums nicht gespalten, das die Jahrtausende einheitlich überdauerte, gleichgültig ob es über viele Generationen im arabisch-spanischen Bereich *(Sephardim)* oder im osteuropäischen Raum *(Ashkenasim)*, in Übersee oder in Afrika beheimatet war. Auch aus der dafür erforderlichen Nichtanpassung speiste sich der Judenhass, der umgekehrt zum Zusammenhalt der Juden und zum Überleben des Judentums trotz der Verfolgungen zu allen Zeiten und in aller Welt beitrug.

In tödliche Gefahr aber geriet es mit Aufkommen des »wissenschaftlichen« Antisemitismus im 19./20. Jahrhundert, der eine »jüdische Rasse« entdeckt zu haben glaubte, die »von Grund auf fremdartig und verdorben« sei. Lange wollten viele Juden die Bedrohung nicht sehen. Dementsprechend fand der jüdische Publizist Theodor Herzl (1860–1904) zunächst mit seinem Konzept des *Zionismus*, der »Heimkehr« nach Israel, wenig Resonanz. Erst die nationalsozialistische Judenverfolgung, der ein Drittel des europäischen Judentums zum Opfer fiel, zerstörte alle Hoffnungen auf eine Anpassung (Assimilation) und führte zur Wiederversammlung der Juden im »gelobten Land« der Väter, in Palästina.

Ansicht der Stadt Jerusalem auf einem kolorierten Holzschnitt aus dem Jahre 1493

Gegenüberliegende Seite:
Tora-Rolle

Frühzeit

Die Wurzeln aller Völker verlieren sich in mythischen Vorzeiten und werden meist mit Schöpfungsberichten über Welt- und Menschwerdung generell verwoben. Das ist im Falle Israels ähnlich und doch ein wenig anders. Zwar berichtet das erste der fünf Bücher Mose, des so genannten *Pentateuchs*, Grundlage des jüdischen Glaubens und Teil unseres Alten Testaments, ebenfalls von der Erschaffung der Welt und des Menschen, doch direkt auf das Volk Israel beziehen sich erst spätere Passagen darin, in denen vom Urvater *(Patriarchen)* Abraham die Rede ist.

Das weist darauf hin, dass sich die Juden zwischen den uralten Kulturen von Sumer im mesopotamischen Zweistromland und Ägypten als relativ junges Volk begriffen, hervorgegangen aus der Familie eines Mannes, der mit den Seinen aus dem großmächtigen Ur in Chaldäa auswanderte, als dieses Reich bereits zu verfallen begann. Heute ist von der einst mehr als zehntausend Einwohner zählenden Stadt nur noch der Ruinenhügel Tell Mukajir erhalten. Archäologen haben ihn sehr genau untersucht und viele Zeugnisse einer hochstehenden Kultur gefunden.

Es muss aber keineswegs ein bestimmter Abraham aus Chaldäa nach Norden gezogen sein, es kann und wird sich sicher um die Wanderungen von mehreren Geschlechtern über Jahrzehnte, wenn nicht Jahrhunderte hinweg gehandelt haben. Irgendwann in der ersten Hälfte des zweiten vorchristlichen Jahrtausends – Urs letzte Blütezeit lag um 2000 v. Chr. – führten sie Abraham und die Seinen über Babylon ins Reich Mari am Oberlauf des Euphrat, von dort noch weiter nördlich nach Haran und dann in weitem Bogen über Aleppo und Damaskus nach Süden ins heutige Palästina zwischen Totem Meer und Mittelmeer. Das war sicherlich nicht von Anfang an so geplant, sondern eher Ergebnis der nomadisierenden Lebensweise, bei der die Ergiebigkeit der Weidegründe für das Vieh ausschlaggebend war. Sonst hätten sich Abrahams Nachfahren nicht ausgerechnet hier angesiedelt, wo sich die Machtlinien der großen Reiche von Ägyptern im Süden, Hethitern im Norden, Assyrern im Nordosten und Babyloniern im Osten schnitten und es unweigerlich immer wieder zu Kollisionen kommen musste. Sie bestimmten letztlich auch das künftige Schicksal der Neuankömmlinge bis hin zur Vertreibung der Juden durch die Römer zweitausend Jahre nach Abrahams Wanderung.

Die nomadisierende Lebensform endete zunächst auch immer nur für kurze Zeit, ein erstes Mal im genannten, von den Kanaanitern bewohnten Landstrich, wo die Abrahamiten Fremdlinge blieben. Ein Nach-

Die drei Engel verheißen Abraham, dass seine Frau Sara ihm einen männlichen Nachkommen schenken wird. Jüdische Buchmalerei aus dem 18. Jahrhundert.

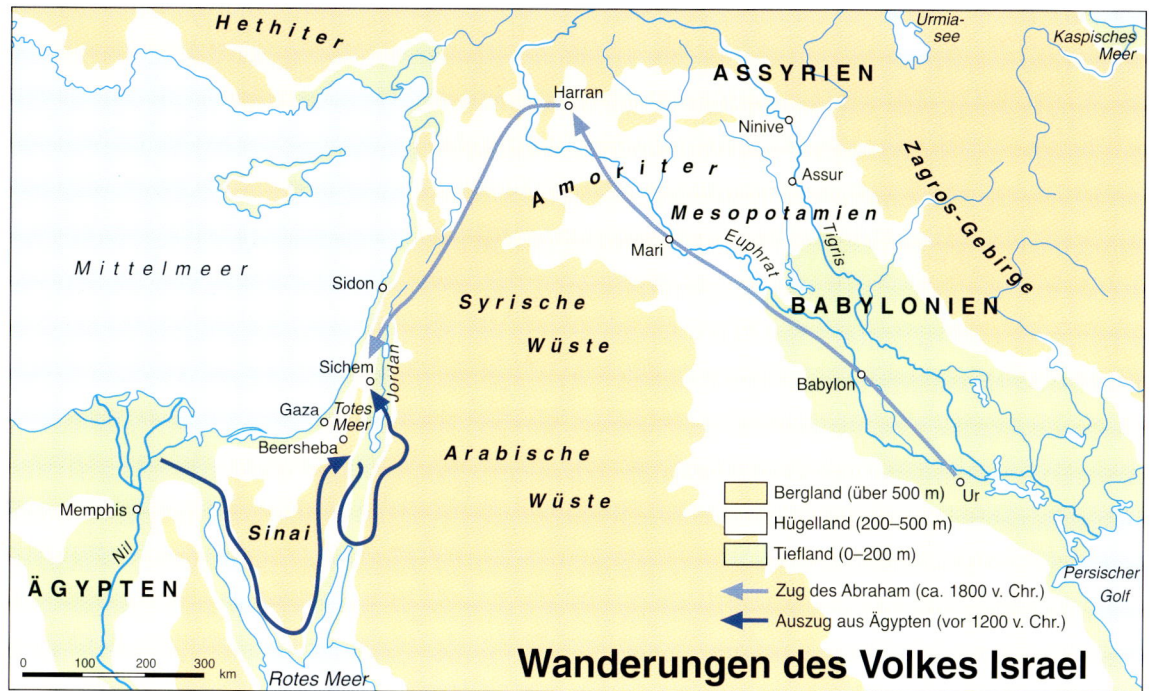

komme des Patriarchen, in der Bibel ist es der Sohn Isaak, ließ sich in Beerscheba nieder. Dessen Sohn Jakob jedoch, der sich den Beinamen *Israel* (»er streitet mit Gott«) erwarb, nahm das Nomadenleben wieder auf, zog zurück zu einem Onkel nach Haran, von wo er wohlhabend und kinderreich wieder nach Palästina zurückkehrte.

EXODUS

Nach biblischem Zeugnis verkauften elf seiner Söhne Joseph, den Zweitjüngsten, nach Ägypten in die Sklaverei, wo dieser aber zu erheblicher Bedeutung am Hofe des Pharao kam. Er wurde zur Rettung, als in Palästina die große Not ausbrach, sodass der inzwischen uralte und über den Verlust Josephs nie hinweggekommene Jakob mit seiner Sippe ebenfalls nach Ägypten zog, wo er Aufnahme durch den endlich wiedergeschenkten Sohn fand. Über die Begegnung heißt es:

»Und Jakob sandte Juda (seinen vierten Sohn) vor sich her zu Joseph, dass dieser ihm Gosen (im östlichen Nildelta) anweise. Als sie in das Land Gosen kamen, spannte Joseph seinen Wagen an und zog hinauf und seinem Vater Israel entgegen nach Gosen. Und als er ihn sah fiel er ihm um den Hals und weinte lange an seinem Halse. Da sprach Israel zu Joseph: Ich will nun gern sterben, nachdem ich dein Angesicht gesehen habe, dass du noch lebst.« (1. Mose 46, 28–30)

So geschah es, und Joseph und seine elf Brüder waren nun die Patriarchen je eigener Stämme, die in Ägypten zu einem großen Volk heranwuchsen. Da sie aber die Bräuche der Ägypter und vor allem nicht deren bunte Vielgötterwelt anzunehmen bereit waren, blieben sie ein Fremdkörper und sahen sich zunehmender Unterdrückung seitens der Mehrheitsbevölkerung ausgesetzt. Der Konflikt eskalierte derart, dass die »Kinder Israel«, wie sie sich nach Jakob nannten, den Entschluss fassten, in ihre Heimat zurückzukehren. Dort würden sie zwar erneut auf die Kanaaniter stoßen, doch das war eine spätere Sorge.

Zunächst einmal stellte sich die Frage, ob die Ägypter sie so einfach würden ziehen lassen, denn sie waren billige Arbeitskräfte und zudem geschickt in allerlei Techniken. Die Israeliten waren sich der Gefahr bewusst und machten sich heimlich auf den Weg. Ihr Verschwinden aber war bald bemerkt, und der Pharao sandte ihnen ein Heer nach. Es hätte die Flüchtigen sicher eingeholt, wenn nicht das Wunder der Teilung des Roten Meeres für den Durchzug geschehen wäre. Das Ostufer war erreicht, die Fluten schlossen sich wieder und ertränkten die ägyptischen Verfolger: Moses, der Anführer, verherrlichte Gottes Hilfe beim Auszug aus Ägypten *(Exodus)* in einem Lobgesang.

»Des Pharao Wagen und Macht warf er ins Meer, seine auserwählten Streiter versanken im Schilfmeer. Die Tiefe hat sie bedeckt, sie sanken auf den Grund wie die Steine.«
(2. Mose, 15, 3 und 4)

Wie sich der Exodus historisch abgespielt hat, darüber lassen sich nur Vermutungen anstellen. Kaum vorstellbar ist, dass der mit 600 000 Menschen angegebene Zug geschlossen aufbrach. Er werden wohl mehrere Auswanderungswellen gewesen sein, wodurch sich auch die laut Bibel vierzigjährige Dauer bis zur Landnahme in Kanaan erklären würde. Erst als das Volk, das inzwischen nomadisierend herumgezogen war, in ausreichender Zahl versammelt war, konnte der weitere Vormarsch gewagt werden.

In die lange Wanderzeit fiel auch das Schlüsseldrama am Berge Sinai, wo Moses von Gott die Tafeln des Gesetzes und die im *Pentateuch* festgehaltene Offenbarung erhielt. Es kam aber auch in dieser Zeit der Unsicherheit zu religiösen Konflikten, wie sie in der bekannten Geschichte vom Goldenen Kalb ihren Niederschlag gefunden haben. Sie findet sich sogar im Koran, allerdings in abgewandelter Form.

Die französische Buchmalerei, die um 1300 entstand, zeigt zwei im Alten Testament bedeutsame Szenen. Oben empfängt Moses die Gesetzestafeln, im unteren Teil wird die Anbetung des Goldenen Kalbes illustriert.

»Du kommst zu mir mit Schwert, Lanze und Spieß, ich aber komme zu dir im Namen des Herrn Zebaoth, des Gottes des Heeres Israel, den du verhöhnt hast. Heute wird dich der Herr in meine Hand geben, dass ich dich erschlage und dir den Kopf abhaue und gebe deinen Leichnam und die Leichname des Heeres der Philister heute den Vögeln unter dem Himmel und dem Wild auf der Erde, damit alle Welt innewerde, dass Israel einen Gott hat, und damit dieser ganzen Gemeinde innewerde, dass der Herr nicht durch Schwert oder Spieß hilft; denn der Krieg ist des Herrn und er wird euch in unsere Hände geben.« (Samuel 1, 17, 45–47)

DAS GELOBTE LAND

Zur Vermutung der langsamen, aber stetigen Durchdringung des Gebiets passt die zunächst dominierende politische Zersplitterung. Verstreut nach Stämmen siedelten die Israeliten östlich des Jordans oder durchstreiften das Land mit ihren Herden. Konflikte mit anderen Völkern, worüber die biblischen Texte voll sind, dürften häufig gewesen sein, denn es waren unruhige Zeiten. Die zweite indogermanische Wanderung hatte die so genannten Seevölker, darunter die Philister, in den vorderen Orient geführt, die sogar zu einer schweren Bedrohung für die Großmacht Ägypten wurden. Auch den Israeliten bereiteten sie manche Not, da sie sich an der Küste festsetzten und immer wieder Angriffe ins Landesinnere starteten. Dabei kam ihnen zunutze, das die israelitischen Stämme selten zu einer gemeinsamen Abwehr fanden, sondern sich einzeln zur Wehr setzten oder entsprechend schwache Gegenangriffe unternahmen.

Es war dies die Zeit der so genannten Richter, unter denen man sich wohl Stammeshäuptlinge vorzustellen hat. Einer der bedeutendsten und damit der letzte in der Reihe war Samuel, unter dessen Ägide es zum Höhe- und Wendepunkt in der Auseinandersetzung mit den Philistern kam, symbolisch geballt in der Geschichte von David und Goliath.

Das israelitische Heer erzitterte damals vor Furcht vor einem riesenhaften Philister namens Goliath. Er bot einen Zweikampf an, der über den Sieg der beiden Heere entscheiden sollte. Es wagte sich aber keiner der Israeliten an den hünenhaften Kämpfer. Da meldete sich ein junger Hirte namens David und erklärte, dass er den Riesen nicht fürchte. Man verlachte ihn, doch der Anführer Saul sagte sich, dass man durchaus einen Versuch wagen könne, und ließ David mit den üblichen Waffen und Panzern rüsten. Unter deren Gewicht aber brach der Junge schier zusammen, legte alles wieder ab, nahm seinen Hirtenstab sowie die Schleuder, mit der er wilde Tiere zu vertreiben pflegte, und fünf Kieselsteine als Munition. So näherte er sich Goliath, der vor Wut kochte, dass man ihm einen Knaben entgegenstellte. Er empfahl David zu verschwinden, andernfalls er sein Fleisch »den Tieren auf dem Felde« geben werde. David aber ließ sich nicht einschüchtern. Er hob seine Schleuder und traf den Riesen mit einem Kieselstein mitten gegen die Stirn, sodass Goliath umfiel wie ein gefällter Baum. David aber nahm wie angekündigt des Feindes Schwert und schlug ihm den Kopf ab. Die Philister flohen entsetzt, die Israeliten fassten endlich Mut, verfolgten sie und rieben das feindliche Heer völlig auf.

Mit dem Sieg konsolidierte sich eine neue Institution, die zur Zusammenfassung der Kräfte des ganzen Volkes wesentlich beitrug: das Königtum. Obwohl schon Samuel ein von allen Stämmen anerkannter Führer gewesen war, hatte er diese Rolle eher wegen seiner geistlichen Autorität und weniger als politische Instanz eingenommen. Diese erst konnte für stabile militärische und wirtschaftliche Ordnung sorgen.

Bronzeskulptur des David (mit dem Haupt Goliaths) von Andrea del Verrochio aus dem 15. Jahrhundert

Blütezeit und Exil

Saul, dem der kleine David zum Erfolg verholfen hatte, war der erste Monarch, der über die Stämme Israels herrschte. Er gehörte zum Stamm Benjamin, der das zentrale Gebiet westlich des Jordans mit Jerusalem zwischen den beiden anderen Stämmen Juda im Süden und Ephraim in Norden kontrollierte. Saul hatte zunächst eine glückliche Hand, denn es gelang ihm, die Philister auf Dauer in der Küstenebene zu isolieren und den Angriff der Ammoniter aus dem Nordosten bei Gilead, südlich von Damaskus, zurückzuschlagen. Auch andere herandringende Völkerschaften wie die Aramäer, Edomiter, Moabiter oder Amalekiter vermochte er in die Schranken zu weisen. Im Inneren des Reiches aber eskalierte der Konflikt mit Samuel, der Saul zum König gemacht hatte, nun aber erbost war, dass dieser sich mehrfach über Weisungen, die ihm Samuel im Namen Gottes übermittelt hatte, hinwegsetzte.

Sauls Tod stellte den inneren Frieden nicht wieder her. Erst als in der Nachfolgefrage David, der ursprünglich nur das Gebiet des Stammes Juda (daher der Begriff »Juden«) als Basis hatte, obsiegte, übernahm eine Dynastie die Herrschaft über alle Stämme der Israeliten, die auf Jahrhunderte das Schicksal des Landes zwischen Mittelmeer und Jordan bestimmte und auch über viele Epochen die umliegenden Gebiete unter Kontrolle hielt. David, König bis um das Jahr 965 v. Chr., gelang die Ausschaltung der letzten Enklaven der Kanaaniter, die Unterwerfung der Philister, die Ausdehnung des Gebietes nach Osten weit über den Jordan hinaus, nach Süden bis an den heutigen Golf von Akaba und nach Norden tief in die Syrische Wüste hinein. Er erhob Jerusalem durch Überführung der Bundeslade (Schrein der Offenbarung Gottes) dorthin zur Hauptstadt seines Reiches und machte den Berg Zion, auf dem sie lag und liegt, zum geistlichen Zentrum des Judentums.

Seine geistige und politische Macht resultierte aus der Aufstellung eines Söldnerheers und dem Aufbau eines effizienten Beamtenapparats ebenso wie aus der vorübergehenden Schwäche der anderen Großreiche in der Region.

DAS ZEITALTER SALOMOS

Politisch festigte Salomo, zweites Kind Davids und der Bathseba, die Königsherrschaft, in den ersten Jahren noch mit Hilfe Davids, der schon zu Lebzeiten in wachsendem Umfang Macht an seinen Sohn delegierte. Das war ein weiser Entschluss, denn es machten sich wie üblich trotz Davids Entscheidung zugunsten von Salomo auch andere der vielen Söhne, die der König mit anderen Frauen hatte, sowie einige hohe Militärs Hoffnung auf den Thron. Die Autorität des alten

»König David zwischen Sophia und Prophetia«, den Personifizierungen der göttlichen Weisheit und der Prophetie. Buchmalerei aus dem 10. Jahrhundert.

David aber brach den vielen Rebellionen und Intrigen gegen die Nachfolge Salomos die Spitze, zumal dieser sich als seinem Vater durchaus ebenbürtig erwies, was Härte anging. Einige seiner Rivalen ließ er kurzerhand hinrichten, andere verwies er des Landes und übernahm beim Tod Davids um 965 v. Chr. die politischen Zügel mit der selbstbewussten Entschlossenheit eines Mannes, der genau weiß, welche Projekte er angehen und welche Denkmäler er sich setzen will.

Als eines der haltbarsten Denkmäler der Weltgeschichte erwies sich der Tempel, den Salomo in Jerusalem an der Stelle eines Heiligtums der kanaanitischen Jebusiter errichten ließ und in dem die Bundeslade im Allerheiligsten Platz fand. Der Überlieferung fehlt allerdings die materielle Basis, denn von diesem Ersten Tempel ist so gut wie nichts geblieben; auch die Klagemauer als heutiger Versammlungsplatz der Juden stammt aus späterer Zeit. Dennoch gibt es wohl kaum ein anderes spirituelles Zentrum von solcher Bindekraft, wie sie, wenn schon nicht der ursprüngliche Tempelbau, so doch der Ort seiner Errichtung entwickelt hat.

Zur Verklärung Salomos haben aber auch ganz handfeste Leistungen beigetragen. Der König knüpfte schon früh enge Beziehungen zu den mächtigen und reichen Nachbarn, den Ägyptern und den Phönikiern. Aus dem Nilstaat holte sich Salomo eine Prinzessin zur Frau und verband sich so mit dem Pharao, was den Handel mit afrikanischen Produkten wie Elfenbein oder Preziosen in Schwung brachte. Mit König Hiram im phönikischen Tyrus im Nordwesten verabredete Salomo die Lieferung von Zedernholz und Experten für den israelischen Schiffbau. Dafür betrieb er die Versorgung des phönikischen Hofes und der Stadt Tyrus mit Nahrungsmitteln wie Wein, Öl oder Weizen. Bei diesem Austausch profitierte Salomo zudem von den weltweiten Verbindungen, die die Phöniker als bedeutendste Handelsnation dieser Zeit unterhielten. Ihre Kolonien reichten über Karthago bis nach Spanien und an die westafrikanische Küste.

Im Wesentlichen konnte Salomo den Bestand des David-Reichs trotz seiner ausgeprägt friedfertigen Poli-

»Bathseba im Bade« (von König David beobachtet); 2. Samuel 11, 2–3. Gemälde von Hans Memling, um 1482.

and en aussi de quan | nir deuant dit | Quand salomo
tes uertus et de quants | son fil: auoires iceluy enfant eut
biens il a este aucteur | prins le royaume de son pere. et fu
a ceulx de sa lignee. et | assis ou siege royal. tout le peuple
combien plain de grant aage il est | solemnnellment faueur. comme on
mort nous lauons declaire ou li | seult faire a ung roy au commence

tik halten, erst gegen Ende seiner Regierungszeit in den 920er-Jahren v. Chr. begann an der Peripherie eine gewisse Erosion des Machtgebildes. Im Inneren zeichnete sich zudem ab, dass nach dem Ende der alles überragenden Herrschergestalt die Einheit der Stämme Israels gefährdet sein würde. Der Glanz nämlich, den Salomo entfaltete, ließ die Steuerlast für die Bewohner des Reiches bedenklich anwachsen. Unzufriedenheit aber gehört zu den mächtigsten Kräften und fördert Bestrebungen, die auf mehr regionale Selbstständigkeit abzielen. Edom im Südosten probte den Aufstand, und nach Salomos Tod bildeten sich zwei Kernreiche: Nach dem Stamm Ephraim nannte sich das nördliche mit dem Zentralort Sichem, das südliche mit Jerusalem als Hauptstadt ist unter dem Namen Juda bekannt.

NIEDERGANG

Die Reichsteilung nach Salomos Tod hätte bei friedlichem Miteinander noch nicht unbedingt zum Verfall der Macht der Israeliten führen müssen. Schlimmer wirkte sich der Konflikt zwischen beiden Reichen aus, der zu Waffengängen führte und die unterworfenen Randvölker natürlich Morgenluft wittern ließ.

Im 8. Jahrhundert v. Chr. erwuchs den Völkern in der Region eine Bedrohung durch das aggressive Assyrische Reich. Sein Zentrum lag im nördlichen Zweistromland in Ninive, von wo aus die assyrischen Heere nun Richtung Kleinasien und Palästina vorstießen. Im Jahr 732 drängte König Tiglatpileser III. Israel auf eine Linie Jaffa-Megiddo-Jordan zurück und machte das Land tributpflichtig. Kaum zehn Jahre später eroberte Salamanassar V. ganz Israel, sein Nachfolger Sargon II. ließ die Bevölkerung Samarias und anderer Orte zur Zwangsarbeit nach Mesopotamien deportieren. In assyrischen Quellen ist von knapp 30 000 Sklaven die Rede. An ihrer Stelle siedelten die Assyrer Menschen aus anderen eroberten Gebieten an, um damit die Homogenität der unterworfenen Bevölkerung zu schwächen. Der weitere Vorstoß aber wollte nicht glücken, denn die Belagerung Jerusalems durch die Assyrer unter Sanherib im Jahr 701 v. Chr. blieb erfolglos; das südisraelitische Reich Juda hielt stand, ja es erholte sich nach dem Niedergang der assyrischen Macht bald unter König Josia (Regierungszeit 639–609 v. Chr.), der auch die inzwischen starken heidnischen Einflüsse im religiösen Bereich wieder tilgen konnte.

Doch dann sank auch Judas Stern, denn in Babylon war eine neue Großmacht unter Nebukadnezar II. (605–562 v. Chr.) herangewachsen, der die Assyrer beerbte und 597 v. Chr. Jerusalem eroberte. Er ließ zehntausend Juden nach Babylonien verschleppen, duldete aber weiter ein Königreich Juda. Erst als auch dieses rebellierte, wandte er sich erneut gegen Jerusalem, zerstörte nach zweijähriger Belagerung die Stadt und die Tempelanlage Salomos im Jahr 586 v. Chr. und verschleppte weitere Bewohner Judas. Nach eine dritten Deportationswelle vier Jahre später befand sich ein großer Teil der jüdischen Bevölkerung in der seitdem so genannten und in Klageliedern besungenen Babylonischen Gefangenschaft, die ein kollektives Trauma wurde, zugleich aber entscheidend zum Zusammenhalt der Juden beitrug. Sie durften erst nach dem Sieg der Perser unter Kyros II. über Babylon im Jahr 538 v. Chr. in die Heimat zurückkehren. Kyros wollte mit solcher Milde ein gutes Verhältnis zu den bisher von den Babyloniern unterdrückten Völkern herstellen und die eigene Macht festigen.

»Nebukadnezar belagert Jerusalem«. Aus einer lateinischen Bibelübersetzung des Hieronymus (Vulgata) mit Evangelium des Nikodemus. Buchmalerei, um 1390.

Gegenüberliegende Seite:
»Die Erbauung des Salomonischen Tempels in Jerusalem«. Illustration von Jean Fouquet zu Flavius Josephus »Les antiquités judaïques« (Antiquitatum Iudaicarum), 15. Jahrhundert.

Der zweite Tempel

Es wurde eine traurige Heimkehr für die rund 50 000 Juden, die ein verwüstetes Jerusalem vorfanden und alles andere als einig waren darüber, wie ihr neues Gemeinwesen aussehen sollte: religiös autonom, aber politisch abhängig von den Persern? Oder doch wieder ein eigener Staat, der bewusst den Konflikt mit den Persern in Kauf nähme? Ohne reguläres Militär, aller Befestigungen beraubt und weitgehend verarmt, war für die Juden nur eine gewisse Autonomie realistisch. Erst 516 begann man, von der persischen Erlaubnis Gebrauch zu machen und den Tempel wieder aufzubauen. Doch auch das hob die Stimmung nicht sonderlich. Sie war zudem belastet dadurch, dass fast die komplette Oberschicht im Exil gewesen war und bei der Wiederankunft ein auch spirituell desorientiertes Restvolk antraf. Die Zurückgebliebenen hatten sich in dem halben Jahrhundert mit der umwohnenden Bevölkerung und mit den Besatzern vermischt und allerlei heidnische Bräuche angenommen. Nur gut war, dass die Perser ihre religiöse Toleranz so ernst nahmen, dass sie auch für geistliche Führung der Heimkehrer und der verbliebenen Juden sorgten.

Der persische Großkönig Artaxerxes (Regierungszeit 464–424 v. Chr.) entsandte im Jahr 458 einen der führenden babylonischen Juden namens *Esra* (»Hilfe«) mit einer weiteren Auswandererkolonne nach Israel. Er hatte den Auftrag, »das Gesetz Gottes des Himmels«, die jüdische Eingottlehre, wiederherzustellen und den Kult im Tempel und im Alltag von den Fremdeinflüssen zu reinigen. Außerdem ordnete er die Annullierung aller Mischehen an, was wohl zu be-

Modell des wiederaufgebauten Tempels in Jerusalem zur Zeit Herodes' des Großen um 20 v. Chr.

sonders heftigen Konflikten Anlass gegeben hat. In Sorge um die religiöse Identität griff Esra allerdings zu diesem rücksichtslosen Mittel der »Reinigung«, denn der Glaube war und ist die Hauptklammer, durch die die »Kinder Israel« zusammengehalten wurden und werden. Daher führte Esra auch die öffentliche Lesung der Tora im Tempel ein, und man nimmt an, dass zu seiner Zeit die Redaktion der heiligen Schriften im Wesentlichen bereits abgeschlossen waren.

GEMEINDEN IN MEHREREN LÄNDERN

Die volle politische Freiheit aber kehrte nicht wieder, denn das persische Großreich war lange Zeit viel zu mächtig, und als es unterging, folgte sogleich eine neue Macht, der ebenso wenig an einem selbstständigen Judenstaat gelegen war. Und dann kamen schon bald die Römer, und sie sollten das Ende aller territorialen Hoffnungen bedeuten. Nach der Rückkehr der Exilierten nach Zion siedelten nicht alle Juden wieder im gelobten Land. Ein Teil, der es in Babylonien zu Wohlstand, Einfluss oder persönlichen Bindungen gebracht hatte, war dort geblieben, und zwar vornehmlich im Gebiet um Nippur. Manche von ihnen entschlossen sich wie Esra später zur Heimkehr, sodass mehrere Rückwanderungswellen anzunehmen sind. Andere, die nicht verschleppt worden waren, hatten in Juda ausgeharrt, waren aber nach und nach dem Druck der Babylonier gewichen, meist nach Ägypten. Daher gab es nun in Juda, im Zweistromland und am Nil jüdische Gemeinden, die alle auf das Zentrum Jerusalem ausgerichtet waren. Die jüdischen Propheten, wie viele religiöse Führer der Juden genannt wurden, berichten von der engen Verbindung. Und doch begann mit der ersten Zerstörung des Tempels bereits das, was die jüdische Geschichte fortan bis in unsere Tage prägen sollte: die Diaspora, die Zerstreuung in immer weiter vom religiösen Mittelpunkt entfernte Regionen und Länder.

Als das persische Großreich schließlich unter den Schlägen Alexanders des Großen zusammenbrach (333–330 v. Chr.), wurde auch Israel sogleich von den neuen griechisch-makedonischen Herren übernommen. Allerdings beschränkte sich deren Herrschaft auf das Recht zur Besteuerung und behördliche Kontrolle; in den jüdischen Kult mischten sich die Sieger nicht ein, sondern akzeptierten den Hohepriester als ihren Ansprechpartner in jüdischen Angelegenheiten. Zwar endete der Sternenlauf des Welteroberers Alexander schon 323 mit dem Tod des Frühvollendeten in Babylon, doch seine Nachfolger waren sich nach einigen Jahren der so genannten Diadochenkämpfe schließlich einig, wie das von der Ägäis bis an den Indus reichende Herrschaftsgebiet zu teilen war. Ägypten, das Alexander 332 erobert hatte, wurde von der Dynastie der Ptolemäer vereinnahmt, die im Jahr 301 v. Chr. auch die Kontrolle über die palästinensischen Regionen gewinnen konnten. Sie hielten es wie

Dieses römische Mosaik aus der Casa del Fauno in Pompeji zeigt Alexander den Großen während der Schlacht bei Issos gegen die Perser unter Darius III. im Jahre 333 v. Chr.

zuvor und ließen das Land der Juden religiös unbehelligt, nur ihre Kriege und Hofhaltung mussten natürlich auch die Juden mitfinanzieren; der Hohepriester bürgte für die festgesetzten Summen. Die waren nicht unerheblich, denn zwischen den Ptolemäern und den Seleukiden, ebenfalls eine Nachfolgedynastie im einstigen persischen Kernland und in Syrien, kam es zu mehreren Kriegen. Das Judenland lag dabei sozusagen an der Schnittstelle.

DIE MAKKABÄER

Als die Beamten des Antiochos IV. im Jahr 167 v. Chr. dazu übergingen, Religionstests durchzuführen, ging es mit der jüdischen Geduld zu Ende: Die Prüfer forderten von den Juden Opfer für die Götter des seleukidischen Kults, insbesondere für den Zeus von Olympia; auf Verweigerung stand die Todesstrafe. Man versprach sich von der »Bekehrung« einer besonderen Respektsperson eine Signalwirkung auf das gesamte jüdische Volk und wandte sich mit der Opferforderung daher gleich an Mattathias, einen Priester aus der Familie Hasmon (daher Dynastiebezeichnung Hasmonäer).

Büste des Antiochos III., makedonischer König des Seleukidenreiches. Im Konflikt mit den Römern verlor er 188 v. Chr. den Krieg in Kleinasien und musste dem Sieger ungeheure Kriegsentschädigungen zahlen. Wie üblich hielt sich der König an den anderen ihm untertanen Völkern schadlos. Sein Nachfolger Antiochos IV. schraubte die Steuern drastisch in die Höhe und konfiszierte zudem den Schatz des Jerusalemer Tempels. Als er außerdem von den Juden verlangte, ihre Religion aufzugeben, standen diese nur noch vor der Alternative: Selbstaufgabe oder bewaffneter Widerstand.

Er verweigerte sich dem Ansinnen, erschlug einen Juden, der sich zur Kollaboration mit den syrischen Beamten bereit gezeigt hatte, und einen der seleukidischen Soldaten. Dann setzte er sich mit seinen Söhnen ins Gebirge ab, was als Aufruf zu allgemeinem Aufstand aufgefasst wurde. Das jüdische Volk erhob sich zunächst aus religiösen Gründen. Der Aspekt der Befreiung von der Fremdherrschaft rückte aber rasch in den Vordergrund, gut ablesbar an der Tatsache, dass Mattathias selbst das Weiterkämpfen am Sabbat, also den Krieg für die Religion durch Bruch religiöser Regeln, erlaubte. Sein Sohn Judas Makkabäus (»Hammer«) übernahm bald die Führung, weswegen die Revolte als Makkabäer-Aufstand in die Geschichte einging. Er erkannte, dass mit Nadelstichen allein Erfolg nicht möglich sein würde. Daher schuf er eine reguläre jüdische Truppe, die zwar schwach, aber ortskundig war – und er sicherte sich durch geschickte Diplomatie Verbündete.

Die seleukidischen Gegner gerieten in Bedrängnis, und die Makkabäer hatten im Jahr 164 v. Chr. Jerusalem wieder fest in der Hand. Sie verkündeten die Aufhebung der Dekrete von König Antiochos, reinigten den Tempel von allen fremden Kultelementen und nahmen ihn neu für ihren Gott in Besitz. Daran erinnert das bis heute gefeierte *Chanukka* (»Weihe«), auch Lichterfest genannt. In den Makkabäer-Büchern, die im christlichen Alten Testament nicht zum eigentlichen Kanon gehören, heißt es darüber:

»Im Volk war viel Freude darüber, denn die Schmach, die ihm die fremden Völker zugefügt hatten, war getilgt. Judas fasste mit seinen Brüdern und der ganzen Gemeinde Israels den Entschluss, Jahr für Jahr zur selben Zeit mit festlichem Jubel die Tage der Altarweihe zu begehen, und zwar acht Tage lang.« (1. Makk. 4)

Die frommen Juden sahen sich am Ziel, aber Judas Makkabäus, der 161 v. Chr. im Kampf gegen syrische Truppen fiel, und seinem Nachfolger und Bruder Jonathan ging es längst um mehr als religiöse Autonomie. Sie wollten einen jüdischen Staat. Trotz der Expansion des jüdischen Machtbereiches in den folgenden Jahrzehnten prägten religiöse wie machtpolitisch bestimmte Zwistigkeiten die Region. Und wer anders konnte davon profitieren als Rom, das sich bereits Syrien gesichert hatte? Der geniale römische Feldherr und spätere Caesar-Rivale Gnaeus Pompeius Magnus ließ sich nicht lange bitten: Er setzte seine Legionen nach Süden in Marsch und erstürmte im Jahr 63 v. Chr. Jerusalem. Damit gleich deutlich wurde, dass die neuen Herren zu bleiben gedachten und nicht zimperlich waren, machte Pompeius mit seinen Gegnern blutigen kurzen Prozess. Dieses Vorgehen legte den Grundstein zu einem wachsenden Römer-Hass, der allerdings für die Juden erheblich folgenreicher werden sollte als für die Besatzer.

Es stellte sich für die Römer nun die Frage nach dem Status des eroberten Landes. Religiös und kulturell scheuten sie zunächst die Einmischung, politisch aber hatte die Macht der römische Statthalter der Provinz Syrien. In seinem und damit Roms Auftrag regierte Antipater als erster Minister im Judenstaat. Das war eine heikle Personalie, denn Antipater stammte aus dem weitgehend nichtjüdischen Idumäa und war mit einer Araberin verheiratet, was seine Söhne automatisch zu Nichtjuden oder nach Übertritt zum jüdischen Glauben zu *Proselyten* (»Hinzugekommene«) machte, die nicht als vollwertige Juden galten. Das Problem stellte sich schon zu Antipaters Lebzeiten, denn er betraute seine Söhne Phasael und Herodes mit hohen Ämtern, was Unmut in der Bevölkerung auslöste. Der steigerte sich noch, als die Römer beim Tod Antipaters im Jahr 43 v. Chr. den dreißigjährigen Herodes mit der Nachfolge betrauten, und wäre nicht wenig später durch einen Vorstoß der Parther erneut ein Hasmonäer, nämlich Mattathias Antigonos an die

Bis heute erinnert der Chanukkaleuchter an den Aufstand der Makkabäer. Es handelt sich um einen achtarmigen Leuchter, ein neunter Arm trägt das Anzündelicht.

Macht gekommen, wären Unruhen nicht auszuschließen gewesen.

GEWALTHERRSCHER UND BAUMEISTER

Es sollte der letzte Hasmonäer sein, denn Herodes, der sich nach Rom abgesetzt hatte, wurde im Jahr 40 v. Chr. vom Senat zum König von Judäa ernannt und mit den nötigen Machtmitteln ausgestattet. Er kehrte im Jahr darauf zurück und hatte sich nach zwei weiteren Jahren gegen alle Widerstände durchgesetzt; Antigonos ließ er hinrichten. Überhaupt erwies sich Herodes als skrupelloser Despot. Seine Selbstdarstellung hingegen musste nicht eigens betont werden, denn da hatte der König sich unübersehbare Denkmäler gesetzt. Die Römer hatten ihm ein Herrschaftsgebiet zugewiesen, das sich in den Dimensionen durchaus mit dem Reich König Davids messen konnte, nicht aber in der politischen Bewegungsfreiheit. Außen- und Sicherheitspolitik machten Rom und seine Provinzherrscher, sodass Herodes nur die innere Prachtentfaltung blieb. Er ging als Gründer zahlreicher Städte wie Caesarea mit dem noch heute imposanten römischen Aquädukt und Sebaste in die Geschichte ein und als Erbauer von Festungen, unter denen etwa Herodion bei Bethlehem und vor allem Masada auf einem Felssporn hoch über dem Westufer des Toten Meeres mit der dreistufigen Palastterrasse zu nennen sind. Römischer Einfluss und bewusstes Anknüpfen an den imperialen Stil sind unübersehbar. Für die Juden am bedeutendsten aber wurde der Ausbau und die Erneuerung des zweiten Tempels, der inzwischen ziemlich verwahrlost war. Seit dem Jahr 20 v. Chr. ließ Herodes die Anlage wieder auf das fast doppelte Maß des ersten, salomonischen Tempels bringen und an ihrer Nordwestecke die Festung Antonia hinzufügen. Eine Umfassungsmauer aus gigantischen Steinquadern stützte den Tempelberg. Ihrer Mächtigkeit verdankt sie es, dass ihr Westteil sich als Klagemauer und Zentrum der jüdischen Gemeinschaft bis in unsere Tage erhalten hat.

Mit dem Tod des Herodes endete de facto die jüdische Autonomie, auch wenn sich drei seiner Söhne noch bis zum Jahr 6 n. Chr. in Teilen des Landes hielten. Die enge Beziehung, die Herodes zu Augustus, dem Herrn fast der gesamten damaligen bekannten Welt, aufgebaut hatte, fand keine Fortsetzung. Die Römer ließen die jüdische Monarchie einfach in der Versenkung verschwinden und setzten Prokuratoren ein, die das Land mehr oder weniger hart im römischen Sinne beherrschten. Dass es zu vielfältigen brutalen Unterdrückungsmaßnahmen kam, belegen Unruhen, die immer wieder aufflackerten und blutig erstickt wurden. Einer der hingerichteten Unruhestifter war Jesus, der um 30 n. Chr. als Sohn und Gesalbter *(Christos)* Gottes auftrat und damit an die jüdische Erwartung des Messias anknüpfte. Er geriet durch Denunziation in die Mühlen der Besatzerjustiz unter dem Prokurator Pontius Pilatus: Der Mann aus Nazareth, so die Beschuldigung, beanspruche, König der Juden zu sein. Das war in römischen Augen Hochverrat, und da Jesus es sich mit seiner Verkündigung auch mit der einflussreichen jüdischen Oberschicht verdorben hatte, war sein Tod am Kreuz die logische Konsequenz, aber erst der

»Die Kreuzigung«. Ausschnitt eines Freskos aus dem Zyklus mit Szenen aus dem Leben Mariä und Christi. Giotto di Bondone, um 1303/05.

Anfang einer Bewegung, die Rom und seine angebliche Allmacht erschütterte und um Jahrtausende überdauern sollte. Das Judentum erwies sich als ebenso stabil.

Ziegelsteine aus Jerusalem mit der Prägung »Legio Decima Fretensis«, der Legion, die 70 n. Chr. Jerusalem zerstörte.

Hoffnung der endzeitliche des Messias sein.

Trotz der militärischen Katastrophe oder gerade ihretwegen blieb der jüdische Widerstand ungebrochen.

Allerdings sah es danach zunächst keineswegs aus, denn es erlitt in der direkten Konfrontation mit Rom schwere, existenzbedrohende Niederlagen. Es blieb ja nicht bei so kleinen Herausforderungen, wie sie Jesus und seine geringe Anhängerschaft dargestellt hatten. Da die Römer zunehmend auch über die Besetzung der religiösen Ämter bis hin zum Hohepriester bestimmten und dabei natürlich ihnen wohlgesonnene Männer bevorzugten, bauten sich Spannungen auch zwischen der Priesterschaft und dem Volk auf. Sie entluden sich 66 n. Chr. in jüdischen Angriffen auf die griechischen und römischen Bewohner der Stadt Caesarea. Vergeltung und neue Angriffe schaukelten sich hoch. Die Rebellen erhielten Zulauf und konnten Teile Jerusalems einnehmen, die dortige römische Garnison zerstören und die römische Besatzung der Festung Masada niedermachen.

Das waren nun keine Nadelstiche mehr, das war Krieg, und von dem verstanden die Römer aus Erfahrung mehr als die fanatischen Aufständischen. Im Jahr 70 eroberten die Legionen des Titus Flavius Vespasianus Jerusalem und zerstörten den zweiten Tempel, nach jüdischer Überlieferung genau am selben Tag, an dem auch der salomonische Tempel von den Babyloniern 655 Jahre vorher vernichtet worden war. Das Datum, nach jüdischem Kalender der 9. Aw, wird seitdem als Trauer- und Fastentag begangen, denn damit war das Ende des Tempelkults markiert und der Untergang des zentralen Heiligtums. Ein Wiederaufbau unterblieb, denn der dritte Tempel soll nach jüdischer

Immer wieder mussten römische Legionen ausrücken, um Nester des Aufruhrs auszuräumen. Schließlich führte der bedeutende Kaiser Trajan (Regierungszeit 98–117) höchstselbst einen Feldzug gegen die ägyptischen und mesopotamischen Judenaufstände, denen sich nur zu gern auch andere Völkerschaften anschlossen. Bis zum Persischen Golf rückten die Römer vor. Trotz militärischer Erfolge der Juden unter Simon Bar Kosiba, bekannt unter dem Ehrennamen *Bar Kochba* (»Sternensohn«) mussten die Juden schließlich die Waffen strecken.

Den überlebenden Juden wurde der Aufenthalt in Judäa, insbesondere in Jerusalem, untersagt, sodass sich das Zentrum jüdischer Siedlungen nach Galiläa verlagerte. Genauer: das Zentrum des palästinensischen Restjudentums, denn das Gros der Überlebenden verließ das völlig verwüstete Land und suchte neue Heimaten in Vorderasien, Nordafrika und Europa. Das ging so weit, dass sich auch der geistliche Mittelpunkt verlagerte, und zeitweilig das babylonische Judentum die religiöse Führung gewann. Diaspora, schon seit langem ein Merkmal des Judentums, wurde zur beherrschenden Existenzform. Aus dem zentralen Tempelkult wurde nach der Vernichtung des Jerusalemer Heiligtums ein weltweit verstreuter Dienst in den *Synagogen*, wie die jüdischen Bethäuser nach dem griechischen Wort für »Versammlung, Versammlungsort« genannt werden (hebräisch: *Bet ha-Knesseth*, jiddisch: *Schul*). Der erste große Abschnitt der jüdischen Geschichte war abgeschlossen.

Eingottlehre und Erwählung

»Denn du bist ein heiliges Volk dem Herrn, deinem Gott. Dich hat der Herr, dein Gott, erwählt zum Volk des Eigentums aus allen Völkern, die auf Erden sind. Nicht hat euch der Herr angenommen und euch erwählt, weil ihr größer seid als alle Völker – denn du bist das kleinste unter allen Völkern –, sondern weil er euch geliebt hat und damit er seinen Eid hielte, den er euren Vätern geschworen hat.«
5. Mose 7, 6–8

Das Erstaunlichste am Judentum für die Religionshistoriker ist der Glaube an einen einzigen und einzigartigen Gott bereits zu einer Zeit, da fast alle Völker noch eine unüberschaubare Unzahl von Himmlischen verehrten. Nach der jüdischen Tradition war dieser eine und alleinige Gott vor allem Anfang und der Anfang von allem. Das Bewusstsein dafür war, so sehen es die Juden, nach dem Sündenfall bei den Menschen nur verloren gegangen und musste durch Gott bei seinem »Knecht« Abraham, dem Urvater der Juden, durch Offenbarung erst wieder geweckt werden. Die Erkenntnis also, dass nur ein Gott ist und nur ein Herr über Vergangenheit, Gegenwart und Zukunft sowie alles, was unter dem Himmel und darüber ist – diese Erkenntnis ist demnach nicht menschliche Einsicht, sondern göttliche Eingebung. Gott hat sie allen Menschen angeboten, doch nur Abraham und nach ihm die Seinen haben das Angebot angenommen. Daraus leitet sich der jüdische Anspruch ab, das »auserwählte Volk« zu sein.

Dabei war es keineswegs einfacher, nur den einen Gott zu verehren. Nicht einmal sein Name war umstandslos auszusprechen, es waren nur Umschreibungen erlaubt wie »der Herr«, »der Höchste« oder »Jahwe« (später fälschlich auch »Jehova«), das meist gedeutet wird als »Ich werde sein, der ich sein werde«. Später, etwa seit der Zeitenwende, wurde auch das Aussprechen dieses Namens vermieden und mit »Adonai« verklausuliert, was so viel heißt wie »mein Herr«. Auch sonst stellte der Gott Israels hohe Anforderungen: Das Volk musste sich seine Erwählung verdienen, indem es uneingeschränkt gehorsam vielfältige Vorschriften erfüllte. Insgesamt nennt der *Pentateuch* (die fünf Bücher Mose) 612 Gesetze, dem die Juden nach der Shoa (dem nationalsozialistischen Völkermord) als 613. die Forderung hinzugefügt haben: »Du sollst überleben!« Der Gott Israels, der ja auch der des Christentums und des Islam ist, macht es seinen Anhängern nicht leicht, wenn sie seine Worte wie die orthodoxen (strenggläubigen) Juden genau nehmen. In den Augen von Liberalen handelt es sich dabei allerdings eher um symbolische, auslegbare Mitteilungen, die zur Zeit der Entstehung ihren Sinn hatten, heute aber den gewandelten Ansichten anzupassen sind.

Da aber, wie eingangs erläutert, der Vorrat an jüdischen Gemeinsamkeiten außerhalb der Religion relativ gering ist, haben solche Vorschriften noch immer erhebliches Gewicht. Sie dienen nämlich auch der Abgrenzung gegenüber anderen Religionen und als Bestätigung der jüdischen Erwähltheit.

SPEISEGESETZE

Die Vorschriften beziehen sich im Grunde fast nur auf den Genuss von tierischen Produkten: Da der schwache Mensch zur radikalen Einhaltung des biblischen Tötungsverbots, das sich ursprünglich auf alle menschlichen und tierischen Wesen bezog – Adam und Eva waren Vegetarier im Garten Eden –, da er also dazu wohl kaum in der Lage gewesen wäre, kam ihm Gott nach der Sintflut entgegen, indem er den Verzehr von Tieren unter bestimmten genau zu beachtenden Auflagen zustimmte. Sie sind nur insofern begründet, als zwischen rein und unrein unterschieden wird. Begründungen aber dafür, warum etwas rein oder unrein ist, finden sich in den heiligen Schriften nicht. Und manche Vorschrift wurde, wie wir gleich sehen werden, von den Schriftgelehrten sogar noch verschärft, ohne dass sie dafür direkte biblische Belege hätten anführen können.

Wichtigste aller Auflagen für den Fleischverzehr: Das zur Nahrung bestimmte Tier muss *koscher* (rein) geschlachtet worden sein. Nach jüdischer Vorstellung gehört alles Leben Gott, Blut aber ist der Träger des Lebens und darf daher keinesfalls vom Menschen verzehrt werden: »Allein esset das Fleisch nicht mit sei-

Gegenüberliegende Seite: Darstellung des Garten Eden mit Adam und Eva von Lucas Cranach d. Ä., um 1512.

nem Blut, in dem sein Leben ist!« heißt es (1. Mose 9, 4). Damit das nicht passiert, muss Schlachtvieh mit dem Kopf nach unten hängen. Dann wird es durch Schächten, das heißt mittels Schnitt durch Kehle (Luft- und Speiseröhre) und Halsschlagader getötet, sodass alles Blut herausläuft. Etwaige Reste werden bei der Zubereitung durch Einsalzen, Einweichen und Spülen eliminiert, indem das so behandelte Tier oder Fleischstück danach lange genug auf ein schräges Abtropfbrett gelegt wird, ehe es zum Kochen oder Braten Verwendung findet. Zur koscheren Schlachtung gehört auch die Entfernung der Hüftsehne und bestimmter »unreiner« Fettpartien. Tiere, die Verletzungen aufweisen oder Organfehler *(Terefa)* haben, dürfen nicht gegessen werden. Natürlich fallen unter das Verbot auch von Raubtieren gerissenes Wild, da diese Tiere ja nicht koscher zu Tode gekommen sind. Viele Tiere können auch durch – sofern man den Begriff steigern kann – koscherstes Schlachten nicht essbar gemacht werden, denn sie gelten von Haus aus als unrein. Dazu gehören alle Tiere, die sich von Tieren ernähren, denn sie töten. Ebenso tabu sind Tiere, die sich in mehr als einem der drei »Elemente« Wasser, Erde und Luft bewegen, also alle Amphibien vom Krokodil bis zum Frosch sowie reine Laufvögel wie der Strauß. Wassertiere dürfen nur gegessen werden, wenn sie fischähnlich sind, also Schuppen und Flossen aufweisen; Krabben, Hummer, Muscheln oder Krebse gehören daher nicht zum jüdischen Speiseplan. Landtiere sind unter zwei Bedingungen essbar, es muss sich um Paarhufer und Wiederkäuer handeln. Beides ist gleich wichtig, weswegen etwa Hasen nicht erlaubt sind, weil sie zwar wiederkäuen, aber keine gespaltenen Klauen haben. Umgekehrt kommt der Paarhufer Schwein nicht in Betracht, weil er nicht wiederkäut. Beim Allesfresser Schwein kommt noch hinzu, dass nicht auszuschließen ist, dass er auch tierische Nahrung zu sich nimmt. Schweinefleisch ist also gleich im doppelten Sinn verboten, und selbst sehr liberale Juden halten sich meist daran.

Dass schon die Römer eine recht genaue Vorstellung von der Tierwelt des Meeres hatten, zeigt dieses Mosaik aus Pompeji, das aus dem 1. Jahrhundert stammt.

DER SABBAT

Eine Speisevorschrift hat mit dem jüdischen Kalender zu tun: Er ist nach einem Wochenrhythmus gegliedert, die Woche zu sieben Tagen als Spiegel der Schöpfungstätigkeit Gottes. Wie dieser soll der Gläubige an sechs Tagen seine Arbeit verrichten und am siebten Tag, dem *Sabbat* (hebräisch: *Schabbat*) ruhen, wie es die Tagesbezeichnung sagt, die auf *shaavat* (ausruhen) zurückgeht. Das bedeutet, dass alle aufwändigen Tätigkeiten zu unterbleiben haben, also auch und vor allem das Feuermachen, das zur Zeit der Gesetzesentstehung noch ein höchst schwieriger Vorgang war.

Der Sabbat beginnt am Freitagabend mit Einbruch der Dämmerung oder genauer: wenn die ersten drei Sterne am Himmel zu erkennen sind. Er endet am Abend des Folgetages bei denselben Lichtverhältnissen. Würde, Zurückhaltung und angemessene Sprache sind in dieser Zeit zu wahren. Gebadet und in festlicher Kleidung begrüßen die Gläubigen den Ruhetag daheim mit Anzünden von Kerzen, was wegen der rituellen Funktion nicht unter das Verbot des Feuermachens fällt. Anschließend ist der Besuch eines Gottesdienstes in der Synagoge empfohlen, weil der Sabbat wegen seiner Erinnerungsfunktion auch ein Tag der Gemeinsamkeit ist. Bei der Rückkehr segnen die Eltern die Kinder, und über einem Glas Wein rezitiert ein Familienmitglied den *Kiddusch* (»Heiligung«, erster Satz des oben zitierten Gebots). Dann folgt vor Beginn des festlichen Sabbatmahls der Segen der *Challot* (Einzahl: *Challa*), der geflochtenen Sabbatbrote, durch Salzen und Verteilung an die Anwesenden. Mit der Verlesung von Psalm 26 endet das erste Sabbatmahl. Am Vormittag des Samstags folgt erneut der Besuch der Synagoge, wo von mehreren Personen der wöchentliche Abschnitt aus der Tora gelesen wird, Höhepunkt der gottesdienstlichen Feier. Das sonst übliche Achtzehnbittengebet wird um die Bitten 4 bis 16 gekürzt, weil am Sabbat nicht an Unglück und Elend erinnert werden soll. Zum Ausklang des Sabbats gibt es eine kleine Zeremonie, genannt Hawdala (»Unterscheidung«), die mit Lesungen aus der Bibel, Weinsegen und Abbrennen von Würzkräutern sowie Gebet bei Kerzenschein begangen wird. Das Strahlen soll an die Schöpfung erinnern und daran, dass deren erster Tag das Licht brachte und dass nun wieder die Schaffenszeit beginnt.

KALENDER

Die Woche, wie sie inzwischen alle Welt übernommen hat, war also ursprünglich eine jüdisch-religiöse Zeitspanne, während die nächst größere, der Monat, in allen Kulturen zunächst nach den Mondphasen eingerichtet wurde. Auch die Juden rechnen das Jahr zu zwölf Mondumläufen, die aber nur 354 Tage ergeben. Danach würden die Monate wie im islamischen Kalender durch alle Jahreszeiten wandern. Der jüdische Kalender vermeidet das durch einen sieben Mal in 19 Jahren eingeschobenen Schaltmonat, sodass Schwankungen nur vorübergehender Natur sind und auch die fast in jedem Monat vorkommenden Feiertage einigermaßen festliegen.

Das ist insofern wichtig, als die Juden in der Diaspora meist nach dem Kalender der Gastländer rechnen und

Schon diese frühe Darstellung aus der »Bible historiale« von Guiart Desmoulins (Anfang 14. Jahrhundert), die zeigt, wie Israeliten einen Sabbatschänder steinigen, offenbart, dass Vergehen gegen die Sabbatruhe rigide geahndet wurden.

die Feiertage begehen. Feste aber sind Gemeinschaftserlebnisse und sollten daher möglichst gleichzeitig oder doch sehr zeitnah von allen Juden in aller Welt begangen werden. Die mit dem Jahr 3761 v. Chr. einsetzende jüdische Zeitrechnung gliedert das Jahr in folgende Monate (in Klammern unsere Entsprechung, dahinter die in den fraglichen Monat fallenden Festtage):

Tischri (September/Oktober) – 1./2.: *Rosch ha-Schana* (Neujahr), 10.: *Jom Kippur* (Versöhnungstag), 15.–22.: *Sukkot* (Laubhüttenfest)

Cheschwan (Oktober/November)

Kislew (November/Dezember) – 25.: *Chanukka* (Lichterfest)

Tewet (Dezember/Januar) – 2.: achter und letzter Tag des *Chanukka*, 10.: Fastentag zur Erinnerung an die Belagerung Jerusalems

Schewat (Januar/Februar) – 15.: *Tu bi Schewat* (Neujahrsfest der Bäume)

Adar I (Februar/März) – 14./15.: *Purim* (Festtag zum Gedenken der Errettung der persischen Juden durch Königin Esther)

Adar II (nur alle zwei bis drei Jahre als Schaltmonat, in den dann am 14./15. das *Purim*-Fest verlegt wird)

Nissan (März/April) – 15.–21.: *Pessach* (Gedenkfest zum Exodus), 27.: *Jom ha-Schoa* (Holocaust-Gedenktag)

Ijar (April/Mai) – 5.: Unabhängigkeitstag Israels 1948

Siwan (Mai/Juni) – 6./7.: *Schawuot* (Wochenfest)

Tammus (Juni/Juli) – 17.: Fastentag zum Gedenken an den Fall der Mauern von Jerusalem vor der Zerstörung des ersten und zweiten Tempels

Aw (Juli/August) – 9.: *Tischa be-Aw* (Fastentag zur Erinnerung an die zweimalige Zerstörung des Tempels)

Elul (August/September) – Blasen des Widderhorns *(Schofar)* zur Vorbereitung auf den Jahreswechsel

WICHTIGSTE FEIERTAGE

Wie schon an den kurzen Erläuterungen zu den Festtagen zu sehen, handelt es sich dabei vornehmlich um Daten des gemeinsamen Gedenkens an Eingriffe Gottes in die Geschicke seines »auserwählten Volkes«. Einige dieser Tage dienen gleich mehreren Anlässen, denn oft ist es so, dass die Ereignisse Spiegelungen etwa von Schöpfungsakten sind und daher selbst wieder Erinnerungen an den religiösen Urgrund. Porträtiert werden sollen hier nur die höchsten Feiertage des Judentums im Jahreslauf.

Das Neujahrsfest *(Rosch ha-Schana)* ist ein solches Datum des mehrfachen Sinns. Es wird in Israel nur am 1. *Tischri*, in der Diaspora auch noch am 2. *Tischri* gefeiert und trägt weitere Namen: *Jom Terua* (Tag des Schofarblasens), *Jom ha-Din* (Tag des Gerichts) und *Jom ha-Zikkaron* (Tag der Erinnerung). In erster Linie geht es am ersten Tag des Jahres um das bewusste Erinnern der Schöpfungstat Gottes. Da aber mit der Schöpfung auch die Sünde und das Böse in die Welt gekommen sind, will das Fest zudem warnen vor dem Zorn Gottes am Tag des Gerichts.

Mit dem Neujahrsfest beginnt eine zehntägige Bußfrist, die ihren Höhepunkt am höchsten Feiertag des jüdischen Jahres findet: am *Jom Kippur*, dem Versöhnungs- und Sühnetag. Bis dahin hat der noch nicht völlig verworfene Sünder Gelegenheit, sich von seinen Sünden durch vorbildliche Erfüllung der Glaubenspflichten zu reinigen und durch Gebete in der Synagoge die Versöhnung zu erbitten. Eigentlich bedeutet das auch im Vorfeld Enthaltsamkeit und demütiges Eingestehen der eigenen Schuld, doch hat die hohe Bedeutung des Tages in manchen Gemeinden dazu geführt, dass am Tag zuvor gesellig gefeiert wird. Geschenke an die Armen sind ebenso üblich wie gemeinsame Mahlzeiten mit Nachbarn und Verwandten, die man bei dieser Gelegenheit ebenfalls um Verzeihung für etwaige Verfehlungen ihnen gegenüber bittet. *Jom Kippur* selbst ist ein strenger Fasten- und Bußtag, der mit vielen Gottesdiensten begangen wird. Am *Jom Kippur* nämlich öffnet Gott die Himmelstore für die Gebete und legt außerdem fest, wen er in diesem Jahr zu sich rufen wird. Im alten Israel des Tempels war *Jom Kippur* auch der einzige Tag, an dem der Hohepriester das Allerheiligste in Erinnerung an die zweite Übergabe der Gesetzestafeln an Mose betreten durfte. Durch *Schofarblasen* wird das Ende des *Jom Kippur*-Festes verkündet.

Gleich im Anschluss daran beginnen die Arbeiten an einer Hütte (*Sukka*, Mehrzahl: *Sukkot*), die vom 15.–22. *Tischri* als Schlafstatt und Speiseraum genutzt werden soll. Das erinnert an die Bewahrung der Kinder Israel durch Gott beim Auszug aus Ägypten und das Überstehen der Wanderung durch die Wüste, als das Volk keine festen Behausungen hatte. Deswegen soll die Hütte drei Seitenwände haben und ein Laubdach, das zwar Schatten und Schutz spendet, aber doch den Himmel sichtbar bleiben lässt. Das vor allem am ersten und achten Tag zu feiernde *Sukkot* (Laubhüttenfest) – die Tage dazwischen gelten als Halbfeiertage – ist zugleich ein Erntedankfest zur Zeit der Weinlese und des Obsteinbringens. Traditionell nutzten die Juden das Fest früher und heute auch wieder vermehrt zum Pilgern nach Jerusalem und zum dortigen Hüttenbau. Manche Hütten werden jedes Jahr neu errichtet und geschmückt, andere lassen sich zusammenlegen und immer wieder wie ein Zelt aufstellen; auch in der Synagoge steht eine Hütte. In der privaten Hütte bewirten die Besitzer Arme, Freunde, Nachbarn und Verwandte. Ein Feststrauß *(Lulaw)* aus verschiedenen Zweigen (Palmen, Myrten, Weiden) gehört zur Zeremonie des *Sukkot* in der Synagoge. Mit dem *Hoschana Rabba* (Großes Lobpreisen), dem siebenfachen Umschreiten des Tora-Schreins unter Singen und Beten, und dem *Simchat Tora* (Sich-Erfreuen an der Tora durch Lesung) endet in Israel das Laubhüttenfest; in der Diaspora wird meist noch ein Tag darangehängt.

Austeilen von Brot an einem jüdischen Feiertag.

Auf dieser Darstellung des Purim-Festes sind rechts ein chassidischer Rabbiner aus Osteuropa, ihm gegenüber ein sephardischer Rabbiner und zwei weitere chassidische Juden zu sehen.

ÜBERLEBENSFEIERN

Nach den vielen Feiertagen im ersten Monat folgt ein feierloser Monat, ehe der dritte wieder eine Reihe von acht Festtagen bringt: *Chanukka*, das Weihe- und Lichterfest, das am 25. *Kislew* beginnt. Es erinnert an die Befreiung Jerusalems vom Seleukiden-Herrscher Antiochos IV., der den Tempel durch eine Zeusstatue geschändet hatte. Judas Makkabäus sorgte im Jahr 164 v. Chr. für die Reinigung des Gotteshauses am 25. *Kislew*. Dafür hatte er nur für einen Tag heiliges Öl, das aber wundersamerweise acht Tage lang brannte; daher die Dauer des *Chanukka*-Festes und der Brauch, in jeder Nacht eine Kerze anzuzünden, bis schließlich alle Lichter auf dem *Chanukka*-Leuchter brennen. Seit dem Mittelalter gehört *Chanukka* zu den volkstümlichsten Festen, für das sich selbst die Ärmsten der Armen in Unkosten stürzen, um Öl für die Lichter zu kaufen und die typischen Speisen zuzubereiten. In Israel feiert man *Chanukka* auch als Zeichen des Überlebens inmitten einer Übermacht von feindseligen Gegnern.

Noch direkter kommt dieser Aspekt beim *Purim*-Fest am 14./15. *Adar* (in Schaltjahren im *Adar II*) zum Ausdruck. Es ist wohl in der Zeit der Unterdrückung durch die hellenischen Seleukiden im 2. vorchristlichen Jahrhundert entstanden, erinnert aber an die persische Fremdherrschaft. In der legendären Überlieferung wird die Geschichte so geschildert: Esther, die jüdische Frau von König Xerxes I. (biblisch: *Ahasveros*), erfuhr von ihrem Onkel Mordechai, dass Haman, des Königs engster Ratgeber, Xerxes dazu überredet habe, alle Juden seines Reiches töten zu lassen, weil sie ihm die schuldige Ehrerbietung verweigerten. Als Tag dafür war durch Lose *(Purim)* der 13. *Adar* bestimmt worden. Esther lud daher Haman mit ihrem Ehemann zu einem Festessen, bei dem es ihr gelang, den König milder zu stimmen, ja ihn gegen Haman derart einzunehmen, dass nun dieser und nicht Mordechai an dem schon ausgesuchten Baum aufgehängt wurde. Den Vernichtungsbefehl konnte der König zu seinem Bedauern aber nicht zurücknehmen, weswegen er den Juden ausdrücklich erlaubte, sich zur Wehr zu setzen. Das taten diese derart erfolgreich, dass nicht sie, sondern 75 000 Verfolger getötet wurden. Die Juden aber waren gerettet.

ERNTEFEIERN

Das nach *Jom Kippur* wohl höchste Fest im jüdischen Kalender ist *Pessach* oder *Passah*, das unserem Ostern entspricht. Da sich das jüdische Jahr nach den Mondphasen richtet, liegt es fest auf dem 14. *Nissan*, der mit dem ersten Frühlingsvollmond zusammenfällt, während Ostern bei uns ein bewegliches Fest ist. *Pessach* mit all seinen symbolischen Handlungen und rituellen Gegenständen erinnert an den Auszug der Kinder Israel aus Ägypten *(Exodus)*, der als Beginn der eigentlichen Volkswerdung verstanden wird. Es bestand ursprünglich aus zwei Erntefesten, dem Vieh und den Feldfrüchten gewidmet. Sie wurden zum siebentägigen (in der Diaspora: achttägigen) »Fest der Ungesäuerten Brote« zusammengelegt, das bis zum 21. (Diaspora: 22.) *Nissan* andauert. Zentraler Punkt ist das Gedenken an die so genannte Zehnte Plage, bei der Gott die Erstgeborenen der ägyptischen Familien tötet, die der Israeliten aber verschonte (*Pessach* bedeutet soviel wie »Übergehen«). Damit sein Würgeengel die Häuser seines Volkes erkennen konnte, waren die Juden gehalten, die Türpfosten mit dem Blut eines Opferlamms zu markieren. Daran erinnerte später die rituelle Opferung eines Lammes im Tempel. Nach dessen Untergang symbolisiert ein gebratener Knochen dieses Opfer.

Er liegt auf dem so genannten *Seder*-Tisch, der nach genauen Regeln am *Seder*-Abend des 14. *Nissan* bestückt werden muss (hebräisch: *seder* = Ordnung). Neben dem Knochen finden sich drei *Matzen* (*Mazzot*) auf dem *Seder*-Teller, flächige, quadratische, sehr dünne Brotfladen aus ungesäuertem Teig, die den eiligen Aufbruch der Israeliten aus Ägypten verkörpern, der keine Zeit zur Durchsäuerung des lebenswichtigen Brotes ließ.

Unserem Pfingsten (griechisch: »fünfzig Tage [nach Ostern]«) entspricht das jüdische Wochenfest (*Schawuot*), das sieben Wochen nach *Pessach* am 6. *Siwan* (in der Diaspora auch noch am 7.) gefeiert wird. Es war wie *Pessach* ursprünglich nur ein Erntefest (Ende der Gerstenernte, Beginn der Weizenernte), weswegen Häuser und Synagogen mit frischem Grün, Blumen und Früchten geschmückt werden, entsprechend unseren Pfingstbäumen. Später lud man *Schawuot* theologisch auf als Erinnerung an die Übergabe der Offenbarung am Sinai und Bestätigung der Erwählung des Volkes Israel durch Gott. Deswegen betrifft die Tora-Lesung zu diesem Anlass vor allem die Zehn Gebote, die Mose erhielt. Der Erntegedanke findet dadurch Ausdruck, dass auch das Buch Rut gelesen wird, in dem vom bäuerlichen Leben, unter anderem vom Ährenlesen, die Rede ist.

Der linke Seitenflügel des »Abendmahlsaltars« von Dieric Bouts (15. Jahrhundert) zeigt das »Passahmahl der Juden«. Gut zu erkennen ist der Seder-Teller.

Die heiligen Schriften

Von der *Tora* (»Lehre«) oder dem *Pentateuch* (griechisch: »Fünferbuch«) oder den fünf Büchern Mose, wie die Texte in der christlichen Bibel heißen, ist schon mehrfach die Rede gewesen; auch viele Zitate aus diesen Werken dienten bereits der Erklärung der diversen Entwicklungsstadien oder von rituellen Bräuchen.

Die Tora ist die eigentliche heilige Schrift des Judentums, alles andere erreicht ihren Rang nicht, auch wenn zur jüdischen Bibel wie zum christlichen Alten Testament noch weitere heilige Schriften gehören.

Obwohl die Juden inklusive der Mose-Bücher nur 24 solche zählen, während es in der christlichen Gliederung 39 sind, handelt es sich um die gleichen Texte, nämlich um die prophetischen Bücher *(Newiim)*, geordnet nach den älteren Propheten (Josua, Richter, Samuel 1 und 2, Könige 1 und 2) und den jüngeren (Jesaja, Jeremia, Hesekiel sowie zwölf kleine prophetische Schriften) und um die Lehrbücher (griechisch: *Hagiographen*, hebräisch: *Ketuvim*), zu denen das Buch Hiob, die Psalmen, die Sprüche Salomos *(Mischle)*, der Prediger Salomo *(Kohelet)*, das Hohelied Salomos, Rut, Esther, Daniel, das Buch Esra und Nehemia sowie die als ein Buch angesehenen beiden Chroniken gehören.

Schriftbeispiel aus einer Schriftrolle mit Texten aus Jesaja. Herodianisch, 1. Jahrhundert v. Chr. Fundort dieser Rolle ist Qumran, nordwestlich des Toten Meers.

SPRACHE

Bis auf kleine aramäische Ausnahmen sind alle diese Texte, wie an den schon mehrfach angeführten Fachbegriffen zu erkennen, ursprünglich auf hebräisch abgefasst worden. Deswegen und weil diese semitische Sprache heute wieder lebt, sind einige Bemerkungen über sie in unserem Zusammenhang erforderlich. Die ersten biblischen Berichte stammen wohl aus der Zeit um 1200 v. Chr., als die Israeliten in Kanaan sesshaft wurden. Damals haben sie vermutlich auch ihr mitgebrachtes Idiom mit dem der vorgefundenen Bevölkerung zum Hebräischen vermischt, das in der Bibel als Sprache Kanaans oder auch als Judäisch bezeichnet wird. Der Begriff »Hebräisch« selbst geht auf die wesentlich später aufgekommene Volksbezeichnung »Hebräer« für die Juden zurück.

War schon im 3. vorchristlichen Jahrhundert eine griechische Übersetzung der heiligen Schriften der Juden zustande gekommen, so wurde nun auch eine in der mit dem Hebräischen verwandten Volkssprache Aramäisch erforderlich. Man bezeichnet sie mit dem aramäischen Begriff für »Übersetzung« als den *Targum* (Mehrzahl: *Targumin*), der zunächst im Gottesdienst mündlich verwendet und daher spontan oder in nach Anlass gewählter Formulierung gesprochen wurde. Erst im 5. Jahrhundert erfolgte eine verbindliche schriftliche Fixierung. Doch blieb das Hebräische die Sprache der Theologen, Priester, Dichter und Gelehrten, während sich in den Zentren der Diaspora diverse Judensprachen bildeten, darunter das vor allem auf dem Mittelhochdeutschen basierende Jiddisch. »Das Volk«, insondere also die von klassischer Bildung ausgeschlossenen Frauen und alle Mitglieder der Unterschichten, verstand die heiligen Texte und die Liturgie in der Ursprache nicht mehr. Diese galt daher lange nur noch als heilige Sprache *(Leschon hakodesch)* für den priesterlichen und mithin gottesdienstlichen Gebrauch. Erst im Zeitalter der Aufklärung und Emanzipation der Juden in den europäischen Gesellschaften wurde der Wunsch nach einer auch sprachlichen Gemeinschaft der Juden in aller Welt wiederbelebt.

Der entscheidende Schub aber gelang erst, als der 1880 aus Litauen nach Palästina ausgewanderte jüdische Publizist Elieser ben Jehuda (1858–1922) entschlossen daran ging, eine sprechbare Version der »toten« Sprache zu entwickeln. Ein mindestens so kühnes, wo nicht noch kühneres Unternehmen wie der Versuch, Lateinisch wiederzubeleben. Er glückte wegen der überragenden Bedeutung der Sprache für die Selbstfindung jedes Volkes, und das jüdische begann sich seit dem Ende des 19. Jahrhunderts wieder in Palästina zu versammeln. Ben Jehuda machte seine Familie zum Experimentierfeld und stellte fest, dass die meisten Personen rasch die reanimierte, grammatisch vereinfachte und modernisierte Sprache beherrschten. Er begann ein umfassendes Wörterbuch des Neuhebräischen *(Iwrith)*, das erst 1959, also lange nach seinem Tod, mit dem 18. Band vollendet werden konnte und seitdem von der 1953 gegründeten Akademie für hebräische Sprache in Jerusalem fortgeschrieben wird. Iwrith ist seit der Gründung des modernen Israel 1948 Staatssprache, Arabisch zweite Amtssprache.

DIE TORA

Das Althebräische wurde damit bis zu einem gewissen Grad auch für weniger Gebildete etwas verständlicher, doch verlor es wegen seiner archaischen Erha-

Schon in frühester Zeit gab es Tora-Schreine, wie dieses Fußbodenmosaik in der Synagoge von Hammath (Israel) aus dem 4. Jahrhundert beweist.

Aus einem hebräischen Pentateuch des 14. Jahrhunderts stammt diese Darstellung einer Toraschule.

benheit nichts an Autorität als Sprache der Bibel, insbesondere der *Tora*. Sie enthält nach jüdischer Lehre die vor allem Anfang von Gott verfügten und Mose offenbarten Lehren. Ihre fünf Bücher sind im christlichen Alten Testament durchgezählt, heißen im Judentum nach ihren Anfangsworten und im Lateinischen nach ihrem Inhalt. In der nun folgenden Aufzählung stehen die Namen nebeneinander:

1. Buch Mose/*Bereschit* (Im Anfang) – *Genesis* (Entstehung): Geschichte der Schöpfung des Welt und des Menschen durch Gott, Bericht vom Urkonflikt der Brüder Kain und Abel, Schilderung der Gründe und des Verlaufs der Sintflut, Legende von der Verwirrung der menschlichen Sprachen wegen des Turmbaus zu Babel sowie die Erzählungen von den Patriarchen, beginnend mit Abraham über Isaak und Jakob bis hin zu Joseph und seinen Brüdern.

2. Buch Mose/*Schemot* (Er rief) – *Exodus* (Auszug): Flucht der Kinder Israel aus Ägypten, Durchschreiten des Roten Meers, vierzigjährige Wanderschaft durch die Wüste mit der Offenbarung am Sinai und Übergabe der Zehn Gebote an Mose, religiöse Zweifel und Tanz um das Goldene Kalb, Strafe und Vergebung, Festvorschriften, Stiftshütte und Bundeslade.

3. Buch Mose/*Waijkra* (Namen) – *Leviticus*: Aufgaben der Priester und Leviten im Tempeldienst, Opfergesetze, Weihen, Speisevorschriften (über reine und unreine Tiere), Umgang mit Krankheiten, Reinigungsgesetze, Ahndung von Sünden, Kulthandlungen, Heiligung des Volkes Israel, Segen und Fluch.

4. Buch Mose/*Bemidbar* (In der Wüste) – *Numeri*: Zählung (daher: Numeri) der wehrfähigen Männer des Volkes Israel, Festlegung der Marschordnung bei der Wanderung durch die Wüste Sinai nach Kanaan, Ordnung der Stämme, Geschlecht der Leviten und seine Sonderstellung, Weihe der Leviten, priesterlicher Segen, Passahvorschriften und Unruhen im wandernden Volk, Erkundung des Landes Kanaan, Berufung Josuas zum Nachfolger von Mose, Siege über Kanaaniter und Midianiter, Aufteilung des Ostjordanlandes unter israelitische Stämme.

5. Buch Mose/*Debarim* (Reden) – *Deuteronomium*: Das letzte lateinische Wort bedeutet »Zweites Gesetz«, womit nicht eine Abänderung des ersten, also der Offenbarung am Sinai, gemeint ist, sondern seine Wiederholung, Bestätigung und Erläuterung. Im Einzelnen finden sich im Schlussbuch des *Pentateuch*: Rückblick auf die Wüstenwanderung, Erneuerung der Zehn Gebote, Verbot der Gemeinschaft mit Heiden und heidnischer Gebräuche, Ehegesetze und andere Vorschriften für den Alltag, Abschiedsrede des Mose sowie sein Segen für die israelitischen Stämme und schließlich sein Tod.

Die eindringliche Wiederholung des Gesetzes zeigt die hohe Bedeutung, die vor allem den Zehn Geboten zuzumessen ist. Sie enthalten in knappsten Formeln die Essenz des jüdischen Bekenntnisses und das Gerüst der moralischen Richtlinien, wie sie auch das Christentum übernommen hat.

ÜBERLIEFERUNG UND BEDEUTUNG

Die seit dem 18. Jahrhundert sich entwickelnde Erforschung der Herkunft der biblischen Texte hat ergeben, dass ein langer Entstehungsprozess anzunehmen ist. Von der Tora, also von den fünf Büchern Mose, nehmen die Forscher an, dass sie um 400 v. Chr. in ihren Hauptzügen ausgeformt war. Die Anordnung und textliche Endgestalt des gesamten Kanons sind natürlich Produkte viel späterer Redaktionen, die schriftliche Fixierung ist erst für das 2. Jahrhundert v. Chr. anzunehmen; manches wurde noch später niedergelegt. Unweit des nordwestlichen Ufers des Toten Meeres wurde im 19. Jahrhundert die Ruinenstätte Qumran entdeckt, die seit Mitte des 20. Jahrhunderts von Archäologen erforscht wurde. Die in Tonkrügen aufgefundenen Schriftrollen umfassen komplette oder fragmentarisch erhaltene biblische Bücher in hebräischer Sprache, gottesdienstliche Regeln sowie zivil- und strafrechtliche Aufzeichnungen. Man nimmt an, dass die Bibeltexte von einer Gruppe strenggläubiger Juden aus Jerusalem hierher verbracht worden sind, weil ihnen Gefahr drohte oder weil die Schriftbesitzer vor einem Konflikt mit den hauptstädtischen Machthabern in die Wüste ausweichen mussten. In jedem Fall handelt es sich um die bei weitem ältesten Handschriften. Es scheint, dass zu Zeiten der noch hauptsächlich mündlichen Überlieferung das Gedächtnis für den buchstabengenauen Wortlaut sehr ausgeprägt war, schon gar wenn es um das »Wort Gottes« ging. Es hat sich mit der Verbreitung der Schreibkunst und vollends mit der beliebigen Reproduzierbarkeit von Geschriebenem immer mehr verloren.

Das mag ein Grund dafür sein, dass die in der Synagoge verwendete Tora aufwändig geschmückt, handgeschrieben und eben nicht gedruckt sein soll, so als habe Gott sie einem Schreiber wie Mose diktiert. Ein anonymes Exemplar aus der Druckerpresse würde zudem der Erhabenheit und Einmaligkeit des heiligen Wortes nicht gerecht, in dem Gott anwesend ist. Die auf zwei Stäbe aufgewickelte Torarolle ist daher auch zentrales Symbol der Verehrung; sie wird in einem kunstvollen Schrein (*Aron hakodesch* = »heilige Lade«) hinter einem Tora-Vorhang *(Parochet)* aufbewahrt, ist in einen kostbaren Mantel *(Me'il)* gehüllt, trägt eine Tora-Krone *(Keter)*, einen Tora-Wimpel und einen Tora-Schild *(Tas)*. Gelesen werden ihre Zeilen mit einem meist silbernen Stab, Tora-Zeiger *(Jad)* genannt, der in einer zierlichen Hand mit

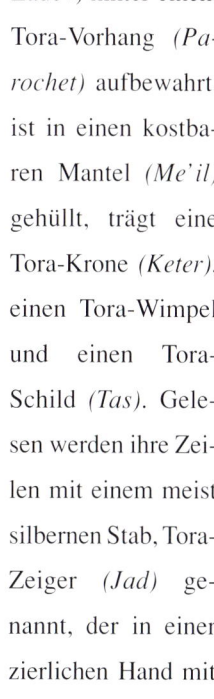

Die archäologischen Funde in Qumran waren äußerst ergiebig. Neben den berühmten Textrollen fand man auch Gebrauchsgegenstände wie dieses Tintenfass.

33

Der Tora-Zeiger ist ein Stab, der in einer zierlichen Hand mit Zeigefinger ausläuft.

Zeigefinger ausläuft, damit der Leser das Wort nicht mit den womöglich nicht ganz reinen Fingern berührt. Zum Gottesdienst wird die Tora dem Schrein entnommen und durch die Gemeinde feierlich zum Lesepult getragen, eine Prozession zur ständigen Erinnerung an die Wanderung des »auserwählten Volkes« durch die Wüste ins »gelobte Land«. Die Tora ist also mehr als ihr textlicher Inhalt, nämlich ein sakraler Gegenstand, geheiligt durch das darin aufbewahrte Wort Gottes.

DER TALMUD

Es hat sich schon früh im Judentum die Ansicht durchgesetzt, dass es neben der schriftlichen Tora auch eine »mündliche Tora« gibt, die aus den maßgeblichen Auslegungen der Bibeltexte besteht und aus den daraus gewonnenen Lehren der Mose-Nachfolger in der geistlichen Führung des Volkes Israel. Alle Deutungen erfordern intensives Schriftstudium, und die »mündliche Tora« heißt denn auch *Talmud* (Mehrzahl: *Talmudin*), der hebräische Begriff für »Studium, Lernen«. Die talmudische Tradition setzte bezeichnenderweise ein, als erste schriftliche Versionen der Tora entstanden sein müssen, so als wäre den Autoren das bewusst gewesen, was eben schon anklang: Schriftlichkeit bedeutet Festlegung und kann die Fortschreibung der Glaubensinhalte behindern. Die Auslegung, in den ewigen Wahrheiten der Tora immer schon angelegt, erhielt natürlich nicht den Rang der Schrift, doch mit den zahllosen Fallbeispielen und Regelungen gerade der Probleme des Alltags gewann der Talmud zeitweilig im praktischen Sinn fast größeres Gewicht.

Etwa seit 200 v. Chr. wurden die auf der Basis von Tora-Studien entwickelten Lehren der großen Prediger und geistlichen Leiter gesammelt und bis ins frühe Mittelalter mündlich, manches auch schon schriftlich weitergeben. Da aber mit dem Untergang des Tempels im Jahr 70 n. Chr. nur ein Restjudentum im angestammten Land blieb und die Juden aus Jerusalem ganz vertrieben wurden, entstand in Babylonien ein konkurrierendes Lehrzentrum zu dem in Palästina am Sitz des Patriarchen in Galiläa. Der Tempelverlust rückte zudem die Synagogen in den Vordergrund des spirituellen Lebens. Damit und mit der wachsenden Bedeutung des *Rabbi* (»mein Meister«) im Gemeindeleben und in der Schriftauslegung entwickelte sich eine geistliche Vielstimmigkeit, die den talmudischen Prozess beschleunigte.

Der Palästinische Talmud fand daher schon zu Beginn des 5. Jahrhunderts seine endgültige Form (429 verbot der Kaiser das jüdische Patriarchat in Palästina) und wurde nach der Rückkehr einer jüdischen Gemeinde nach Jerusalem im Zuge der islamischen Eroberungen seit dem 7. Jahrhundert auch Jerusalemer Talmud genannt.

Der Babylonische reifte noch weitere anderthalb Jahrhunderte, wurde entsprechend umfangreicher und deswegen schließlich auch für lange Zeit die maßgebliche Quelle in allen Fragen des Talmuds.

In gedruckter Form existieren beide Talmudim seit Beginn des 16. Jahrhunderts (der Babylonische umfasst 18 große Bände, über zwei Millionen Wörter), und beide sind nach dem gleichen Schema gegliedert in sechs Ordnungen (Teile), mehrere Dutzend Traktate und diese wieder in Kapitel. Die Ordnungen sind: Saaten (landwirtschaftliche Aspekte), Feiertage (Termine, Gestaltung), Frauen (Ehe- und Scheidungsrecht), Schäden (Zivil- und Strafrechtliches), Heilige Dinge (Opfer, Schlacht- und Speisevorschriften), Reinigungen (Umgang mit heiligen Gegenständen und mit Unreinem).

MISCHNA UND GEMARA

Auf Talmudseiten kann man mit den Augen förmlich spazieren gehen, denn die verschiedenen Textelemente sind vielfältig ineinander verschachtelt, und das kam so: Als erste Ebene des Talmud entstand die so genannte *Mischna* (hebräisch: »Wiederholung«), die mit anderen, deutenden Worten die biblischen Aussagen abklopft, indem sie beispielsweise Meinungen, durchaus und gerade auch kontroverse, bedeutender Gelehrter der Frühzeit zu den fraglichen Stellen wiedergibt. Die Sammlung dieser herbräischen Texte war um 200 n. Chr. abgeschlossen; die entscheidende Redaktion nahm Rabbi und Patriarch Jehuda ha-Nassi im 2. Jahrhundert in Galiläa vor. Die Mischna-Texte bedurften ihrerseits der Auslegung, zumal dann, wenn widersprüchliche Erklärungen geboten wurden. Diese Auslegung leistete die so genannte *Gemara* (aramäisch: »Vervollständigung«), die teilweise sehr ausführlich die Mischna-Sätze diskutierte, oft aber ebenfalls Fragen offen lassen musste.

Mischna und Gemara, die beiden wichtigsten Schichten des Talmud, sind daher nicht als aufeinander folgende Teile niedergeschrieben, sondern stets miteinander verknüpft. Begleitet werden diese zentralen Textkolumnen von weiteren Textbändern, die sie an den Rändern mit eigenen Spalten einfassen. Sie bieten Anmerkungen wichtiger Theologen, vor allem die des Gelehrten Raschi (eigentlich Salomo ben Isaak, 1040–1105), die gewöhnlich in einer Kursivschrift *(Raschi-Schrift)* wiedergegeben werden. Aber auch spätere Kommentare wie die des Philosophen Maimonides (1135–1204) finden sich bis hin zu solchen aus neuester Zeit, sodass sich das geflügelte Wort eingebürgert hat: Die Tora hat keinen Anfang (da vor allem Anfang schon bei Gott), der Talmud hat kein Ende. Denn die Auslegung des Unerschöpflichen kann dieses logischerweise nie gänzlich erfassen.

Der Gläubige bekommt also in vielen Fällen keine eindeutige Wegweisung und muss gegebenenfalls weitere Autoritäten befragen, will er erfahren, was dem jüdischen Gesetz, der *Halacha* (von hebräisch »Gehen, Wandeln«), entspricht. Ursprünglich bezeichnete der Begriff die einzelnen Vorschriften, während sonst im Plural von den *Halachot*, den Gesetzen, gesprochen wurde. Die Einzahl Halacha für die Gesamtheit der religiösen, aber auch weltlichen Gebote hat sich später als Sammelbegriff eingebürgert. Inhaltlich bezieht sich etwa ein Drittel des Talmud auf die Halacha, die anderen Texte rechnet man zur *Aggada* (aramäisch »Erzählung«), den berichtenden Teil, der Anekdoten, Legenden, Gleichnisse, Sprüche und Beispiele umfasst. Die Aggada hat daher nicht die normative Bedeutung der Halacha, doch liefert sie indirekt mit ihren teils farbigen Schilderungen indirekte Wegweisungen, die manchmal mehr helfen als interpretierbare Vorschriften.

Die religiöse Praxis

Private und öffentliche Frömmigkeit lassen sich im Judentum nicht trennen, und doch hat auch hier die Verweltlichung in den letzten Jahrhunderten viel verändert. Die orthodoxen Juden, die noch dem Buchstabenglauben folgen, sind nurmehr eine Minderheit, haben aber unverhältnismäßige Bedeutung wegen der alleinigen Rolle das Glaubens als Kitt der weltweiten jüdischen Gemeinschaft und des israelischen Volkes. Es gibt aber sowohl in der Diaspora Amerikas und Europas wie in Israel selbst

Innenansicht mit Blick auf den Tora-Schrein der großen Synagoge von Budapest in Ungarn.

starke liberale und reformistische Strömungen, die auf mehr religiöse Autonomie des Einzelnen und der einzelnen Gemeinden pochen. Viele sehen in alten Bräuchen überholte abergläubische Praktiken, deren Sinn sich dem modernen Menschen nicht mehr erschließt. So werden keineswegs von allen Juden noch alle Sabbat-Gesetze beachtet und erst recht die komplizierten Speisevorschriften, wie sie im vorletzten Kapitel vorgestellt wurden.

Diese hebräische Handschrift mit einer Miniatur stammt aus dem Venedig der 2. Hälfte des 18. Jahrhunderts und zeigt eine jüdische Beschneidungszeremonie.

Dass dem Morgengebet (*Schacharit*), daheim oder in der Synagoge verrichtet, besondere Bedeutung zukommt, erklärt sich aus dem Wunsch nach spiritueller Einstellung für den ganzen Tag und aus dem Dank dafür, dass die Seele nach dem »kleinen Tod« des Schlafes dem Körper wiedergegeben ist. Je nach Aufwand gehört dazu das Sprechen oder Lesen von Opfertexten, Segenssprüchen und Psalmen sowie auf jeden Fall das zentrale jüdische Bekenntnis des »Schema Israel« aus dem 6. Kapitel des 5. Buchs Mose. Dieser Text betont die Einzigartigkeit Gottes und die Bereitschaft, sich seiner Herrschaft und seinen Geboten zu beugen.

Des Weiteren wichtig sind Mittagsgebet (*Michna*), Abendgebet (*Maariv*) und die Gebete zu besonderen Anlässen im Leben wie Beschneidung, Bar Mizwa, Eheschließung, Tod und Begräbnis. Das früher nicht vorgeschriebene Abendgebethat sich mit der Zeit durchgesetzt nach dem Vorbild der Rufgebete König Davids, die dieser auch zu allen drei Tageszeiten – morgens, mittags und abends – Gott dargebracht habe.

GEBETE

Wie in allen Religionen gibt es tageszeitliche Gebete und solche zu besonderen Anlässen, Fürbitten, Feitertagsanrufungen, Segenssprüche, Tischgebete, Trauer- und Dankgebete. Bei den wichtigsten, insbesondere beim Morgengebet, werden von religionsmündigen männlichen Juden am linken Arm und am Kopf Gebetsriemen (*Tefillin*) angelegt. An ihnen befestigt sind schwarze Lederkapseln, die Pergamentblätter mit besonderen Bibelstellen enthalten. Schon beim Binden der Gebetsriemen sind spezielle Segensformeln zu sprechen, ehe das eigentliche Gebet beginnen kann. Ähnliche Regeln gelten für das Anlegen des Gebetsmantels (*Tallit*), ein viereckiges weißes Wolltuch mit blauen oder schwarzen Streifen und Quasten an den Ecken.

BESCHNEIDUNG

Die Lebensabschnitte des gläubigen Juden begleiten ebenfalls verbindliche Rituale. So ist vorgeschrieben, dass bei jedem männlichen Säugling am achten Tage nach der Geburt die Penis-Vorhaut zu entfernen ist. Das gilt auch dann, wenn dieser Termin auf einen Sabbat fällt; nur bei Krankheit des Säuglings wird der Eingriff aufgeschoben, weil das Leben höheren Rang als alle rituellen Vorschriften hat. Der Vorgang der Beschneidung *(Berit Mila)*, auch bei Muslimen üblich, soll das Zeichen sein des Bundes Gottes mit den Kindern Israel (1. Mose, Kapitel 17). Der Brauch geht biblisch zurück auf Abraham, der sich noch mit 99 Jahren beschneiden ließ, auch alles männliche Gesinde dazu verpflichtete und seinen Sohn Isaak als Ersten am achten Tag nach der Geburt der Beschneidung unterzog. Technisch geht es bei der Beschneidung um die Entfernung der oberen Vorhaut mittels eines Stahlmessers durch Rundschnitt *(Zirkumzision)* und das Einschneiden der unteren Vorhaut *(Inzision)* zum Zurückziehen der Haut unter den Rand der Eichel. Die schmerzhafte und früher auch hygienisch nicht unbedenkliche Prozedur wird von einem eigens dafür ausgebildeten Beschneider *(Mohel)* vorgenommen, der auch das Blut absaugt. Trotz immer wieder aufbrechender Kritik an der Berit Mila hat sie sich als Einheitszeichen der Juden fast überall gehalten.

BAR MIZWA

Der beschnittene Jude wird mit der Vollendung des 13. Lebensjahrs nach entsprechender Unterweisung durch den Rabbi religionsmündig, ein *Bar Mizwa* (»Sohn des Gebotes«). Die dazu meist am Sabbat nach dem 13. Geburtstag abgehaltene Feier in der Synagoge sowie das anschließende Familienfest wird ebenfalls Bar Mizwa genannt, die altersmäßig und rituell der christlichen Konfirmation ähnelt, aber anderes bedeutet. Der durch die Feier »gebotspflichtig« und im religiösen Sinn großjährig gewordene junge Mann wird nun erstmals zur Tora-Lesung in der Synagoge aufgerufen, zählt zu den *Minjan*, den zehn Männern, die zur Abhaltung eines jüdischen Gottesdienstes nötig sind, und darf das Achtzehnbittengebet sprechen. Schon in der Mischna des Talmud wird anerkannt, dass Dreizehnjährige religionsmündig sind, doch der Begriff Bar Mizwa tauchte erst im 15. Jahrhundert auf, und die aufwändigen Feierlichkeiten zu diesem Anlass sind noch jüngeren Datums und von orientalischen Initiationsriten und christlichen Vorbildern beeinflusst. Wie bei diesen hält der Rabbi den neu in die Gemeinde aufgenommenen jungen Männern eine Ansprache, legt ihnen die Gebetsriemen an und entlässt sie mit dem dreifachen Priestersegen *(Birkat Kohanim)*, wobei oft eine Bibel oder ein Gebetbuch überreicht wird. Der Vater beendet die öffentliche Feier mit dem Dank für die Lossprechung von

Eine Bar Mizwa an der Klagemauer in Jerusalem.

der Verantwortung für seinen Sohn, der nun spirituell für sich selbst verantwortlich ist. Im Elternhaus folgt dann ein Festmahl und eine Feier, die seit dem 19. Jahrhundert immer weiter ausgestaltet worden ist. Kern ist der kleine Vortrag des Gefeierten geblieben, der eine Bibelstelle oder eine Talmudpassage auslegt und sich manchmal auch einer Diskussion seiner Thesen stellen muss.

Weniger aufwändig, wenn sie überhaupt abgehalten wird, geht es bei der *Bat Mizwa* (»Tochter des Gebotes«) der Mädchen zu. Sie werden schon mit 12 religionsmündig und übernehmen nun bereits wichtige Aufgaben im Haushalt, weswegen sie für festgelegte rituelle Pflichten nicht die Zeit haben. Die Zäsur wird daher nur in reformjüdischen Gemeinden gefeiert, und das auch erst seit dem 19. Jahrhundert. Orthodoxe Juden lehnen die Bat Mizwa und Tora-Lesungen durch Frauen bis heute entschieden ab, die auch in der Synagoge von den Männern getrennt sitzen und an der Gestaltung des Gottesdienstes nicht teilhaben, ja ohne Männer (Mindestzahl: zehn) nicht einmal Gottesdienste abhalten können.

HOCHZEIT UND EHE

Ehelosigkeit (Zölibat) gilt im Judentum als Makel und wird nur akzeptiert, wenn gesundheitliche oder andere Ehehindernisse dem Bund fürs Leben mit einem gegengeschlechtlichen Partner im Wege stehen. Ehe nämlich ist Voraussetzung zur Erfüllung des göttlichen Gebots im 1. Buch Mose, Kapitel 1, 28: »Seid fruchtbar und mehret euch.« Früher galt eine Ehe durch den ersten Beischlaf als geschlossen, heute stehen vertragliche Regelungen im Vordergrund. Ist sich ein Paar – die Familien haben meist ein gewichtiges Wort mitzureden – darüber einig, so kommt es vor zwei männlichen, nicht mit den vorgesehenen Ehepartnern verwandten Zeugen zur Antrauung durch Übergabe von Wertgegenständen oder Austausch von Urkunden, wobei der Bräutigam den Ehering stellt, ihn der Braut überstreift und spricht: »Durch diesen Ring bist du mir angetraut nach dem Gesetz des Mose und Israels.« Vor der eigentlichen Hochzeit reinigt sich die Braut in der *Mikwe* (hebräisch »Becken«), einem rituellen Bad, das auch nach Ende der Menstruation, bei Hautkrankheiten oder nach der Berührung mit Unreinem oder Totem nötig ist.

Erst dann erfolgt die religiöse Feier, bei der das Paar unter einen Baldachin *(Chuppa)* tritt, der das künftige gemeinsame Haus symbolisiert. Das kann im Freien oder in der Synagoge im Beisein eines *Minjan* (mindestens zehn jüdische Männer) geschehen. Der Rabbiner spricht einen Segen über einem Glas Wein, von dem beide Brautleute trinken, und verliest den Ehevertrag *(Ketubba)*. Den erhält als rechtliche Sicherung danach die Braut vom Bräutigam, den sie sieben

Wie der aus denselben Wurzeln gewachsene Islam ist das Judentum als Männerreligion angelegt, zurückgehend auf die Patriarchen, Richter, Könige und Propheten. Frauen waren kaum darunter. Im modernen jüdischen Leben gewinnen Frauen zwar außerhalb des privaten Bereichs immer mehr an Einfluss. In der Synagoge allerdings sind sie, was spirituelle Funktionen angeht, nach wie vor unterrepräsentiert.

Mal umschreitet, während er ein Glas zertritt. Das soll an diesem höchsten Freudentag dazu mahnen, auch im Glück nicht die Zerstörung des Tempels zu vergessen. Nach allerlei weiteren symbolischen Handlungen wie Reiswerfen, der Braut auf den Fuß treten usw. bildet ein kurzes Alleinsein *(Jichud)* der frisch gebackenen Eheleute in einem eigenen Raum den Abschluss der Zeremonie, der die körperliche Vereinigung zeichenhaft vorwegnimmt.

TOD UND BEGRÄBNIS

Was mit den Seelen nach dem Tod geschieht, beschäftigt das Judentum weniger als viele andere Religionen. Zwar gibt es Auferstehungshoffnungen im Zusammenhang mit der Ankunft des Messias und man erwartet in irgendeiner Form eine Teilhabe an Gottes Herrlichkeit. Bis dahin aber wandeln die Seelen schemenhaft in einem Totenreich, dem *Scheol*, oder erleiden Strafen für ihre Untaten oder gar für den Abfall von Gott im *Gehinnom* (hebräisch »Hölle«), wo Feuer, Kälte und Dunkelheit herrschen. Detaillierte Beschreibungen aber des Schicksals nach dem Tod sind sehr späte, frühestens talmudische und zudem mittelalterlich-christlich beeinflusste Ideen. Genaue Aussagen braucht es nach jüdischer Ansicht nicht, weil kein Mensch Kenntnis vom Jenseits haben und weil man die dortigen Umstände getrost Gott überlassen kann. Die Bräuche, die sich um Tod und Beisetzung gebildet haben, betreffen daher weniger das Seelenheil der Verstorbenen als die Trauer der Hinterbliebenen, denn das Judentum ist eine ausgeprägt diesseitige Religion, in der Leben und Gesundheit einen hohen Stellenwert haben.

Ist das Ende absehbar, versammeln sich die Angehörigen und engsten Freunde um den Sterbenden, der ein Bekenntnis seiner Sünden ablegt. Kann er es nicht mehr selbst, sprechen die nächsten Verwandten die Formeln für ihn und beten mit ihm das Schema Israel zur Bestätigung des Bundes mit dem einen, dem einzigen Gott. Nach Eintritt des Todes betten die Anwesenden den Leichnam zunächst auf den Boden, denn der Verstorbene wird nun wieder zur Erde, von der er genommen ist. Es folgt die rituelle Waschung in einem Haus der Reinigung *(Tahara)*, ausgeführt meist von Angehörigen der Beerdigungsbruder- oder -schwesternschaft *(Chewra Kaddischa)* der Gemeinde. Anschließend kleiden sie den Toten in ein schlichtes Leinentuch. Heute sind auch einfache Särge üblich geworden, in denen dem Toten, der ja in den allermeisten Fällen nicht im »gelobten Land« beigesetzt werden kann, Erde von dort in einem Beutel unter den Kopf gelegt wird.

Die Beerdigung selbst beginnt mit einer Trauerfeier in der Leichenhalle des Friedhofs, wo sich die Trauernden und ihre und des Toten Freunde einfinden, denn die Begleitung des Verstorbenen auf dem letzten Weg gilt als religiöse Pflicht *(Mizwa)*. Ein Rabbi hält die Trauerrede und erinnert darin traditionell an die Zerstörung des Tempels, denn der Tod ist nicht nur etwas Privates, sondern auch Anlass, die gemeinschaftsstiftende kollektive Erinnerung zu pflegen. Der nächste Angehörige schließt die Feier mit dem Sprechen des Trauergebets, des *Kaddisch* (von aramäisch »heilig«). Darin wird Gott gepriesen, sein Segen erbeten, Frie-

Gottesdienst in einer Synagoge. Jüdische Buchmalerei aus einer Haggadah des 14. Jahrhunderts.

den erfleht und für gute Erfahrungen gedankt. Es folgt der Gang zum Grab, wo die Teilnehmer sich zum Zeichen der Trauer Kleider einreißen, heute meist nur noch symbolisch ein mitgeführtes Band oder eine Krawatte.

Die Hauptleidtragenden kehren nach Haus zur *Schiwa* zurück. Der Begriff bedeutet »sieben« und meint die sieben Tage der unmittelbaren Trauer, in denen die Hinterbliebenen das Haus nicht verlassen, auf niedrigen Schemeln sitzen, kein ledernes Schuhzeug tragen, keiner Arbeit nachgehen, auf Körperpflege weitestgehend verzichten und sich auch keine Genüsse gestatten. Daher unterbleibt sogar die Tora-Lesung, weil sie Freude bereiten könnte; nur klagende Texte etwa aus dem Buch Hiob sind gestattet. Eine dreißigtägige Trauerfrist, gezählt nach der Beerdigung, schließt sich an, in der weniger strenge Regeln gelten. Sie verlängert sich, wenn es sich bei dem Verstorbenen um Mutter oder Vater gehandelt hat, auf ein ganzes Jahr. Den ersten Todestag, die »Jahrzeit«, begehen die Hinterbliebenen gottesdienstlich in besonderer Weise und dadurch, dass dann gewöhnlich der Grabstein gesetzt wird. Er verkörpert den Steinhaufen, der früher die Gräber deckte, wovon noch ein Brauch zeugt: Besucher von Gräbern auf jüdischen Friedhöfen legen einen Stein auf das Grab oder die Gedenktafel.

Jüdischer Friedhof in Prag.

Sephardim und Aschkenasim

Nach dem Zusammenbruch des Bar-Kochba-Aufstands gegen die römische Fremdherrschaft im Jahr 135 sahen viele Juden im Heiligen Land keine Zukunft mehr. Jerusalem war ihnen verboten, und die anderen Städte lagen in Trümmern. Ein Strom von Flüchtlingen ergoss sich in alle Himmelsrichtungen, vor allem aber nach Babylonien und über Nordafrika sowie Italien bis auf die Iberische Halbinsel, die hebräisch mit dem biblischen Ortsnamen *Sepharad* benannt wurde. Die dortigen oder von dort kommenden spanisch-portugiesischen Juden heißen daher zusammenfassend *Sephardim* im Unterschied zu den *Aschkenasim* in Deutschland und Nordostfrankreich, die später vor Verfolgungen nach Polen, Litauen und Russland auswichen, weswegen der Begriff auch allgemein »Ostjuden« meint.

Bleiben wir zunächst im Westen bei den Sephardim, von denen es offenbar schon im 5. Jahrhundert so viele gab, dass wir von Gemeindebildungen Kunde haben. In dieser Zeit kam es zur Eroberung der römischen Provinz durch die Westgoten, die während der ersten Jahrzehnte ihrer Herrschaft schon zu deren Konsolidierung keine Konflikte brauchen konnten und die Juden wie die anderen römischen Bürger behandelten. Das änderte sich etwa hundert Jahre nach der Bildung des westgotischen Reiches, als dessen Könige nach dem Vorbild der Franken den katholischen Glauben annahmen. Bis dahin waren die Westgoten Arianer gewesen und dadurch von der unterworfenen spanisch-römischen Christenheit getrennt.

Die Kluft fiel nun weg, sodass die zwischen Christen und Juden der Mehrheitsbevölkerung wie den Herrschenden bewusst wurde. Auf Konzilen in Toledo kam es zu antijüdischen, religiös begründeten Beschlüssen, die bis zur Konfiskation von jüdischem Eigentum, Versklavung und Zwangstaufen gingen. Die Rettung für die Juden aber sollte von gänzlich unerwarteter Seite nahen.

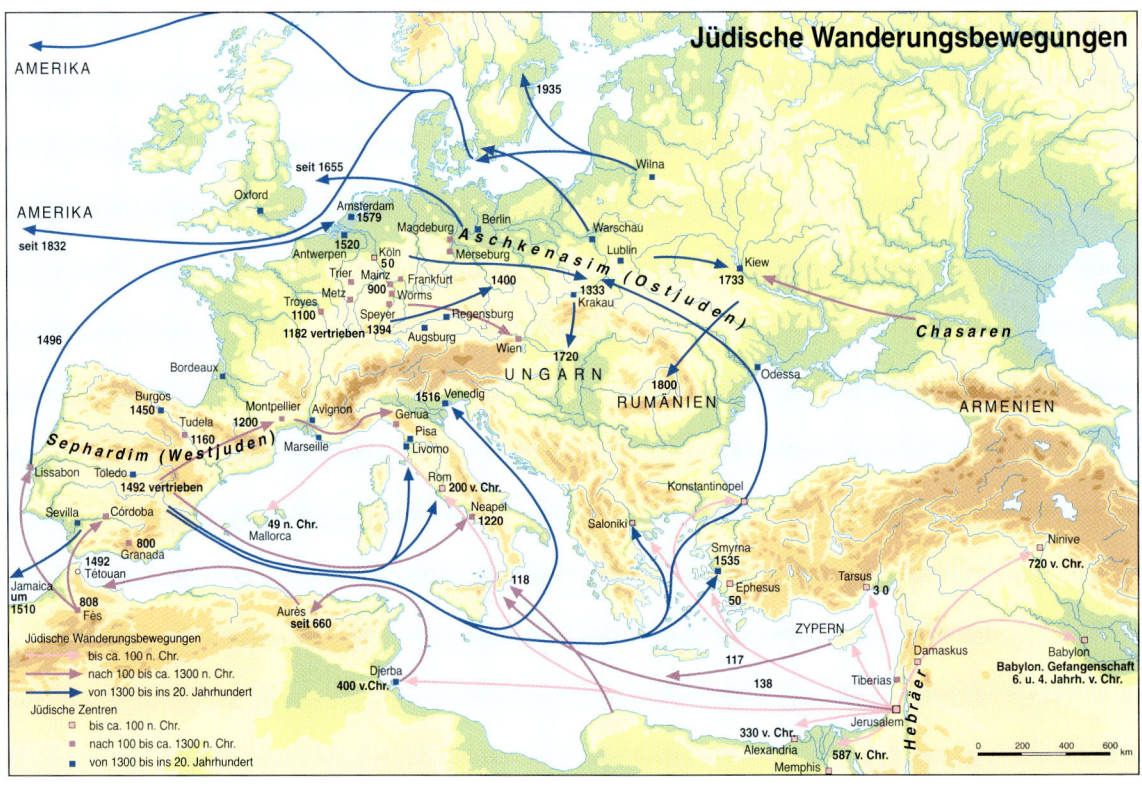

UNTER MAURISCHER HERRSCHAFT

Im Jahr 711 setzten muslimische Heerhaufen über die Straße von Gibraltar und brachten die westgotische Macht unerwartet schnell zum Einsturz; erst bei Tours und Poitiers brachte der Franke Karl Martell den islamischen Vormarsch 732 zum Stehen. Für die Muslime galten Christen und Juden als zu achtende Anhänger von Buchreligionen wie sie selbst, sodass nur die Heiden als »Götzendiener« verfolgt und zur Annahme des Islam gezwungen wurden. Juden und Christen kamen unter der Herrschaft der Omaijaden-Dynastie (756–1030) auf der Iberischen Halbinsel mit einer besonderen Kopfsteuer davon und wurden in ihrer Religionsausübung nicht behindert. Da die Juden auch Berufsfreiheit genossen, konnten sie sich als Händler entfalten, die Verbindungen bis nach Fernost unterhielten. Ihre administrativen Fähigkeiten verschafften ihnen besondere Anerkennung bei Hofe und bescherten ihnen wichtige Ämter. Wohlstand und Förderung durch die Herrscher ließen die jüdische Kultur blühen, die zahlreiche bedeutende Gelehrte hervorbrachte und mit dem Ende der Omaijaden-Herrschaft zusätzliche Impulse erhielt.

Die Zersplitterung der muslimischen Macht jedoch schwächte die Kräfte der Abwehr gegen die christliche *Reconquista*, wie das Programm der katholischen Herrscher in Nordspanien zur Wiedereroberung der Halbinsel genannt wurde. 1082 fiel Toledo Alfons VI., dem Tapferen, König von León und Kastilien (1072–1109), in die Hände. Es war die große Zeit des spanischen Nationalhelden El Cid (um 1043–1099), der 1094 auch das Maurenreich von Valencia eroberte. Die islamische Bastion geriet ins Wanken, und deswegen rief der Herrscher von Sevilla nach nordafrikanischer Hilfe, die in Gestalt der Almoraviden-Dynastie in Spanien erschien. Sie brachte aber nicht nur neuen Schwung in die muslimische Gegenwehr, sondern auch einen islamischen Fanatismus mit, der in den Juden Störenfriede, wenn nicht gar Kollaborateure des christlichen Feindes sah. Neid auf den Wohlstand kam hinzu, mit der Privilegierung war es vorbei.

In der Schlacht bei Tours im Jahre 732 siegte Karl Martell über Abd ar-Rachman, den Statthalter des Kalifen in Spanien, und konnte so den Vormarsch der Mauren aufhalten.

RECONQUISTA

Waren einst die Muslime als Retter begrüßt worden, so flüchteten die Juden nun nach Norden in den Schutz der christlichsten Könige. Die vorrückenden Eroberer gewährten diesen Schutz, denn die intime jüdische Kenntnis der islamischen Verwaltung und des maurischen Militärs sowie das wirtschaftliche Knowhow der Flüchtlinge waren hochwillkommen. Auch als Siedler in den zurückgewonnenen Gebieten begrüßte man die Juden, die erneut eine Zeit der Förderung und des Wohlstands, jetzt im christlichen Rahmen, erlebten. Vielfach spricht die Geschichtsschrei-

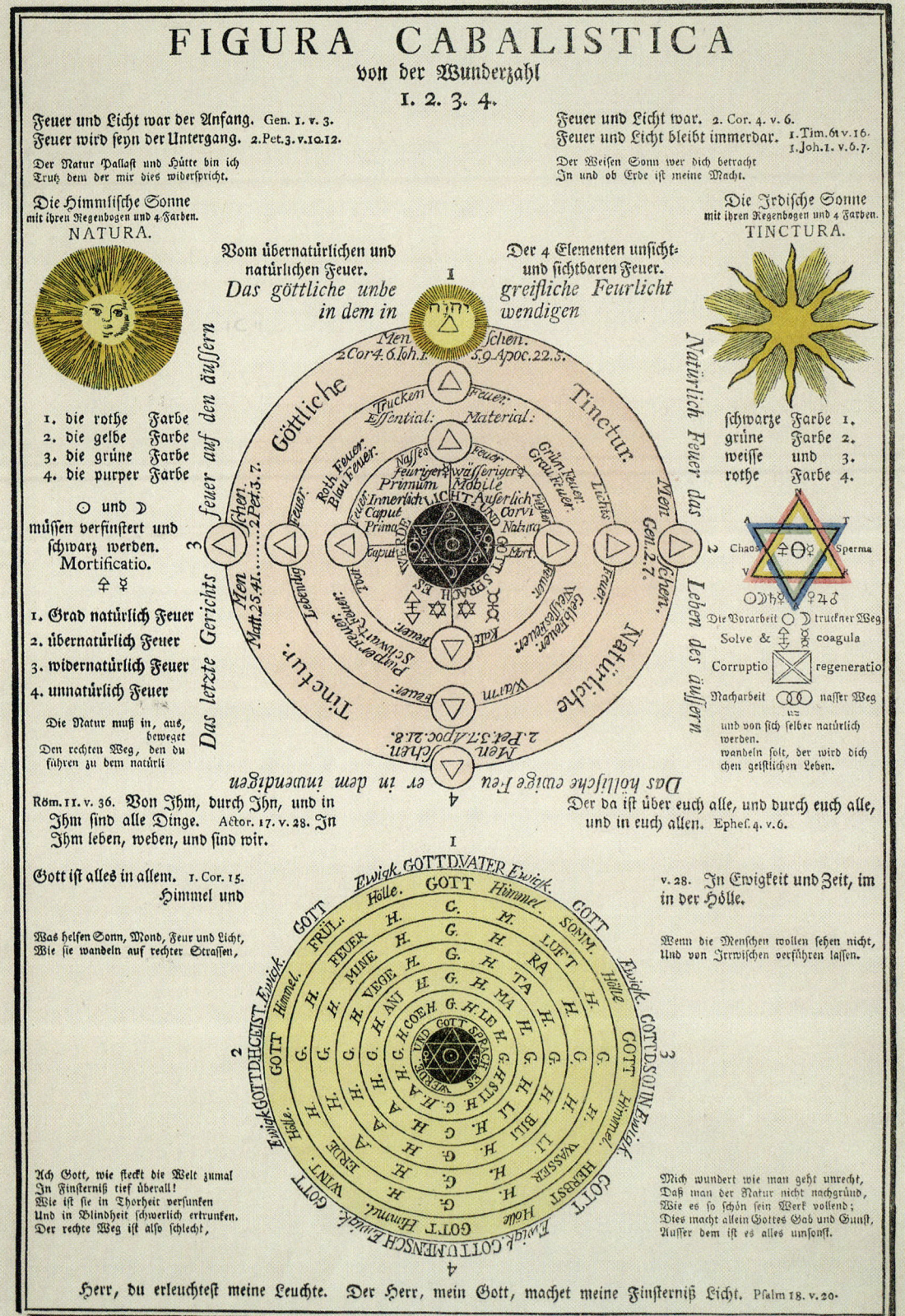

Die Kabbala beeinflusste zahlreiche Geheimgesellschaften wie die Rosenkreuzer auch noch in späteren Jahrhunderten, wie dieser Kupferstich aus dem 17. Jahrhundert zeigt.

bung sogar von einem »Goldenen Zeitalter«, das nun unter königlicher Schirmherrschaft anbrach. Der Begriff bezieht sich vor allem auf die großen kulturellen Leistungen, die dem gesamten Abendland zugute kamen. Die Araber hatten die Schriften der antiken griechischen Philosophen und Gelehrten nach Spanien gebracht, jüdische Übersetzer machten sie auf Hebräisch und Lateinisch bekannt.

Die geistige Entwicklung betraf auch die innerjüdische Diskussion selbst, in der sich Aristoteliker seit dem 13. Jahrhundert einer mystischen Strömung gegenüber sahen, die eine spirituelle Vereinigung mit Gott erstrebte: Die *Kabbala* (hebräisch: »Überlieferung«) gab sich als Hüterin der tieferen biblischen Wahrheiten, die bei der üblichen Auslegung nicht erfasst würden. Mit Hilfe von Buchstabendeutung und Zahlenmystik suchten die Kabbalisten jedem Zeichen und jedem Satz der Bibel eine geheime Bedeutung beizulegen.

Damit eröffneten sie der theologischen Spekulation ein weites Feld über Engel und Dämonen, zehn Weltsphären *(Sefirot)*, die das Göttliche durchlaufe, Seelenwanderung *(Gigul)* und messianische Prophezeiungen. Im Volksglauben sanken diese Konstrukte zu magischen Praktiken herab bis hin zu Geisterbeschwörungen und Abwehrzauber.

Solche Esoterik hat immer Konjunktur in Krisenzeiten oder kündigt solche an, was auch im Fall der Kabbala zutraf. Das Klima zwischen Christen und Juden nämlich verschlechterte sich rapide, und wieder spielte vor allem Neid auf den Erfolg der Minderheit eine Rolle: Man gönnte ihr weder den materiellen Wohlstand noch die Nähe zu den Herrschern, deren Schutzbriefe nun zum Nachteil für die Beschützten wurden. Zum einen machten sie Juden als Sondergruppe erst kenntlich und verhinderten integrative Tendenzen, zum anderen wurden sie den Juden als erschlichen ausgelegt – ein Teufelskreis, aus dem kaum zu entkommen war.

Es keimte zudem der Verdacht, dass für manche unpopuläre staatliche Maßnahme Juden als Strippenzieher verantwortlich waren. Auch kirchlicherseits wuchs der Druck auf die Juden aus politischer Rivalität heraus, begründet wurde er jedoch natürlich religiös: Die Juden hätten den Heiland nicht nur nicht anerkannt, sondern sogar ans Messer geliefert. In einseitig organisierten Streitgesprächen suchten christliche Theologen jüdische Gelehrte vorzuführen und damit Juden zum Übertritt zum Christentum zu bewegen.

DAS ENDE IN SPANIEN

Gelegentlich und örtlich kam es auch schon zu physischen Verfolgungen und Übergriffen, doch die wirkliche Explosion des Hasses ereignete sich erst gegen Ende des 14. Jahrhunderts. Im Juni 1391 kam es in Sevilla, wo eine große jüdische Gemeinde beheimatet war, zu blutigen Ausschreitungen, die sich von Andalusien bis auf ganz Kastilien ausdehnten und bis in den August andauerten.

Die Chroniken berichten von Zehntausenden von Toten und von noch mehr Juden, die sich in ihrer Not taufen ließen. Andere kehrten dem Land den Rücken. Die getauften Juden wurden *Marranen* genannt nach dem spanischen Wort für »Schwein«, weil sie nun Schweinefleisch essen durften oder genauer: mussten, denn die Inquisition, Verfolgungsbehörde der Kirche, hegte den nicht immer unbegründeten Verdacht, dass viele der Zwangsbekehrten, offiziell *conversos* oder *nuevos cristianos* genannt, insgeheim weiter ihrem jüdischen Glauben anhingen. Wer weiter Schweinefleisch mied oder in der Osterzeit *(Passah)* kein gesäuertes Brot im Haus hatte, machte sich verdächtig und musste mit hochnotpeinlicher Befragung, sprich: Folter, rechnen. Dass der Argwohn wach blieb, hatte auch damit zu tun, dass die getauften Juden gleiche Rechte wie die Altchristen genossen und bald wieder in hervorragende Positionen gelangten, als Geschäftsleute Erfolg hatten und auch nicht selten kirchliche Karrieren machten. Gerade diese Konvertiten empfahlen sich Staat und Kirche durch besonderen Druck auf die standhaft gebliebenen einstigen Glaubensgenossen.

Wer nicht auswanderte, dem blieb oft nur als letztes Mittel die Taufe. Doch auch die half nur, wenn der

Übertritt als glaubwürdig anerkannt wurde, andernfalls drohte der Feuertod (»Autodafé«). Er wurde seit 1481 über Konvertiten verhängt, die als »Judaisierer« entlarvt worden waren. Als 1492 Granada, die letzte islamische Festung, der Reconquista erlegen war, wollten die Katholischen Könige Ferdinand II. und Isabella I. zum Dank ein Siegeszeichen setzen. Sie verfügten, dass die Juden als letzte Nichtchristen in ihrem Land dieses binnen vier Monaten zu verlassen hatten. Noch einmal konvertierten einige Juden, das Gros aber verließ das Land.

Nur noch kaum wahrnehmbare Spuren in Literatur und Baukunst zeugen in Spanien und Portugal von den großen kulturellen Leistungen des untergegangenen sephardischen Judentums. Es suchte sich neue Heimaten vor allem im Orient, in Italien und in den Niederlanden.

MITTELEUROPA

Der biblische Ortsname *Aschkenas* bezog sich anfangs vermutlich auf ein Gebiet in Nordmesopotamien, wurde dann auf Skandinavien übertragen und im Mittelalter die hebräische Bezeichnung für Deutschland. Dessen jüdische Bewohner und die von dort später nach Osten abwandernden Juden hießen daher, wie schon oben erwähnt, Aschkenasim. Seit wann es Juden in Mitteleuropa gab, lässt sich nicht mit Bestimmtheit sagen. Sicher sind sie schon früh mit den Römern an den Rhein gekommen, doch erst im 4. Jahrhundert wissen die lateinischen Quellen davon. Da sie aber von organisierten Gemeinden sprechen, ist ein wesentlich früheres Einsetzen der Einwanderung mehr als wahrscheinlich. Über ihr Schicksal während der Völkerwanderungszeit erfahren wir kaum etwas, und haben erst wieder aus dem Frankenreich Karls des Großen und seiner Nachfolger im 8./9. Jahrhundert verlässliche Nachrichten.

Die Frankenherrscher standen den Juden positiv gegenüber, denn sie verfügten über für damalige Zeiten erstaunlich weite Verbindungen, sodass sie von großem Nutzen bei der Entwicklung des Fernhandels und bei diplomatischen Missionen waren. Da spielten auch die Sprachkenntnisse eine Rolle, die sie aus ihrem mittelmeerischen Herkunftsgebiet mitgebracht hatten. Nach Teilung der Reiches setzten die deutschen Könige und Kaiser und auch die Westfränkischen Könige die Schutzpolitik für die Juden fort, deren Hauptgemeinden in Köln, Aachen, Mainz oder Worms erhebliche kulturelle Bedeutung gewannen.

Diese Seite aus dem »Sachsenspiegel« (um 1300) verdeutlicht anschaulich das Verhalten gegenüber Juden (erkennbar an dem Judenhut).

Schon bald koppelten sie sich von den Akademien in Babylonien ab und entwickelten eine eigenständige und unabhängige theologische Schule; einer ihrer Wortführer war Gerschom Ben Jehuda (um 960–1028), der die Mainzer Talmudakademie leitete und sich mit seinen Richtung weisenden Entscheidungen (etwa gegen die Vielehe) in ganz Westeuropa den Ehrentitel *Meor ha-Gola* (»Leuchte des Exils«) erwarb. Ähnliche Bedeutung erlangte der zwei Generationen jüngere Salomo ben Isaak, genannt Raschi (um 1040–1105) aus Troyes, von dem schon im Zusammenhang mit dem Talmud die Rede war.

Die gedeihliche Entwicklung endete abrupt, als sich in West- und Mitteleuropa der Kreuzzugsgedanke zur Befreiung der heiligen Stätten in Jerusalem von den Arabern verbreitete. Während Adlige wie Gottfried von Bouillon sich darauf beschränkten, von den Juden gewaltige Summen zu erpressen, um damit die Rüstungen ihrer Heere zu finanzieren, schlugen die Leute vom so genannten Kreuzzug des Volkes unmittelbar zu: In Speyer, Worms, Mainz, Köln und anderen Städten am Rhein kam es im Frühsommer 1096 zu Massakern, denen Hunderte von Juden zum Opfer fielen. Die Ereignisse wiederholten sich bei den folgenden Kreuzzügen. So gab es in der Aufbruchsstimmung zum Zweiten Kreuzzug in den 1140er-Jahren in mehreren Städten Frankreichs und in Würzburg Judenmorde, in England 1189 beim Beginn des Dritten Kreuzzugs.

NEUE INNERLICHKEIT

Der Schock im Judentum saß tief und hatte zwei wesentliche Folgen: Wachsende religiöse Innerlichkeit und Abwanderung nach Osten. Die neue Frömmigkeit stellte eine Wiederkehr des Chassidismus (von *Chassidim* = »die Frommen«) dar, der sich schon in der Antike durch Betonung der jüdischen Rechtgläubigkeit gegen die Gefahr der Hellenisierung gewandt hatte. Damals hatte er die Bewegung der Pharisäer hervorgebracht, mit denen sich später Jesus auseinander setzen musste. Jetzt ging die neue Frömmigkeit (*Chasside Aschkenas* = »die Frommen Deutschlands«) vom durch Verfolgungen besonders schlimm betroffenen Regensburg aus, wo Samuel ben Kalonymus als Gemeindevorsteher wirkte. Wie die christlichen Bettelorden, vor allem die Franziskaner, stand auch für die Chassidim an erster Stelle die Forderung nach Einfachheit, Demut und Nächstenliebe. Zwar zeichneten sich diese frühen Chassidim durch besondere Tora-Treue aus, doch vertraten sie Andersgläubigen gegenüber einen sehr toleranten Standpunkt. Das wurde ihnen schlecht gedankt, denn im Kreuzzugsklima blühte die Judenfeindschaft immer kräftiger, wogegen auch Schutzmaßnahmen der Fürsten bis hin zum Kaiser auf Dauer nichts auszurichten vermochten. Das lag auch daran, dass die Steuerkraft der Juden sank, weil etwa der lukrative Mittelmeerhandel mehr und mehr von den Flotten der Kreuzfahrerstaaten dominiert wurde und weil das kräftige Schröpfen der Juden durch die Feudalherren viele Familien verarmen ließ.

Schlimmer aber wirkte es sich aus, dass die Kirche das Feindbild des Juden neu entdeckte und es auch für alle

Das Tragen des so genannten Judenhutes war schon im 13. Jahrhundert von der Kirche vorgeschrieben.

sichtbar machen wollte. Auf einem Konzil in Rom verkündete der mächtige Papst Innozenz III. im Jahr 1215, dass Juden sich deutlich in der Kleidung kenntlich zu machen hätten. In Deutschland mussten sie künftig entweder den spitzen Judenhut tragen oder sich mit gelbem Fleck oder Ring auf der Oberbekleidung als Juden zu erkennen geben. Schon damals, obwohl es sich hier um rein religiöse Verfolgung handelte, begründete der Papst das mit der Gefahr, das sich Christinnen mit Juden oder Jüdinnen mit Christen einlassen könnten, was das Seelenheil des christlichen Teils in schwere Gefahr brächte.

DER SCHWARZE TOD

Einen neuen Höhepunkt der Judenverfolgung brachte der »Schwarze Tod« mit sich, der um die Mitte des 14. Jahrhunderts ein Drittel der europäischen Bevölkerung dahinraffte. Dass die Juden von der Pest ebenso betroffen waren, konnte das Gerücht nicht eindämmen, sie hätten durch Vergiftung von Brunnen die Seuche verursacht. Eine Welle von Pogromen schwappte durch das Abendland. Sie erfasste auch Gebiete, die von der Pest gar nicht betroffen waren, und vernichtete mindestens hundert Gemeinden völlig und noch weit mehr zu großen Teilen. Die Behörden beteiligten sich an den Verfolgungen durch Ausweisungen aller Juden aus Städten, Regionen oder gar ganzen Ländern, wie dies England bereits 1290 vorgemacht hatte und wie es es Frankreich 1394 ebenfalls beschloss. Im dezentralisierten Deutschland wurde überall unterschiedlich verfahren; vor allem die gut organisierten Städte griffen zu pauschaler Vertreibung, oft auf Veranlassung der Zünfte, die sich Konkurrenten vom Halse schaffen wollten, oder von einflussreichen Persönlichkeiten, die auf diesem Weg unbequeme Gläubiger loswurden. Manchmal war Weisung von oben gar nicht mehr nötig, da viele Juden schon aus eigenen Stücken abgewandert waren.

Vielfach setzten sie sich nach Polen oder noch weiter in den Osten ab. In Deutschland verblieb nur ein Rest, der sich allerdings weniger in den Städten, sondern vornehmlich auf dem Lande ansiedelte.

OSTEUROPA

All die Verfolgungen speisten den Strom der auswandernden Aschkenasim, also der mitteleuropäischen Juden, nach Osten, der schon während der Kreuzzugshysterie eingesetzt hatte. Die Neuankömmlinge fanden in Polen, Litauen, der Ukraine und Russland bereits jüdische Gemeinden vor, wenn auch nur kleine, bestehend aus Angehörigen jüdischer Volksgruppen des Orients. Es kam allerdings kaum zur Vermischung, zu unterschiedlich waren die Traditionslinien und auch die Sprachen. Zwar konnten sich die Geistlichen und Gelehrten hebräisch verständigen, doch die jeweiligen Volkssprachen hatten nichts gemeinsam. Die deutschen Juden brachten ihr Idiom mit, ein mittelhochdeutsches Gemisch mit hebräischen Einsprengseln, das sich in den neuen Ländern mit slawischen Elementen anreicherte und zu einer bedeutenden Verkehrs- und Literatursprache, dem Jiddischen, wurde. Wie fast überall gediehen die jüdischen Gemeinschaften im Osten anfangs erfreulich, doch die Mehrheitsgesellschaft stieß sich bald auch dort an den fremdartigen Bräuchen und an eben diesem Erfolg. Übergriffe gegen Juden gab es daher immer wieder, und im 17. Jahrhundert entwickelte sich daraus erstmals ein antijüdischer Flächenbrand. Chroniken berichten durchaus glaubwürdig von 100 000 jüdischen Opfern.

NEUER CHASSIDISMUS

Wie schon während der Kreuzzugszeit hatten die auch in den Jahren danach immer wieder aufflackernden Pogrome zwei Folgen: Abwanderung, in diesem Fall zurück in den Westen, und religiöse Erneuerung in den

In größeren Städten ließen sich Juden zumeist – freiwillig oder unfreiwillig – in eigenen Vierteln nieder. Dieses Aquarell aus dem 19. Jahrhundert zeigt das Judenviertel Kazimlesz im polnischen Krakau.

dezimierten Gemeinden. Diese neue Erweckungsbewegung, ebenfalls als Chassidismus bezeichnet, griff mit einer gewissen Zeitverzögerung und ging aus vom Karpatengebiet. Dort war der Rabbi Israel ben Eliezer (1698–1760) beheimatet, der seine spirituelle Kraft aus der Einsamkeit der Wälder und Berge gewann und schon bald Gegenstand ausufernder Legenden war. Von der wachsenden Schar seiner Bewunderer erhielt er den Beinamen *Baal Schem Tow* (»Meister des göttlichen Namens«). Seine Lehren, die er seit 1730 öffentlich verkündete, wurden ungeheuer folgenreich, sodass das östliche Judentum bald überwiegend chassidisch geprägt war.

Die chassidische Lehre betonte die jüdische Eigenart in besonderer Weise, sodass die Abgrenzung zur christlichen und damit feindlichen Umwelt noch krasser wurde. Das sahen auch die Behörden so und sorgten zur Vermeidung von Konflikten für eine Trennung der Bevölkerungsgruppen und dafür, dass sich die Juden nicht weiter ins russische Reich ausbreiteten, das seit 1795 die ehemals polnischen Siedlungsgebiete kontrollierte. Mit den jüdischen Gemeinden wurden Verträge geschlossen, die ihnen Siedlungsräume zuwiesen, wo sie die Mehrheit bildeten. Dabei wurde auf Konzentration in klein- bis mittelstädtischen Zentren (bis 20 000 Einwohner) geachtet, weil Streusiedlungen viel schwerer zu kontrollieren sind. Es bildete sich das typisch jüdische *Schtetl* (»Städtchen«) des Ostens, wo die Juden auf relativ engem Raum weitgehend unter sich waren, jiddisch sprachen, in den Synagogen *(Schul)* hebräische Studien betrieben und ihrem meist händlerischen Broterwerb nachgingen.

Bilder von Chagall und Romane von Scholem Aleijchem (1859–1916) oder Texte des 1978 mit dem Nobelpreis für Literatur geehrten Isaac Bashevis Singer haben diese liebenswerte, meist armselige und doch lebensvolle, von der Religion geprägte Welt festgehalten, die im Zuge der russischen Revolution von 1917 und endgültig während der deutschen Verfolgungen im Zweiten Weltkrieg untergingen.

49

Emanzipation und Zionismus

Osteuropa blieb trotz der Verfolgungen größter jüdischer Siedlungsraum, der durch den Chassidismus spirituell auch auf den Westen und in den Orient ausstrahlte. Politisch aber gingen neue Impulse von West- und insbesondere von Mitteleuropa aus, wo im 18. Jahrhundert die Aufklärung mit religiösen Vorurteilen aufräumte und den Juden die Chance zur rechtlichen Gleichstellung (Emanzipation) mit der nichtjüdischen Bevölkerung eröffnete. Das begriffen aber, wie wir gleich sehen werden, keineswegs alle als Fortschritt, sondern sahen darin auch eine Gefahr für die jüdische Identität. Insofern sahen es manche nicht ungern, dass in Deutschland oder genauer: in den diversen deutschen Ländern die Gleichstellung nicht so abrupt eingeführt wurde wie im revolutionären Frankreich oder schon vorher in den jungen Vereinigten Staaten von Amerika. Preußische Bemühungen allerdings blieben in Ansätzen stecken, die Revolutionäre von 1848 verfügten zwar die Gleichheit der jüdischen Bürger, doch wurde das Scheitern der Revolution auch ein Rückschlag für die Judenemanzipation, denn seit 1850 dominierte fast überall wieder das christliche Staatsprinzip. Im Vorfeld der deutschen Einigung kam es dann aber von Südwestdeutschland ausgehend zu Regelungen, die eine volle Gleichberechtigung vorbereiteten. In der Gesetzgebung des Norddeutschen Bundes (1869) und an diesen anknüpfend auch in der des neuen Deutschen Reiches (1871) war sie dann letztendlich endgültig verankert:

»Alle noch bestehenden, aus der Verschiedenheit des religiösen Bekenntnisses hergeleiteten Beschränkungen der bürgerlichen und staatsbürgerlichen Rechte werden hierdurch aufgehoben. Insbesondere soll die Befähigung zur Teilnahme an der Gemeinde- und Landesvertretung und zur Bekleidung öffentlicher Ämter vom religiösen Bekenntnis unabhängig sein.«

Besorgte strenggläubige Juden hatten hierzulande also Zeit, sich an den Gedanken einer stärkeren Angleichung an die deutsche Bevölkerung zu gewöhnen und festzustellen, dass staatsbürgerliche Gleichberechtigung noch lange nicht tatsächliche Gleichheit bedeutete. Vorbehalte gegen Juden verloren sich gesellschaftlich wie kulturell nur sehr allmählich und nie ganz; selbst so aufgeklärte Geister wie Dichterfürst Goethe pflegten noch manche Vorurteile, im Volk waren sie entsprechend wirksamer und stabiler, und auch der Adel sah keinen Anlass, Juden aufsteigen zu lassen. Unübersehbar aber kam es seit dem Wirken des jüdischen Berliner Philosophen Mendelssohn (1729–1786) und seines deutschen Freundes Lessing (1729–1781) zu einem Prozess der Angleichung und zu einer wachsenden Toleranz, wie sie Lessing in seinem Drama »Nathan der Weise« thematisiert hatte. Die staatlichen Maßnahmen förderten das, und nach Bildung des deutschen Einheitsstaates bes-

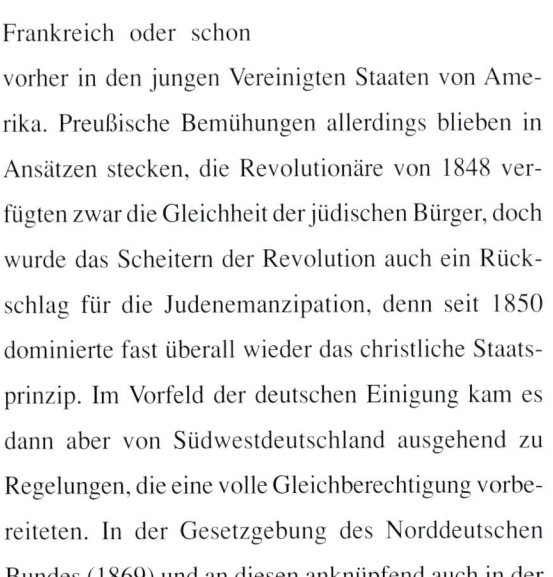

Lessings »Nathan der Weise« ist ein Beispiel für religiöse Toleranz. In der Ringparabel, die in diesem Gemälde dargestellt wird, geht es um den Konflikt der unterschiedlichen Religionen, der aber durch gegenseitige Achtung und Menschlichkeit überwunden werden kann.

*Gegenüberliegende Seite:
Die Deklaration der Menschen- und Bürgerrechte durch die französische Nationalversammlung am 26. August 1789 war für die Juden ein erster Schritt auf dem Weg zur Emanzipation.*

serten sich die Bedingungen weiter: Die Schlagworte dafür steigerten sich von »Anbürgerung« über »Eingliederung« bis zu »Verschmelzung«.

Unverändert aber gab es einen Bodensatz von Hass bei den Deutschen, gespeist durch den Neid. Die Emanzipation öffnete den Juden nämlich nach und nach weitere Berufe. Traditionell waren sie bisher besonders stark im Geldwesen vertreten gewesen, weil Christen lange kirchlicherseits die Zinsnahme verboten gewesen war. Daher rührte das Feindbild vom jüdischen Wucherer, der seine auf diese anrüchige Weise erwirtschafteten Mittel nun auch als Fabrikant und vor allem als Händler einsetzen konnte und damit angeblich unlautere Vorteile gegenüber den Konkurrenten hatte.

Als 1819 ein jüdischer Bankier im Bayerischen Landtag einen Antrag auf weitere Gleichstellung der Juden einbrachte, kam es in Würzburg, wo Juden überhaupt erst wieder seit 1803 leben durften, zu Krawallen. Mit dem Ruf »Hepp Hepp!« der Hirtenbuben, die so ihr Vieh scheuchten, trieb der Mob die Juden aus ihren Wohnungen, plünderte ihre Läden und schreckte auch vor mörderischer Gewalt nicht zurück. Die Unruhen breiteten sich, von der Polizei kaum behindert, über ganz Deutschland aus und wurden sogar von Priestern und Pastoren gebilligt, die das »Hepp« als Abkürzung für »Hierosolyma est perdita!« veredelten, zu deutsch »Jerusalem ist verloren!« Sie erinnerten damit an das Kreuzzugsmotiv und gaben den von schnödem Konkurrenzneid und Hass geprägten Ausschreitungen die theologische Weihe.

REFORM ODER SELBSTAUFGABE?

Dennoch setzten die meisten Juden weiterhin ihre Hoffnungen auf den Emanzipationsprozess, andere nahmen sich ein Beispiel an der allgemeinen Notemigration nach Amerika und gingen ebenfalls in die Neue Welt, wo viele von ihnen erstaunliche Karrieren machten. Wieder andere suchten die Flucht nach vorn und ließen sich taufen. Dazu gehörten so renommierte Männer der literarischen Szene wie Löb Baruch, der den Namen Ludwig Börne (1786–1837) annahm und einer der bedeutendsten Publizisten der späten Goethe-Zeit wurde. Auch Frauen entschlossen sich zum Übertritt, wenn sie christliche Männer heiraten wollten. Eine von ihnen war Rahel Levin (1771–1833), die als Gattin des Diplomaten und Schriftstellers Karl Varnhagen von Ense in Berlin einen berühmten Salon führte, wo sich Romantiker und Vertreter des »Jungen Deutschland« trafen.

Hier handelte es sich allerdings um Intellektuelle. Für die jüdische Allgemeinheit stellte sich die Frage anders: Wie ließ sich das Eigene bewahren bei gleichzeitigem Abbau der Konfrontation mit dem Fremden, auf das man ja angewiesen war, mit dem man auf Gedeih und möglichst nicht auf Verderb zusammenleben wollte. Einen Weg sahen Rabbiner und Theologen in einer Reform des Judentums selbst. Es konnte nicht ausbleiben, dass gegen Neuerungen und Anleihen orthodoxe Stimmen laut wurden. Sie sahen darin eine Selbstaufgabe oder sogar einen Trick der Gesellschaft, die Juden völlig zu assimilieren, bis sie als solche nicht mehr zu erkennen wären. »Assimilation« wurde das Schlagwort gegen die wachsende Bereitschaft im deutschen Judentum, sich – so sahen es die Kritiker – um jeden Preis hier geistige und kulturelle Heimat für immer zu erwerben.

ANTWORT AUF VERFOLGUNGEN

Das Heimweh nach dem Land der Väter war nichts Neues, aber inzwischen zum passiven Ritual erstarrt. Jetzt gewann es frischen, aktiven Klang, nicht nur wegen der westlichen Assimilationssorgen, sondern auch wegen der Lage der osteuropäischen Juden. Anders als ihre Glaubensgenossen in Deutschland und Westeuropa waren sie nicht aus den Gettos der Städte und ihrer Isolierung im Schtetl herausgekommen. Auch wenn die Idee einer räumlichen Rückbesinnung auf Zion, den Jerusalemer Berg des Tempels, aus dem Westen kam, so fiel er im Osten doch auf besonders fruchtbaren Boden. Seit den achtziger Jahren des 19. Jahrhunderts, die in Russland schwere Pogrome gebracht hatten, begannen osteuropäische Gesellschaften mit dem Ankauf von Land in Palästina, um jüdische Siedlungen aufzubauen. Die erste Siedlungswelle, selbstbewusst *Alija* genannt, was so viel wie »(nationale) Erhebung« bedeutet, wurde hauptsächlich von Studenten aus Osteuropa getragen. Sie fanden sich in einer Vereinigung namens Bilu zusammen, eine Bezeichnung nach den Anfangsbuchstaben der hebräischen Mahnung aus dem Buch Jesaja »Bet Jaakov Lechu Wenelcha« (»Kommt nun, ihr von hause Jakob, lasst uns wandeln [im Licht des Herrn]«). Rund 3000 Juden wanderten nach Palästina aus.

Auch im Westen fand diese »Zionismus« genannte Bewegung Anhänger, allerdings weniger und langsamer als angesichts der wachsenden judenfeindlichen Propaganda zu erwarten gewesen wäre. Schon 1862 hatte der Rabbiner Moses Hess sein Buch herausgebracht: »Rom und Jerusalem, die letzte Nationalitätsfrage«. Darin legte er seine Überzeugung von der Volks- und Schicksalsgemeinschaft des Judentums dar, der kein Volksangehöriger entkommen könne. Die logische Folgerung sei, dass sich jeder für diese Gemeinschaft mit ganzer Kraft einsetzen müsse, und das werde nur gelingen, wenn sich die Juden als Volk bewusst wurden und sich dazu in ihrem »Heimatland« versammelten. Hess hatte dabei schon Palästina im Visier und erkannt, dass weder Assimilation noch Emanzipation in den Gastländern zum Ziel führen würden. Dieser erste Vorstoß blieb fast ohne Echo; dazu brauchte es weiterer Anstöße.

GESICHERTE HEIMSTÄTTE

Erst die Dreyfus-Affäre wurde zum Schlüsselerlebnis. Sie brachte nachhaltig zu Bewusstsein, wie dünn die Decke der Emanzipation war. Ausgerechnet in Frankreich,

Der französische Artilleriehauptmann Alfred Dreyfus wurde 1894 wegen angeblichen Verrats militärischer Geheimnisse zu lebenslänglicher Haft verurteilt. Der Farbdruck aus »Le Petit Journal« von 1895 zeigt seine Degradation.

Theodor Herzl, Schriftsteller und zionistischer Politiker (1860–1904)

dem Musterland der liberalen Gleichstellung, zeigten sich starke Vorurteile gegen die Juden, denn die Spionagevorwürfe gegen den Hauptmann Alfred Dreyfus entlarvten einen unter der Decke aufgeklärter Bürgerlichkeit schwelenden Judenhass, der 1894 zur Verurteilung des unschuldigen jüdischen Offiziers zu lebenslanger Haft führte. Zwar wurde Dreyfus bald rehabilitiert, doch der Schock über den Abgrund an Ressentiments selbst in höchsten Kreisen saß tief im Judentum, selbst bisher Integrationswillige wurden zu überzeugten Zionisten.

Einer von ihnen war der österreichische Publizist Theodor Herzl (1860–1904), der mit seinem Buch »Der Judenstaat – Versuch einer modernen Lösung der Judenfrage« (1896) zum eigentlichen Begründer des politisch organisierten Zionismus wurde. Schon im Jahr nach dem Erscheinen des Buches kam es in Basel zu einem ersten Zionistenkongress, an dem 200 Delegierte teilnahmen. In einer Beschlussfassung heißt es: »Der Zionismus erstrebt für das jüdische Volk die Schaffung einer öffentlich rechtlich gesicherten Heimstätte in Palästina.«

Bewerkstelligen wollten das Herzl und seine Anhänger durch verstärkte Siedlungspolitik in Palästina, die Organisierung des Judentums in Europa und dessen Stärkung im »jüdischen Volksgefühl und Volksbewusstsein« sowie durch Druck auf die Regierungen der wichtigen Mächte. Nach erneuten Übergriffen in Russland auf jüdische Siedlungen kam es 1903 zur zweiten *Alija*, die bis 1914 rund 85 000 junge osteuropäische Juden nach Palästina brachte. Dort organisierten sich die vom sozialistischen Gedankengut geprägten Siedler vornehmlich in so genannten *Kibbuzim*. Diese Agrargenossenschaften waren zwar wirtschaftlich erfolgreich, doch die politische Sicherung ließ auf sich warten, weil das Gros der Juden wenigstens im Westen weiter auf Emanzipation und Teilhabe an der nationalen Kultur ihrer Gastländer setzte. Im Ersten Weltkrieg starben über 12 000 jüdische Soldaten allein auf deutscher Seite. Gerade der Krieg aber brachte den Zionismus einen wichtigen Schritt voran, denn das Osmanische Reich, zu dem Palästina gehörte, brach zusammen und Großbritannien übernahm das »gelobte Land« als Mandatsmacht.

Noch ehe der Krieg beendet war, stellte sich der britische Außenminister Balfour auf die Seite der Zionisten und versprach 1917 die Förderung einer »nationalen Heimstätte« der Juden in Palästina. Das blieb allerdings noch lange nicht mehr als Papier, denn die Realität sah weiterhin so aus, dass die jüdischen Siedlungen nur langsam wuchsen, dass sie auf immer stärkere Gegenwehr der Araber stießen und dass die Briten ihre »Förderung« offenbar als bloße Vermittlung verstanden. Ja, es schien sogar so, dass der Mandatsmacht der Konflikt zwischen jüdischen Neusiedlern und der arabischen Bevölkerung nicht ganz unlieb war, weil sie ihre Herrschaft dadurch sichern konnte, dass sie beide gegeneinander ausspielte. Der Einwanderungsdruck aber wuchs seit 1933 ständig an, nachdem in Deutschland Hitler die Macht übernommen und sein antijüdisches Programm verkündet hatte.

Als dann seine Armeen ab 1939 den europäischen Kontinent überrollten, ließ sich der Flüchtlingsstrom auch nach Palästina kaum eindämmen. Großbritannien, das an vorderster Front gegen den Despoten und Völkermörder stand, tat sich schwer zu begründen, warum es Juden abwies.

Antisemitismus und Holocaust

Das Wort war neu, das, was es bezeichnete, so alt wie das Judentum oder doch so alt wie dessen Zerstreuung in alle Welt: »Antisemitismus.« 1879 prägte der deutsche Publizist Wilhelm Marr (1818–1904) den in doppelter Weise irreführenden Begriff für die Judenfeindschaft, die sich wie ein roter Faden durch die Weltgeschichte zieht. Nach Jahrhunderten der Vermischung aber waren die wenigsten Juden noch mit dem ebenfalls problematischen Begriff Semiten zu bezeichnen. Und die nach dieser sprachwissenschaftlichen Terminologie tatsächlichen Semiten, also Araber, Beduinen und andere Steppenvölker, waren mit Marrs »Antisemitismus« gar nicht gemeint, sondern ausschließlich die Juden. Trotzdem hat sich der unangemessene Terminus durchgesetzt für ein sehr vielschichtiges Phänomen. Grundmotiv war stets der Minderheitenstatus der Juden in fremden Ländern und der Anspruch, das »auserwählte Volk« zu sein. Ihre Schwäche prädestinierte sie förmlich für die Rolle der Sündenböcke in schweren Zeiten, die »Arroganz«, so legte man ihnen den hohen religiösen Anspruch der Erwähltheit aus, provozierte Hohn und Hass, nach dem Motto: Wenn ihr etwas Besseres seid, dann sucht euch doch eine bessere Heimat! Hinzu kam Neid auf den Erfolg der Juden, die unter dem Druck der fremden und eben meist feindlichen Umwelt enorme geistige Kräfte freisetzen mussten, um zu überleben. Die religiösen Motive, wie sie zur Kreuzzugszeit zu dominieren schienen, waren in den meisten Fällen nur vorgeschoben, wurden aber vom Volk gern geglaubt, weil sich im Namen Christi mit gutem Gewissen brennen und morden ließ. »Gottesmörder« hatten eben nichts anderes verdient. Und schließlich spielte eine Rolle, dass viele Menschen, auch und gerade aus höheren Kreisen, bei Juden Schulden hatten, derer man sich gewaltsam zu entledigen trachtete. Dabei hatte man selbst die Juden ins Geldgewerbe geradezu gedrängt, indem man ihnen einerseits den Zugang zu Handwerksberufen oder landwirtschaftlichen Tätigkeiten fast überall verwehrte, während andererseits Christen lange keine Zinsgeschäfte machen durften.

Die Rolle der Juden im Geldgewerbe wird schon in frühen Darstellungen dokumentiert: »Juden als Wucherer«. Buchmalerei aus einer französischen Bibel des 13. Jahrhunderts.

RASSENKAMPF

Im 19. Jahrhundert wandelte sich der Antisemitismus wesensmäßig: Konnten sich Juden bisher durch Taufe und damit Übertritt zum Christentum vor Verfolgungen schützen, so suchten nun die Fanatiker nach Mitteln, ihnen auch diesen Weg zu versperren. In Gleichberechtigung und fortschreitender Assimilation nämlich sahen sie ein Feindbild schwinden, das sich schon oft als nützlich erwiesen hatte. Ausgelöst von der tiefen wirtschaftlichen Depression seit 1873 (Gründerkrise) tauchten vermehrt antisemitische Thesen auf, die Juden nicht mehr in erster Linie als Anhänger einer bestimmten Religion einordneten, sondern sie als Rasse klassifizierten. Wiederum gehörte

Marr zu den Wortführern. Er schloss daraus, dass sich der jüdische Ritus seit Jahrtausenden trotz aller Angriffe und Einflüsse unverändert erhalten habe, auf einen Charakterzug, der nur in der Minderwertigkeit der »jüdischen Rasse« zu suchen sei. Wie sonst könnten die Juden ohne Hemmungen überall als »Schmarotzer« existieren? Dahinter könne nur der Plan zur Erringung der Weltherrschaft durch Aussaugen der Kräfte der »Wirtsvölker« stecken.

Ein missverstandener Rassebegriff hatte damals Konjunktur, denn 1859 war das epochale Werk des Naturforschers Charles Darwin erschienen: »Die Entstehung der Arten durch natürliche Zuchtwahl.« Unter bedenkenloser Gleichsetzung von Art und Rasse, die biologisch nur eine Unterart darstellt, begriffen Anhänger des sich entwickelnden biologistischen Weltbilds die Geschichte der menschlichen Gesellschaft ebenfalls als »Auslese« der für den »Kampf ums Dasein« am geeignetsten Völker und Rassen. Ein Volk wie die Juden, das nicht einmal die eigene Heimat und Einheit habe bewahren können, müsse minderwertige Rassemerkmale haben und stelle daher für die gesunden Rassen, also vornehmlich für die Weißen und unter diesen für die besonders wertvollen Deutschen (Germanen), eine schwere Gefahr dar. Bei Vermischung drohe Bastardisierung, die ohnedies schon fortgeschritten sei und nur durch strengste Trennung von den Juden oder gar durch ihr »Ausscheiden aus dem Volkskörper« gebremst und in weiteren Schritten rückgängig gemacht werden könne. Nach diesem Konzept war ein Volk nicht so sehr durch seine Kultur bestimmt, sondern diese vorrangig Ergebnis von Rasseeigenschaften. Für Emanzipation der Juden war darin ebenso wenig Platz wie für eine Assimilation; die Taufe konnte den angeblich rassischen Makel nicht abwaschen.

Das antisemitische Klimas um die Wende zum 20. Jahrhundert erhielt neue Nahrung durch Zuwanderung von Ostjuden in die deutschen und österreichischen Städte. Sie flohen vor den brutalen Verfolgungen durch das zaristische Russland und fielen durch ihre exotische Kleidung (Kaftan, hohe schwarze Hüte) und ihr fremdartiges Aussehen mit Schläfenlocken und Spitzbart ungeheuer auf. Rasch wurden sie dubioser Praktiken bei ihren Geschäften verdächtigt. Gerade der finstere Habitus lieferte der rassischen Argumentation Munition, die sich auch gegen die angepassten und angestammten Glaubensgenossen der jiddisch sprechenden Neulinge verwenden ließ. Der junge Adolf Hitler nahm die Vorurteile damals in seinen Wiener Jahren (1907–1913) auf, ließ sich von den Schriften und Reden prominenter österreichischer Antisemiten wie von denen des von ihm verehrten Hauptstadt-Bürgermeisters Karl Lueger (1844–1910) beeinflussen, zog aber noch keine weiter reichenden Konsequenzen.

Auch gesellschaftliche Gruppen wie die akademischen Burschenschaften leisteten dem Judenhass Vorschub.

SCHLÜSSELJAHR 1918

Nach bewährter Sündenbockstrategie suchte man Schuldige für den Untergang des Kaiserreichs und für den angeblichen »Dolchstoß«, mit dem das »im Felde unbesiegte Heer« hinterrücks von Kommunisten und Sozialisten durch Streikhetze und pazifistische Aufwiegelung erstochen worden sei. Und Kommunisten wie »Sozis« waren in den Augen der Nationalisten und Völkischen entweder selber Juden oder ihre willfährigen Handlanger. Ein Blick nach Moskau genügte ja zur Feststellung, dass Juden die blutigen Antreiber der bolschewistischen Revolution waren. Juden wie Rosa Luxemburg und Karl Liebknecht in Deutschland bestätigten das nach Meinung der Rechten unwiderleglich. Und so flossen antisemitische Affekte und Kommunistenfurcht in jener Zeit zusammen, als der verwundete Hitler im Lazarett lag und »beschloss, Politiker zu werden«. Für ihn stand bereits »granitern« fest, dass die Juden am nationalen Unglück die Schuld trugen, und er machte sich daran, wie er später in seinem Bekenntnisbuch »Mein Kampf« schrieb, dem deutschen Volk mit dem Antisemitismus, »den großen einigenden Kampfgedanken zu schenken«. In der Nachkriegsnot glaubten die Menschen nur zu gern jedwede Verschwörungstheorie. Die Ursache bei sich selbst zu suchen, wäre viel zu schmerzhaft gewesen. Hitlers Nationalsozialistische Deutsche Arbeiterpartei (NSDAP) war nur eine der antisemitisch geprägten rechten Parteien während der Weimarer Republik, aber sie war die radikalste und nach anfänglichen Schwierigkeiten die bei weitem erfolgreichste. In ihrem Programm von 1920 stand bereits im vierten der 25 Punkte, dass »Volksgenosse« und Staatsbürger nur sein könne, »wer deutschen Blutes« sei, denn es herrschte die absurde Vorstellung, dass das Blut Träger der Rassemerkmale sei. Dieser Programmpunkt bedeutete in letzter Konsequenz die Ausbürgerung aller Juden oder ihre Ermordung. Das überstieg jegliche Vorstellungskraft, doch Hitlers Reden ließen keinen Zweifel daran, dass jedenfalls seine Vorstellung durchaus so weit reichte. Er war davon überzeugt, dass die Juden eine Weltverschwörung planten und bemühte als Beleg dafür immer wieder die »Protokolle der Weisen von Zion«, die erstmals 1903 erschienen und schon 1921 als Fälschung entlarvt worden waren. Hitler kümmerte das nicht, und sein Publikum nahm seine Tiraden ohnedies nicht wörtlich. Es teilte wohl den Hass auf die Juden, hielt aber die brutale Radikalität der Äußerungen Hitlers für Wahlkampfübertreibungen. Und seine Gegner verachteten ihn eher als vulgären Hetzer, als dass sie ihn gefürchtet hätten.

Hitler erhielt rasanten Zulauf, eben weil er der »jüdischen Hochfinanz« ebenso wie dem »jüdischen Bolschewismus« die 1929 ausgebrochene Krise der Weltwirtschaft anlastete, unter der Deutschland besonders litt. Unermüdlich wiederholte er die Formel, die seit 1927 jede Titelseite des Nazi-Hetzblattes »Der Stürmer« zierte: »Die Juden sind unser Unglück.« Geschickt freilich verknüpfte er seine rassistischen Angriffe mit herkömmlichen Vorurteilen gegen die Juden, da den meisten Menschen die Rassetheorien unverständlich waren. Zwar lag ihm nichts ferner als religiöse Argumentation, doch verkündete er scheinbar christlich-fromm: »Indem ich mich des Juden erwehre, kämpfe ich für das Werk des Herrn.«

ÄCHTUNG UND ENTRECHTUNG

Einmal zur Macht gelangt, bewies der am 30. Januar 1933 zum Reichskanzler bestellte Hitler schon in den ersten Monaten seiner Regierung, dass er wörtlich gemeint hatte, was er geschrieben und in seinen Reden den damals rund 500 000 deutschen Juden angedroht hatte: Am 1. April ließ er seine Helfer einen landesweiten Boykott jüdischer Geschäfte inszenieren, am 7. April entfernte der »Arierparagraph« des Beamten-

Ab April 1933 erging die Aufforderung zum Boykott jüdischer Betriebe und Läden. An den Fenstern jüdischer Geschäfte wurden von Nationalsozialisten zu diesem Zweck Plakate angebracht.

gesetzes alle Menschen jüdischer Herkunft aus dem Staatsdienst, am 22. April entzogen die Behörden jüdischen Ärzten und Zahnärzten die Kassenzulassung, am 22. September verfügte das Gesetz zur Errichtung der Reichskulturkammer den Ausschluss der Juden aus dem kulturellen Leben. Allerdings stellten alle diese Erlasse und Gesetze, und die aufgezählten sind nur ein kleine Auswahl, die Ämter vor erhebliche Probleme, weil eine schlüssige Definition, wer als Jude einzustufen sei, noch ausstand. Das wurde 1935 mit den Nürnberger Gesetzen nachgeholt. Ein Teil davon umfasste das Reichsbürgergesetz. Danach waren Juden und andere Personen »nichtarischen Blutes« (beispielsweise »Zigeuner«) künftig nur noch bloße Staatsbürger ohne politische Rechte im Unterschied zu den anderen Deutschen. Teil zwei war das so genannte Blutschutzgesetz. Es definierte genau, bei wie viel jüdischem »Blutsanteil« jemand als Jude, als Halbjude oder als »jüdisch versippt« zu gelten hatte. Die rassische Definition hatte endgültig die religiöse ersetzt, sodass getaufte Juden allenfalls insofern besser gestellt waren, als sie auf kirchliche Hilfe hoffen konnten – eine höchst vage und schnell enttäuschte Hoffnung. Auch für sie galt, dass jeder sexuelle Umgang mit »Ariern«, wie die nichtjüdischen Europäer im rassistischen Jargon hießen, »Rassenschande« und mithin strafbar war. Angebliche oder tatsächliche Verstöße gegen das Blutschutzgesetz führten auch oft ohne Verfahren zu Haft.

Es gab keinen Weg mehr, der Diskriminierung zu entkommen, außer den der Flucht aus dem Land. Nur zögernd schlugen ihn zunächst einige wenige Juden ein. Deutschland war seit Jahrhunderten ihre Heimat, Deutsch ihre Sprache, deutsch ihre Gesinnung. Viele

wären liebend gern bereit gewesen, die »nationale Revolution« der Nazis mitzutragen, und viele hofften auf eine Normalisierung nach den radikalen Anfängen. Erst als diese ausblieb und sich die Radikalität der Maßnahmen zu ungeahnter Bedrohung steigerte, kam es zur Massenflucht. Inzwischen aber war die Entrechtung und auch Enteignung der Juden so weit fortgeschritten, dass manche nicht mehr über die Mittel zur Flucht verfügten und sich in ihr Schicksal ergaben. Wie das aussehen würde, konnte seit dem schicksalshaften 9./10. November 1938 kaum noch zweifelhaft sein: Nach dem Mord eines jüdischen Jugendlichen an einem deutschen Diplomaten in Paris ließ die Partei – es gab seit dem Juli 1933 nur noch eine, die NSDAP – ihre Schlägertrupps los, die jüdische Geschäfte demolierten, Wohnungen von Juden verwüsteten und ihre Besitzer verschleppten, erschlugen oder in KZ (Konzentrationslager) sperrten, Synagogen anzündeten und plünderten.

»Reichskristallnacht« nannte der Volksmund die Gewaltorgie, denn dass hier der Staat hatte wüten lassen, das stand für die meisten fest. Und das Wort »Kristall« hielt das dominierende Geräusch jener Nacht fest: das Splittern der Scheiben von Synagogen, Schaufenstern und privaten Wohnungen. Die Schuld aber lastete der NS-Staat den Juden an, konfiszierte Entschädigungszahlungen der Versicherungen und verhängte eine kollektive Buße von einer Milliarde Reichsmark über die deutschen Juden. Eine Flut von Gesetzen und Verordnungen folgte, die angeblich die »jüdische Gefahr« weiter eindämmen sollte: am 12.11. wurde den Juden der Besuch von Theatern, Kinos und Ausstellungen verboten, am 15.11. mussten alle jüdischen Kinder die staatlichen Schulen verlassen, am 29.11. erging eine Einschränkung der jüdischen Freizügigkeit in Deutschland, Pässe von Juden wurden mit einem großen »J« gekennzeichnet, nachdem schon seit dem 17.8.1938 alle männlichen Juden als zweiten Vornamen in den Ausweisen Israel und alle weiblichen Sarah hatten eintragen lassen müssen.

Das Reichsgesetzblatt veröffentlichte am 5.9.1941, dass Juden, die das 6. Lebensjahr vollendet hatten, sich in der Öffentlichkeit nicht mehr ohne das jüdische Symbol, den gelben Davidstern, zeigen durften.

DAS UNDENKBARE

Und immer noch nahmen die wenigsten Hitler nicht beim Wort. Er wollte den Krieg, und die Schuld an diesem von ihm unbeirrt angestrebten Krieg gab er schon vorweg den Juden, als er am sechsten Jahrestag der Machtübernahme (30.1.1939) drohte: »Wenn es dem internationalen Finanzjudentum in und außerhalb Europas gelingen sollte, die Völker noch einmal in einen Weltkrieg zu stürzen, dann wird das Ergebnis nicht die Bolschewisierung der Erde und damit der Sieg des Judentums sein, sondern die Vernichtung der jüdischen Rasse in Europa.« Verfolgen, einsperren, drangsalieren, quälen – aber vernichten? Das hielten selbst Menschen, die Hitler fast jedes Verbrechen zutrauten, kaum für denkbar. Noch setzten ja auch seine Verfolgungskomplizen auf Auswanderung und zwangen vermögende Juden, für ärmere die Mittel zur Ausreise zur Verfügung zu stellen. Auf diese Weise gelang 1939 noch einmal 80 000 deutschen Juden die Flucht. Dann kam der Krieg, und die im Lande gebliebenen waren ebenso gefangen wie die mit jedem Feldzug hinzukommenden Juden der eroberten Länder, schließlich viele Millionen.

»Selbstbildnis mit Judenpass« des Malers Felix Nussbaum, der am 9. August 1944 im Konzentrationslager Auschwitz umgebracht wurde.

Loswerden wollte man sie um jeden Preis, doch der Krieg hätte eine Abschiebung in entlegene Gebiete nur ermöglicht, wenn der sicher eingeplante Sieg über Russland gelungen wäre. Als der nicht mehr zu erwarten war, begannen Hitlers Schergen das selbst für sie lange Undenkbare zu denken, nämlich das, was Hitler angedroht hatte: die Ermordung aller Juden im deutschen Machtbereich.

Dass es so gänzlich undenkbar doch nicht war, hatte schon der Beginn der Russlandfeldzugs gezeigt. Hinter der vorrückenden Front operierten hier von Anfang an so genannte Einsatzgruppen aus Polizisten und Angehörigen des Sicherheitsdienstes der SS, die zur »Bandenbekämpfung« herangezogen worden waren. Darunter war vor allem die Liquidierung von Juden gemeint, anfangs nur Männer, später auch Frauen, Kinder und Greise. Bis Jahresende 1941 hatten diese Todeskommandos bereits eine halbe Million Menschen erschossen, in der Folgezeit stieg die Zahl noch auf fast das Doppelte. Und doch ging Hitler alles viel zu langsam. Je weiter der Sieg in unerreichbare Ferne rückte, desto rascheres Handeln schien ihm geboten, um die »heiligste Mission meines Lebens«, wie er es nannte, zu erfüllen.

Spätestens um die Jahreswende 1941/42 fiel die Entscheidung zur Errichtung von Vernichtungslagern im besetzten Polen, wohin alle greifbaren Juden zu deportieren seien. Viele waren schon vorher nach Polen gebracht und in Gettos gesperrt worden, in denen Seuchen und Hunger die Bewohner dezimierten. In der nach dem Tagungsort benannten Wannseekonferenz vom 20.1.1942 wurden die Einzelheiten der »Endlösung der Judenfrage« festgelegt, wie der Völkermord umschrieben wurde. Aus allen Teilen Europas rollten bis Ende 1944 unaufhörlich Züge mit Juden in die Lager, wo sie entweder gleich durch Giftgas getötet wurden oder noch eine Gnadenfrist erhielten, bis ihre Arbeitskraft unter den unmenschlichen Lagerbedingungen erloschen war. Dann wartete auch auf sie die Gaskammer oder die tödliche Spritze. Fünf Millionen Menschen, überwiegend Juden, aber auch Sinti und Roma, Kriegsgefangene und andere, starben in den Todesfabriken, deren größte Auschwitz bei Krakau war. Hier fielen den Mördern in nur knapp drei Jahren allein anderthalb Millionen Häftlinge zum Opfer, fast zweitausend pro Tag.

Und das Erschreckende war, dass die deutschen Judenjäger fast überall willige Helfer fanden. Nur in Bulgarien, Italien und Dänemark gab es nennenswerten Widerstand gegen die Forderung nach Auslieferung der Juden.

Was bei den Nazis »Endlösung« hieß, bezeichnet man heute bei uns vorwiegend mit dem eher verschleiernden Titel einer 1979 erstmals in Deutschland ausgestrahlten Fernsehserie als »Holocaust«. Das Wort, das die wenigsten verstehen, versteckt daher mehr, als es sagt oder, wie der Wiener Künstler Hrdlicka einmal schrieb, es ist der »Versuch, die Dinge nicht beim Namen zu nennen«. Das Wort kommt aus dem Griechischen und bedeutet eigentlich »Brandopfer« oder »Ganzopfer«, doch selbst in dieser Übersetzung bleibt unklar, was gemeint ist mit dem Ganzopfer eines Volkes, das nur in einem sehr weiten Sinn ein Volk war und ist. Außerdem: Opfer wofür und warum? Ein Sinn, noch dazu ein sakraler, lässt sich im Völkermord wohl kaum ausmachen.

Es hat sich daher, ebenfalls nach einem Film, ein Begriffswechsel angebahnt, den auch jüdische Autoren begrüßen: Nach dem vielstündigen Dokumentarfilm von Claude Lanzmann (1985) über die Ermordung der Juden in den Vernichtungslagern setzt sich das hebräische Wort *Shoa* für den Genozid allmählich durch. Das verstehen zwar eher noch weniger Normalbürger, es sagt aber in der Übersetzung genauer, um was es sich handelte: »Vernichtung«.

Aus einer Ausstellung aus dem Magazin der persönlichen Gegenstände, die den Häftlingen des Block 5 des Konzentrationslagers Auschwitz abgenommen wurden.

Modernes Israel

In Theresienstadt im heutigen Tschechien hatten die NS-Behörden 1942 ein »Altersgetto« für Juden eingerichtet, de facto aber handelte es sich eigentlich eher um ein Alters-Konzentrationslager. Dort kamen 34 000 Menschen um, über 80 000 wurden von dort weiter in die Gaskammern der Vernichtungslager deportiert. Theresienstadt wurde der Öffentlichkeit gegenüber als eine Muster-Wohnstatt für die Juden dargestellt, wie es ein Propaganda-Film schilderte mit dem Titel: »Der Führer schenkt den Juden eine Stadt«.

Zyniker haben nach dem Krieg mit Blick auf Israel gesagt: »Der Führer schenkte den Juden einen Staat.« So bösartig die Verdrehung ist, so wenig sind Zusammenhänge zwischen der Shoa und der Gründung des Staates Israel zu übersehen. Die tödliche Bedrohung, bis heute Trauma der Juden in aller Welt, ließ bei den Geretteten den Wunsch nach einem Leben in gesicherten Grenzen eines eigenen Landes ins Ungemessene wachsen. Und was die Siegermächte in den Lagern in Deutschland und vor allem im befreiten Polen vorfanden, das führte auch bei ihnen zu einem so tiefen Schock, dass sie sich auf Dauer diesem Wunsch der Juden nach einer Heimat im »gelobten Land« nicht mehr verschließen konnten.

Doch zunächst hielt die britische Mandatsmacht mit Rücksicht auf die arabische Bevölkerung Palästinas und mit Blick auf die arabischen Nachbarn an ihrer restriktiven Politik in Sachen jüdischer Einwanderung fest. Die Zahl der seit der ersten *Alija* (1882–1904) in weiteren fünf Wellen ins Land geströmten Juden betrug bei Kriegsbeginn 1939 knapp 500 000, die der Araber gut 1,1 Millionen, außerdem lebten etwa 100 000 Europäer zwischen Jordan und Mittelmeer. Im Krieg war Rücksicht auf die Araber noch wichtiger als in den Jahren zuvor. Aufstände wie den 1936–1939 gegen die jüdischen Siedlungen konnten die Briten während des Kampfes gegen Deutschland und seine Verbündeten, insbesondere die Mittelmeermacht Italien, nicht brauchen. Den Arabern wurde daher versichert, dass allenfalls 75 000 Juden pro Jahr aufgenommen würden und das auch nur fünf Jahre lang, dann werde es keinen weiteren Zuzug von Juden geben. An dieser harten Haltung änderte sich auch nichts, als die Nachrichten vom deutschen Völkermord an den Juden sich verdichteten. Ja, selbst durch den Schock der Bilder aus den deutschen Lagern nach Kriegsende ließen sich die Briten zunächst nicht erweichen.

Daher bildeten sich schon während des Krieges jüdische Organisationen, die illegal Glaubensgenossen nach Palästina schleusten, bis 1948 etwa 100 000 zusätzlich. Das verhärtete die britische Haltung noch mehr, sodass es 1947 zum schweren Konflikt um das Flüchtlingsschiff »Exodus« kam. Es hatte etwa 4500 Juden aus Mitteleuropa an Bord, Überlebende der

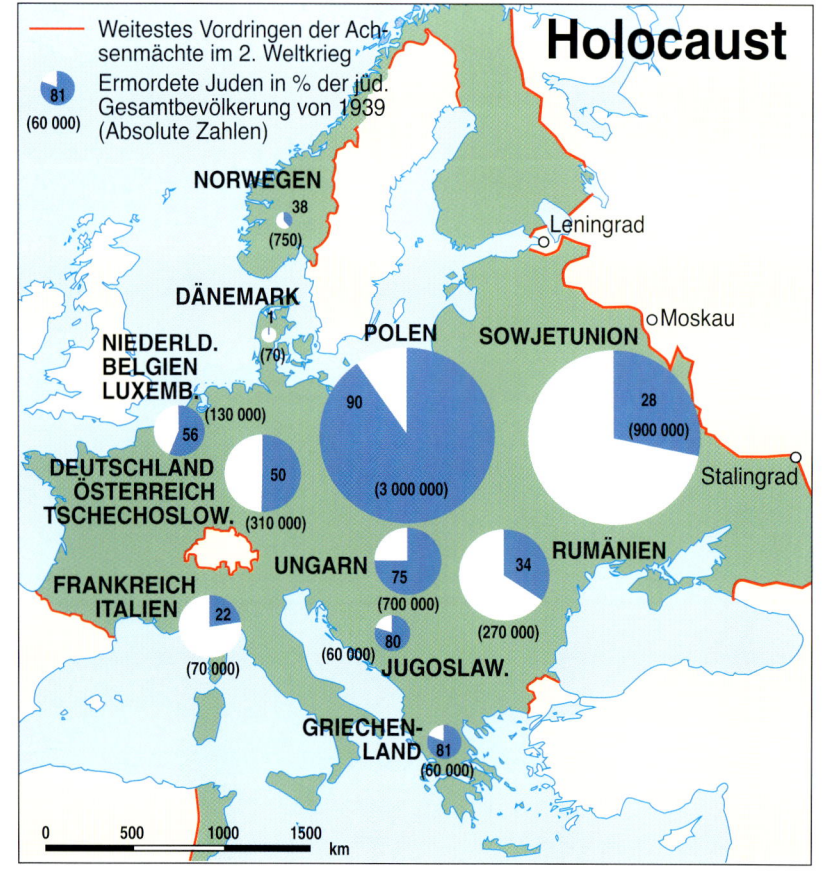

Shoa, die bisher in Lagern für *DPs* gelebt hatte. So nannten die Alliierten heimatlose Menschen *(Displaced Persons, DP)*, die sie im besetzten Deutschland vorgefunden hatten, darunter auch viele Juden. Deren Sehnsucht nach dem »gelobten Land« war verständlicherweise besonders groß, und so hofften sie, dass die Briten in ihrem Fall eine Ausnahme machen würden. Doch ihr Schiff wurde vor der Küste Palästinas von der britischen Flotte aufgebracht, nach kurzem Kampf geentert und wie manches andere nach Zypern verbracht. Da aber ein Exempel statuiert werden sollte, beließen es die Engländer nicht dabei, sondern schoben die abgewiesenen Einwanderer wieder nach Deutschland ab, wo sie gerade erst mit Mühe dem großen Morden entronnen waren.

UNABHÄNGIGKEIT

Die Weltöffentlichkeit war entsetzt, von den Arabern einmal abgesehen, und auch in England selbst stieß die Entscheidung der Mandatsbehörden auf massive Kritik. Der schon mehrfach erwogene Plan einer Teilung des Heiligen Landes zwischen Arabern und Juden rückte auf die Tagesordnung der 1945 gegründeten Vereinten Nationen, die ein eigenes Komitee für Palästina gebildet hatten.

Am 29.11.1947 billigte eine Zweidrittelmehrheit der UN-Vollversammlung die Teilung des bisherigen Mandatsgebiets in arabische und jüdische Gebiete. Während die Juden sich einverstanden erklärten, wiesen die Araber alle Vorschläge, die nicht auf ein arabisches Palästina hinausliefen, zurück. Sie zogen ei-

Ehemalige Häftlinge des Konzentrationslagers Buchenwald am Fenster eines Eisenbahnabteils auf der Reise von Europa nach Palästina. Foto aus dem Jahr 1945.

Gegenüberliegende Seite:
Oben: Der Händedruck zwischen (v. l. n. r.) dem ägyptischen Staatspräsidenten Sadat, dem US-Präsidenten Carter und dem israelischen Ministerpräsidenten Begin besiegelte die Unterzeichnung des Friedensvertrages zwischen Israel und Ägypten am 26.3.1979.

Unten: Einen schweren Rückschlag für die Friedensvermittlungen zwischen Israelis und Palästinensern bedeutete der Mord an dem 1995 von einem jüdischen Extremisten erschossenen Ministerpräsidenten Itzhak Rabin. Eine Gedenkstätte in Tel Aviv erinnert an das Attentat.

nen Waffengang vor, zumal sie sich wegen der zahlenmäßigen Überlegenheit und der Unterstützung durch die arabischen Nachbarn gute Chancen auf einen Sieg und damit womöglich auf eine völlige Beseitigung des Problems, sprich: der jüdischen Siedlungen versprachen. Und zunächst sah es auch so aus, als sich aus syrischen und ägyptischen Freiwilligen eine Arabische Befreiungsarmee bildete. Die jüdischen Kämpfer der 1920 gegründeten *Haganah* (»Selbstschutz«), aber gewannen nach anfänglichen Rückschlägen die Initiative und konnten weit größere Gebiete als im Teilungsplan vorgesehen erobern.

Als die Briten ihr Mandat über Palästina Anfang Mai 1948 aufgaben, rief der Zionistenführer David Ben Gurion (1886–1973) am 14. desselben Monats (heute Nationalfeiertag) den Staat Israel auf der Basis der inzwischen gewonnenen Gebiete aus. Der Abzug der Briten war zugleich das Signal für die arabischen Staaten Ägypten, Transjordanien, Syrien, Irak und Libanon, mit regulären Streitkräften gegen den selbst ernannten jüdischen Staat vorzugehen; der Unabhängigkeitskrieg begann. Durch Waffenlieferungen aus dem Westen gestärkt, vermochten sich die etwa 30 000 Mann der *Haganah* gegen die erdrückende Übermacht zu halten und sogar das zeitweilig abgeschnittene Jerusalem zu versorgen, woran freilich auch innerarabische Querelen Anteil hatten. Nach einem Monat gelang es den Vereinten Nationen, einen Waffenstillstand durchzusetzen, doch hielt er nur vier Wochen, in denen beide Seiten fieberhaft Nachschub organisierten. Trotz des Drucks der UN dauerten die Kämpfe bis Anfang 1949 an und endeten nur, weil die arabische Seite weitere Rückschläge befürchten musste. Israel hatte 6000 Gefallene zu beklagen, bei einer jüdischen Bevölkerung von damals nur 600 000 Menschen ein schwerer Aderlass an jungen Männern. Die meisten Araber waren aus den von Israel gehaltenen und eroberten Gebieten geflohen, viele in den Gaza-Streifen, andere nach Jordanien (so hieß das bisherige Transjordanien nun nach Gewinn des Westjordanlands) und in den Libanon.

Dort wurden die Flüchtlinge allerdings nicht integriert, sondern zumeist in Lagern und abgeschlossenen Gebieten konzentriert, indem man ihnen die baldige Rückkehr nach einem ebenfalls baldigen arabischen Sieg versprochen hatte. Der allerdings ließ auf sich warten und rückte beim nächsten Waffengang erst recht in weite Ferne, denn 1956 stand Israel nicht allein, sondern beteiligte sich mit Bodentruppen an einer Luftlandeaktion britischer und französischer Fallschirmjäger auf der Halbinsel Sinai. Die Westmächte hatten angegriffen, weil Ägypten den Suezkanal verstaatlicht hatte und so den lebenswichtigen Seeweg nach Indien und Fernost kontrollierte und die Gebühren für Durchfahrten festsetzen konnte. Der Handstreich misslang, weil die Supermächte USA und Sowjetunion Druck ausübten, dem sich die Angreifer beugen mussten.

Das Flüchtlingsproblem blieb ungelöst und entwickelte sich bei rasch wachsender Kopfzahl zur Zeitbombe. Immerhin hielt ein fragiler Frieden die Region fast ein Jahrzehnt lang relativ ruhig; Blauhelme der UN sicherten neuralgische Punkte am Gaza-Streifen, an anderen Grenzabschnitten und zur See. Angriffe gegen den jüdischen Staat durch Terroranschläge, Artillerieüberfälle von den Golanhöhen und Grenzverletzungen, die keineswegs als Nadelstiche bezeichnet werden konnten, hielten jedoch unvermindert an.

Und die arabische Propaganda verlangte unermüdlich die Beseitigung des jüdischen Staates. 1967 eskalierte der Konflikt, als der ägyptische Präsident Nasser das UN-Mandat nicht verlängerte, seine Truppen auf dem Sinai auf 100 000 Mann mit 900 Panzern verstärkte, den Golf von Akaba sperrte und die Parole ausgab: »Treibt sie ins Meer!« Israel blieb nur der Präventivschlag, der am 5. Juni erfolgte und den Angriff der Armeen Ägyptens, Jordaniens und Syriens zur Folge hatte, Staaten mit der zigfachen Bevölkerungszahl Israels. Dennoch gelang den jüdischen Streitkräften in einem massiven Rundumschlag der Sieg an allen Fronten. Sie stießen zum Suezkanal durch, eroberten Ost-Jerusalem und das gesamte Westjordanland (Westbank) sowie die Golanhöhen und wären bis nach Damaskus vorgestoßen, wenn sie nicht nach sechs Tagen angehalten worden wären.

INTIFADA

Zwar musste Israel noch zwei weitere Kriege gewinnen, den an Jom Kippur 1973 von Ägypten eröffneten und den 1982 gegen die Bedrohung aus dem Libanon heraus, doch dass mit dem jungen Staat auf Dauer zu rechnen sein würde, war seinen Feinden schon mit dem rasanten israelischen Sieg von 1967 schmerzhaft zu Bewusstsein gekommen. Nun musste aber auch auf jüdischer Seite ein Denkprozess einsetzen über die Frage: Wie soll das Miteinander von Juden und Palästinensern, die nun zu Hunderttausenden unter israelischer Herrschaft lebten, organisiert werden? Auf Dauer ließ sich der Status der von ihnen bewohnten Gebiete als unter Militärverwaltung stehend nicht aufrecht erhalten. Und auch der Kriegszustand mit den Nachbarstaaten durfte nicht auf unabsehbare Zeit andauern.

Für das letztere Problem fanden sich mühsam Teillösungen, indem Israel unter amerikanischer Vermittlung 1979 durch Rückgabe der Halbinsel Sinai zu einem Ausgleich mit Ägypten, der arabischen Vormacht, fand. Es dauerte lange, ehe auch Jordanien, das zugunsten der Palästinenser auf die Westbank verzichtete, die Realitäten anerkannte und 1993 Frieden mit Israel schloss. Frieden mit Syrien steht weiter aus. Der innere Frieden wird sich jedoch so lange nicht einstellen, bis ein Arrangement mit den Palästinensern gefunden ist. Ihre Lage spaltet auch die israelische

Gesellschaft, denn es gibt eine starke Bewegung, die »Land für Frieden« anstrebt, also den Palästinensern einen eigenen Staat auf der Westbank und im Gaza-Streifen gewähren möchte gegen Friedensgarantie durch sie und die Großmächte. Ein erster Schritt wurde 1993 getan, als man sich im Prinzip auf palästinensische Selbstverwaltung einigte, doch erlitt der so eingeleitete Friedensprozess einen schweren Rückschlag, als der Architekt des Vertrages, der israelische Ministerpräsident und Friedensnobelpreisträger Itzhak Rabin am 4.11.1995 von einem fanatischen Landsmann ermordet wurde.

Überhaupt sind die Fanatiker auf beiden Seiten der Hemmschuh für den Friedenszug. Auf jüdischer Seite hatte man den Fehler gemacht, in den seit 1967 besetzten Gebieten israelische Siedlungen zu errichten, in denen inzwischen weit über 150 000 Menschen leben und die bei vielen Juden die Visionen eines Groß-Israel im Format des Reiches von König David geweckt haben. Diese Unbelehrbaren lassen sich im Grunde nur noch durch staatliche Zwangsmaßnahmen zum Nachgeben zwingen, auch wenn das viel Leid für die bedeuten würde, die mittlerweile im Westjordanland und im Gaza-Streifen ihre Heimat haben.

Ein anderes Problem sind die palästinensischen Fanatiker, denen alles zu langsam geht und die sich noch immer nicht von der Hoffnung verabschiedet haben, Israel wieder völlig zu eliminieren. Sie torpedieren seit der 1987 aufgeflammten ersten Intifada (arabisch »Erhebung«) mit Terroranschlägen den Friedensprozess und bomben seit dem Jahr 2000 in einer zweiten Intifada erneut. Israel antwortet auf die Anschläge von Selbstmordattentätern mit militärischer Gewalt und ist solange nicht zu weiteren Schritten auf dem Weg zu einem Palästinenserstaat bereit, solange die palästinensische Führung den Terror der eigenen Leute gegen unschuldige Zivilisten, gegen Kinder und Frauen nicht in den Griff bekommt. Ob das gelingt, scheint fraglich, zumal nach dem Tod der Symbolfigur und des Palästinenserführers Yasser Arafat im November 2004 der Führungsanspruch zwischen radikalen und gemäßigten Palästinensern nicht unbedingt überschaubarer geworden ist. Und selbst wenn dieser Machtanspruch geklärt werden kann, schwelt weiter ein schier unlösbares Problem.

JERUSALEM

Im Unabhängigkeitskrieg war es den Israelis nur gelungen, den Westen Jerusalems zu erobern. Die Stadt wurde danach so geteilt, dass die heiligen christlichen und jüdischen Stätten in jordanischer Hand blieben. Die Heimstätte in Palästina kann aus jüdischer Sicht aber nicht vollendet sein ohne Zion, den Berg, auf dem der Tempel stand und auf dem die Klagemauer von ihm zeugt. Erst 1967 wurde dieser zentrale jüdische Ort im Osten der Stadt für die Israelis wieder zugänglich und Jerusalem Hauptstadt des Staates. Das ist für die Muslime nun ebenso unannehmbar wie zuvor die arabische Kontrolle Ostjerusalems für die Juden. Keine Seite ist bereit, auf ihre Ansprüche zu verzichten, und vorerst sieht es auch nicht so aus, als könne der Vorschlag einer Teilung Zustimmung finden, die beiden Parteien die jeweils heiligen Bezirke zuspricht. Auch mit einer Internationalisierung hat sich bisher niemand anfreunden können. Die Israelis sehen dazu keine Notwendigkeit, so lange sie die Macht haben und allen Gläubigen, Christen und Muslimen gleichermaßen, Zugang gewähren. Die Palästinenser haben sich bei ihrem Kampf um Selbstregierung und einen eigenen Staat als oberstes Ziel den Gewinn von Altjerusalem gesetzt. Ob Druck von außen, etwa durch die Europäische Union oder die USA, Israels Schutzmacht, die Blockade zu lösen vermag, steht zu bezweifeln.

Gewalt bringt keine Lösung des Nahostproblems, doch sind die Gegner so fixiert auf ihre Ansprüche, dass sie nur der Gewalt weichen würden. Also hält die Gewalt an. Sie lässt das Land nicht zur Ruhe kommen, die es so dringend braucht bei den wirtschaftlichen und sozialen Problemen und zur Entwicklung eines normalen staatlichen Lebens. Wegen des unerklärten, aber de facto herrschenden Krieges nämlich kann auch der jüdische Staat nicht zur Normalität finden, die nur durch eine allmähliche Trennung von religiösem und staatsbürgerlichem Leben zu gewinnen ist. Noch ist die einzige wirklich funktionierende Demokratie im Nahen Osten paradoxerweise selbst das, was sie manchen islamischen Ländern vorwirft: ein Gottesstaat, zusammengehalten von Religionsgesetz *(Halacha)* und göttlicher Erwählung. Liberale oder emanzipatorische Bestrebungen sehen viele Juden als Gefahr für die Stabilität des Gemeinwesens an, das immer noch mehr Gemeinde als weltlicher Staat ist.

Die Grabeskirche in Jerusalem ist nur eines der zahlreichen architektonischen und darüber hinaus religiösen Wahrzeichen der Stadt.

II Christentum

Mit anderthalb Milliarden Anhängern ist das Christentum die größte Religionsgemeinschaft. Europa, Australien, Nord- und Südamerika sind nahezu vollständig christlich geprägt; in Afrika und Asien gibt es starke christliche Minderheiten.

Die spirituellen Wurzeln des Christentums liegen in der jüdischen Eingottlehre (Monotheismus), die im Alten Testament überlieferten jüdischen Glaubensgrundsätze bilden einen Teil des heiligen Buches der Christen, der Bibel. Auch das Christentum geht von einem personalen Schöpfergott als Ursprung des Universums aus, der unmittelbar am Leben des Menschen als dem »Ebenbild Gottes« Anteil nimmt. Die Christen glauben an ein Jenseits, in dem der Mensch nach dem Tod in der Herrlichkeit Gottes lebt oder wegen schwerer Sünden zu ewiger Strafe verdammt ist. Für sein Seelenheil soll der Gläubige nach den Geboten Gottes und der Kirche leben, die Erlösung ist aber nicht durch eigenes Verdienst zu erlangen, dazu bedarf es göttlicher Gnade.

Gründer des Christentums ist die historische Gestalt des Jesus von Nazareth, genannt Christus (der Gesalbte Gottes), der als Prediger, Lehrer und Wundertäter zu Anfang unserer Zeitrechnung in Palästina wirkte und den Kreuzestod starb. Nach christlichem Glauben war er der Mensch gewordene Gottessohn, der durch sein Opfer am Kreuz die sündige Menschheit erlöst hat. Sein Leben und seine Lehre sind in den Evangelien enthalten, die zusammen mit Schriften der Apostel (Sendboten Christi) das Neue Testament der Bibel bilden.

Durch intensive Missionstätigkeit der Apostel entstanden schon bald nach Jesu Tod im ganzen Römischen Reich Christengemeinden, im 4. Jahrhundert wurde es Staatsreligion. Der Bund mit den politisch Mächtigen und der Aufbau einer effizienten Kirchenorganisation machte das Christentum zur prägenden Kraft des entstehenden Abendlandes. Es behauptete sich über den Zusammenbruch des Römischen Imperiums und die Völkerwanderung hinaus und missionierte nach den romanischen, keltischen und germanischen Völkern im Verlauf des Mittelalters auch die Slawen.

Wichtige Entwicklungen für das Christentum waren die seit dem 8. Jahrhundert andauernde Herausforderung durch den Islam und das so genannte Schisma von 1054, das die Christenheit in eine römisch-katholische Kirche im Westen und in eine orthodoxe im Osten teilte.

Ein weiterer dramatischer Einschnitt war im 16. Jahrhundert die Reformation Martin Luthers, die die katholische Universalkirche erneut spaltete. Seit dem 18. Jahrhundert verlor das Christentum seine Stellung als beherrschende abendländische Ideologie und wurde in den Gesellschaften der Gegenwart zunehmend auf seine pastoralen und karitativen Anfänge zurückgedrängt.

Reformbestrebungen zielen auf eine moderne Interpretation der Glaubensgrundsätze und eine Annäherung der Kirchen und Religionen im ökumenischen (weltweiten und konfessionsübergreifenden) Prozess; andererseits sind auch fundamentalistische Kräfte erstarkt, die auf ein streng dogmatisches Christentum pochen.

Als Meisterwerke der Gotik gelten die mächtigen Sakralbauten, die im 12. und 13. Jahrhundert entstanden. Dazu gehört auch die Kathedrale Notre Dame in Paris (hier das Rosettenfenster).

Gegenüberliegende Seite: Mit dem Bau der Peterskirche in Rom wurde im Jahr 324 unter Konstantin begonnen. Der Grundstein zu der heutigen Papstkirche wurde 1506 gelegt.

Zeitenwende

Mit den nüchternen und doch märchenhaft anmutenden Worten der Eingangszeilen der Weihnachtsgeschichte aus dem zweiten Kapitel des Lukas-Evangeliums haben wir das zeitliche Umfeld im Blick, in dem die Geschichte des Christentums beginnt:

»Es begab sich aber zu der Zeit, dass ein Gebot von dem Kaiser Augustus ausging, dass alle Welt geschätzt würde ...«

Was war das für eine Welt, über die ein Kaiser einfach verfügen konnte und zu der auch das aus der Perspektive dieses Kaisers höchst entlegene Palästina gehörte, wo vor gut zweitausend Jahren die Anfänge einer Weltreligion zu suchen sind?

Die Geburt Christi ist ein in der Kunstgeschichte häufig dargestelltes Motiv; hier vom Meister von Moulins (Jean Hey), um 1480.

Es war eine politisch relativ einheitliche Welt, denn ihr Nabel war Rom, die Ewige Stadt, wie sie später genannt werden sollte, und deren Herr war auch der Herr dieser Welt. Kein Wunder, dass er Augustus »der Erhabene« genannt wurde und dass viele Prophezeiungen, es werde zu dieser Zeit der Friedensbringer und Erlöser von allen Wirren kommen, auf ihn gemünzt wurden. Solche Hoffnungen auf einen Retter von den Nöten der Zeit hatten damals Konjunktur, denn das riesige Römische Reich hatte eine Epoche des Bürgerkriegs und blutiger Kämpfe hinter sich. Es war in den vergangenen Jahrhunderten unaufhörlich gewachsen, was nur durch eine ebenfalls unaufhörlich wachsende Militärmaschinerie hatte gelingen können. Aus einem Stadtstaat nach griechischem Vorbild war ein mit der Zeit ganz Italien beherrschendes Reich geworden. Es griff bald darüber hinaus, geriet in Konflikt mit anderen Großmächten wie den Karthagern (Puniern), die es besiegte und deren Erbe Rom im westlichen Mittelmeer bis hin nach Spanien antrat.

Dann wandte es sich nach Osten in die seit Alexander dem Großen (König 336–323 v. Chr.) hellenistisch geprägte Welt Kleinasiens und des Vorderen Orients. Im Jahr 63 v. Chr. nahm der römische Feldherr Gnaeus Pompeius Magnus der Dynastie der Seleukiden Syrien und Palästina ab und sorgte dafür, dass auch Ägypten in die römische Einflusssphäre einbezogen wurde. Damit war ein Weltteil in das Reich integriert worden, der mit seiner überlegenen geistigen und geistlichen Kultur auf die technische Zivilisation der Römer nachhaltig zurückwirken sollte. Den letzteren ging es aber zunächst nur um die politische Macht, die sich immer mehr in den Händen erfolgreicher Heerführer wie in denen des Gnaeus Pompeius Magnus ballte.

UNTERGANG DER REPUBLIK

Das war auch bei einem Zeitgenossen und zeitweiligen Freund des Pompeius nicht anders: Gaius Iulius Caesar, zur Zeit der Siege im Osten ein ehrgeiziger Mann Ende dreißig, eiferte den Erfolgen seines Freundes nach. Er übernahm bald darauf den Oberbefehl über die römischen Legionen in Gallien, das er in jahrelangen Kämpfen bis 51 v. Chr. für Rom gewann; er stieß sogar bis nach Britannien und an den Rhein vor.

Pompeius wandelte sich, nun seinerseits aufgeschreckt von Caesars wachsender Macht, zum Rivalen, der sich vom Senat zum Diktator ernennen ließ. Ein Waffengang der beiden mächtigsten Feldherren ließ sich nicht mehr vermeiden; Caesar entschied ihn 48 v. Chr. für sich und war damit unumschränkter Herrscher über das ganze Imperium.

Der Bürgerkrieg, der schon beendet schien, flammte nach Caesars Tod erneut auf. Zwar gelang es Caesars Adoptivsohn Oktavian sich durchzusetzen, eine Rückkehr zur alten republikanischen Verfassung aber war nach allem, was geschehen war, ausgeschlossen. Oktavian aber brachte das Kunststück fertig, den Bruch mit der Tradition so schonend zu vollziehen, dass ihm nicht nur das Schicksal seines Adoptivvaters Caesar erspart blieb, sondern dass er auch bisherige Gegner seiner Alleinherrschaft mit der Zeit für sich gewann. Im Jahr 27 v. Chr. wurde aus dem *Princeps* (dem ersten Bürger) Oktavian der Kaiser Augustus, denn mit diesem Ehrentitel war seine uneingeschränkte Macht auf Lebenszeit gesichert. Ja, er rückte in die Nähe der Götter, als er 12 v. Chr. auch noch das Amt des obersten Priesters, des Pontifex Maximus, übernahm. Kein Wunder, dass er vielen Zeitgenossen und Landsleuten als Vollender der Geschichte erschien und als einer gepriesen wurde, der dauerhaften Frieden, die *Pax Augusta*, gebracht habe.

Man unterschied im Römischen Reich zwischen kaiserlichen und Senatsprovinzen, woran Augustus festhielt. Die Provinz Syrien, zu der Palästina gehörte, war eine kaiserliche und damit direkter Verwaltung durch den Herrscher unterstellt. Das nutzte ein machtbewusster Mann namens Herodes (73–4 v. Chr.), der im Jahr 43 v. Chr. als Machthaber der Teilprovinz Palästina verjagt worden war und sich nach Rom abgesetzt hatte. Dort hatte er zum zehn Jahre jüngeren Oktavian beste Beziehungen geknüpft und seine Wiedereinsetzung durch den Senat im Jahre 40 v. Chr. erreicht. Der Aufstieg des römischen Freundes zum Kaiser diente auch seiner Machtfestigung, denn Rom setzte nun ganz auf ihn, sodass er in dem Judäa genannten Landesteil eine weitgehend unabhängige Position vom Statthalter der Provinz Syrien aufbauen und im Glanz der kaiserlichen Sonne sein jüdisches Königtum entfalten konnte, obwohl seine Familie erst seit kurzem zum Judentum übergetreten war.

SADDUZÄER UND PHARISÄER

Daher war er bei strenggläubigen Juden wenig geachtet und stützte sich vornehmlich auf die Tempelpriesterschaft und den Adel, beide zu den so genannten Sadduzäern gehörend. Bei dieser Gesellschaftsschicht, die nach einem altehrwürdigen Priestergeschlecht namens Zadok benannt war, handelte es sich um Männer, denen es mehr um Macht als um Spiritualität ging. Sie beherrschten zwar den Opferkult im

Augustus, Begründer des römischen Kaisertums, bemühte sich zwar, nach außen eine Art republikanische Fassade aufrecht zu erhalten, war jedoch aufgrund geschickter Politik de facto unanfechtbarer Alleinherrscher.

kussion fort. Kern war die Verehrung des einen Gottes, der die Gläubigen, sein »auserwähltes Volk«, dereinst strafen oder belohnen werde und ihnen einen neuen Himmel und eine neue Erde schenken werde, wenn der Messias, der »Gesalbte« aus dem Stamme des Königs David, sein Reich errichtet habe.

Die Pharisäer und ihre Anhänger im Volk waren keine Römer und hatten mithin kaum einen Grund, von der römischen Fremdherrschaft und deren Kaiser die Errettung zu erwarten. Für sie war die Zeit wahrlich nicht angetan, in unmittelbarer Zukunft mit der Ankunft des von den Propheten geweissagten Messias zu rechnen, und wenn er denn kommen würde, dann stellten sie sich unter ihm einen der ihren sowie einen auch politisch-militärisch Mächtigen vor, der eben die zu beklagende fremde Herrschaft würde brechen können. Von einer Zeitenwende oder gar von einer unmittelbar bevorstehenden Ankunft des Messias träumte in Palästina, diesem randständigen Stiefkind des großmächtigen Römerreichs, sicherlich kein frommer Jude.

Tempel, leugneten aber zentrale jüdische Glaubensaussagen und hielten sich nicht streng an das Religionsgesetz, die in der Tora – den fünf Büchern Mose – festgelegte *Halacha*. Außerdem waren sie aus dem besagten Machtdenken heraus prorömisch eingestellt und schon deswegen beim einfachen Volk unbeliebt. Für Herodes aber hatten sie als Verbündete gerade aus diesem Grund besonderen Wert und er förderte sie zudem, weil sie die frommen, ja oftmals fanatisch eifernden Schriftgelehrten, auch Pharisäer genannt, in Schach hielten.

Die Pharisäer waren keine Tempelfeinde, sondern nur Gegner derer, die ihn zum alleinigen Zentrum der Anbetung Gottes machen wollten, um damit ihre Macht auch geistlich zu festigen. Für die Pharisäer war Gott überall und seine Anbetung ebenfalls überall, vor allem in den verstreuten Synagogen (griechisch »Ort der Versammlung«), angezeigt. Die bloße Ausrichtung auf den für viele viel zu fernen Tempel in Jerusalem konnte zu einem Verfall der religiösen Haltung und der Treue zum Gesetz führen. Um dieses aber ging es den Gelehrten, die Gott in der Tora suchten und deren Studium über den Ritus im Tempel stellten. Sie hielten sich strikt an die Vorschriften der heiligen Bücher und entwickelten sie in Auslegung und Dis-

HELLENISTISCHE EINFLÜSSE

Und doch dürften auch solche Menschen gemerkt haben, dass sich Veränderungen anbahnten. Palästina bildete ja die Landbrücke zwischen Kleinasien und Ägypten und war somit das wichtigste Durchgangsland in Nahost für Händler, Heere und Heilslehren. Das galt in besonderem Maße, seit Alexander der Große mit seinen Eroberungen im 4. Jahrhundert v. Chr. den Einfluss der griechischen Kultur weit nach Osten und eben auch bis Ägypten ausgedehnt hatte.

Durch seine Reichsgründung und die von griechischen Dynastien beherrschten Nachfolgestaaten kam es zwar immer wieder zu kriegerischen Verwicklungen, aber in ihrem Gefolge auch zu einem regen Kulturaustausch, und Palästina lag im Schnittpunkt der Ideenströme.

Die unübersehbare Zahl der griechischen (olympischen) Götter und übersinnlichen Wesen stieß beispielsweise auf einen nicht weniger bevölkerten Götterhimmel der Ägypter. Das führte zu Bemühungen um Verschmelzungen der Figuren, aber auch ihrer Eigenschaften. Zugleich wuchs die Einsicht, dass die Vielfalt Ausdruck eines höchsten Prinzips sein müsse, das nur in wandelnder Gestalt erscheine. Im Zentrum der so genannten Mysterienkulte um diese Götter stand der oft als besonders grässlich ausgemalte Tod des Gottes – zum Beispiel Dionysos, der von Bauern zerrissen wurde. Diese neuen Züge in den Kulten dienten Auferstehungsmythen, die den geweihten Anhängern sagen sollten, ihr Gott habe für sie stellvertretend den Tod überwunden. Wer das für die Seinen tue, der werde ihnen auch bei weniger schweren Nöten beistehen. Das galt in besonderem Maße, je inniger der Gläubige mit dem Gott verbunden war. Und wie gemeinsame Mahlzeiten Gastgeber und Gastfreund einander näher bringen, so entstand der Brauch des rituellen Speisens mit dem herbeibeschworenen Gott. Nur einen Schritt war es da zur noch tieferen Verbindung, bei der die Anwesenheit Gottes in der Speise angenommen wurde, er also selbst verzehrt oder buchstäblich verinnerlicht wurde (Theophagie).

Eine letzte wichtige spirituelle Zeitströmung ist zu erwähnen, damit die geistliche Weltsicht zur Zeitenwende sichtbar wird: die Gnosis. Das griechische Wort bedeutet zunächst einfach »Erkenntnis« und meint das denkerische Weltverstehen. Da dies nie zur völligen Zufriedenheit gelingt und letzte Fragen nach Gott, nach dem Woher der Welt und nach ihrem Sinn und Ziel offen bleiben, schlug philosophisches Grübeln immer wieder um in religiöse, esoterische Spekulation. Es ging in frühen gnostischen Zirkeln ähnlich zu wie in den Mysterienkulten, da nur magische Praktiken eine Überwindung der natürlichen Begrenztheit des denkerischen Erkennens versprachen. Natur als das Materielle galt den Gnostikern ohnedies als das zu Überwindende, weil die im Leiblichen gefangene menschliche Seele ihre Unsterblichkeit riskiere, wenn ihr die Befreiung nicht glücke. Dazu sollten allerlei Zaubereien und magische Zahlen, kosmische Symbole und Beschwörungen verhelfen, aber auch asketische Selbstdisziplin und Versenkung ins göttliche Geheimnis. Dies war natürlich nur Eingeweihten, den so genannten Mysten, möglich. Das einfache Volk hielt sich an Horoskope, Aberglauben, Traumdeutung und Techniken zur Austreibung von Dämonen. Überhaupt war Wundergläubigkeit wie immer in Phasen großer Verunsicherung ein typisches Zeitzeichen.

Der Tempel zu Jerusalem. Jüdische Buchmalerei, um 1728/1729.

Der Nazarener

Skeptiker weisen gern darauf hin, dass man über den Menschen Jesus Genaues gar nicht wisse, weil die Hauptquellen, die Evangelien, von Anhängern verfasst wurden, denen es um Glorifizierung und nicht um exakte Porträts ging. So richtig der Einwand ist, so sehr unterschätzt er die Möglichkeiten moderner Textkritik. Es sind in den letzten Jahrhunderten eine ganze Reihe Bücher über den historischen Jesus erschienen, die in Einzelheiten zu unterschiedlichen Ergebnissen kommen, im Kern aber ein und dieselbe Person schildern. Es ist zudem nicht so, dass nur die Evangelien des Neuen Testaments Nachrichten vom Erdenleben Jesu enthalten, sondern auch eine Anzahl weiterer Texte, die man als apokryph (griechisch: »verborgen«) nicht in die Bibel aufgenommen hat, die aber zu Vergleichszwecken herangezogen werden können und wertvolle Aufschlüsse liefern. Die hier folgende Skizze des Lebenswegs Jesu orientiert sich an den neuesten Veröffentlichungen, die bereits die 1967 in der Ruinenstätte Qumran aufgefundenen Schriftrollen für die Schilderung des jüdischen Alltags und des Zeitgeists auswerten konnten.

JUGEND

Schon früh sind Berechnungen angestellt worden über den Zeitpunkt der Geburt Jesu. Als falsch, aber bis heute haltbar erwies sich das Ergebnis des zu Beginn des 6. Jahrhunderts lebenden römischen Mönchs Dionysius Exiguus. Nach ihm wurde die Zeitenwende festgelegt, die zur Angabe der Jahre vor und nach Christi Geburt (v. oder n. Chr.) dient, obwohl besagte Geburt mindestens vier, vermutlich aber sechs Jahre früher anzusetzen ist. Übereinstimmung herrscht nämlich darüber, dass sie in die Endphase der Regierung von König Herodes fiel, und dessen Tod im Jahr 4 v. Chr. ist exakt bekannt. Mit diesem König, dessen Verfolgungswahn sich sogar an den eigenen Kindern austobte, soll es zudem folgende Bewandtnis gehabt haben: Ihm wurde hinterbracht, dass in Bethlehem der künftige König geboren worden sei, weswegen er alle männlichen Kinder in dieser Stadt umbringen ließ; Jesu Eltern waren allerdings beizeiten mit dem Sohn nach Ägypten geflohen. Kindermord durch einen Tyrannen ist in der Antike nicht selten, konkreter Hintergrund aber dürften hier die Wirren und Aufstände sein, die beim Tod des Herodes ausbrachen. Da Jesus zu dieser Zeit noch Kleinkind war, liegt eine Datierung seiner Geburt auf das Jahr 6 v. Chr. oder bald danach nahe. Natürlich hielten die Evangelisten Informationen für besonders wichtig, die schon früh auf Jesu Ausnahmestellung hinwiesen. Dazu gehört auch die Geburt durch eine Jungfrau, ein Wunder, das auch aus ande-

Französische Buchmalerei (um 1490), die den bethlehemitischen Kindermord auf eindrucksvoll grausame Weise illustriert.

ren Kulten berichtet wird und dem vielleicht ein Übersetzungsfehler in der griechischen Fassung des Alten Testaments, der so genannten Septuaginta, zugrunde liegt; dort wurde aus einer jungen Frau, die ein Kind bekommt, eine Jungfrau. Für den Knaben Jesus (damals Jeschua gesprochen), benannt nach Josua, dem Nachfolger des Mose beim Zug der Kinder Israels aus Ägypten nach Kanaan, dürfte die Frage ebenso wenig eine Rolle gespielt haben wie die nach seiner Abstammung vom legendären König David. Auch hier hat den Evangelisten die Überlieferung die Feder geführt, nach der der geweissagte Messias aus dem Hause König Davids kommen werde.

Dabei konstruierten sie eine Geschlechterfolge von David bis zum gesetzlichen Vater Joseph, mit dem Jesus, akzeptiert man die Jungfrauengeburt und die Zeugung durch den Heiligen Geist, gar nicht verwandt war. Einer von so manchen Widersprüchen, über die sich die Evangelisten souverän hinwegsetzten.

Vielleicht erblickte Jesus daher auch nicht in Bethlehem, dem Geburtsort Davids, das Licht der Welt, sondern doch in Nazareth, wo die Familie zu Hause war und weswegen er später oft als Jesus von Nazareth oder als der Nazarener bezeichnet wurde. Für die Annahme beim Evangelisten Lukas, die Eltern seien wegen einer Volkszählung nach Bethlehem gezogen, wo das Kind geboren wurde, gibt es keine anderen Anhaltspunkte.

Doch auch das darf dahingestellt bleiben. Schon eher war der Beruf des irdischen Vaters von Bedeutung, denn Jesus als ganz offenbar ältester Sohn von Joseph und Maria wird dann, wie es der Brauch war, auch den Beruf des Zimmermanns erlernt haben, damals ein besonders angesehenes Handwerk; Zimmerleute und Tischler galten als sprichwörtlich klug. Jesus hat sicher auch die väterliche Werkstatt übernommen, denn der Vater starb wohl früh. Von Mutter und Geschwistern (vier Brüder, mindestens zwei Schwestern) hören wir immer wieder, von Joseph zum letzten Mal bei der Vorstellung des zwölfjährigen Jesus im Jerusalemer Tempel, bei der ihm seine Religionsmündigkeit (Bar Mizwa) bestätigt wurde. Obwohl die Evangelien, vor allem die apokryphen wie das Thomasevangelium, bereits vom jungen Jesus Wunderdinge berichten, kann als gesichert allenfalls gelten, dass er äußerst aufgeweckt und lernbegierig war. Das nämlich bestätigte sich später, als sich der frühere einfache Handwerker bei Disputen mit Schriftgelehrten als sehr gut vertraut mit den heiligen Schriften und dem Religionsgesetz *(Halacha)* erwies. Die mehrmals erwähnte ehrfurchtsvolle Anrede *Rabbi* (hebräisch: mein Meister) spricht ebenfalls dafür.

AUFBRUCH

Wann Jesus sich entschloss, Familie und Beruf hinter sich zu lassen und seine Lehrtätigkeit zu beginnen, ist nicht genau zu bestimmen. Sicher ist, dass am An-

Hebräische Schriftrolle, gefunden in Kirbet Qumran, einer klosterähnlichen Anlage der jüdischen Gemeinschaft der Essener, die 68 n. Chr. durch die Römer zerstört wurde.

fang seine Taufe durch einen Wüstenprediger namens Johannes stand, und dass dies zwischen den Jahren 27 und 29 n. Chr. geschehen sein muss. Es ist mehr als eine Vermutung, dass eben jener Johannes auch der Auslöser für Jesu Aufbruch gewesen ist, denn Johannes predigte das Kommen eines weit größeren als er selbst es war, und das entsprach der Sendung, die Jesus als die seine empfand. Die Taufe, um derentwillen die Menschen in Scharen zu Johannes an den Jordan zogen und von der wir auch aus römischen Quellen wissen, versprach den reuigen Menschen das Abwaschen und damit die Vergebung ihrer Sünden, wenn sie aufrichtig zur inneren Umkehr entschlossen waren. Das sei, so Johannes, in dieser Zeit von besonderer Dringlichkeit, denn Gottes Strafgericht stehe unmittelbar bevor, wenn der, den er ankündigte, gekommen sein werde.

Die Spione des damals in der Region (des heutigen Nordostisraels) regierenden Königs Herodes Antipas machten eifrig Meldung von den aufrührerischen Reden des Täufers, bis die Sache dem Herrscher zu brisant wurde und er Johannes festnehmen und umbringen ließ. Da aber hatte dieser nach dem Bericht der Evangelien bereits den getauft, der als Sündeloser Taufe eigentlich nicht brauchte.

AUF DEM WEG ZU DEN MENSCHEN

Übereinstimmend gilt in allen Quellen die Begegnung mit Johannes am Jordan als Beginn des öffentlichen Wirkens Jesu. Er zog sich nach der Rückkehr vom Fluss in seine Heimat Galiläa allerdings nicht in asketische Einsamkeit zurück, sondern ging auf die Menschen zu. Er rief sie nicht zu sich wie Johannes, sondern suchte sie in ihren Nöten und Leiden auf. Jesus darf nun allerdings keineswegs als Umstürzler oder Gesellschaftsrevolutionär verstanden werden, wie er von einigen Zeitgenossen gesehen wurde und wie es Herodes Antipas argwöhnte. Auf die Fangfrage, ob man dem Kaiser Steuern zahlen solle, ließ sich Jesus eine Münze zeigen, wies auf das Kaiserbildnis und sprach: »So gebt dem Kaiser, was des Kaisers ist, und Gott, was Gottes ist!« (Matthäus 22, 21).

Dennoch kümmerte er sich in den Augen der Etablierten auffällig, ja verdächtig intensiv um die Mühseligen und Beladenen, die Ausgegrenzten und Sünder. Man warf ihm Freundschaft mit Huren und korrupten Zöllnern vor, also mit den verächtlichsten Menschen der Gesellschaft. Das aber lag gerade in der Logik seiner Botschaft der Nächstenliebe und der Hilfe für die, die sie am nötigsten brauchen. Und er stellte sich in eine Reihe mit ih-

»Strafpredigt Johannes des Täufers vor Herodes«. Gemälde von Giovanni Fattori, 1856.

nen, als er sagte: »Was ihr getan habt einem von meinen geringsten Brüdern, das habt ihr mir getan« (Matthäus 25, 40). Gegen die frömmlerische Kritik an seiner Gemeinschaft mit den Sündern, stellte er fest: Der Gesunde hat keinen Arzt nötig und der Gerechte oder der, der sich dafür hält, kann auf Vergebung verzichten oder meint auf sie verzichten zu können. Jesu Hilfe bestand nur aus der Zuwendung, dem Respekt, dem Ernstnehmen von Leid und Not. Materielle Güter hatte er nicht zu bieten, und das war in seinem Sinne, denn nichts stellt eine höhere Hürde auf dem Weg zu Gott dar als der Besitz und schlimmer noch das habgierige Streben danach.

Unheimlich war in maßgeblichen Kreisen auch die radikale Lehre, nach der man sogar seine erbittertsten Gegner lieben und friedfertig um jeden Preis sein solle. Das widersprach heftig dem Bild, das sich die Juden vom Messias gemacht hatten. Von ihm erhofften sie sich gerade die Befreiung von der Herrschaft der Römer, und dass dies gegen deren massive militärische Macht ohne Gewalt passieren könnte, war schlechterdings nicht vorstellbar. Insofern versündigte sich Jesus nach herrschender Ansicht an der jüdischen Heilserwartung, wenn er ausführte (Matthäus 5, 38 und 43/44):

»Ihr habt gehört, dass gesagt ist: ›Auge um Auge, Zahn um Zahn.‹ Ich aber sage euch, dass ihr nicht widerstreben sollt dem Übel, sondern wenn dich jemand auf deine rechte Backe schlägt, dem biete die andere auch dar.«

»Ihr habt gehört, dass gesagt ist: ›Du sollst deinen Nächsten lieben und deinen Feind hassen.‹ Ich aber sage euch: Liebt eure Feinde und bittet für die, die euch verfolgen.«

Für viele waren das unerhörte Umdeutungen, ja Verfälschungen der unabänderlich geltenden Schrift.

Doch das war nur die eine Seite der Verkündigung Jesu, auf der anderen stellte er sich uneingeschränkt auf die Seite des jüdischen Religionsgesetzes. Seine Lehre richtete sich gegen die buchstäbliche Auslegung des Gesetzes, die er seinerseits als Verfälschung ansah. Diese Kritik stammt nicht erst von Jesus und blieb auch nicht auf ihn beschränkt, sondern kehrt in der jüdischen Geschichte immer wieder. Buchstabenglaube schleppt aus dieser Sicht zum einen Unzeitgemäßes mit und er entmündigt zum anderen den Gläubigen als moralisches Subjekt. Wenn daher die besonders frommen Pharisäer Jesus vorhielten, dass er

Die Herrschaft der römischen Besatzungsmacht basierte auf dem kompromisslosen Niederschlagen von Aufständen.

die gebotene Sabbatruhe nicht einhalte, so hält er ihnen entgegen: »Der Sabbat ist um des Menschen willen gemacht und nicht der Mensch um des Sabbats willen« (Markus 2, 27).

In solchen kurzen, klaren und keinen Widerspruch duldenden Aussagen fasste Jesus seine Ansichten zusammen oder goss sie in bildkräftige Gleichnisse.

Seine unerschütterliche Glaubensgewissheit zog die Menschen an. Die verglichen mit Johannes klarere Sicht von der Güte Gottes trotz des bevorstehenden Gerichts und Jesu Aufforderungen, diese Liebe von ganzem Herzen zu erwidern, bewegte seine Zuhörer tief und einige so sehr, dass sie ihrerseits Familie und Beruf aufgaben und Jesus als Jünger folgten. Es dürften sicher mehr als »die Zwölf« gewesen sein, von denen immer wie von den zwölf Söhnen Jakobs und den nach ihnen benannten zwölf Stämmen des alten Israels die Rede ist. Gemeint ist wohl nur der engste Kreis, in dem Simon Bar Jona, genannt Petrus, der zuerst von Jesus berufene Jünger, die Rolle des Ersten unter Gleichen spielte. Er stand Jesus auch menschlich nahe, der im Haus des Petrus bei Kapernaum, dem heutigen Tell Hum am See Genezareth, seine ersten Wundertaten vollbrachte wie die Heilung der kranken Schwiegermutter Petrus' und anderer Hilfesuchender. So wurde die Gegend zum Zentrum seiner Verkündigung.

JESUS IN JERUSALEM

Es war dies aber ein Gebiet, das zum Herrschaftsbereich des Herodes Antipas gehörte, der schon mit Johannes kurzen Prozess gemacht hatte. Da Jesus nun die frommen Pharisäer mit seiner Kritik, dass sie das Gesetz über die Menschlichkeit gestellt hätten, gegen sich aufgebracht hatte, fehlte es ihm an Rückhalt unter den meinungsführenden Gelehrten. Sie verfolgten Jesu Weg mit Argwohn, und wenn sie ihn auch nicht vernichten wollten, so störte er doch ihr Deutungsmonopol über die heiligen Schriften. Sie legten daher seine Äußerungen gern als aufrührerisch aus und seine Taten als Gefahr für die Ordnung. Mit Wundern wie Heilungen von Blinden und Lahmen, Austreibungen von Dämonen und unerhörterweise auch der Erweckung von Toten verhöhne er die Schöpfung, über die allein Gott die Herrschaft gebühre. Ihre Berichte darüber beunruhigten auch die politische Führung, die sich Sorgen machte, dass eine derartige Volksbewegung nicht mehr zu kanalisieren wäre.

Wie lange es gedauert haben mag, ehe sein Wirken höheren Orts zu Irritationen führte, ist strittig. Nach dem Zeugnis aller Quellen kann ein Zeitraum zwischen einem Jahr und drei Jahren angenommen werden vom Beginn der Tätigkeit als Wanderprediger und -heiler bis zum Tod. Jedenfalls wuchs Jesu Gefolgschaft sehr rasch und der Argwohn der Herrschenden steigerte sich entsprechend. Bald kam Jesus zu Ohren, dass der

Die zwölf Jünger, die Jesus aus der Schar seiner Anhänger auswählte, stehen in Bezug zu den zwölf Stämmen Israels.

König ihm nachstellen ließ, weil er ihn für den auferstandenen Johannes den Täufer hielt. Jesus sah sich daher genötigt, Herodes wissen zu lassen, dass er sein Herrschaftsgebiet in Kürze verlassen und in die Hauptstadt ziehen werde, »denn«, so sagte er in Vorahnung seines Leidensweges, »es geht nicht an, dass ein Prophet umkomme außerhalb von Jerusalem« (Lukas 13, 33). Außerdem wollte Jesus am Passahfest, das der Erinnerung an die Errettung der Israeliten aus ägyptischer Sklaverei gewidmet ist, teilnehmen, an dem gläubige Juden gern den Tempel aufsuchten.

Sein Einzug in der Stadt gestaltete sich vielleicht nicht so Aufsehen erregend, wie es die Evangelien berichten, doch für die Behörden wohl noch beunruhigend genug. Als Jesus dann im Tempel zu lehren begann, stellten ihn sadduzäische Funktionäre zur Rede, woher er das Recht dazu nähme. Er erwiderte wie so oft mit einer Gegenfrage, ob denn die Fragenden meinten, Johannes habe das Recht zu taufen vom Himmel erhalten oder von irgendwelchen Würdenträgern. Dabei blieb es zunächst, denn die Anhängerschar Jesu ließ es nicht geraten erscheinen, zu sehr auf das Hausrecht zu pochen. Der nächste Zusammenstoß aber war somit vorhersehbar, und er ließ dann die Situation eskalieren: Wie bis heute Wallfahrtsstätten und Heiligtümer oft auch Orte schwunghaften Handels sind, so war dies auch damals der Jerusalemer Tempel. Jesus sah es mit wachsendem Missvergnügen, und schließlich platzte ihm der Kragen: »Und er ging in den Tempel und fing an, die Händler auszutreiben und sprach zu ihnen: Es steht geschrieben: ›Mein Haus soll ein Bethaus sein‹; ihr aber habt es zur Räuberhöhle gemacht« (Lukas 19, 45/46).

VERRAT

Das war schon mehr als Amtsanmaßung, das war geeignet, die Autorität der Sadduzäer zu untergraben. Die Tempelwache erhielt Anweisung, dem selbsternannten Richter über die Gebräuche im Gotteshaus in den Arm zu fallen. Die Ordnungshüter aber kamen in diesem Fall noch zu spät, denn Jesus hatte sich bereits zurückgezogen, um mit den Seinen das abendliche Passahmahl einzunehmen. Dabei eröffnete er ihnen, dass nun sein Leidensweg beginnen werde, weswegen dieses das letzte Mahl für ihn sei. Er übernahm an der Tafel die Rolle des Dienenden, indem er den Tischgenossen Brot und Wein reichte und sie bat, künftig diese Gottesgaben zu seinem Gedächtnis zu sich zu nehmen. Zugleich offenbarte er ihnen, dass ein Spitzel unter ihnen sei, der ihn in der Nacht verraten, also an die Tempeljustiz ausliefern werde.

Über den Verrat des Jüngers Judas Ischarioth, denn um diesen handelte es sich, entlud sich später alle Wut, wobei zweierlei vollkommen übersehen wird: Es hätte des Verrats kaum gebraucht, denn der Prediger Jesus wäre über kurz oder lang auch so gefasst und abgeurteilt worden. Auch der, der später als der heiligste derer angesehen wurde, die sich über den Verräter entrüsteten, hielt selbst nicht stand, als die Staatsmacht nach ihm griff. Jesus hatte es ihm vorausgesagt. Als Petrus ihm vorschlug, sich mit Waffengewalt gegen die drohende Verhaftung zur Wehr zu setzen, entlarvte Jesus das als Maulheldentum: »Petrus, ich sage dir: Der Hahn wird heute nicht krähen, ehe du dreimal geleugnet hast, dass du mich kennst« (Lukas 22, 34). So geschah es tatsächlich, nachdem die Häscher erschienen waren und Jesus im Schutz der Dunkelheit festgenommen hatten, denn sie fürchteten immer noch die große Zahl seiner Anhänger.

Die weitere Entwicklung ist nicht ganz klar. Fest steht, dass der Beschuldigte in das Haus des Hohepriesters Kaiphas gebracht wurde und dort die Nacht verbrachte, nach Mitteilung der Evangelisten unter Hänseleien und Quälereien durch die Bewacher. Am nächsten Morgen führten sie ihn den Richtern vor, worunter wohl eine Anzahl von Männern aus der Tempel-

»Sein Verräter hatte ihnen ein Zeichen gegeben und gesagt: ›Den ich küssen werde, der ist es, den ergreift!‹«
(Matthäus 26, 48)

aristokratie zu verstehen ist und nicht das »ganze Synhedrion«, wie es verschiedentlich heißt. Diesem Gerichtshof nämlich gehörten auch Pharisäer an, die einer Auslieferung eines Juden an die Römer niemals zugestimmt hätten. Entweder also hatte man nur die sadduzäischen Mitglieder einberufen, oder aber es handelte sich um ein informelles Gremium aus einflussreichen Sadduzäern. Sie brauchten Aussagen, die in römischen Augen ein Einschreiten erforderlich machen würden, denn ihre eigenen Strafmöglichkeiten waren beschränkt durch Vorbehaltsrechte der Besatzungsmacht.

Und sie erhielten diese Aussagen durch Zeugen, die gehört haben wollten, dass Jesus mit der Zerstörung des Tempels gedroht habe. Das konnte die Schutzmacht nicht dulden, denn die Wahrung des religiösen Friedens in unterworfenen Gebieten gehörte zu den wichtigsten Aufgaben. Noch wertvoller aber waren Jesu Antworten in der von Lukas (22, 67–70) so wiedergegebenen Befragung:

»Und (sie) sprachen: Bist du der Christus, so sage es uns! Er sprach aber zu ihnen: Sage ich's euch, so glaubt ihr's nicht, frage ich aber, so antwortet ihr nicht. Aber von nun an wird der Menschensohn sitzen zur Rechten der Kraft Gottes. Da sprachen sie alle: Bist du denn Gottes Sohn? Er sprach zu ihnen: Ihr sagt es, ich bin es.«

I.N.R.I.

Damit hatte Jesus sich selbst das Urteil gesprochen, denn als Christus galt nur der zum König gesalbte, also der auch weltliche Herrscher. Das musste den Römern als Bedrohung ihrer Oberhoheit erscheinen, als das, was die Sadduzäer als »Aufwiegelung des Volkes« bezeichneten. Sie konnten getrost alles Weitere dem römischen Statthalter überlassen. Und der hieß in den Jahren 26 bis 36 Pontius Pilatus, sodass sich für die Verurteilung Jesu nur zwei Daten ergeben: der Freitag vor Passah im Jahr 30 oder im Jahr 33. Die Forschung neigt zu dem früheren Datum. Also hatte letztlich über Jesu Schicksal Pilatus zu befinden, ein Mann der einerseits in unabhängigen Quellen als grausam und bestechlich geschildert wird, der aber andererseits viel Rücksicht auf das jüdische Establishment nehmen musste, um unnötige Konfrontationen zu vermeiden. Mit Kaiphas war er sogar gut befreundet, weil der für die Ruhigstellung der Bevölkerung und für einen funktionierenden Nachrichtendienst sorgte. Da die Tempeloberen Jesu Tod wünschten, stand zu erwarten, dass sich Pilatus nicht zieren würde. Laut Neuem Testament machte er zwar einige Ausflüchte, wusch seine Hände in Unschuld, überließ dann aber erwartungsgemäß Jesus den Henkern.

Sie »schmückten« Jesus mit einer Krone aus Dornen, bürdeten ihm das Kreuz auf, an dem er sterben sollte, und ließen es ihn zum Hinrichtungsort, dem Hügel Golgatha (»Schädelstätte«), tragen. Dort wurde es im Beisein einer großen Zuschauermenge aufgerichtet und Jesus am Querholz festgebunden oder durch die Hand- und Fußwurzeln angenagelt. Ihm zu Häupten ließ Pilatus ein Schild anbringen mit dem Namen des Verurteilten und mit dem Grund für die Todesstrafe: »I.N.R.I.«, das sind die Anfangsbuchstaben von »Iesus Nazarenus Rex Iudaeorum« (Jesus aus Nazareth, König der Juden). Damit die als besonders entehrend empfundene Art der Hinrichtung nicht zu schnell wirkte, verhinderte ein Holzpflock mitten im Stamm das Durchhängen des Körpers, sodass erst nach Stunden der Tod eintrat. An beiden Seiten von Jesu Kreuz stand je ein weiteres, an denen Verbrecher starben, auch das als besondere Erniedrigung des selbst von Pilatus als unschuldig angesehenen Jesus gedacht. Der Gemarterte verschied schließlich mit einem Schrei, der bei Lukas so überliefert ist: »Vater, ich befehle meinen Geist in deine Hände!«, während es bei Matthäus heißt: »Mein Gott, mein Gott, warum hast du mich verlassen?«

Jesu Anhänger waren fast alle untergetaucht, denn sie mussten befürchten, wie ihr Herr abgeurteilt zu werden. Nur einige Mutige und einige Frauen seines Gefolges, die ohnehin in der herrschenden Männergesellschaft nicht als Gefahr für die öffentliche Ordnung angesehen wurden, hatten unter dem Kreuz ausgeharrt. Sie sorgten für die Beisetzung des Leichnams in einem Felsengrab. Aber auch sie waren nun orientierungslos, und die Untröstlichkeit begann ihr suggestives Werk. Es konnte nicht sein, dass der von Gott Gesandte und nach der eigenen Klage dann Verlassene nun seinerseits die Seinen auf immer verlassen hatte. Nach drei Tagen, sicher nur ein symbolischer Zeitraum, ereigneten sich daher am Passah-Sonntag die ersten Erscheinungen Jesu, der sich Jüngern und Anhängerinnen zeigte und dessen Grab plötzlich leer war. Inwieweit man Trauer-Halluzinationen dafür verantwortlich machen muss oder nicht, kann unentschieden bleiben, denn schon vom Propheten Elia ging die Rede, er sei nicht tot, sondern nur verborgen. Außerdem wurde die Auferstehung Jesu von so vielen bezeugt, dass sie zum Kernpunkt des christlichen Glaubens wurde.

Golgatha, das aramäische Wort für »Schädel«, war ein Hügel außerhalb der alten Stadtmauer Jerusalems, der als Hinrichtungsstätte diente. Diese Darstellung stammt von Jan Brueghel d. Ä. aus dem Jahr 1598.

Der Neue Bund

Leben und Lehre Jesu sind untrennbar miteinander verwoben, denn sein Handeln und Wandeln bilden einen gewichtigen Teil der Verkündigung. Daher haben wir im vorigen Kapitel schon viele wesentliche Elemente seiner Glaubenslehre und einige Kernsätze aus seinen Reden kennen gelernt. Im Folgenden soll dieses Gedankengut vertieft werden. Dabei geht es vor allem um das Ende, die Kreuzigung und die Auferstehung. Von Ostern her, im Lichte der Auferstehung, erscheint das Leiden Christi seinen Anhängern als Erlösungstat, als Sinnbild der Überwindung des Todes durch den Heiland. Er hat die Sünden der Welt auf sich genommen und die verloren gegangene Gottesnähe wieder hergestellt. So wie Gott sich sein Volk durch den Alten Bund mit Mose verpflichtet hat, so hat sein Sohn den nach seiner Lehre erstarrten Bund (lateinisch: Testamentum) für die ganze Menschheit mit neuem Leben erfüllt und zum Zeichen das Kreuz errichtet. Das Symbol schwerster Qualen erinnert an die unerhörte Tat Gottes, der sie für

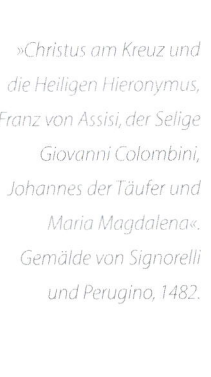

»Christus am Kreuz und die Heiligen Hieronymus, Franz von Assisi, der Selige Giovanni Colombini, Johannes der Täufer und Maria Magdalena«. Gemälde von Signorelli und Perugino, 1482.

die Menschen auf sich genommen hat. Dass seine Passion (Leiden) so gemeint ist, hat er selbst bei der Einsetzung des Abendmahls an der letzten gemeinsamen Tafel all denen gesagt, die an ihn glauben (Lukas 22, 19/20):

»Und er nahm das Brot, dankte und brach's und gab's ihnen und sprach: Das ist mein Leib, der für euch gegeben wird; das tut zu meinem Gedächtnis. Desgleichen auch den Kelch nach dem Mahl und sprach: Dieser Kelch ist der neue Bund in meinem Blut, das für euch vergossen wird.«

Viele Menschen haben dies geglaubt und glauben es noch. Dies ist nur dadurch möglich, dass sie an Jesus als Christus, den Sohn Gottes, glauben und damit ihm und seinen Worten Glauben, das heißt rückhaltloses Vertrauen schenken. Glauben ist zum einen weniger als Wissen, in anderer Hinsicht aber deutlich mehr, denn es ist Gewissheit ohne augenfällige Beweise.

DREIEINIGKEIT

Jesus vergab Sünden, stand mit seinen Wundern sichtbar über den Naturgesetzen und mit seinen Umwertungen auch über dem überkommenen Religionsgesetz. Doch konnte dieser sicherlich hochzuverehrende Mensch zugleich Gott sein? Ist ein solcher Widerspruch lösbar? Man könnte es sich einfach machen und der Allmacht Gottes jede und mithin auch diese Möglichkeit einräumen.

Doch so einfach konnte man es sich nicht machen, weil viele Menschen den Kurzschluss mit der spitzfindigen Frage beantwortet hätten, ob der Allmächtige dann auch einen so schweren Stein erschaffen könne, dass er ihn nicht mehr zu heben vermöchte. Die Auseinandersetzungen wurden erbittert geführt und hatten schon früh Spaltungen zur Konsequenz, denn viele sahen in einem Gott Jesus ein zweiten neben dem einen Gott Israels, was Vielgötterei bedeuten würde und damit einen Rückfall in den Götzendienst. Noch heute werfen die Muslime den Christen vor, sie beteten zu drei Göttern, denn der Heilige Geist gelte ihnen ja auch als eine göttliche »Person«.

Das beantworten die Christen mit der so genannten Trinitätslehre: Sie besagt, dass Gott in drei Personen existiert, als Vater, Sohn und Heiliger Geist zwar real von einander verschieden, in ihrem göttlichen Wesen jedoch eins. Daher ist jede der drei Wesensmanifestationen als der eine und wahre Gott anzusehen. Alle drei stellen »nach außen« ein einziges Wirkprinzip dar, unterscheiden sich aber »nach innen«, was ihr Ursprungsverhältnis angeht: Gottvater war und ist von Ewigkeit zu Ewigkeit und mithin ursprungslos und immer nur selbst Ursprung. Auch Ursprung für Gottsohn, der vom Vater aus der göttlichen Substanz »gezeugt« wird. Gottgeist entspringt beiden als die wirkende Göttlichkeit, sozusagen als der »Odem«, der Sein und Leben schafft und erfüllt. Die hochkomplexe gedankliche Konstruktion spiegelt das glaubende Bemühen, Gott als personale Fülle des Seins zu begreifen, eines Seins, das sich erst im »Wir« von Schöpfer und Geschöpf entfaltet. Im Menschen, dem Wesen, das Gott »nach seinem Bilde« geschaffen hat, kommt die Schöpfung zu Bewusstsein. Dem Vorwurf, das sei verkappter Polytheismus, hält der Gläubige entgegen, dass Gott selbst die Brücke durch die Menschwerdung Jesu geschlagen habe. Dadurch habe er dem Menschen eine Selbstmitteilung gewährt und somit eine Nähe, ohne die Glauben nicht leben könne.

Christi Doppelnatur als Mensch und Gott, beides im vollen Sinne, lässt auch seine Zeitlichkeit und Raumgebundenheit, also sein Auf-der-Welt-Sein in einer bestimmten Epoche und in einer bestimmten Weltregion nicht zum Problem werden. Schon die antiken Philosophen haben die frühen Christen gefragt: Wer vor Christi Erlösungstat gelebt hat, wie kann der durch den Glauben an Christus »gerecht« werden, wenn es das, was es dazu zu glauben gilt, für ihn nicht gab? Wie kommt er zum Vater, da doch laut Christus zu ihm niemand kommt, »denn durch mich«? Sind alle Menschen vor der Zeitenwende also unerlöst und unerlösbar oder reicht für sie der Alte Bund, weil erst nach ihnen das Maß so voll war, dass es des Neuen Bundes bedurfte? Das wäre eine buchstäblich unmenschliche Lehre und auch nicht nachvollziehbar, weil nichts dafür spricht, dass es ein Hohlmaß für Sündhaftigkeit gibt, das ausgerechnet im Jahre 30 n. Chr. übergelaufen wäre. Kain, Sodom und Gomorrha belegen, dass die Schändlichkeit so lange in der Welt ist wie der Mensch und seine Freiheit zur Sünde. Die Erlösung dürfte nicht jünger sein, doch warum ist es ihr Zeichen, das Kreuz?

Vom Menschen Jesus her gedacht, wäre die Frage nicht zu beantworten, von seiner Gottnatur hingegen durchaus. Da Christus in dieser Eigenschaft von allem Anfang an bei Gott war, gilt seine Erlösungstat zeit- und raumunabhängig für alle Menschen. Das christliche Glaubensbekenntnis sagt das mit den Worten, Christus sei nach seiner Kreuzigung und Beisetzung »hinabgestiegen in das Reich des Todes«. Der Tod galt den Menschen seiner Zeit nicht nur als physisches Ende, sondern auch als Entfernung von Gott. Indem Christus auch zu den Toten gekommen sei, habe er diese Kluft überbrückt und auch ihnen die Rettung gebracht, zu der der Mensch allein nicht fähig ist. Das sind natürlich Hilfskonstruktionen für etwas, das wie so vieles im Glauben an den Auferstandenen über alle Vorstellungskraft geht. Im doppelten Liebesgebot Christi aber, nämlich der Nächsten- wie der Gottesliebe ist Erbarmen nicht an Zeit und Raum gebunden, sondern ein umfassendes Angebot für die ganze Menschheit.

HIMMELFAHRT UND PFINGSTEN

Das bestätigt auch die Gegenbewegung, die Himmelfahrt Jesu, die am vierzigsten Tag nach Ostern gefeiert wird und auf das Zukünftige verweist, das ebenfalls unter seinem Zeichen stehen wird, bis er wiederkommt »zu richten die Lebendigen und die Toten«. Gemeint mit der Aufnahme Jesu in den Himmel ist die Rückkehr in das unsichtbare Reich Gottes, wobei Himmel nicht irgendetwas Überweltliches oder Kosmisches bezeichnet, sondern etwas, das »höher ist als alle Vernunft« und daher auch jeder Vorstellungskraft entzogen, obwohl gerade das Motiv des gen Himmel fahrenden Christus die Künstler aller Epochen mächtig angezogen hat. Legitimerweise insofern, als der Heiland mit seiner Entrückung nicht »weg« war, sondern weiterhin überall und immer anwesend ist, wo Christen sich zu ihm bekennen. Sie vertrauen dabei auf die letzten Worte Jesu, wie sie der Schluss des Matthäusevangeliums überliefert hat:

»Aber die elf Jünger (Judas hat sich selbst gerichtet) gingen nach Galiläa auf den Berg, wohin Jesus sie beschieden hatte. Und als sie ihn sahen, fielen sie vor ihm nieder, einige aber zweifelten. Und Jesus trat herzu und sprach zu ihnen: Mir ist gegeben alle Gewalt im Himmel und auf Erden. Darum gehet hin und machet zu Jüngern alle Völker: Taufet sie im Namen des Vaters und des Sohnes und des heiligen Geistes und lehret sie halten alles, was ich euch befohlen habe. Und siehe, ich bin bei euch alle Tage bis an der Welt Ende.«

Damit ist eine weitere Überschreitung des Gesetzes, wie es in den fünf Büchern Mose steht, ausgesprochen. Als »auserwählt« gilt Jesus nicht das jüdische Volk allein, sondern die Menschheit in ihrer Gesamtheit. Sie steht unter seiner »Gewalt« wie unter der des Vaters und des heiligen Geistes und hat Anspruch auf das Evangelium (griechisch: die frohe Botschaft), das er gebracht hat.

Betont ist damit aber noch ein anderer Aspekt: Jeder Christ hat sozusagen eine Bringschuld denen gegenüber, die noch nicht zum Glauben gefunden haben oder noch gar nichts von der frohen Botschaft wissen. »Heiden«, als die Angehörige anderer Völker den Juden galten, gibt es für die Christen in diesem Sinn nicht, nur Menschen, zu denen die Kunde von Jesu Erlösungstat noch nicht gedrungen ist.

Zunächst irritierte die Jünger der Missionsauftrag, wenig später aber ereignete sich etwas, das verständlich machte, was mit ihm gemeint war. Am jüdischen Erntedanktag, der traditionell sieben Wochen nach Passah gefeiert wurde, waren die nun endgültig und buchstäblich herrenlosen Jünger in Jerusalem versammelt, so jedenfalls berichtet es die Apostelgeschichte des Lukas im zweiten Kapitel. Die Stimmung dürfte trotz der Gewissheit, dass Christus auferstanden war, ein wenig gedrückt gewesen sein, denn ohne seine physische Anwesenheit schien die Zukunft dunkel. Da kam vom Himmel ein Brausen wie von einem Sturm und Feuerzungen schwebten über den Häuptern der Männer, die plötzlich Mut fassten, hinaustraten und zu predigen begannen.

Die Stadt war zum Fest voller Menschen aus aller Herren Länder, sodass sich bald eine gemischte Menge um die Prediger bildete, wobei jeder erstaunt feststellte, dass Jesu Jünger von ihrem Herrn in der jeweiligen Landessprache, also in vielen Sprachen zugleich zu sprechen schienen. Das schied die Geister dahingehend, dass sich einige abwandten und die Redner für betrunken hielten (»voll des süßen Weins«), während andere mehr und mehr von den Worten vor allem des Petrus gepackt wurden, sodass sich schließlich 3000 Menschen taufen ließen.

Ähnlich müssen wir den Bericht von der Ausgießung des heiligen Geistes auf die Jünger als Wunder verstehen, das zeichenhaft deutlich machte, dass der vom Geist Gottes Getroffene alle Angst verliert, in seiner Begeisterung nicht schweigen kann und verstanden wird. Den Jüngern stellte sich nun als den ersten aller Christen die Aufgabe: Bildung einer Gemeinde, die sich zu Christus bekennt und Keimzelle einer weltumspannenden Gemeinschaft von Gläubigen werden sollte. Pfingsten, abgeleitet vom griechischen Wort für die Zahl fünfzig *(pentekoste)*, nämlich fünfzig Tage nach Ostern, wird daher von den Christen als Geburtstag ihrer Kirche gefeiert, denn mit der Massentaufe war die Jerusalemer Urgemeinde entstanden.

Die Ausgießung des Heiligen Geistes wird heute in den Kirchen des Westens als Pfingsten gefeiert und gilt als festlicher Schlusstag der 50-tägigen Osterzeit.

Urchristentum

Da zunächst vornehmlich Juden die Gemeinde bildeten, hielt sie sich genauso streng wie die Umwelt an die Gesetze der Tora (fünf Bücher Mose), deutete sie allerdings im Sinne Jesu und nahm dessen Lehren zusätzlich auf. Die Berichte von seinem Leben dürften jetzt erste Gestalt angenommen haben und vorerst mündlich weitergegeben worden sein. Die Zeit hatte ein wesentlich besseres Gedächtnis als unsere heutige, weil fast alle Kenntnisse nur mündlich tradiert wurden. So dürften sich die doch erst wesentlich später mit einem Abstand von fünfzig bis siebzig Jahren aufgeschriebenen Evangelien nicht wesentlich von den frühen Versionen unterschieden haben. Allerdings spielte bei der Niederschrift unübersehbar das Motiv eine Rolle, Jesus in allen Situationen als den Christus (oder hebräisch: Messias) sichtbar werden zu lassen und sein Leben wie oben geschehen von Ostern her zu deuten. Um präzise Biographien ging es den Schreibern nicht, was manche Differenzen, ja sogar Widersprüche erklärt.

Gewiss, mit den jesuanischen Elementen unterschied sich die Jerusalemer Gemeinde deutlich vom Judentum, doch die Nähe überwog wegen der ungeschmälerten Fortgeltung des Alten Testaments, also der heiligen Schrift der Juden. Auch Speisegebote und Beschneidung blieben ver-

Petrus gilt gemeinhin als der Jesus vertrauteste Jünger. Nach dessen Tod genoss er in der Urgemeinde neben Johannes und Jakobus das höchste Ansehen.

bindlich. Der menschliche Aspekt aber durch Jesu Lehre von Gottes Liebe und Barmherzigkeit und sein Versprechen, bei ihm für die Sünder einzutreten, entwickelte einen ziemlichen Sog auf Menschen jüdischen Glaubens, die den Tempelkult als streng und lieblos empfanden. Die Gemeinde wuchs daher rasch, mehr und mehr auch durch Anschluss von Juden aus der griechischsprachigen Diaspora, den so genannten Hellenisten.

Dadurch floss der Gemeinde fremdes Gedankengut zu, das manche irritierte, allen voran Jakobus, den leiblichen Bruder Jesu, um den sich ein abgeschotteter judenchristlicher Kreis bildete, zu dem auch einige Pharisäer stießen. Sie nahmen Jesu Warnung besonders ernst, sich nicht von materiellen Werten abhängig zu machen, nannten sich entsprechend »die Armen« (Ebionim) und lebten in Gütergemeinschaft wie manche anderen Sekten auch. Die Umwelt sah zunächst in den Christen nicht mehr als eine jüdische Sekte, weswegen sie lange völlig unbehelligt blieben. Erst allmählich ging den Tempelpriestern sadduzäischer Prägung auf, dass sich die Christen in einem entscheidenden Punkt vom Judentum losgesagt hatten: Für sie war der auch von den Juden erwartete Messias in Gestalt Jesu schon gekommen, was Juden wie Gotteslästerung erscheinen musste, denn sie erwarteten einen

König in all seiner Pracht und Herrlichkeit und keinen galiläischen Zimmermann, der sich mit den kleinen Leuten gemein gemacht hatte.

Die ersten, die diese Feindschaft des jüdischen Establishments zu spüren bekamen, hatten sich um Petrus und andere Jünger geschart und sahen die jüdischen Gesetze zwar auch als verbindlich an, doch machten sie bei Neubekehrten zunehmend Ausnahmen. Diese Liberalität machte sie verdächtig, und ihr unbeirrter Glaube, dass Christi Wiederkehr unmittelbar bevorstehe, erschien den Behörden als Unruhepotenzial. Der Herrscher Herodes Agrippa I. jedenfalls sah Handlungsbedarf und ließ einige Mitglieder der Gruppe verhaften und mindestens zwei von ihnen im Jahr 44 hinrichten. Petrus floh aus Jerusalem. Ob er, wie vielfach angenommen, schon damals bis nach Rom weiterzog, lässt sich nicht einwandfrei belegen, aber auch nicht ausschließen. Später aber scheint er sich tatsächlich in Rom aufgehalten zu haben, sodass die Berufung der katholischen Kirche auf Petrus als den ersten Bischof der Ewigen Stadt mehr als eine Legende sein dürfte.

Als dritte Gruppe sind die bereits erwähnten Hellenisten zu nennen, die dem Christentum griechische Züge verliehen und bald eine eigene Synagoge in Jerusalem hatten. Für sie war Jesus der leidende und auferstehende Erlösergott, die Taufe galt ihnen wie in den Mysterienkulten als Aufnahme in eine verschworene Gemeinschaft, und das Passahmahl erhielt theophage Bedeutung, wurde also als erinnernde Einverleibung des Heilands verstanden. Anführer der Gruppe war ein gewisser Stephanos, der nur ein Jahr nach den Petrusanhängern den Märtyrertod erlitt, weil sich die Hellenisten unter seiner Führung natürlich noch viel weiter von den jüdischen Wurzeln entfernt hatten als alle anderen. Außerdem hatte er die baldige Zerstörung des Tempels prophezeit, ein todeswürdiges Verbrechen. Ihn lieferte der höchste jüdische Gerichtshof dem Volk zur Steinigung aus, seine Anhänger zerstreuten sich in die griechischen Reichsteile, wo sie viele wichtige Gemeinden gründeten.

Die Bekehrung des Saulus zum Paulus (hier dargestellt von Caravaggio, 1601). Vom Verfolger der Christen wandelte er sich zu einem der glühendsten Verbreiter des christlichen Glaubens.

PAULUS

Dabei spielte einer eine Rolle, der zunächst für die gnadenlose Verfolgung der Hellenisten zuständig gewesen war. Saulus (latinisierte Form von hebräisch Saul) war ein streng pharisäisch erzogener Jude aus Tarsus im südöstlichen Kleinasien, also aus der griechischen Diaspora, der das römische Bürgerrecht besaß und in Jerusalem eine Ausbildung zum Schriftgelehrten genossen hatte. Er bespitzelte in sadduzäischem Auftrag die Christen und lieferte Beweise für ihre Gesetzesverstöße. Bei einer Reise nach Damaskus, die wohl um die Mitte des 4. Jahrzehnts n. Chr.

anzusetzen ist, erlebte er eine überwältigende Erscheinung Jesu und wandelte sich radikal zum Paulus, der sich ganz der christlichen Mission verschrieb. Die Apostelgeschichte gibt das Erlebnis im 9. Kapitel sicher in stark stilisierter Form wieder, doch sei die Stelle wegen der Schlüsselbedeutung des Paulus für die Entwicklung des jungen Christentums hier auszugsweise zitiert:

»Saulus aber schnaubte noch mit Drohen und Morden gegen die Jünger des Herrn und ging zum Hohepriester und bat ihn um Briefe nach Damaskus an die Synagogen, damit er Anhänger des neuen Weges, Männer und Frauen, wenn er sie dort fände, gefesselt nach Jerusalem führe. Als er aber auf dem Weg war und in die Nähe von Damaskus kam, umleuchtete ihn plötzlich ein Licht vom Himmel; und er fiel auf die Erde und hörte eine Stimme: Saul, Saul, was verfolgst du mich? Er aber sprach: Herr, wer bist du. Der sprach: Ich bin Jesus, den du verfolgst. Steh auf und geh in die Stadt, da wird man dir sagen, was du tun sollst.«

Weiter heißt es, dass Saul erblindet war und erst wieder sehend wurde, als er die Taufe empfangen hatte.

Er wurde nun zum eifrigsten Prediger der Botschaft Jesu und bald in die Schar der Apostel (griechisch: »Sendboten«) aufgenommen. Er entwickelte eine rege schriftstellerische Tätigkeit, die ihn als einen der wenigen damals Handelnden ein klares persönliches Profil gewinnen lässt. Seine ermutigenden, lehrenden, tröstenden und schlichtenden Briefe an diverse Gemeinden in vielen Reichsteilen sind die ersten literarischen Zeugnisse des Christentums und gehören zum Kanon des Neuen Testaments, das nicht zuletzt durch ihn seine entscheidende theologische Prägung gewann. Zur Verbreitung seiner Interpretation der Worte Jesu trugen drei große Missionsreisen bei.

Die erste führte Paulus Mitte des 5. Jahrzehnts n. Chr. nach Zypern und Kleinasien, die zweite zwischen 49 und 53 nach Mazedonien und Griechenland, wo er auch Athen und Korinth besuchte, und die dritte im Anschluss daran nach Ephesos. Überall begründete er christliche Gemeinden und stärkte die bereits existenten. Im Jahr 57/58 kehrte er zurück nach Jerusalem, wo er verhaftet wurde. Er hatte sich mit seiner Lehre

Der Carcer Mamertinus unter der Kirche S. Giuseppe dei Falegnami in Rom war schon seit dem 4. Jahrhundert v. Chr. Staatsgefängnis. Neben Jughurtha und Vercingetorix waren hier auch die beiden Apostel Petrus und Paulus inhaftiert.

von Christi Aufhebung des mosaischen Gesetzes gegen den Anspruch der Juden gestellt, das allein auserwählte Volk zu sein, was ihm die unversöhnliche Feindschaft der orthodoxen Juden eintrug. Zwei Jahre hielten sie ihn in Caesarea in Gewahrsam, bis schließlich der Befehl kam, ihn als römischen Bürger nach Rom zu überstellen.

Dort konnte sich Paulus zunächst ohne Repressionen recht frei bewegen und war unermüdlich missionierend tätig, denn er war der herausragende Vertreter der Heidenmission, die von vielen Judenchristen abgelehnt wurde. Deswegen gründete er auch in Rom eigene Gemeinden, weil ihm die Judenchristen nicht nachsehen wollten, dass er die Halacha, das jüdische Religionsgesetz, nicht als verpflichtend auch für zum Christentum bekehrte Heiden ansah.

Bald aber schlug der politische Wind um. Kaiser Nero (Regierungszeit 54–68) suchte Sündenböcke für den großen Brand Roms und fand sie in den Christen, über die allerlei abscheuliche Gerüchte im Umlauf waren. Unzählige Mitglieder der schon relativ großen Gemeinde der Stadt wurden bestialisch hingerichtet. Paulus soll als römischem Bürger die »Gnade« der Enthauptung zuteil geworden sein, während Petrus am Kreuz zu Tode gebracht worden sein soll. An der Stelle, an der Paulus im 63/64 starb, errichtete später Kaiser Konstantin der Große eine Basilika.

BEDROHUNGEN

Die Judenchristen wichen ins Ostjordanland aus und entgingen dadurch dem römischen Wüten, dem Jerusalem samt Tempel zum Opfer fiel. Sie gerieten damit aber buchstäblich noch weiter ins Abseits, da der Erfolg der Heidenmission die Mehrheitsverhältnisse bald umkehrte. Die Verfolgungen unter Nero konnten daran nichts ändern, im Gegenteil: Die Haltung und Glaubenszuversicht, mit der die Christen schwerste Qualen in Erinnerung an Christi Leiden und Auferstehen hinnahmen, verschafften ihren Gemeinden wachsenden Zulauf. Ihre offenkundige Unschuld, ja ihre vorbildliche Lebensführung und Fürsorge für die Schwachen lenkten die Wut der Menschen eher gegen die Verfolger, sodass die Christenjagden bald eingestellt wurden. Dennoch sollte es noch Jahrhunderte dauern, bis die Christen ihre Religion überall öffentlich ausüben konnten. Jetzt, in der zweiten Hälfte des 1. Jahrhunderts, versammelten sie sich in Rom beispielsweise in den so genannten Katakomben, unterirdischen Höhlensystemen, die einen gewissen Schutz vor der Überwachung boten.

Doch nicht nur staatliche Verfolgung drohte ihnen, sondern auch spirituelle Versuchungen durch Kulte mit weniger selbstlosen Inhalten. Immer wieder wurden Versuche unternommen, auch aus den Gemeinden selbst heraus, beispielsweise die Bindung an das Alte Testament zu kappen oder in asketischer Weise Christus zum Geistgott und Gegner des Schöpfergotts zu stilisieren, der das böse Leibliche geschaffen habe. Wollte sich die junge Religion gegen jüdische Anfeindungen, heidnische Verfolgung, esoterische Anfechtungen, gnostische Einflüsse möglichst jesusnah behaupten, brauchte sie einen gewissen gemeinsamen Nenner und mithin verbindliche Schriften, wie sie in Form der Texte des Apostels Paulus vorlagen.

DIE SYNOPTISCHEN EVANGELIEN

Jetzt erst entstanden die Evangelien, denn die ursprüngliche Annahme war ja die, dass die glorreiche Wiederkehr Christi unmittelbar bevorstehe. Nun aber musste man sich an den Gedanken gewöhnen, dass »bald« ein sehr dehnbarer Begriff ist, denn, wie der 90. Psalm von Gott sagt, »tausend Jahre sind vor dir wie der Tag, der gestern vergangen ist, und wie eine Nachtwache«. Zwei Generationen waren inzwischen nach Christi Passion schon vergangen, die Klugheit

Die vier Evangelisten Matthäus, Markus, Johannes und Lukas, hier auf einem Gemälde von Jacob Jordaens, um 1625.

Als ältestes Evangelium gilt das des Markus, dessen Symboltier, der geflügelte Löwe, noch heute das Wappentier der Stadt Venedig ist.

angesichts der begrenzten eigenen Lebensspanne gebot daher, dem schwachen Gedächtnis des Menschen durch Fixierung der Überlieferung aufzuhelfen. Dabei konnte es den Schreibern, von denen natürlich keiner mehr Jesus gekannt hatte, nicht um Chroniken gehen, sondern nur um Wiedergabe der bekannten Tatsachen in Verbindung mit dem, was an Glaubensinhalten weitergegeben worden war. Über die Verfasser wissen wir nur sehr wenig.

Ältestes, bald nach dem Tod des Paulus niedergeschriebenes Evangelium ist das des Markus. Es beeinflusst die beiden folgenden des Matthäus und des Lukas, die aber alle drei zugleich aus einer gemeinsamen Vorlage geschöpft haben müssen, sonst wären einige charakteristische Abweichungen kaum erklärlich. Wegen der Gemeinsamkeit nennt man die drei Evangelien »synoptische«, weil sie den Stoff in ähnlicher Abfolge bieten, sodass eine vergleichende Zusammenschau (griechisch: *Synopsis*) möglich ist. Markus, wohl Begleiter des Paulus auf der ersten Missionsreise, war Mitglied der Jerusalemer Urgemeinde und hat seinen Text um das Jahr 70 verfasst. Er soll der Legende nach als Bischof von Alexandria den Märtyrertod erlitten haben. An den Anfang seiner Darstellung stellte er die Weissagung des Propheten Jesaja, dass ein Bote (Johannes der Täufer) dem Messias vorangehen werde. Darüber heißt es im dritten Vers: »Es ist eine Stimme eines Predigers in der Wüste: Bereitet den Weg des Herrn, macht seine Steige eben!« Mit Bezug darauf erhielt Markus als Symboltier den (geflügelten) Löwen. Sein Tag als Heiliger wird am 25. April begangen.

Umfangreichstes und im Neuen Testament an erster Stelle stehendes Evangelium ist das des Matthäus, der sicher nicht, wie die Legende will, identisch ist mit dem Zöllner, den Jesus zu seinem Jünger berufen hat. Der hellenistische Verfasser des offensichtlich für seine judenchristlichen Glaubensgenossen gedachten Textes schöpft aus dem Markusevangelium wie aus aramäischen Quellen, kennt er doch Aussagen Christi, die sonst so nicht überliefert sind. Wie Markus geht es Matthäus um die Darstellung Jesu als der in den Schriften des Alten Testaments geweissagte Erlöser, wobei das Evangelium besonders die ethischen (sittlichen) Forderungen Jesu betont wie sie am deutlichsten in der Bergpredigt zum Ausdruck kommen. Im Zentrum stehen das Gebot der unbedingten Nächstenliebe, die Geringschätzung irdischer Güter, die Mahnung zur radikalen Friedfertigkeit und die Seligpreisungen, die den Mühseligen und Beladenen, Sanftmütigen und Reinherzigen, Hungernden und Verfolgten Trost und Anteil an Gottes Seligkeit verheißen. In Anlehnung an eine Weissagung des Alten Testaments ist der geflügelte Mensch Symbol des Evangelisten, sein Heiligentag der 21. September.

Das dritte der Evangelien stammt von Lukas, vermutlich einem Heidenchristen und Arzt, der Paulus auf der zweiten und dritten Missionsreise begleitete und ihm auch in die Gefangenschaft nach Rom folgte. Er verfasste seinen Text etwa zur gleichen Zeit wie Matthäus und griff auch auf dieselben Quellen zurück. Und sie sind die beiden einzigen, die das bis heute für alle Konfessionen gültige Hauptgebet überliefert haben als Gebet Jesu (Herrengebet, Vaterunser, lateinisch: Pater noster), wenn auch in leicht abgewandeltem Wortlaut; hier die Matthäus-Version (5, 9–13):

»Unser Vater im Himmel! Dein Name werde geheiligt. Dein Reich komme. Dein Wille geschehe wie im Himmel so auf Erden. Unser tägliches Brot gib uns heute. Und vergib uns unsere Schuld, wie auch wir vergeben unseren Schuldigern. Und führe uns nicht in Versuchung, sondern erlöse uns von dem Bösen. Denn dein ist das Reich und die Kraft und die Herrlichkeit in Ewigkeit. Amen.«

Bei Lukas ist schon deutlich spürbar, dass die Erwartung der unmittelbar bevorstehenden Wiederkehr Christi einer längerfristigen Heilserwartung gewichen ist. Er zeichnet Jesus betont als Freund der Armen und Schwachen, der Frauen und Heiden. Häufiger als in den anderen Evangelien findet im stilistisch besonders ausgefeilten Text des Lukas Jesu Mutter Maria Erwähnung, was ihm in der Legende den Ruf eines »Marienmalers« und damit das Patronat über die Künstler eingetragen hat. Auch Jesu Kindheitsgeschichte kommt besser zur Geltung als bei den anderen Evangelisten. Lukas gilt außerdem als Verfasser der Apostelgeschichte, die sich im Neuen Testament an die Evangelien anschließt und die Ausbreitung des Christentums von Jerusalem bis Rom schildert. Wichtig ist ihm vor allem die Heidenmission des Apostels Paulus. Symbol des Evangelisten ist der Stier, sein Heiligentag der 18. Oktober.

Der Evangelist Matthäus, hier dargestellt von Guariento, um 1345.

SCHRIFTEN DES JOHANNES

Letztes in der Reihe der Evangelien des Neuen Testaments und auch als letztes um 100 entstandenes ist das des wohl in Ephesus beheimateten oder dort tätigen

Johannes ist nach altkirchlicher Tradition nicht nur der Verfasser des Johannesevangeliums, sondern auch Autor der Briefe und der Offenbarung.

Johannes. Im Aufbau, im sprachlichen Stil und im Inhalt unterscheidet es sich deutlich von den Evangelien der Synoptiker.

Bei Johannes verläuft das Leben Jesu während seines öffentlichen Wirkens im Unterschied zu den anderen Berichten erheblich bewegter: Er zieht drei Mal zum Passahfest nach Jerusalem (daher die Annahme, dass dieses Wirken vielleicht volle drei Jahre umfasst habe) und vollbringt andere und großartigere Wunder. Vor allem aber spricht er eine vollkommen andere Sprache: Er benutzt nicht die sonst gewohnten schlichten und prägnanten Gleichnisse, sondern hält tiefgründige theologische Reden von hoher Abstraktion.

Das Johannesevangelium ist ein Zeugnis für die ständige Weiterentwicklung der Überlieferung. In ihm hat sich die Theologie der jungen Kirche (zu griechisch *kyriakón*: »das zum Herrn gehörige [Haus]«) niedergeschlagen, nämlich die Lehre, die aus der Berührung des Christentums mit hellenistischem Gedankengut entstanden ist. Ungeklärt ist, wie weit die anderen Evangelien bei der Abfassung des Johannestextes bekannt waren. Es will aber diese weder ergänzen noch ersetzen. Als sicher kann jedenfalls gelten, dass der Apostel Johannes, der Lieblingsjünger Jesu, nicht als Verfasser in Frage kommt, wie es in der Tradition behauptet wird. Der theologische Tiefgang, die späte Endredaktion und allerlei Überarbeitungen machen einen Augen- und Ohrenzeugen von Leben und Reden Jesu als Autor höchst unwahrscheinlich. Sein Evangelium fand eine rasche Verbreitung, vor allem in Ägypten; von seinem theologischen Ansatz her sind besonders die Ostkirchen geprägt. Johannes wird mit dem Symbol des Adlers dargestellt, sein Heiligentag ist der 26. September.

FRÜHE VERBREITUNG

Damit war der Kanon der Schriften des Neuen Testaments in einer erstaunlich kurzen Frist in Umrissen festgelegt, auch wenn noch lange in den Gemeinden viele später ausgesonderte mystische und esoterische Schriften zum Gottesdienstehren kamen. Mit Bildung von kirchlichen Instanzen setzte sich der Kanon letztlich durch, wie wir ihn heute kennen: Evangelien, Apostelgeschichte, Paulusbriefe, Briefe anderer Apostel (Petrus, Johannes, Judas, Jakobus), Offenbarung. Diese Grundlegung war ein wichtiger Grund, dass bei aller Vielfalt der Schulen und bei der folgenden weiten Verbreitung des Christentums der Kern der Lehre bewahrt blieb, ja trotz mancher Spaltungen und erbitterter Kämpfe Gemeingut aller Konfessionen geblieben ist.

Immer wieder aber kam es zu staatlichen Verfolgungen, allerdings nach einer relativ langen Phase der ungestörten Entwicklung. Sie hatte genügt, aus den verstreuten Gemeinden zumindest auf Provinzebene einen kirchlichen Verbund zu schaffen. Durch Briefe und durch Reisen von Geistlichen gab auch schon so etwas wie eine reichsweite Verständigung oder genauer: Debatte, denn über viele Themen wurde heftig gestritten. Das reichte von der Jungfrauengeburt Jesu über die Wirkung der Taufe bis hin zum dominierenden Thema: War Christus nur Mensch mit göttlichem Auftrag oder ein Gottmensch oder Gott, war er ebenso Gott wie Gottvater oder nur wesensähnlich. Darüber kam es zu tiefgehenden Zerwürfnissen, unter denen die Einheit der Lehre und die Geschlossenheit beim Kampf gegen eine immer noch oft sehr feindliche Umwelt litten. Viele erkannten daher die Bedeutung von effizienter Organisation.

Die Urgemeinde war eine basisdemokratische Gruppe, weil noch sehr übersichtlich und in direktem persönlichem Kontakt. Mit der Ausbreitung lösten sich die Bindungen zwischen den Gemeinden, aber auch innerhalb der rasch wachsenden christlichen Gruppen konnte bald nicht mehr alles gemeinsam geregelt und entschieden werden. Es bildete sich zunächst eine Art Ältestenrat (Presbyterium), dessen Vorsitzender mit der Zeit eine herausragende Bedeutung gewann. Dieses Amt wurde immer stärker mit Autorität aufgeladen bis hin zum alleinigen Recht der Auslegung von Lehrsätzen und Schriftstellen. Aus dem organisatorischen Gemeindeführer wurde auch der geistliche Wortführer, und in dieser Verbindung zeichnete sich schon die künftige Figur des Bischofs (von griechisch: *epískopos* = »Aufseher«) ab.

Die Bischöfe von Regionen trafen sich regelmäßig zu Synoden (griechisch »Zusammenkunft«), wählten ihrerseits wieder einen Vorsitzenden, und das war meistens ein Mann mit besonders großer Gemeinde, im Regelfall der Bischof der jeweiligen Hauptstadt der Region und auf der nächst höheren Ebene der Provinz, reichsweit mithin der Bischof von Rom. Die Rangfolge wurde in dem Maß wichtig, in dem den Bischöfen weitere Macht zuwuchs. Sie galten schon im 3. Jahrhundert als Stellvertreter Christi bei heiligen Handlungen und waren allein berechtigt, das Herren- oder Abendmahl zu zelebrieren, das sich von einer schlichten gemeinsamen Erinnerungs-Mahlzeit der Gläubigen zu einem komplizierten Ritus entwickelte. Auch die Messe reglementierten die Bischöfe als Kultträger und befugten, neue Gemeindemitglieder durch die Taufe aufzunehmen. Auch diese Handlung wurde daher immer feierlicher ausgestaltet. Schließlich brauchten die hohen Herren Helfer bei der wachsenden Schar der Gläubigen und beriefen diese durch eine Weihe. Die sich entwickelnde Hierarchie verästelte sich mehr und mehr, bis schließlich ein Oberbischof die Bischöfe und diese die Pfarrer beriefen. Die Kluft zwischen dem Volk und den geistlichen Würdenträgern wuchs zusehends, was zu einer gewissen Verweltlichung des Gemeindelebens führte.

Das rief eine Gegenbewegung auf den Plan, in deren Augen die Abkehr von den ernsten Glaubensinhalten eine gefährliche Entwicklung darstellte und die daher eine Rückbesinnung

Etwa ab dem 3. Jahrhundert festigte sich die Rolle der Bischöfe. In dieser Buchmalerei aus dem 14. Jahrhundert weihen Bischöfe einen Altar.

verlangte. Das schien nur in einer Abwendung von der Welt möglich, die mit ihren Verlockungen von der Nachfolge Christi nur ablenke. Es breitete sich ein Einsiedlerwesen (Eremitentum) aus, wobei Gleichgesinnte zueinander fanden, die auf Reichtum, Sexualität und Genüsse verzichten wollten, um ganz dem Glauben zu leben. Allein, bald auch in Gruppen zogen sich diese »Mönche« genannten Männer (von griechisch *monachos* = allein Lebender) in die Einsamkeit zurück, in Höhlensysteme und Wüstengebiete.

Einer der berühmtesten wurde der Heilige Antonius (251–356), um dessen »Versuchungen« sich zahlreiche Legenden rankten und dessen Einsiedelei in Mittelägypten zum Pilgerziel für viele Gläubige wurde. Die anderen Eremiten der Gegend erwählten ihn sich zum »Vater« (hebräisch: *abba*, daher die Bezeichnung »Abt« für den Klostervorsteher) und zeigten damit, dass auch viele Einsiedler ihr Christentum in Gemeinschaft leben wollten, wie von Jesus immer gefordert.

Der Heilige Antonius wird allgemein als der Vater des Mönchtums betrachtet. Bevor er im Jahre 356 starb, hatte er viele Jahre als Einsiedler in der Wüste verbracht. Sein Kennzeichen ist das T-förmige Kreuz.

Staatsreligion

Die immer festere Organisation der Kirche, nach damaligem Verständnis nur strikt hierarchisch denkbar, half der immer noch jungen Religion, staatliche Angriffe zu überstehen. Waren früher die Behörden meist nur auf Anklage oder Verdächtigung hin gegen Christen tätig geworden, so kam es im 3. und zu Beginn des 4. Jahrhunderts zu drei zentral gelenkten Verfolgungen unter Kaiser Decius im Jahr 249, unter Kaiser Valerian 257 und zu einer der schwersten, aber auch letzten unter Diokletian seit 303. Dahinter stand ein gewandeltes Kaiserverständnis, nach dem der Herrscher als Statthalter der Götter selbst göttliche Verehrung verlangte. Und es spielte eine Rolle, dass die Kaiser durch die neue Religion mit ihrem Unbedingtheitsanspruch den Zusammenhalt des Imperiums gefährdet sahen. Daher versuchten sie die Loyalität aller Bürger durch Bekenntnis zum Kaiserkult zu erzwingen. Den Anhängern von Vielgötterkulten fiel das nicht schwer, für Christen aber trat nun der Fall ein, dass sie nicht mehr dem Kaiser geben konnten, was ihm nach eigener Ansicht zustand. »Gebt Gott allein die Ehre!« rangierte für sie in diesem Punkt klar vor ihrer Loyalität zum Kaiser; eine Brücke konnte es da nicht mehr geben.

Es ging aber nicht nur um Ideologie, sondern auch um Macht. Die Kaiser sahen mit Besorgnis, wie sich auch in Heer und Verwaltung Christen in Schlüsselpositionen schoben und dass trotz ihrer ausgeprägten Mildtätigkeit einzelne erhebliche Reichtümer hatten ansammeln können. Kurz: Die Gefahr, dass da ein Staat im Staat heranwuchs, war nicht mehr von der Hand zu weisen. Die Christen erlebten den Triumph, dass Valerian 260 in die Gefangenschaft der Parther geriet und darin umkam. Deutlicher konnte Gottes Strafe für den Frevler nicht ausfallen. Valerians Sohn Gallienus beeilte sich daher, den Christen die eingezogenen Güter zurückzugeben und mit ihnen Waffenstillstand zu schließen.

Die letzte große Christenverfolgung fand ab 303 unter der Ägide des Kaisers Diokletian statt.

LETZTER KRAFTAKT GEGEN DIE CHRISTEN

Er hielt über vierzig Jahre, eine Zeit, die von der Kirche zu weiterer Festigung genutzt wurde. Das hinderte den seit 283 herrschenden Diokletian nicht, nach Erledigung anderer vordringlicher Reformen, erneut die Christenfrage zu stellen. Er sah nur in der Rückkehr aller Bürger zum angestammten römischen Glauben eine Chance zur Wiederherstellung der Stabilität des

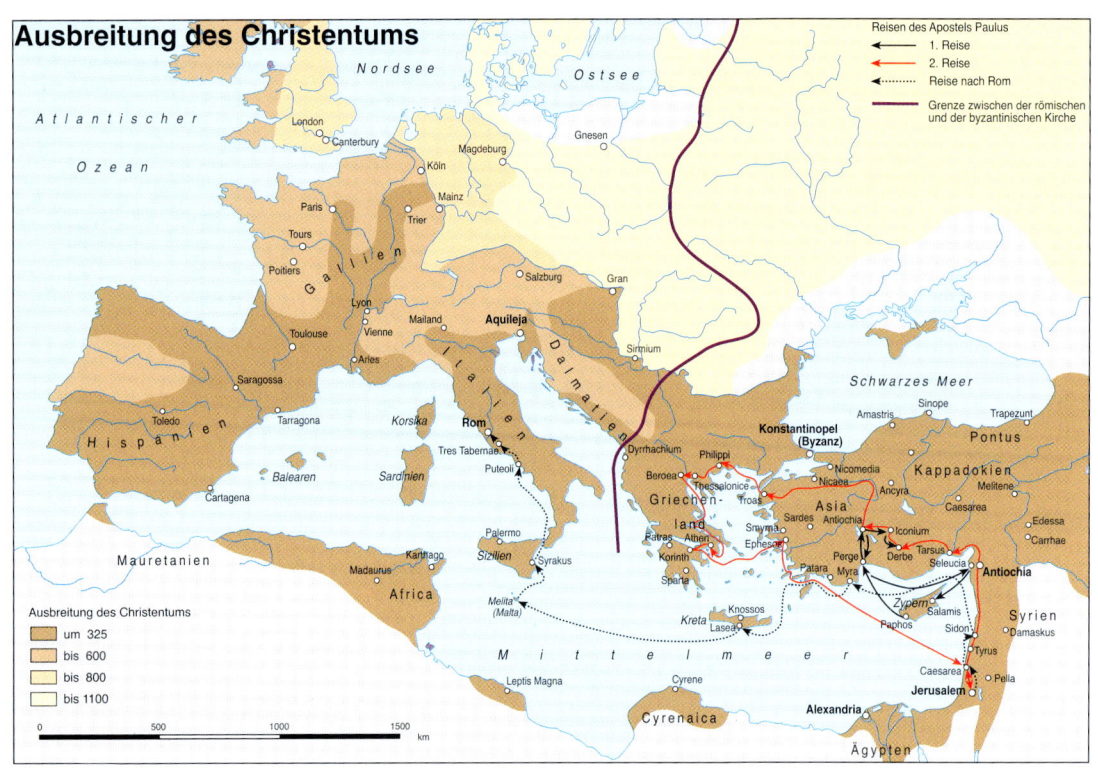

Galerius starb zwar noch im gleichen Jahr des Edikts und sein Nachfolger Maximinus setzte die antichristliche Agitation fort, doch das waren Rückzugsgefechte, wie sich sogleich zeigen sollte. Im Westen nämlich rangen Maxentius und der bei der Nachfolgeregelung übergangene Kaisersohn Konstantin um die Herrschaft, da setzte, glaubt man der Legende, Gott das entscheidende Zeichen: In der Nacht vor der Schlacht der beiden Heere am 28. Oktober 312 an der Milvischen Brücke bei Rom, erschien dem schlafenden Konstantin im Traum über der Sonne ein Kreuz aus Licht mit der Inschrift: »In hoc signo vinces – In diesem Zeichen wirst du siegen.«

Er ließ am Morgen das Christusmonogramm auf seine Feldzeichen nähen und schlug den Rivalen vernichtend. Ob erfunden oder tatsächliche Vision: Im römischen Denken setzte sich die Überzeugung fest, dass man es beim Christengott mit einem vorzüglichen Schlachtenlenker zu tun habe, eine Karriere, wie sie nach seinerzeitigen Maßstäben nicht glänzender zu denken war.

Das Toleranzedikt, das Konstantin im Jahr darauf zusammen mit seinem Mitregenten Licinius in Mailand herausgab, machte das Christentum offiziell zur erwünschten Religion, wenn auch noch nicht zur einzigen. In den kommenden Jahren wurde aber zunehmend deutlich, dass sie auf dem Weg dorthin war. So schaltete sich der Kaiser in den Streit um den abtrünnigen Bischof Donatus in Afrika ein, und auch wenn

Reiches; den Kaiserkult empfand er dabei als zentral. Im Jahr 303 schlug er gegen die Christen los, allerdings folgten ihm dabei seine Mitregenten in unterschiedlichem Maße. Im Ostteil des Reiches ging Galerius mit aller Schärfe vor, im Westen begnügte man sich meist mit Schikanen und sah von Todesurteilen ab. Diokletian selbst zog sich schon 305 auf sein Altenteil zurück und überließ diese letzte große Frage seiner langen Regierung den Nachfolgern. Und die mussten einsehen: Eine Ausrottung des Christentums war längst unmöglich geworden. Selbst Christenfresser Galerius kapitulierte, denn gerade in seinem östlichen Reichsteil hätte die konsequente Umsetzung die Austilgung ganzer Städte bedeutet.

Er gab aber erst nach Strömen von Blut auf, dann allerdings mit einer bemerkenswerten Kehrtwendung, die als Beginn eines neuen Kapitels der Kirchengeschichte gelten kann. Im Jahr 311 erließ er ein Edikt, in dem er eingestand, dass die Christen offenbar in ihrer »Torheit« nicht zu erschüttern seien.

er die Differenzen nicht ganz beizulegen vermochte, so zeigte sein Engagement doch, wie wichtig ihm eine einheitliche katholische (griechisch: »allgemeine«) Kirche war. Er legte sich einen Bischof als Berater in Kirchenfragen zu und berief selbst Bischofssynoden ein. Auf einer in Arles im Jahr 314 erlangte er die kirchliche Verurteilung von Soldaten, die den Dienst verweigerten. Aus der Kirche der Feindesliebe und der radikalen Friedfertigkeit war schon kurz nach dem Aufstieg zum begünstigten Kult eine Art verlängertes Schwert des Herrschers geworden. Das Bündnis Thron und Altar nahm erste Formen an.

DER KAISER ALS KIRCHENFÜRST

Obwohl sich der Kaiser noch nicht offiziell durch Taufe zum Christentum bekannt hatte, wohl um die anderen Kulturen nicht noch mehr zu irritieren, verstand er sich als geweihter Herr der Kirche. Dieses Selbstverständnis wird deutlich in seiner umfangreichen Bautätigkeit auf sakralem Gebiet. Er stattete insbesondere Rom mit aufwändigen Kirchenbauten aus, zum Beispiel um 324 über der Stelle, wo nach der Überlieferung Petrus den Märtyrertod erlitten hatte. Ein Inschrift in der gewaltigen Basilika (von griechisch: »Königshalle«) sagt: »Weil unter deiner Führung die Welt triumphierend erstanden, hat dir Constantinus der Sieger die Aula gegründet.« Auch im Heiligen Land, das die Kaiserinmutter Helena mehrfach bereiste, ließ Konstantin an den heiligen Stätten Gethsemane, Golgatha, dem Ölberg und in Bethlehem Kirchen errichten, unter denen die fünfschiffige Bethlehemer Geburtskirche mit dem oktogonalen (achteckigen) Chor und die prachtvolle Grabeskirche in Jerusalem besonders zu nennen sind.

Diese Bautätigkeit erlebte ihren Höhepunkt bei der Entstehung von Konstantinopel (heute Istanbul), der neuen Hauptstadt des Reiches auf dem Boden der alten Stadt Byzanz am Bosporus im Jahr 330. Zwar wurde die mächtige Sophienkirche (Hagia Sophia) erst 360 vollendet, doch trug die Planung deutlich die

Im Kampf um den Kaiserthron besiegt Konstantin 312 bei der Schlacht an der Milvischen Brücke seinen Konkurrenten Maxentius.

Ein Christogramm-anhänger aus dem 4. Jahrhundert.

Handschrift des ersten christlichen Herrschers über das Weltreich. Sein Mausoleum wurde mit grabähnlichen Stellen für die zwölf Apostel versehen, in deren Mitte sein Sarkophag stand, sodass er als dreizehnter »Apostelgleicher« die ewige Ruhe finden würde.

Die Verehrung für Konstantin nahm in der östlichen Kirche Formen eines christlich gewendeten Kaiserkults an, während der Westen distanzierter blieb. Gleichwohl berief sich auch die westliche Kirche auf den großen Herrscher, als sie die Legende in die Welt setzte, er habe ihr zum Dank für den Sieg dank Christus die »Konstantinische Schenkung« gemacht, eine frühmittelalterliche Fälschung, aus der die Kirche und das Papsttum weitreichende Rechte herleiteten.

Unter den Nachfolgern setzte sich die aktive Förderung der Kirche fort, allerdings nun mit immer stärkerer antiheidnischer Spitze. Zunehmend wurden Staat und Kirche als Einheit gesehen, wobei sich die großen Missionserfolge der Kirche in den Randgebieten des Reiches, ja sogar jenseits der Grenzen als stabilisierend für den Thron erwiesen. Beide Seiten aber erlebten einander auch als Problem: Die Kaiser legten natürlich gesteigerten Wert auf eine einheitliche Kirche und sahen mit Sorge theologische Streitigkeiten. Manchmal gingen sie wie Kaiser Konstans in Afrika auch gegen abtrünnige Gruppen wie die Donatisten mit Waffengewalt vor. Die ernsten Theologen dagegen sahen in der zunehmenden Verflechtung von Kirche und Staat eine Gefahr für die spirituelle Reinheit, weil Ämter lockten und kaiserliche Gunstbeweise für so manche Bischöfe wichtiger wurden als die Lehre von jenem Christus, der zu den Mühseligen und Beladenen gekommen ist. Die Kirche drohte ihre Seele an die Macht zu verkaufen.

Diese Tendenz zur Verweltlichung erhielt auch dadurch einen wichtigen Impuls, dass nun vermehrt Menschen aus eigensüchtigen Gründen zum Christentum übertraten. Sie nahmen es mit dem Glauben nicht genau, sondern wollten nur mit der richtigen Glaubenszugehörigkeit Karriere machen. Das führte zur Senkung der Anforderungen an den »echten« Christen und zugleich zu einem Zustrom heidnischer Anschauungen durch die nur oberflächlich Bekehrten, was am Eindringen heidnischer Kultformen zu erkennen war. Das Glaubensbekenntnis verkam nicht selten zum bloßen Lippenbekenntnis. Außerdem waren viele Menschen einfach überfordert von dem komplizierten Lehrgebäude der Kirche; sie brauchten Bilder, Kerzen, Weihrauch und sinnliche Symbole, die ihnen bekannt waren. Die Prachtentfaltung der Kirche, die Ritualisierung des Gottesdienstes und der immer üppigerer Festkalender von Weihnachten bis Ostern, von Himmelfahrt bis Mariä Geburt waren nicht zuletzt darauf zurückzuführen. Hierhin gehören auch das um sich greifende Reliquienwesen und die Heiligenverehrung, die Wallfahrten zu Gräbern von Märtyrern und das Pilgern ins Heilige Land.

Das alles verstärkte sich noch, nachdem Kaiser Theodosius (Regierungszeit 379–395) das Christentum offiziell zur Staatsreligion erhoben und 393/394 alle heidnischen Kulte verboten hatte. Es verstärkte sich aber auch die Gegenreaktion: Nun erfasste auch den Westen die asketische Bewegung, die zurück zu den Wurzeln wollte. Es bildeten sich erste Klöster auch in Italien, die sich zunächst bewusst auch gegen die Bischofskirche von kaiserlichen Gnaden wandten; Wanderprediger riefen zur Umkehr auf. Auch theologisch suchten Kirchenlehrer wie der 395 zum Bischof des nordafrikanischen Hippo Regius ernannte Aurelius Augustinus (354–430) gegenzusteuern.

Augustinus sah das zentrale Problem darin, wie den Menschen ein Leben in Glückseligkeit möglich sei. Seine Antwort war kurz: Glück bestehe im Erreichen und Genießen des höchsten Guten, das in Gott versammelt sei. Genießen bedeute somit, Gott zu erkennen und zu verstehen, indem man die ewigen Wahrheiten begreife. Gegen Skeptiker führte er deren eigene Zweifelsucht ins Feld: Wenn man erkenne, dass man nichts erkennen könne, sei doch zumindest sicher, dass Erkenntnis möglich ist. Gott habe es damit aber nicht bewenden lassen, sondern dem Menschen die Gabe des Erfassens der Wahrheit verliehen durch Gewährung der Teilhabe an seinen, Gottes, Ideen, die dem Weltlauf und damit dem Lebenslauf einen Sinn hin auf das Endgericht Christi und seinen Sieg über das Reich des Bösen gäben. Wie die Teilhabe an den Ideen des Allmächtigen ist der Glaube nach Augustinus eine göttliche Gnade, die uns die Freude am Ewigen schenkt. Sünde hingegen ist die Abkehr davon und die Hinwendung zur Welt um ihrer selbst willen. Die Kirche ist die in Christus von Gott gestiftete Institution, die seine Lehre und seine Gnade vermittelt. Über sie ist Befreiung von der Sünde als rückkehrende Hinwendung zu Gott wieder möglich geworden.

Damit aber hatte Augustinus nicht einer Kirche der Macht und Pracht das Wort geredet, sondern einer, die in Demut das Geschenk der Erlösung durch Christus annimmt und weitergibt. Damit war es aber staatskirchlich vielfach übel bestellt, sodass die Predigt des Kirchenlehrers vor allem den Würdenträgern galt. Sie hörten aber kaum hin; die Ideen des Augustinus wirkten erst mit Verzögerung, was von der Institution Kirche her gedacht zunächst Vorteile hatte. Ihr Machtstreben gestützt auf die kaiserliche Gunst sollte sich auszahlen, denn es kamen höchst unruhige Zeiten. Die Grenzen des Römischen Reiches, inzwischen endgültig in ein West- und ein Ostreich geteilt, gerieten im 5. Jahrhundert unter erheblichen Druck durch anbrandende Völker vor allem aus dem Norden. Nur

Aurelius Augustinus, einer der ersten Kirchenlehrer. Seine Schriften waren von größtem Einfluss auf die gesamte abendländische Philosophie und Theologie und wirkten besonders auf die spätere Entwicklung der Franziskaner und Dominikaner.

zeitweilig ließ sich dem damit begegnen, dass die Kaiser ihnen eine Heimstätte im Reich gewährte und dafür ihre Kriegsdienste gegen die nachdrängenden Stämme der Germanen forderten. Es war absehbar, dass die Dämme endgültig brechen würden.

DER UNTERGANG DES WESTRÖMISCHEN REICHES

Der Westteil des Reiches geriet besonders in Gefahr, zumal die Ostkaiser etwa die vor den Hunnen ausweichenden und aus dem Donauraum herandrängenden Goten gern nach Westen ablenkten. Mehrfach drangen Germanen bis nach Rom vor, erstmals die Westgoten unter Alarich (König 395–410) im Jahr 410, danach die in Afrika sesshaft gewordenen Vandalen unter Geiserich (König 428–477) im Jahr 455 und endgültig die Ostgoten unter Theoderich (König 471–526) im Jahr 493, der den letzten römischen Statthalter, ebenfalls einen Germanen, besiegte und ein gotisches Königreich in Italien begründete. In diesem 5. Jahrhundert der Wirren wuchs die Bedeutung der Kirche als Stabilitätsfaktor erheblich, was gerade im Westen segensreich war, wo die kaiserliche Autorität rapide verfiel, während sich im Osten das Modell des Kaisers auch als Herr der Kirche hielt, der daher so genannte Caesaropapismus. In dem Begriff steckt das Wort »Papst« als Bezeichnung für den obersten aller Bischöfe. Es wurde bereits erwähnt, dass mehrere Städte den Rang eines Sitzes dieses Oberbischofs für sich beanspruchten. Nun in der großen Not des Westreiches setzte der Bischof Rom seine Oberhoheit durch, indem er auf die Begründung der römischen Gemeinde durch Petrus verwies, in dessen direkter ununterbrochener Nachfolge er stehe. Schließlich habe der Herr zu diesem seinem vornehmsten Jünger gesagt: »Du bist Petrus, und auf diesen Felsen will ich bauen meine Gemeinde, und die Pforten der Hölle sollen sie nicht überwältigen. Ich will dir die Schlüssel des Himmelreichs geben; alles, was du auf Erden binden wirst, soll auch im Himmel gebunden sein, und alles, was du auf Erden lösen wirst, soll auch im Himmel gelöst sein« (Matthäus 16, 18).

Daraus leitete spätestens Leo I. der Große (Papst 440–461) seinen Anspruch her und erlangte auch politisch eine den schwachen Kaiser fast überragende Stellung.

Nach dem Untergang des Weströmischen Reiches sorgten die Päpste als einzige für die Kontinuität der antiken Traditionen, wenn auch nun im christlichen Gewand. Sie wurden zu den entscheidenden Figuren bei der Aufgabe, die Belange der Bevölkerung den neuen germanischen Herren gegenüber zu vertreten und kraft ihrer geistlichen Autorität die Konflikte in überschaubaren Grenzen zu halten. Insofern fiel die Geburtsstunde der wichtigsten kirchlichen Instanz mit der Sterbestunde des Weströmischen Kaisertum zusammen. Einen Teil der weltlichen Macht erbte die Kirche.

Im Jahre 455 eroberte der Vandalenkönig Geiserich Rom und begann mit einer zweiwöchigen Plünderung. Die Herrschaft der Ostgoten in Italien, die 493 durch den Sieg Theoderichs in Ravenna besiegelt wurde, hatte begonnen.

Papsttum

Leo der Große kann also als der erste eigentliche »Papa« (lateinisch: »Vater«) gelten, auch wenn die Kirche, wie er selbst, die Papstreihe bis auf Petrus zurückführt. Durch Leo gewann das römische Bischofsamt reichsweite Autorität, als es ihm gelang, den nach Italien vorgedrungenen Hunnenkönig Attila mit seinem Heer 452 zum Abzug zu bewegen. Auch wenn wohl andere Gründe dafür ausschlaggebend waren – es gab nachweislich eine Seuche unter den hunnischen Soldaten –, so imponierte doch die Furchtlosigkeit, mit der Leo dem Schrecken des ganzen Abendlands entgegengetreten war. Erstaunlicherweise glückte es ihm dann drei Jahre später sogar, die Rom plündernden Vandalen in die Schranken zu weisen.

Noch einmal sank die Bedeutung des Papsttums, als der oströmische Kaiser Justinian I. (Regierungszeit 527–565) sich daran machte, den verlorenen Westen zurückzugewinnen. 533/534 zerschlug er den Staat der Vandalen in Nordafrika, ließ dann seine Heere nach Italien übersetzen und konnte das Land soweit unter Kontrolle bringen, sodass auch der Papst wieder seiner Aufsicht unterstand. Auch wenn erst 553 die endgültige Niederwerfung der Ostgoten im einstigen Herzland des Weltreichs gelang, so übte doch der Kaiser von seiner Residenz Konstantinopel aus wieder die Aufsicht aus, machte das schon von Theoderich bevorzugte Ravenna zu seiner Westresidenz und schmückte die Stadt mit Kirchen wie San Vitale (547) oder Sant' Apollinare in Classe (549 geweiht).

»Das Gastmahl des Heiligen Gregor des Großen«. Papst Gregor lässt durch seinen Kanzler zwölf arme Pilger an seinen Tisch bitten. Gemälde von Paolo Veronese, 1572.

ORA ET LABORA!

Doch auch der nochmalige oströmische Zugriff blieb Episode. 568 brachen die germanischen Langobarden in Italien ein und ließen Ostrom nur einige Enklaven um Rom und Ravenna. Die restliche italienische Bevölkerung stand damit erneut unter Fremdherrschaft, und wieder schlug die Stunde des Papstes, der 590 bis 604 Gregor hieß und der wegen seiner politisch-kirchlichen Bedeutung als »der Große« in die Geschichte einging. Er war ursprünglich ein hoher kaiserlicher Beamter und wurde nun, gestützt auf den ständig wachsenden Landbesitz der Kirche, zum Begründer dessen, was später Kirchenstaat, damals aber *Patrimonium Petri* (Grundbesitz des Petrus) hieß. Er konnte Rom selbst gegen die Langobarden halten, 598 einen Frieden zwischen ihnen und Ostrom vermitteln und sich zugleich als oberster Kirchenfürst gegen die Ansprüche seines Kollegen in Konstantinopel durchsetzen, der sich vorsorglich schon als »ökumenischen (weltweiten) Patriarchen« bezeichnet hatte.

Gregor schuf auch eine Gottesdienst- und Mess-Ordnung, die sich in den Grundzügen bis heute erhalten hat. Ob er allerdings auch die nach ihm benannte Gregorianische Kirchenmusik prägte, ist nicht sicher nachgewiesen. Ebenso wichtig jedenfalls, ja besonders zukunftsweisend war seine Missionstätigkeit bis nach Britannien und sein Erfolg bei der Überzeugung der mehrheitlich noch immer arianisch gesonnenen germanischen Könige vom Vorteil eines Übertritts zum katholischen Glauben auf der Basis des Nicaenums. Das nämlich förderte die Integration der Germanen und stabilisierte die politische Ordnung.

Anders als viele vor ihm ermutigte Gregor fromme Männer, die sich als Mönche um den Glauben bemühten, eine gerade in den Nöten dieser Zeit erneut mächtig gewordene intensive Hinwendung zur wahren Lehre, die mit dem zwei Generationen älteren Benedikt von Nursia (480–547) einen wegweisenden Vertreter gefunden hatte. Die Gründung seines Klosters auf dem Monte Cassino im Jahr 529 verbreitete das Mönchtum über das ganze Abendland. Der Erfolg lag vor allem darin, dass Benedikt Fleiß und Andacht als Säulen seines Ordens sah: »Ora et labora! – Bete und arbeite!« Eine feste Tageseinteilung unterstützte die Bemühungen um innerlich-gläubige Disziplin. Dieses Mönchtum wurde zum Träger auch der lateinischen Sprache und der antiken Bildung und damit zum Bewahrer der geistlichen Einheit des Abendlands.

Anders als der Westen hielt Ostrom nun auch den gegen seine Grenzen vordringenden Völkern stand. Dabei handelte es sich bei den Angreifern um kriegerisch

Diese italienische Buchmalerei aus dem 15. Jahrhundert zeigt, wie der Heilige Benedikt seine Ordensregeln verteilt.

weit gefährlichere Gegner, nämlich um die im Namen Mohammeds antretenden Muslime, die binnen Kürze den Vorderen Orient und ganz Nordafrika eroberten und bis zu den Pyrenäen vordrangen. Gegen Konstantinopel aber rannten sie dreimal vergeblich an; beim dritten Mal 718 erlitten sie sogar eine schwere Niederlage und mussten das schon gewonnene Kleinasien wieder preisgeben. Erst über sieben Jahrhunderte später gelang ihnen die Einnahme der letzten römischen Bastion, sodass sich dort ein Christentum ganz eigener Art ruhig entwickeln konnte. Man kann es aber auch negativ sehen, denn es war lange ringsum abgeschnitten und erhielt so wenige frische Impulse. So wie sich schon früh die Reichsteile auseinander entwickelt hatten, wuchs nun die Entfremdung von West- und Ostkirche.

WESTEN

In der harten Wirklichkeit konnten christlicher Glaube und antike Überlieferung freilich nur dann zur Grundlage einer neuen Einheit werden, wenn eine weltliche Macht mit weltlichen Mitteln der Kirche zur Seite stand. In Ostrom leistete das der Kaiserstaat, im Westen Europas besaßen Macht nur die jungen germanischen Reiche, die das Erbe des Imperiums angetreten hatten. Die staatliche Einheit war dahin, aber im Untergrund gab es weiter eine kulturelle Verbundenheit, denn die neuen Herren hatten in geistiger Hinsicht nichts Vergleichbares zu bieten, sondern nahmen bereitwillig die römisch-lateinische Gedankenwelt auf, wie sie die Kirche bewahrt hatte. Erst als Gregor der Große die Langobarden für die Kirche gewonnen hatte, setzte sich in Italien die Verschmelzung durch.

Schon ein Jahrhundert vorher war sie in Gallien in Gang gekommen. Dort waren germanische Völkerschaften eingedrungen, die sich vorher im Rhein-Mosel-Gebiet zum Stamm der Franken zusammengefunden hatten. Unter ihrem Heerkönig Chlodwig I. aus dem Geschlecht der Merowinger stießen sie 486 bis ins Herz der römischen Provinz Gallien vor. Ein Jahrzehnt später drängte Chlodwig die Alemannen, die sich im Südwesten Galliens festgesetzt hatten, in das Gebiet der heutigen Schweiz zurück, entriss den Westgoten alles Land nördlich der Garonne und kontrollierte bald fast das ganze einst von Caesar unterworfene Land. 492 nämlich hatte er mit der Heirat der burgundischen Königstochter Chrodechilde auch Ansprüche auf Burgund erworben. Wichtiger noch wurde die Tatsache, dass es die junge Frau verstand, den großmächtigen König davon zu überzeugen, dass der Übertritt zum Katholizismus nicht nur gottgefällig, sondern auch politisch von erheblichem Nutzen sein würde. 496 ließ sich Chlodwig I. taufen.

Bischof Remigius von Reims tauft Chlodwig, den König der Franken.

103

Nun bestand bald ein breites katholisches Band von Italien bis nach Irland, denn auch dorthin und von dort nach Britannien war die Mission mittlerweile vorgedrungen und hatte im Gegenzug einen Missionsschub von Irland aufs Festland erfahren.

Irische Mönche gründeten seit etwa 600 im oberen Rhein- und Donaugebiet Kirchen und Klöster, die bald zu Stätten tiefer Frömmigkeit und wissenschaftlichen Lebens wurden. Dem irischen Beispiel folgten weitere angelsächsische Mönche wie beispielsweise Winfried (672–754), der über Friesland nach Mittel- und Süddeutschland zog und von dort weiter nach Rom. Wegen seiner großen missionarischen Erfolge erhielt er in Italien den Ehrennamen Bonifatius (lateinisch für »Gutredner«). Im Jahre 719 beauftragte ihn Papst Gregor II. (Pontifikat 715–731) mit der christlichen Mission in Hessen, Bayern und Thüringen, wo er neue Gemeinden gründete und die bereits bestehenden festigen konnte.

722 zum Bischof und 736 zum Erzbischof ernannt, organisierte Bonifatius die Kirche im ganzen Frankenreich, gründete die Bistümer Erfurt, Würzburg, Freising, Regensburg und Passau, und berief Reichssynoden ein, die der Vereinheitlichung der Kirchenordnungen und der Stärkung des kirchlichen Selbstbewusstseins gegenüber der königlichen Macht dienten. Damit hatte er nur ansatzweise Erfolg, denn der vom König geführte Adel verfügte über das Land, und Macht war eine Frage des Grundbesitzes. Zwar konnte auch die Kirche durch Erbe und fromme Spenden wachsenden Besitz erwerben, doch noch dominierte das Prinzip der Eigenkirchen: Adlige stifteten Gottesdienststellen und beriefen ihrerseits Geistliche zur Betreuung der neuen Gemeinden, über die der Grundherr die Rechtsgewalt hatte. Bonifatius bemühte sich daher besonders um die Randgebiete des Frankenreiches, in die der königliche Arm nur beschränkt reichte: Friesland wurde ihm dann auch zum Schicksal. Hier, wo er seine Missionstätigkeit begonnen hatte, setzte er sie von seinem Amtssitz Mainz aus fort und starb den Märtyrertod. Der »Apostel der Deutschen« genannte Bischof wurde in Fulda, einer Gründung seines Lieblingsschülers Sturmi, beigesetzt.

PAPST KRÖNT KAISER

Pippin III., der Sohn Karl des Frankenkönigs, erhielt den Beinamen »der Kleine«, vielleicht wegen der späteren so überragenden Größe des Sohnes. Beider Bedeutung beruht nicht zuletzt auf ihrer Kirchenpolitik. Pippin, ursprünglich nur mächtigster Minister (»Hausmeier«) des letzten Merowinger-Königs

Am 25. Dezember 800 wurde Karl I. der Große in Rom von Papst Leo III. zum Kaiser gekrönt.

Childerich III., hatte sich 751 selbst zum König aufgeschwungen. Das ihm fehlende königliche Geblüt hatte er durch kirchliche Salbung wettgemacht und damit das folgenreiche Bündnis von Thron und Altar begründet. Die Chance dazu hatte sich daraus ergeben, dass der oströmische Kaiser in Konstantinopel in schweren Abwehrkämpfen gegen Slawen und Araber stand, sodass er der kirchlichen Entwicklung nicht mehr die nötige Aufmerksamkeit schenken konnte. Für den Papst fiel er damit als Schutz weitgehend aus, und Rom orientierte sich daher nach Norden, wo sich als einzige Ordnungsmacht das Frankenreich anbot.

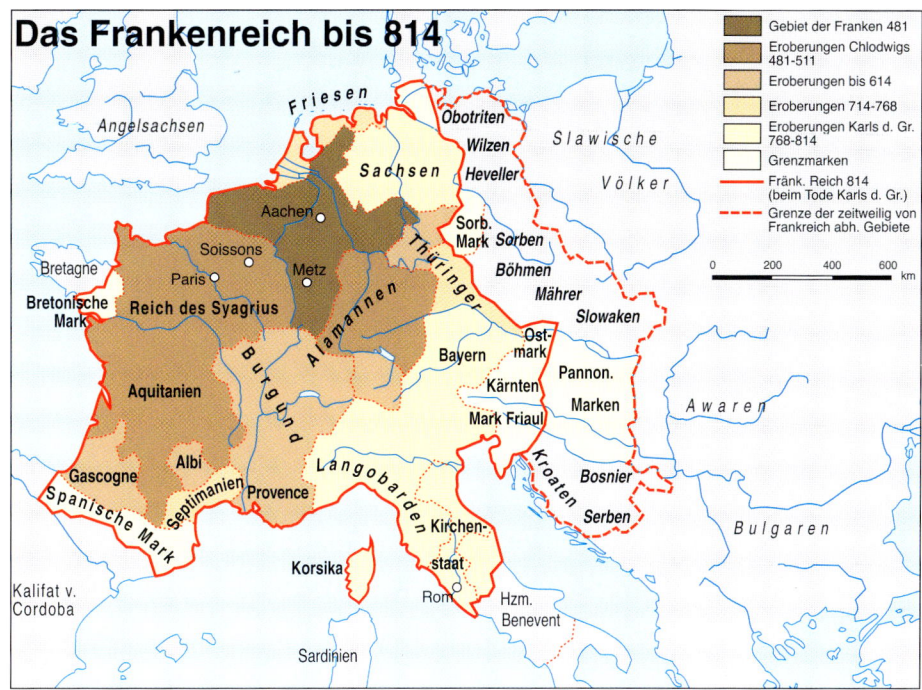

Pippin ließ sich nun vom Papst selbst nochmals salben und garantierte als Dank dafür den großen Landbesitz der Kirche in Mittelitalien, das Patrimonium Petri, das so zu einem Staat aufgewertet wurde. Diese »Pippinsche Schenkung« muss weiteren päpstlichen Appetit auf rechtliche Absicherung der kirchlichen Macht geweckt haben, denn aus der gleichen Zeit stammt die schon erwähnte Fälschung der »Konstantinischen Schenkung«. Der große Römerkaiser hatte darin angeblich versichert, »dass mehr als Unsere Kaisergewalt und Unser irdischer Thron der hochheilige Stuhl Petri glorreich verherrlicht werde und dass wir sowohl unseren Palast als auch die zur Stadt Rom und alle zu Italien oder dem Abendland gehörigen Provinzen, Orte und Städte dem hochseligen Oberpriester, Unserem Vater Silvester, dem Universalpapst, übertragen und seiner oder seiner Nachfolger im Papsttum Gewalt und Botmäßigkeit überlassen«. Pippin unterstrich das und löste damit Rom aus der Obergewalt des oströmischen Kaisers. Der durch päpstlichen Segen gestärkte König einte das durch Erbteilung zersplitterte Frankenreich unter seiner Führung und zeigte durch die Unterstützung Papst Stephans III. gegen die Langobarden in Italien, dass seine Ambitionen über das einstige Gallien weit hinausreichten.

Sohn Karl sollte zum Vollender dieser überfränkischen Reichsidee werden. Erster Schritt nach dem Machtantritt im Jahr 768 war die Unterwerfung der Langobarden und die Annahme ihrer Königswürde. Damit war auch territorial die Verbindung zwischen Italien, dem Kernland des römischen Imperiums, und der neuen abendländischen Vormacht hergestellt. Die Päpste fungierten bei dieser Machtverschiebung sozusagen als Treuhänder des untergegangen Römerreiches, und Karl nutzte die kirchliche Unterstützung in der Folgezeit zur Ausdehnung seines Reiches nach Norden (Sachsen), Südosten (Bayern, Awaren) und Südwesten (Basken). All seine Feldzüge stellte er in den Dienst der christlichen Mission und die Kirche dankte es ihm auf ihre Weise, indem Papst Leo III. (amtierte 795–816) Karl am Weihnachtstag des Jahres 800 in Rom zum Kaiser krönte.

Bald nach Karls Tod im Jahr 814 zerfiel das Frankenreich in mehrere Teile, von denen letztlich das Westfränkische, aus dem Frankreich wurde, und das Ostfränkische Reich, das künftige Deutschland, übrig blieben. Und wieder wahrte die Kirche die Tradition, indem sie Karls Erbe pflegte und dafür sorgte, dass ein

Wladimir von Kiew bei der Gründung der Kirche »Unsere Frau« in Kiew. Buchmalerei aus der »Radziwill Chronik«, 15. Jahrhundert. Was die Hinwendung Wladimirs zum Christentum betrifft, gibt es folgenden Bericht: Der Großfürst rief seine Bojaren und Ältesten zusammen und sprach: »Die umliegenden Länder bedrängen mich, ihre Religion anzunehmen. Was soll ich tun?« Seine Räte grübelten und sprachen dann: »Fürst, ein jeder lobt sein Gesetz. Daher sende zehn Männer aus, die sehen sollen, wer die Wahrheit spricht.« Der Fürst war es zufrieden, und die Emissäre zogen los. Nicht lange, da kehrten sie heim und berichteten: »Wir gingen zu den Bulgaren und fanden sie ohne Gürtel in ihrem Gotteshaus, düster dreinschauend. Es ist keine Freude bei ihnen, sondern Missmut und übler Geruch.« Als Nächstes seien sie bei den »Deutschen« gewesen, hätten jedoch »keine Schönheit« gefunden. »Bei den Griechen aber«, fuhren sie fort, »wussten wir nicht, ob wir im Himmel waren oder auf der Erde. Diese Schönheit können wir nie mehr vergessen, denn jeder Mensch, der das Süße verkostet, nimmt nachher nichts Bitteres mehr.« Darauf erhob sich der Großfürst und sprach: »Wir wollen gehen und die Taufe empfangen.«

neues Kaisertum, das deutsche, den weltlichen Schutz der Gottesdiener und ihrer Rechte übernahm. Allerdings bezog sich das nur auf die westliche Kirche mit dem Papst an der Spitze, denn Ostrom hatte zwar das fränkische Kaisertum nach einigem Zaudern anerkannt, doch seine Kirche lehnte Weisungen aus dem Westen ab und löste sich bald ganz vom Papsttum. 867 kam es sogar zum Kirchenbann über Papst Nikolaus I. durch den Patriarchen Photios, der schon die faktische Trennung vorwegnahm.

OSTEN

Die im Jahr 1054 endgültig vollzogene Spaltung der Großkirche in die westliche Papst- und die östliche Kaiserkirche, das so genannte morgenländische Schisma (griechisch: »Trennung«) hatte eher politische als religiöse Konsequenzen.

Zwar entwickelten sich Gottesdienst, Bilderverehrung, Mönchtum und Klerus immer weiter auseinander, doch der theologische Kern unterscheidet sich bis heute so wenig, dass beide Kirchen gemeinsame Erklärungen zu Glaubensfragen herausgeben. Die Ostkirchen nennt man auch orthodoxe, und dass es mehrere gibt, lag an der später wachsenden politischen Zersplitterung, woran auch die Missionserfolge der ursprünglich nur griechischen Kirche ihren Anteil haben. So übernahm Großfürst Wladimir von Kiew 988 das ostkirchliche Christentum.

Die Kirche mit dem Mittelpunkt Konstantinopel betrachtete sich, wie schon der Name sagt, als die eigentliche Erbin der von Konstantin dem Großen ins Leben gerufenen Reichskirche. Daher die griechische Eigenbezeichnung »orthodox«, was zu deutsch »rechtgläubig« heißt, und »ökumenisch«, übersetzt »allumfassend«. Der eben erwähnte aus Konstantinopel Richtung Rom geschleuderte Bannstrahl ließ die Rivalität zwischen beiden Kirchenhauptstädten schlaglichtartig deutlich werden. Hintergrund war Roms Bemühen, die Gemeinden auf dem Gebiet des heutigen Bulgariens zu vereinnahmen, auf die auch der byzantinische Patriarch Anspruch erhob. Nach außen beschwor man hingegen unüberbrückbare liturgische (gottesdienstliche) und dogmatische (die Lehre betreffende) Unterschiede.

Die Ostkirche lehnte beispielsweise das Fasten am Sonnabend vor dem Tag des Herrn ab, sah keinen Grund, ihren Priestern Ehelosigkeit zu verordnen und praktizierte Taufe und Firmung anders als die Katholiken als eine Einheit.

In der Ostkirche gelten heute zudem nur die Beschlüsse der ersten sieben ökumenischen Konzile (Bischofsversammlungen), Rom hält alle inzwischen einundzwanzig Konzile für verbindlich.

Alle Abänderungen des Nicänischen Glaubensbekenntnisses seit dem 381 in Konstantinopel abgehaltenen Konzil (daher auch Symbol Nicaeno-Constantinopolitanum) hat die Ostkirche nicht übernommen. Für sie ist außer der Heiligen Schrift nur die Tradition, wie sie in der Liturgie und den Werken der Kirchenväter überliefert ist, wegweisend. Für orthodoxe Christen ist die Kirche weniger Lehrautorität als vielmehr Vermittlerin der göttlichen Gnade und Liebe. Obwohl die Verehrung der Gottesmutter eine große Rolle spielt, hat die orthodoxe Kirche kein Marien-Dogma entwickelt. Wichtig vor allem ist die Praxis wie zum Beispiel der hohe Stellenwert der Verehrung heiliger Bilder (Ikonen).

Im Verlauf der Jahrhunderte bildeten sich viele selbstständige (autokephale, griechisch: »mit eigenem Oberhaupt«) orthodoxe Nationalkirchen, die aber eine einheitliche Lehre, gemeinsame Gottesdienstordnungen und für alle verbindliches Kirchenrecht zusammenhalten. Jede der autokephalen Kirchen hat, wie der Begriff sagt, ein eigenes Oberhaupt in Gestalt eines Patriarchen (wörtlich: »väterlicher Herrscher«), der keinem Oberpatriarchen, sondern nur Christus allein verantwortlich ist. Allerdings hatten in fast allen orthodoxen Gemeinden jahrhundertelang die weltlichen Herrscher ein gewichtiges Wort mitzureden, sodass man von Staatskirchen sprechen konnte. So unterstand etwa die russisch-orthodoxe Kirche seit dem 17. Jahrhundert bis zur Revolution von 1917 einem staatlichen Gremium, dem Heiligen Synod.

Ikonen zeigen Darstellungen Christi, Mariä, Heiliger oder heilige Ereignisse. Besonders im Russland des 14. und 15. Jahrhunderts, aus dem auch die abgebildete Ikone stammt, entfaltete sich die Ikonenmalerei.

PARTNER ODER GEGNER?

Zurück zur Entwicklung im Westen: Wie seine Anordnungen im Osten keine Geltung hatten, so kümmerte Nikolaus (Papst 858–867) der östliche Bann natürlich auch nicht. Ihm ging es um Stärkung des Papsttums gegenüber der weltlichen Herrschaft und er betonte bereits, dass die Führung der Seelen höher stehe als alle Macht der Schwerter. Ein Kompetenzstreit, der die nächsten Jahrhunderte belasten sollte, zeichnete sich ab. Da die Königsmacht nach Karl durch Zersplitterung schwächelte, pochte die Kirche auf ihr alleiniges Recht, Bischöfe zu ernennen und einzusetzen. Das waren aber erst Vorboten des kommenden Konflikts, denn nach Nikolaus verfiel auch die Papstmacht, eben weil sie sich auf Dauer ohne das weltliche Schwert nicht wirkungsvoll gegen den römischen Adel behaupten konnte. Zwar breitete sich das katholische Christentum weiter nach Skandinavien und in die slawischen Länder aus, doch war das eher der Energie regionaler Bischöfe wie Ansgar von Bremen-Hamburg (801–865) zu danken, der als Heiliger und »Apostel des Nordens« verehrt wird.

Es nahm daher nicht Wunder, dass mit dem Wiedererstarken wenigstens des ostfränkischen Königtums im 10. Jahrhundert unter den Sachsenherrschern auch das Papsttum neue Festigkeit gewann. Vor allem Otto I. der Große (König 936–973) nahm sich der Kirche an, keineswegs aus uneigennützigen Gründen: Weniger durch Familienrücksichten gebunden, erwiesen sich die Geistlichen als ideale Königsdiener. Äbte und Bischöfe erhielten erweiterte weltliche Rechte und gewannen auch territorial an Macht. Die gedeihliche Zusammenarbeit bewog Otto, auch in Italien nach dem Rechten zu sehen, denn eine intakte Kirchenspitze war Garant für politische Stabilität, und um die stand es südlich der Alpen schlechter als schlecht. Gern folgte Otto daher 961 dem Ruf des Papstes um Hilfe und zog mit einem Heer nach Rom, das die Ordnung rasch wiederherstellte. Die Kaiserkrönung im Jahr darauf war die Anerkennung dafür, dass nun das ostfränkische, das deutsche Reich die Nachfolge Karls und das Erbe des Römerreichs angetreten hatte. Die Kirche hatte einen neuen Schutzherren, das »Heilige Römische Reich deutscher Nation«.

Deutschland und Italien bildeten also eine Einheit, verbunden durch das geistliche Band der Kirche. Das bedeutete auch geistliche Verantwortung für den weltlichen Herrscher – und umgekehrt, jedenfalls sahen das die Päpste bald so. Zunächst aber die kaiserliche Seite: Nach den Sachsenkaisern waren Herrscher aus dem Geschlecht der Salier auf den deutschen und damit römischen Thron gekommen; eine Zentralgestalt wurde Heinrich III., der 1039 als 22-Jähriger zur Regierung kam und durch seine Erziehung von Reformideen geprägt war, nach denen sich die Kirche auf ihre spirituellen Wurzeln besinnen müsse. Energisch beendete Heinrich daher den Kampf dreier Kirchenfürsten, die alle Anspruch auf den Papstthron erhoben, und setzte kurzerhand selbst einen Papst und später noch weitere ein. Fast wie sein oströmischer Kollege unterstellte er die Kirche seinem persönlichen Regiment, weil er sich dazu von Gott berufen fühlte:

Er hatte erlebt, wie aus purem Eigennutz die Hemmschwelle bei der Besetzung von kirchlichen Ämtern mit unwürdigen Personen gesunken war. Deshalb ließ er sich von der Reformbewegung inspirieren, die im Kloster Cluny (Südwestfrankreich) ihren Ausgang genommen hatte und mit diesem Missbrauch aufräumen wollte. Er machte sich zum weltlichen Arm der Bewegung und achtete auf strikte Einhaltung der Regeln in den Klöstern, wie sie der heilige Benedikt erlassen hatte. Er löste damit eine Welle der Frömmigkeit aus, die allein in Deutschland während des 11. Jahrhunderts zur Gründung von über 600 neuen Klöstern führte. Die Rückbesinnung führte aber auch zur Überlegung, dass als höchstes Gut die Hingabe an Gott gefordert sei, der Gehorsam Menschen gegenüber müsse dahinter zurückstehen. Und da die Geistlichen als Geweihte Gottes galten, beanspruchten sie einen höheren Rang als die weltlichen Herrscher.

So lange Heinrich III. das Zepter führte (bis 1056) rüttelte niemand an seiner Oberherrschaft über Kirche und Staat. Doch nach ihm kam sein unmündiger Sohn Heinrich IV. auf den Thron, und das bedeutete schon an sich eine Schwächung des Königtums. Kirchliche Amtsträger innerhalb Deutschlands nutzten das ebenso aus wie das Papsttum, das sich daran machte, den Einfluss der weltlichen Macht auf die Besetzung der höchsten Kirchenämter zu verringern und womöglich ganz auszuschalten. Heinrich IV. bekam es in die-

Könige und Kaiser wie Friedrich Barbarossa (Regierungszeit 1152–1190) oder sein Enkel Friedrich II. (1220–1250) konnten den Konflikt mit dem Papsttum wagen. Die anderen mussten sich mit dem Kompromiss begnügen, den Heinrichs Sohn und Nachfolger Heinrich V. 1122 im Wormser Konkordat mit dem Papst gefunden hatte: Zwar verzichtete der Papst auf die auch politische Oberhoheit, doch bestand er darauf, dass ihm, also der Kirche allein, die Einsetzung von Bi-

Heinrich IV. als Gast der Markgräfin Mathilde von Tuszien erwirkt in Canossa von Papst Gregor VII. die Aufhebung des Kirchenbanns.

ser Frage mit einem Papst zu tun, der durchdrungen war von seiner göttlichen Sendung und notfalls mit Waffengewalt das Reich Christi auf Erden verwirklichen wollte: Gregor VII. (Papst 1073–1085). Er sprach ein Verbot der Einsetzung (Investitur) von Bischöfen durch Laien, also auch durch Könige aus. Als Heinrich dem nicht folgte, verhängte er 1076 den Kirchenbann über den König, der seinerseits den Papst für abgesetzt erklärte. Die Zeiten aber hatten sich gründlich gewandelt: Mit dem Papstfluch im Bündnis versuchten deutsche Fürsten gegen den König vorzugehen, sodass dessen Herrschaft in akute Gefahr geriet. Ihm blieb nur der kniefällige Bittgang zum Papst, der in Canossa weilte.

Demütigender als durch diesen sprichwörtlich gewordenen Gang nach Canossa konnte die Unterwerfung nicht ausfallen, und es änderte dann auch nichts mehr, dass der Kaiser den Papst später verjagte. Fortan war mit der Kirche zu rechnen, und nur die mächtigsten

schöfen nach entsprechenden geistlichen Wahlen zustand. Als eine Macht ohne Staatsgrenzen hatte sich das Papsttum ein Übergewicht erkämpft, das nur auf lange Sicht nicht in Frage gestellt wurde.

HÖHEPUNKT UND VERFALL PÄPSTLICHER MACHT

Nichts machte diese Überlegenheit deutlicher als die Bewegung der Kreuzzüge: Die schon erwähnte neue Frömmigkeit äußerte sich auch in einem wachsenden christlichen Fanatismus den »Heiden«, insbesondere den Muslimen gegenüber. In Spanien, das seit Jahrhunderten in islamischer Hand war, begann eine Rückeroberung, die so genannte *Reconquista*, die den Islam unaufhaltsam zurückdrängte und bis 1492 ganz von der Iberischen Halbinsel vertrieb. Weniger Erfolg hatten – aber um so mehr Opfer forderten – die eigentlichen Kreuzzüge zur Befreiung der Heiligen Stätten der Christenheit in Palästina, das schon seit Moham-

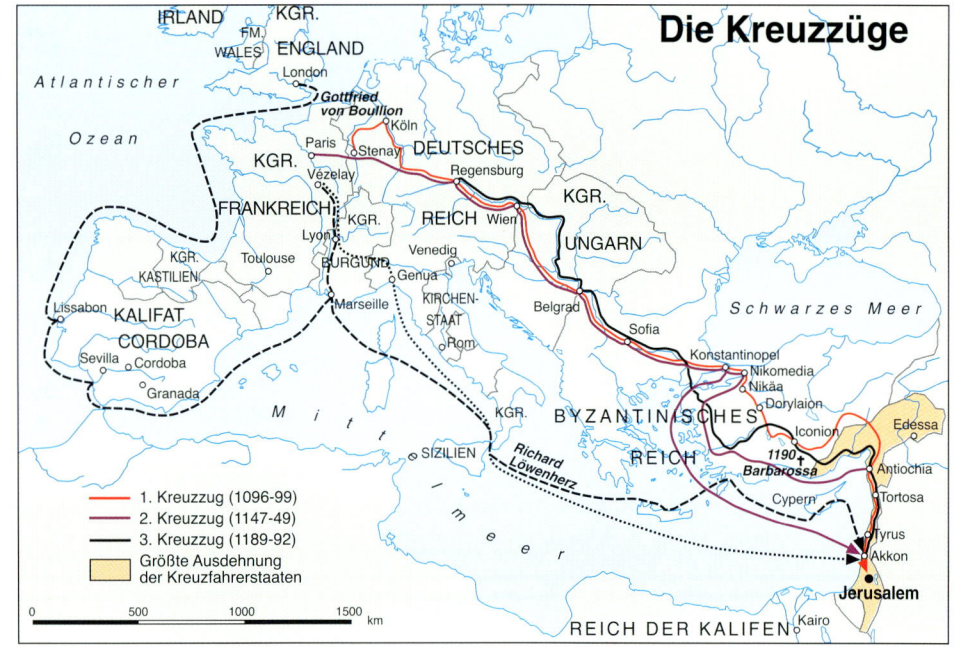

Gegenüberliegende Seite:
Im 12. und 13. Jahrhundert entstanden mächtige Sakralbauten wie der Kölner Dom. Neben der architektonischen Eleganz sind aber ebenso die Innenräume und Ausstattungsgegenstände weltberühmt.

meds Zeiten vom Islam kontrolliert wurde. 1095 flammte der erste Aufruf im Abendland auf zum Zug nach Jerusalem, und Zigtausende folgten dem päpstlichen Appell.

Der 1099 mit der blutigen Eroberung Jerusalems erfolgreich abgeschlossene erste Kreuzzug sollte aber bis auf Episoden der einzige wirkliche Sieg der Christenheit im Nahen Osten sein, denn der zweite Kreuzzug 1147 scheiterte schon bei Konstantinopel, der dritte endete mit dem Tod Kaiser Friedrichs I. Barbarossa 1190 vorzeitig, und weitere Versuche erzielten lediglich Teilerfolge, von Friedrich II. abgesehen, der 1229 die Krone des Königreichs Jerusalem ohne Gewaltanwendung gewinnen konnte. Doch selbst dieser schier allmächtige Kaiser geriet immer wieder unter Druck durch den Kirchenbann, mit dem ihn die Päpste zum Kreuzzug zwingen wollten. Das Ende seiner Regierungszeit war denn auch überschattet vom Ringen mit dem Papst, der Friedrich selbst zwar wenig anzuhaben vermochte, nach dessen Ende (1250) aber dafür sorgte, dass die Nachfolger aus der Dynastie der Staufer um ihr Erbe gebracht wurden. In der nachfolgenden Zeit der Wirren waren die Päpste unbestritten die Sieger, ehe auch sie in den selbst verursachten Strudel und schließlich in Gefangenschaft gerieten. Sie hatten das Abendland durch den Kampf gegen die Kaiser planmäßig um die Machtmitte und sich selbst so um den politischen Schutz gebracht. Jetzt erhob der stadtrömische Adel wieder sein Haupt und machte den Päpsten in der Ewigen Stadt das Leben schwer. Insofern fehlte ihnen der Rückhalt, als es um die Wende zum 14. Jahrhundert zum Konflikt mit dem aufstrebenden Frankreich König Philipps IV. des Schönen (Regierungszeit 1285–1314) kam. Der verlangte von der Geistlichkeit Steuern und stieß daher mit dem machtbewussten Papst Bonifatius VIII. (Papst von 1294–1303) zusammen. Schon wollte der französische König ihn nach Frankreich verschleppen lassen, doch starb der Papst vorzeitig, und auch der Nachfolger, der aus Rom fliehen musste, amtierte nur ein Jahr, sodass Philipp nun dafür sorgte, dass gleich ein Franzose auf den Stuhl Petri kam und seinen Sitz nach Avignon verlegte. Dort blieben die Heiligen Väter fast sieben Jahrzehnte lang unter Aufsicht der französischen Könige, eine Zeit, die als Babylonische Gefangenschaft der Päpste bezeichnet wird.

Als sie danach (1376) wieder in Rom residierten, war es mit ihrer Macht nicht mehr weit her. Es kam zur Wahl von Gegenpäpsten und nicht enden wollenden Querelen, die wieder nur durch das Einschreiten der weltlichen Macht in Gestalt des deutschen Herrschers Sigismund (Regierungszeit 1410–1437) beendet werden konnten. Auf dem Konstanzer Konzil 1414–1418 gelang das aber nur noch durch einen bezeichnenden Wortbruch: In Böhmen war mit Jan Hus ein Kirchenreformer aufgetreten, der von der Papstkirche zum Ketzer gestempelt wurde. In Konstanz sollte ihm der Prozess gemacht werden, wofür ihm freies Geleit zugesichert wurde. Als er dann tatsächlich verurteilt worden war, meinte Sigismund, einem Ketzer gegenüber müsse man nicht Wort halten und genehmigte die Hinrichtung von Hus auf dem Scheiterhaufen.

Mönche, Theologen

Karl der Große hatte mit seinem Programm zur Hebung des allgemeinen Bildungsniveaus den entscheidenden Impuls gesetzt. Neben die Kirche trat nun die Klosterschule (lateinisch: *schola*), in der allerdings nicht nur geschult, sondern auch geforscht wurde. Der Ort dieses Forschens gab die Thematiken sozusagen automatisch vor: Es ging vor allem um Theologie, also Gottes- und Glaubenswissenschaft, und deswegen auch um Philosophie, seinerzeit eigentlich noch eine gemeinsame Disziplin. Kirchenrecht war ein weiteres Arbeitsgebiet der gelehrten Mönche, ein wenig Medizin und Naturkunde kamen als Nebenfächer hinzu. Das – modern gesagt – Kerngeschäft jedoch blieb die Reflektion der Glaubensinhalte. Und da dies in Schulen stattfand, nennen wir noch heute den mittelalterlichen Wissenschaftsbetrieb und die durch ihn hervorgebrachte Gelehrsamkeit Scholastik. Sie war gekennzeichnet durch Internationalität aufgrund der gemeinsamen Wissenschaftssprache Latein und durch den Sachverhalt, ihre Ergebnisse vornehmlich theoretisch zu gewinnen.

Klosterschulen wie die des Schulmeisters von Esslingen dienten nicht nur dem Wissenserwerb auf den Gebieten der Theologie. Auch Latein, Philosophie, Medizin und andere Naturwissenschaften standen auf dem Lehrplan.

SCHOLASTIK

Es ging den Denkern um eine möglichst breite Erschließung der christlichen Lehre und ihre Vermittlung an die Gemeinde. Dazu musste diese so weit durchdacht werden, dass sie für die Fragen der Gläubigen handhabbare Antworten bereit hatte. Lateinisch blieb der Prozess, solange er sich im wissenschaftlichen Disput abspielte, für das Volk mussten die Ergebnisse in dessen Sprache übersetzt und schlüssig begründbar sein. Vor allem im 12./13. Jahrhundert erblühten die von Karl dem Großen geforderten Schulen neu, nun aber nicht mehr bloß bei den Klöstern angesiedelt, sondern als Kathedralschulen, also als Ableger und Zierde von Bischofskirchen. Berühmt wurden die Schulen von Chartres, Paris, Bologna (bekannt vor allem für die Weiterentwicklung des Kirchenrechts), Salerno (Schwerpunkt Medizin) und manche andere. Und berühmt wurde auch viele Lehrer, die an Schulen wie diesen Generationen von Theologen ausbildeten. Einer der ersten war Peter Abaelard (1079–1142), der allerdings wegen seiner in einem – wie man heute weiß – fingierten Briefwechsel dargestellten Liebe zu seiner Schülerin Héloise noch berühmter wurde als durch seine Lehre, so wegweisend sie war. Konflikte mit der Amtskirche führten dazu, dass viele der besten Köpfe darauf sannen, wie sich die Schulen von der bischöflichen Aufsicht emanzipieren könnten. Durch Erweiterung der Arbeitsgebiete und Vergrößerung von Lehrer- und Schülerzahlen bildete sich die Universität, an der nicht nur die Kirche, sondern auch Staat Interesse hatte, sodass für mehr Selbstständigkeit gesorgt war. Diese Hochschulen sollten ja auch den Juristen- und Medizinernachwuchs für die Behörden ausbilden. Das änderte aber wenig an der Zentralstellung der Theologie im Unterrichts- und Forschungskatalog. Erste und bedeutendste Universität wurde die von Paris, der bald Bologna und Oxford folgten. Obwohl meist geistlich ausgebildet, gewannen die Professoren derartige Autorität, dass sie ohne kirchlichen Segen ihre Gutachten selbst in Glaubensfragen abgeben konnten.

BENEDIKTINER

Wir haben bereits im Vorfeld der Kreuzzugsbewegung gesehen, dass im Mittelalter eine Fülle von neuen Klöstern gegründet wurde. Zunächst handelte es sich dabei um Einrichtungen der Benediktiner oder um neue Orden, die sich um eine Reform der Benediktinerregel bemühten. Dazu gehörten die Kartäuser und ihr 1084 ins Leben gerufener besonders strenger Orden mit Einzelzellen (Kartause) und weitgehendem Schweigegebot. Auch die Zisterzienser, ein 1098 von Robert von Molesme in Citeaux (daher der Name) gegründeter Orden stand in der Nachfolge der Benediktiner, legte besonderen Wert auf praktische Tüchtigkeit und spielte daher bei der Erschließung neuer Gebiete eine bedeutende Rolle. Die Prämonstratenser hingegen, ein seit 1120 von Norbert von Xanten in Prémontré bei Laon aufgebauter Orden, stellt mit seinem Armutsgebot schon eine Brücke zu jenen beiden wichtigsten Kongregationen (Klosterverbänden) dar, die ein Jahrhundert später entstanden und um die es im Folgenden gehen soll.

Die Zisterzienserabtei in Maulbronn gehört zu den besterhaltenen mittelalterlichen Klosteranlagen in Deutschland. Auf der Abbildung ist der Kreuzgang zu sehen.

DOMINIKANER

Ihre Eigenbezeichnung lautet Ordo Fratrum Praedicatorum (»Predigerorden«) und beschreibt bereits den Kern dessen, worum es dem Gründer Dominikus ging. Er kam um 1170 in Caleruega (Altkastilien) bei Burgos zur Welt und machte sich nach der Priesterweihe als temperamentvoller Wanderprediger und als »Apostel des armen Christus« in Südfrankreich einen Namen. Man bewunderte an ihm seine persönliche Bedürfnislosigkeit, sein großes Einfühlungsvermögen für Notleidende und sein ausgeprägtes Organisationstalent. Kein Wunder, dass er zahlreiche Anhänger um sich scharte und 1216 die päpstliche Anerkennung seiner Gruppe als Ordensgemeinschaft fand. Das erste Generalkapitel, Versammlung der Ordensoberen, tagte 1220 in Bologna, wo Dominikus im Jahr darauf starb; er wurde schon 1234 heiliggesprochen. Bei seinem Tod hatte der nach ihm fortan so benannte Orden der Dominikaner acht Provinzen und sechzig Klöster, 1303 waren es bereits 557 Konvente in 18 Provinzen mit 15 000 Mitgliedern.

Nach den Franziskanern waren die Dominikaner der größte Bettelorden, der sich von der an ein Kloster gebundenen Form der alten Orden absetzte, damit er flexibler auf die Nöte und Wandlungen der Zeit reagieren konnte: Das Aufblühen der Städte und der Niedergang der überwiegend ländlichen Kultur hatte während des 12. und 13. Jahrhunderts besonders in Italien und Frankreich zu sozialer Unsicherheit und zur Entstehung einer mittellosen Unterschicht geführt. Den wirtschaftlichen Schwierigkeiten entsprachen theologische Probleme, die in einer »Armutsbewegung« Ausdruck fanden, zum Teil außerhalb der Kirche, ja im Widerspruch zu ihr. Die Dominikaner strebten jedoch eine Erneuerung des Bewusstseins für die Mühseligen und Beladenen aus der Kirche heraus an. Sie verlangten daher eine Abkehr der Geistlichkeit vom Besitzdenken und propagierten die Nachfolge Christi orientiert an ihm und seinen Aposteln als Vorbild. Daher wanderten die Dominikaner auch im Volk umher und setzten auf ambulantes Predigen des Evangeliums und auf eine Seelsorge, die zu den Menschen kommt. Unter straffer zentralistischer Führung wurden sie bald zu einer wichtigen und jederzeit verfügbaren Hilfstruppe der kirchlichen Ordnung. Die Bekehrung von Ketzern in Frankreich und Italien gehörte zu ihren Hauptaufgaben.

Es war kein Zufall, dass neben Rom die Universitätsstädte Paris und Bologna zu ersten Zentren der Dominikaner wurden. Nicht nur zur Widerlegung der Ketzer, sondern auch für die unterrichtende Predigt im innerkirchlichen Bereich hielt man logische Schulung und solides theologisches Wissen für außerordentlich wichtig. Zwei kirchengeschichtliche Schlüsselbegriffe bleiben mit den Dominikanern verbunden: Thomismus, die Weiterentwicklung der Lehren des Thomas von Aquin, und die Inquisition, die sich den zweifelhaften Ruf einer Glaubenspolizei erwarb. Die Nähe zu Thomas erklärt sich aus dessen Mitgliedschaft im Orden; herausragende weitere Mitglieder wie die Mystiker Meister Eckart, Johannes Tauler und Heinrich Seuse im 14. Jahrhundert waren ganz von den thomistischen Ideen geprägt. Allerdings gehörte auch der 1498 von der Inquisition verurteilte und auf dem Scheiterhaufen hingerichtete Volksredner Savonarola dem Dominikanerorden an. Die Kehrseite ihrer Armenhilfe war die Schnüffelei, die ihnen den Ruf von »Spürhunden des Herrn« eintrug. Im 19. Jahrhundert kam es zu einer Erneuerung des Ordens, dem heute etwa 6500 Mönche in 680 Niederlassungen angehören.

FRANZISKANER

Eigentlich hieß der 1181 oder 1182 geborene Sohn des reichen Kaufmanns Bernardone aus Assisi auf Wunsch seiner provenzalischen Mutter Johannes, italienisch Giovanni. Erst später erhielt er den Namen Francesco, deutsch kurz Franz. Seinen Familiennamen legte er mit den vornehmen Kleidern ab, als ihn der Vater 1206 enterbte, denn Franz ging Wege, die ihm nicht gefielen. 1202 im Städtekrieg zwischen Assisi und Perugia in Gefangenschaft geraten, war Franz schwer erkrankt und erkannte in dieser Krise die Leere seines Lebens als reicher Lebemann. Er beschloss, künftig arm wie die Armen zu leben und seine Kraft der tätigen Nächstenliebe zu widmen.

Der wachsenden Gemeinschaft der Minderbrüder oder Minoriten (Ordo Fratrum Minorum, Abkürzung OFM), wie sie sich nannten, gab Franz eine Ordensregel, die Papst Innozenz III. 1210 billigte und die Papst Honorius III. 1223 endgültig bestätigte. Nach der Bekehrung Klaras von Assisi bildete sich seit 1212 auch ein weiblicher Zweig, die Klarissen. Sie wanderten wie die Männer durch das Land, halfen, wo sie konnten, und verbreiteten die Lehre von der Demut gegenüber der Schöpfung und der unbedingten Armut, die frei mache für den Glauben. 1220 zog sich Franz aus der Leitung seines auf über 3000 Anhänger angewachsenen Ordens zurück und machte in einer neuen Regel allen Brüdern und Schwestern die innere und äußere Mission zur Hauptaufgabe. Bei einer Ekstase zeigten sich an seinem Körper 1224 erstmals die Wundmale Christi, die erste glaubwürdig bezeugte Stigmatisation. Krank und erblindet starb Franz von Assisi am 3. Oktober 1226 und wurde von Papst Gregor IX. schon am 15. Juli 1228 heilig gesprochen.

Die Kirche hatte mit der Anerkennung der Franziskaner, wie der Orden nach dem Begründer künftig bezeichnet wurde, die Armutsbewegung wie auch im Fall der Dominikaner integrieren können und damit unter Kontrolle gebracht. Es setzten aber bald Bestrebungen ein, das radikale Armutsgebot zu mildern. Franz von Assisi, der sich gegen diese Entwicklung noch im Testament zu wehren versucht hatte, wurde übergangen. Deswegen spaltete sich ein Zweig, der an dem ursprünglichen Ideal festhielt, unter Joachim von Floris als so genannte Spiritualen ab, von denen einige wegen ihrer Radikalität zeitweilig sogar ins Visier der Inquisition gerieten. Den »Observanten«, die auf genaue Regelbefolgung sahen, standen die »Konventualen« gegenüber, die sich an älteren Orden orientierten. Beide trennten sich 1517 endgültig. 1528 spaltete sich zudem der Zweig der Kapuziner ab; alle drei Gruppierungen firmieren aber weiter unter der Abkürzung OFM (Ordo fratrum minorum), haben heute rund 30 000 Mitglieder, und sind nach den Jesuiten der größte Orden.

Die beiden Ordensstifter Franz von Assisi und Dominikus.

Reformation

Nach dem über die Bettelorden Gesagten verwundert es kaum noch, dass der Mann, der wie kein anderer die Papstkirche erschüttern sollte, ebenfalls aus einem solchen, obschon weit weniger bekannten Orden kam. Die Vorgeschichte dieser Erschütterung ist schon in den Mahnungen der Dominikaner, mehr noch der Franziskaner, zu erkennen. Sie war mithin nur noch mit Mühe zu kanalisieren.

Jan Hus, der am 6. Juli 1415 in Konstanz als Ketzer auf dem Scheiterhaufen verbrannt wurde.

VORBOTEN

Jan Hus war 1415 auf dem Scheiterhaufen den Feuertod gestorben – und plötzlich brannte Böhmen lichterloh. Der Prediger war zum Märtyrer nicht nur der christlichen, sondern auch der tschechischen Sache geworden, was in der Folgezeit immer weiter fanatisch verschmolz. Gegen Deutsche und Katholiken brach ein Aufstand los, der auch durch rasch zusammengeraffte Heere von Kreuzrittern nicht zu ersticken war. Die Tschechen wussten, wofür sie kämpften, und taten dies mit entsprechender Motivation und Bravour. Die Hussiten gingen in die Offensive, schlugen mit Sensen und Dreschflegeln alle Invasionstruppen in die Flucht, fluteten über die Grenzen und bahnten sich 1433 sogar einen Weg durch Polen bis nach Preußen.

Was Gewalt nicht erreichte, gelang geschickter Diplomatie: Auf dem Basler Konzil (1431–1439) gewährte man den Hussiten den Laienkelch, also das Abendmahl in beiderlei Gestalt (Brot und Wein, weswegen man sie später auch Utraquisten (»Beidgestaltler«) oder Kalixtiner (»Kelchner«) nannte. Bisher war es in der katholischen Kirche nur den Priestern gestattet, auch das Blut Christi zu kosten, den Laien stand nur die Hostie zu. Hus hatte den Laienkelch zwar gar nicht verlangt, doch hatte sich diese Abendmahlsform als Ritus bei den Aufständischen verbreitet. Sie nahmen den Kompromiss an, nur die radikale Fraktion der Taboriten, benannt nach dem Berg Tabor in Palästina, setzte den Kampf fort, nun auch gegen ihre einstigen Brüder. 1434 erlagen sie einer Koalition aus Utraquisten und Katholiken.

MARTIN LUTHER

War die Kirche nun gefestigt und konnte neuen Stürmen mit Gelassenheit entgegensehen? Im Gegenteil: Man lernte nichts aus den Lektionen, die die großmächtige Institution ereilt hatte. Jetzt fehlte nur noch ein Funke, der die Lunte zum Pulverfass entzünden würde. Am 2. Juli 1505 überraschte den heimwärts wandernden Studenten Martin Luther nahe dem thüringischen Stotternheim ein Gewitter. Als ein Blitz direkt neben ihm in einen Baum fuhr und ihn zu Boden warf, rief der junge Mann: »Hilf, heilige Anna, ich will ein Mönch werden!« So hat die Legende den Knick in der Laufbahn jenes eher unauffälligen Jurastudenten und Bergmannssohns, geboren in Eisleben am 10. November 1483, umrankt, der ein Dutzend Jahre später die Welt erschütterte und schließlich die katholische Universalkirche spaltete.

Ob wirkliches oder inneres Gewitter: Luther trat damals in den Augustiner-Eremiten-Bettelorden in Erfurt ein, wurde Theologieprofessor und von der quälenden Frage, wie denn der Mensch vor Gott »gerecht« (von Sünde befreit) werden könne, zu der alles umstürzenden Antwort des Römerbriefs geführt: »Allein durch den Glauben!« Diese Erkenntnis musste in einer Zeit, da die Kirche käuflichen Ablass der Sünden anbot und ein korrupter, lasterhafter Klerus das reine Bild der Lehre Christi besudelte, den Erkennenden an der Kirche verzweifeln lassen oder auf die Barrikaden treiben. Luther veröffentlichte am 31. Oktober 1517 – die Überlieferung spricht vom Anschlag an das Portal der Wittenberger Schlosskirche – einen Aufruf, der in 95 Thesen die Rückkehr zu den Evangelien (daher die Bezeichnung »evangelisch«) und die Abkehr von Götzendienst und Lohnmoral (Sündenerlass gegen »gute Werke«) forderte.

Vor allem den Ablasshandel missbilligte Luther auf das schärfste, nicht nur weil damit den armen Gläubigen Geld für kirchliche Prachtentfaltung abgeschwindelt wurde, sondern mehr noch aus theologischen Gründen: Nach katholischer Lehre hat Gott dem Menschen die Freiheit gegeben, an seiner Erlösung durch Jesus Christus durch vorbildliches Handeln, also durch »gute Werke« aktiv mitzuwirken. Was unter solchen Werken zu verstehen war, definierte die Kirche, insonderheit der Heilige Stuhl. Natürlich rangierten dabei die Verdienste um die Kirche ganz oben, und diese wurden schließlich ganz materiell-finanziell gefasst: Je nach Spende konnte dem Gläubigen Ablass von Kirchenstrafen und bald auch Ermäßigung oder gar völliger Erlass der Höllenstrafen nach dem Tod gewährt werden (Parole: »Wenn das Geld im Kasten klingt, die Seele aus dem Fegefeuer springt.«).

Der schwunghafte Handel mit Ablasszertifikaten (Beichtbriefen) erlebte zu Beginn des 16. Jahrhunderts wegen der großen Summen, die für den Bau des Petersdoms aufzubringen waren, einen derartigen Boom, dass kritische Stimmen immer lauter das schamlose Geschäft mit der Gewissenspein der Gläubigen anprangerten. Erst Luthers Thesen dagegen fanden eine derartig breite Resonanz, dass viele aufwachten, die bisher gedankenlos mitgewirkt hatten. Hinter Luthers Kritik nämlich stand seine Überzeugung, dass nur göttliche Gnade und ihre Annahme im Glauben die Erlösung bewirke. Ihre Käuflichkeit hielt er für theologisch widersinnig und ein Hohn auf die Lehren des Neuen Testaments. Die Kirche aber mochte sich von dem einträglichen Geschäft nicht trennen und erklärte Luthers Thesen für ketzerisch.

Vom Papst gebannt, vom Kaiser nach ei-

Das wohl bekannteste Porträt von Luther stammt von Lucas Cranach d. Ä. Es entstand 1528.

nem Verhör im April 1521 auf dem Wormser Reichstag und nach der Verweigerung des Widerrufs in die Reichsacht verbannt und somit für vogelfrei erklärt, wurde Luther von seinem Landesvater, Kurfürst Friedrich III. dem Weisen, auf die Wartburg in Sicherheit gebracht, wo er seine Übersetzung der Heiligen Schrift (1522 Neues, 1534 Altes Testament) begann. Dieser Text und viele andere wortgewaltige Schriften (u. a. »An den christlichen Adel deutscher Nation«, »Von der babylonischen Gefangenschaft der Kirche«, »Von der Freiheit eines Christenmenschen«) des einstigen Mönchs weckten die deutsche Sprache aus ihrem mittelalterlichen Schlummer und riefen die schon lange zweifelnden Gläubigen zu den Fahnen der Reformation, der Reinigung und Wiederherstellung des »einen Wortes Gottes«. Der einige Jahrzehnte zuvor erfundene Druck mit beweglichen Lettern sorgte für weite Verbreitung von Luthers Schriften und Forderungen, die sich nun nicht mehr wie einst die der Vorläufer unterdrücken ließen.

Luther löste sich in der Folgezeit ganz von Rom, heiratete und gründete eigene »evangelische« oder »protestantische« Gemeinden (nach der »Protestation« der Luther-Anhänger auf dem Speyrer Reichstag 1529 gegen die Aufrechterhaltung der Ächtung des Reformators), für die er den »Katechismus« niederlegte und zahlreiche in ihrer dichterischen Kraft unübertroffene Choräle (»Ein feste Burg ist unser Gott« u. a.) und Gebete schuf. Anders als Hus und seine Lehren ließ sich das Luthertum nicht mehr in den Griff bekommen. Das hatte politische Gründe – Kaiser Karl V. brauchte die evangelischen Fürsten gegen Frankreich und gegen die Türken –, vor allem aber geistesgeschichtliche: Die aus Italien herüberwirkende Renaissance, die durch die Schriften der Humanisten wiederentdeckten und neu gedeuteten Weisheiten der Antike, weckte

Luther auf dem Reichstag zu Worms 1521 vor dem Kaiser und Kurfürsten. Auf dem Holzschnitt, der 1557 entstand, ist der Ausspruch dokumentiert: »Hier stehe ich, ich kann nicht anders, Gott helfe mir, Amen.«

die Menschen aus jahrhundertelanger Unmündigkeit. Luther und die Reformatoren lieferten die theologische Fundierung der Freiheit.

REVOLUTION DURCH REFORMATION?

Sie deckten aber auch ganz reale weltliche Missstände auf, denn der Feudalstaat trieb gerade damals besonders üble Blüten. Die Bauernschaft, die schon seit Ende des 15. Jahrhunderts in Bundschuh-Aufständen (benannt nach der primitiven Fußbekleidung des einfachen Volkes), immer wieder gegen Fürstenwillkür und Armut rebelliert hatte, nahm die von Luther verkündete »Freiheit des Christenmenschen« als Freibrief, den diversen Obrigkeiten den Gehorsam aufzukündigen. In Namen des »göttlichen« Rechts schlossen sich zu Beginn der 1520er-Jahre im Elsass, in Schwaben, Franken, Tirol und in Mitteldeutschland mit dem Schwerpunkt Thüringen, »Bauernhaufen« zusammen und versuchten ihre Forderungen durchzusetzen. Erste Erfolge aber nährten den Übermut und waren Wasser auf die Mühlen radikalerer Kräfte. Sie fanden in Predigern wie Thomas Müntzer (1490–1525) wortmächtige Fürsprecher. Selbst im Angesicht des Fürstenheers bei Frankenhausen im Mai 1525 verhinderte Müntzer Verhandlungen, weil er beim »Kampf der Frommen gegen die Gottlosen« mit dem Eingreifen des Allmächtigen auf Seiten der gerechten Sache setzte.

Diese Hilfe aber blieb aus. Stattdessen griff auf Seiten der Obrigkeit ein Mächtiger ein, nämlich Luther selbst, der im Treiben der Aufständischen eine Gefahr für die evangelische Sache sah. Seine Schrift »Wider die stürmenden Bauern« (1525) und seine Predigten trafen die Aufstandsbewegung mindestens so schwer wie die militärischen Niederlagen, die jetzt in rascher Folge dem Aufruhr ein überaus blutiges Ende machten. Müntzer wurde wie tausende von »Rädelsführern« hingerichtet. Seine utopischen Lehren von vollkommener Gütergemeinschaft und Beseitigung aller Obrigkeit aber lebten weiter.

Luthers Aufruf zur Umkehr verstanden manche radikal und forderten die Wiederherstellung urchristlicher Verhältnisse, also auch die Erwachsenentaufe, die schon früh vom Brauch der Kindertaufe abgelöst worden war, wobei die hohe Säuglingssterblichkeit eine wesentliche Rolle gespielt hatte. Diese »Wiedertäufer«, die eine zweite Taufe forderten, radikalisierten sich zu theokratischen Gemeinschaften, in denen meist nur ein Wille galt, angeblich – wie es der Name sagt – der Gottes, in Wirklichkeit aber der besonders machtbewusster Fanatiker wie »König« Jan Bokelson. Er errichtete in Münster ein »Neues Jerusalem« mit Gemeineigentum (auch an den Frauen, jedenfalls für die Führer) und barbarischer Blutjustiz. Katholische wie protestantische Fürsten machten dem selbst ernannten Gottesstaat mit einem furchtbaren Massaker 1535 ein Ende.

Solche Entartungen gefährdeten immer wieder Luthers geistliches Reformwerk, das sich dennoch unaufhaltsam durchsetzte, vor allem in Mittel- und Norddeutschland, in Skandinavien und im einstigen Ordensland im Osten. In der Schweiz bildete sich durch Ulrich Zwingli (1484–1531) und Johannes Calvin (1509–1564) ein weiteres Zentrum des Protestantismus, in anderer Ausprägung zwar, aber kaum weniger dynamisch und vor allem in West- und Nordwesteuropa wirksam.

Gewaltsame Rekatholisierung scheiterte fast überall, und 1555 wurde im Augsburger Religionsfrieden der evangelische Glaube anerkannt. Die Konfession der Landesherren sollte künftig maßgeblich sein für die seiner Untertanen. Martin Luther, der am 18. Februar 1546 in seinem Geburtsort Eisleben gestorben war, hatte Retter der Kirche sein wollen. Nun war er zu ihrem Spalter geworden.

KAMPF UND KOMPROMISS

Nach Luthers Tod gingen die Querelen weiter, denn sein geistlicher Erbe Melanchthon erlangte nie die Autorität des Reformators. Wenn doch ein gewisser Zusammenhalt der Protestanten gewahrt blieb, dann wegen des äußeren Drucks, den vor allem der Kaiser auf sie ausübte. Schon ein Jahr nach Luthers Ableben besiegte er den Bund der evangelischen Fürsten und zwang sie zu Zugeständnissen. Mit den Waffen aber war der konfessionelle Konflikt nicht zu entscheiden, ja sie verhärteten die Positionen nur weiter. Erst als man wieder ins politische Gespräch kam, gelang ein Kompromiss, der lange Bestand haben sollte: Trotz des militärischen Erfolges musste der Kaiser akzeptieren, dass ein friedliches Nebeneinander der Konfessionen schon ein schöner Erfolg wäre. Sein Diktat (Augsburger Interim) nach dem Sieg war dazu freilich nicht geeignet und führte letztlich nur zu einer Fürstenverschwörung 1550/1551. Karl V. resignierte, zog sich aus Deutschland zurück und überließ dem Bruder Ferdinand I. die Regelung der Streitigkeiten auf dem Reichstag in Augsburg 1555. Da die Gespräche nicht vorankamen, ordnete Ferdinand direkte Verhandlungen zwischen den Parteien an, die sich endgültig vom inzwischen utopischen Ziel einer einheitlichen Kirche in Deutschland verabschiedeten. Ihr Kompromiss wurde dem König vorgelegt und von ihm überarbeitet. Am 25. September nahm der Reichstag Ferdinands Vorlage für den so genannten Augsburger Religionsfrieden ohne wesentliche Abstriche an. Den Anhängern des Evangelischen wurde »beständiger, beharrlicher, unbedingter, für und für ewig währender« Friede gewährt, den Landesherren die Bestimmung über die Konfession der Untertanen und in protestantischen Ländern die geistliche Rechtsprechung eingeräumt, Andersgläubigen sollte die Auswanderung und der Verkauf ihrer Habe gestattet sein, geistliche Fürsten verloren bei Konfessionswechsel ihre Herrschaftsgebiete, den Reichsstädten wurde Toleranz gegenüber beiden Konfessionen auferlegt. Die für diese Regelung gefundene griffige Formel »cuius regio, eius religio« (wes die Herrschaft, des die Konfession) stammt erst aus dem Jahre 1599, trifft den Kern des 144 Paragraphen umfassenden Friedens jedoch gut. Er galt mehr als 200 Jahre bis zum Ende des Reiches im Jahr 1806.

Philipp, Landgraf von Hessen, auch genannt der Großmütige. Auf seine Initiative kamen im April 1529 Luther und Zwingli zusammen.

GEGENREFORMATION

Allerdings mit einer entsetzlichen Unterbrechung, als im Namen Christi beide Konfessionen in einem der furchtbarsten Kriege der Neuzeit noch einmal um die Vorherrschaft rangen. Zunächst hatte katholischerseits das Bemühen eingesetzt, durch eigene Erneuerung und Reformen der Reformation den Wind aus den Segeln zu nehmen und durch Propaganda und politischen Druck eine Gegenreformation in Gang zu bringen: Sie hatte ihren Anfang schon mit der Gründung der Gesellschaft Jesu im Jahr 1534 genommen;

die Jesuiten wurden die Hauptträger dieser Bewegung. In Deutschland ging der Kampf darum, die Verhältnisse, die der Augsburger Religionsfriede 1555 festgeschrieben hatte, wieder zugunsten der katholischen Kirche zu verändern.

Ihren Höhepunkt erreichte die Gegenreformation in Deutschland mit dem Restitutionsedikt von 1629, mit dem norddeutsche Bistümer wie Magdeburg, Bremen, Minden, Halberstadt, Lübeck, die im 16. Jahrhundert evangelisch geworden waren, wieder katholisch gemacht werden sollten. Doch zu diesen Zeitpunkt herrschte bereits seit über zehn Jahren jener Krieg, der unendliches Leid über Land und Menschen, aber keine Entscheidung brachte. Eine kurze Skizze des blutigen Ringens gehört hierher, denn es brachte den Abschluss sowohl der Reformation, als auch der Gegenreformation.

METZELN IM NAMEN CHRISTI

Begonnen hatte das Verhängnis im Herzen des Reiches, in Böhmen, nachdem Reformation und Gegenreformation in den Jahren zuvor ihre Truppen gesammelt hatten: 1608 gründeten die evangelischen Stände (Vertreter der Gesellschaftsschichten) unter Führung des pfälzischen Kurfürsten Friedrich V. die protestantische Union, im Jahr darauf sammelte sich die katholische Liga um Kurfürst Maximilian I. von Bayern. Feuer aber an die Lunte legte der Wiener Hof, als Kaiser Matthias den Majestätsbrief seines Bruders und Vorgängers Rudolf II. aus dem Jahre 1609 ignorierte, der den böhmischen Ständen Religionsfreiheit zugesichert hatte. Der Kaiser wollte wenigstens im eigenen Hause katholische »Rechtgläubigkeit« durchsetzen. Die protestantische Wut entlud sich 1618 gegen die kaiserlichen Statthalter, die kurzerhand aus einem Fenster der Prager Burg geworfen wurden und nur wie durch ein Wunder überlebten. Ehe Matthias Entscheidendes gegen die böhmischen Rebellen unternehmen konnte, starb er 1619 und vererbte den Krieg seinem Nachfolger Ferdinand II., einem gegenreformatorischen Eiferer. Böhmen verweigerte natürlich seine Wahl und hob als Gegenkönig den Protestantenführer Friedrich V. von der Pfalz auf den Schild. Ein kaiserliches Heer unter dem alten Haudegen Tilly (geboren 1559) vernichtete allerdings schon im Jahr darauf durch einen Sieg am Weißen Berg die böhmischen Hoffnungen, was Friedrich den Spottnamen »Winterkönig« einbrachte.

WALLENSTEIN UND GUSTAV ADOLF

1623 war dieser böhmisch-pfälzische Krieg beendet, die pfälzische Kurwürde (fürstliches Recht, den Kaiser zu wählen) fiel an Bayern, und über Böhmen erging ein schweres Strafgericht mit zahlreichen Hinrichtungen, Enteignungen und Vertreibungen; 150 000 Böhmen verließen ihre Heimat. Dänemarks König Christian IV. nahm sich daraufhin der protes-

Ferdinand I. war als Stellvertreter Karls V. maßgeblich am Zustandekommen des Augsburger Religionsfriedens von 1555 beteiligt.

tantischen Sache an, traf aber auf einen überlegenen Gegner: Der Konvertit Albrecht von Wallenstein (geboren 1583) stellte dem Kaiser auf eigene Kosten ein 40 000-Mann-Heer zur Verfügung und führte es mit genialer Taktik von Sieg zu Sieg, wobei er die Versorgung nach dem Plünderungsgrundsatz organisierte: »Der Krieg ernährt den Krieg.« Bis 1629 war fast ganz Norddeutschland in katholischer Hand und der dänisch-niedersächsische Krieg abgeschlossen. Ferdinand II. verfügte mit dem schon erwähnten Restitutionsedikt die Rückgabe aller seit 1552 von den Protestanten gewonnenen Gebiete.

Wallenstein aber, inzwischen zum Herzog von Friedland erhoben, war den Reichsfürsten zu mächtig geworden; sie erzwangen seine Abberufung. Das sollte sich rächen, denn auch eine Großmacht war durch Wallensteins Erfolge aufgeschreckt worden: Schweden fürchtete um seine Ostseeposition und griff mit Truppen unter König Gustav II. Adolf in den deutschen Krieg ein, der nun in seine dritte Phase trat und ein schwedischer wurde. Die katholische Seite geriet in schwere Bedrängnis, nachdem Tilly 1631 in der Schlacht bei Breitenfeld vom »Löwen aus Mitternacht«, so der Kriegsname des Schwedenkönigs, vernichtend geschlagen worden und 1632 nach der nächsten Niederlage bei Rain am Lech seinen Verwundungen erlag.

Eilends wurde Wallenstein wieder zum Generalissimus bestellt: Er besiegte die Sachsen und stoppte die Schweden. Zwar verlor er die Schlacht bei Lützen am 16. November 1632, doch die Niederlage war wertvoller als jeder Sieg, denn Gustav Adolf war gefallen und der schwedische Schwung entscheidend gebremst. Nun, nachdem er Schlesien hatte nehmen können, sah »der Friedländer« seine Stunde auch politisch gekommen und bahnte Friedensverhandlungen mit den Schweden an. Eigenmächtig, gewiss, aber Rebellion, wie damals und später oft behauptet? Das aber reichte zum Gegenkomplott: Am 25. Februar 1634 fiel der Feldherr nach Verurteilung und Absetzung durch den Kaiser in Eger einem Mordanschlag einiger seiner Offiziere zum Opfer. Beide Seiten waren damit ihrer charismatischen Führer beraubt. Der Frieden von Prag 1635 brachte den Verzicht Ferdinands II. auf das Restitutionsedikt von 1629 – aber noch immer nicht das Ende des endlosen Krieges. Das katholische Frankreich des Kardinals Richelieu sah nun die Chance, Habsburg zu schwächen, und verbündete sich mit den nicht friedensbereiten Resten der protestantischen Partei und mit den Schweden. Die vierte, längste und letzte Phase, der schwedisch-französische Krieg, begann.

Vierzehn Jahre zog er sich hin, überdauerte seine »Erfinder« Ferdinand II., der 1637 starb, und Richelieu, der fünf Jahre später folgte, und machte den dreißigjährigen Waffengang erst zu dem Trauma, das die deutsche Geschichte für Jahrhunderte prägen sollte. Entscheidende Siege gelangen keiner Seite mehr. Längst wusste kaum noch jemand, wofür so massenweise gestorben wurde; um des Glaubens Willen sicherlich nicht mehr, wenn es denn überhaupt jemals um Religiöses gegangen war. Front war überall da, wo die oft führerlos marodierenden Landsknechtshaufen auftauchten und sich um die schäbigen Reste in den Vorratskammern der Bauern schlugen.

Zwei der wichtigsten Protagonisten des Dreißigjährigen Kriegs: Wallenstein (links) und Gustav Adolf von Schweden (rechts).

AUSBLICK

Erst der Westfälische Frieden von 1648 machte dem Gemetzel im Namen der Religion der Nächstenliebe ein Ende.

Was die Konfessionen angeht, hält er bis heute, obschon es natürlich immer wieder Entwicklungen gab, die von der jeweils anderen Seite mit Skepsis, ja Empörung gesehen wurden: Die katholische Kirche etwa stand der im 18. Jahrhundert sich ausbreitenden Frömmelei der so genannten Empfindsamkeit verständnislos gegenüber und konnte auch mit den diversen Erweckungsbewegungen des 19. Jahrhunderts seitens evangelischer Kreise nichts anfangen. Heute beispielsweise herrscht heftiger Dissens in Fragen der Zulassung von Frauen zum geistlichen Amt oder der Ehe von Homosexuellen, die Rom vehement ablehnt, während maßgebliche Protestanten sich mit der Idee durchaus anzufreunden vermochten. Andersherum tat sich die evangelische Seite sehr schwer mit dem 1870 auf dem 1. Vatikanischen Konzil verkündeten Dogma von der Unfehlbarkeit des Papstes, wenn er amtlich (»ex cathedra«) über Fragen des Glaubens und der Lehre befindet. Das hat den Graben ebenso vertieft wie die 1953 in dogmatischen Rang erhobene Himmelfahrt der Gottesmutter Maria.

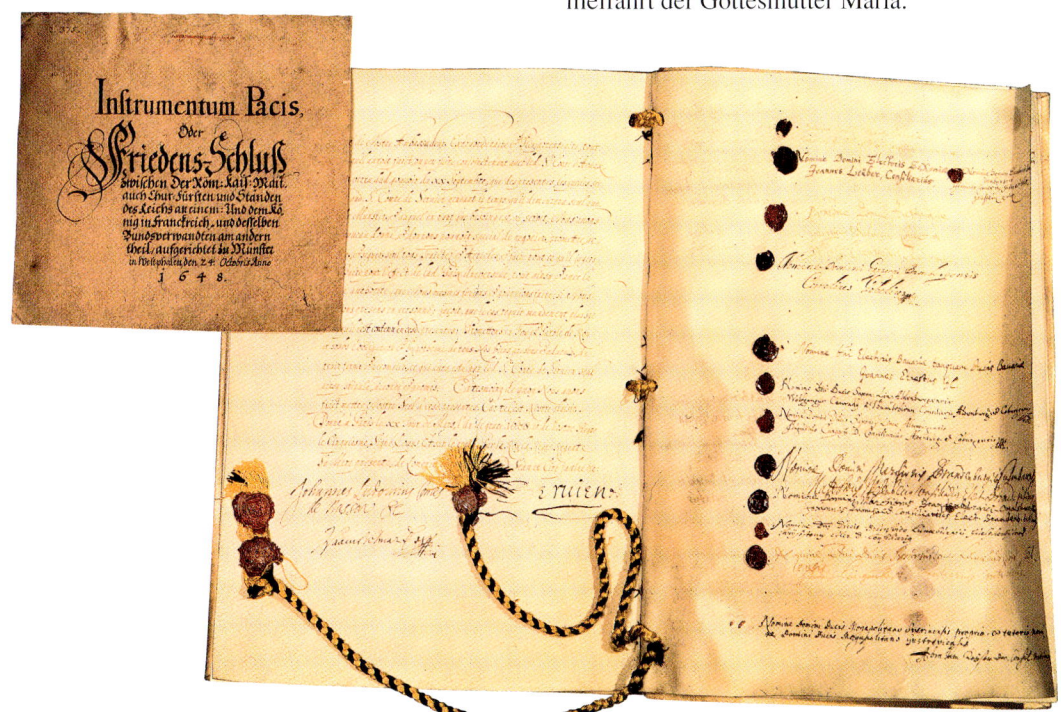

Das Friedenstraktat von Münster, das mit dem »Westfälischen Frieden« 1648 den dreißig Jahre währenden Krieg beendete.

Annäherungen hingegen sind amtskirchlich weit seltener: Am 31. Oktober 1999 war es daher eine Sensation, dass ausgerechnet am Reformationstag eine gemeinsame Erklärung katholischer und evangelischer Theologen zur Lehre darüber herausgegeben wurde, wie der Mensch vor Gott Gnade finden könne. Dieser Kerngegensatz, der aus Luthers Thesen die Kirchenspaltung hatte werden lassen, ist nun aus der Welt. Doch ansonsten bleibt vieles unüberbrückbar, jedenfalls für die Experten: Ob Heiligenverehrung, Rolle des Papstes oder Frauenordination – da scheiden sich die Geister nach wie vor. Die Herzen der Gläubigen aber sind offenbar wesentlich weiter: In vielen Städten sehen sie kaum noch auf die Konfession, besuchen den jeweils anderen Gottesdienst und stehen zusammen, wenn es um christliche Werte geht. Viele Katholiken akzeptieren Pastorinnen und wünschen sich für ihre Kirche auch Priesterinnen. Auf der anderen Seite hat der Papst durchaus auch evangelische Anhänger. Warum da ein gemeinsames Abendmahl nicht möglich sein soll, verstehen immer weniger Christen.

SONDERGRUPPEN

Wenn dabei nur die beiden großen Strömungen, vertreten durch die Amtskirchen, zu berücksichtigen wären, käme man vielleicht eher voran. Doch die Reformation spaltete nicht nur die Universalkirche, sondern sie sprengte auch Fesseln und brachte den Christenmenschen tatsächlich die Freiheit, ihrem Gewissen zu folgen. Und das sprach und spricht bei vielen Menschen höchst unterschiedlich, gerade was Glaubensfragen angeht.

Außerdem: Die Reformation kam zu einer Zeit, da sich Europa aufmachte, die übrige Welt zu kolonisieren, was auch geistlich zu verstehen war. Wo die weißen Kolonisten, Siedler, Soldaten, Seeleute, Pflanzer

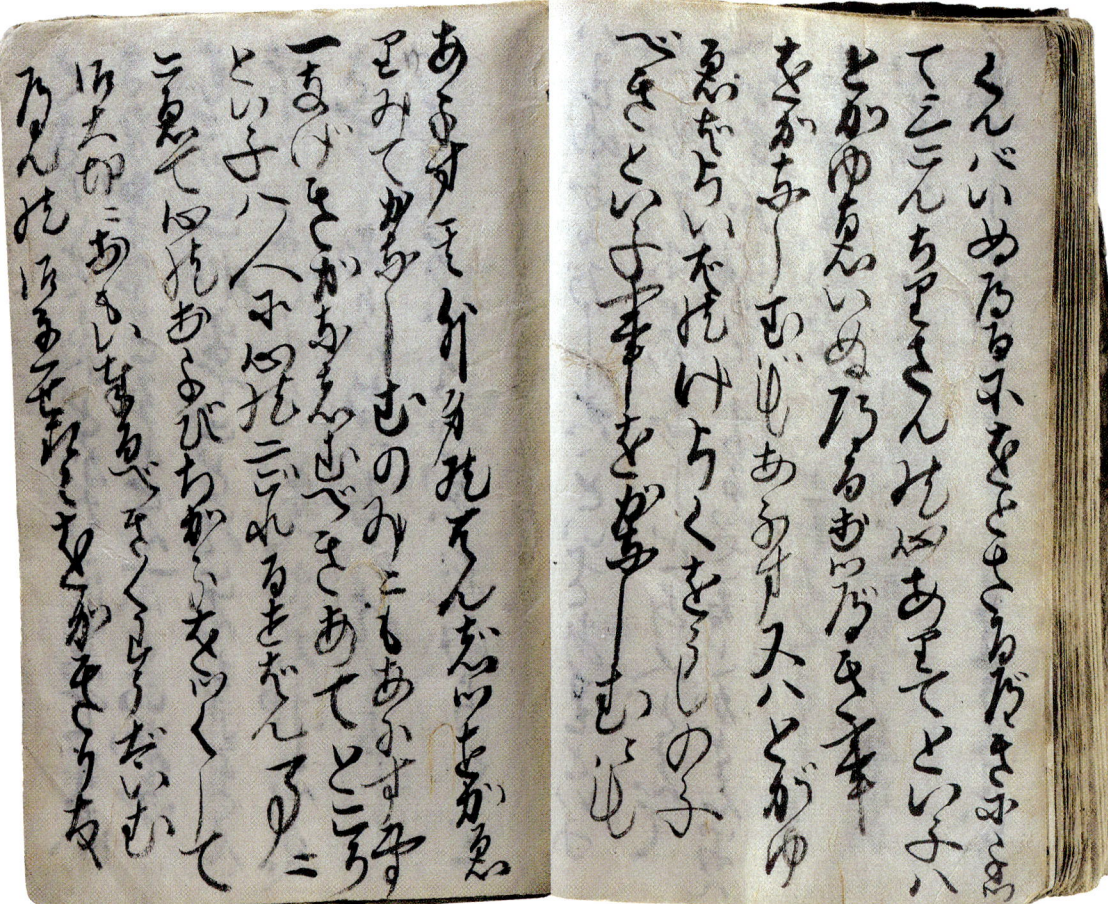

Buch der katholischen Lehre in japanischer Schrift. Dokument aus dem 17. Jahrhundert.

hinkamen, brachten sie auch Gebetbuch und Bibel mit. In den ersten Jahren der Entdeckungsreisen waren diese noch katholisch. Wenig später aber traten die Träger der Mission in konfessionelle Konkurrenz. War es für diejenigen, die mit den besten christlichen Vorsätzen Jesu Lehre verbreiten wollten, schon schlimm genug, dass sie meist im Gefolge von gnadenlosen Ausbeutern kamen, so erschwerte ihnen die Mehrstimmigkeit der Verkündigung ihr Werk weiter.

AUFFÄCHERUNG

Durchgesetzt hat sich das Christentum daher vor allem dort, wo die Urbevölkerung von den Europäern dominiert, unterdrückt, zur Minderheit gemacht oder gar ausgerottet wurde. An den äußersten Rand geraten etwa ist sie in der Neuen Welt, wobei sie im Norden fast ganz verschwand. Hier kam vor allem die protestantische Richtung des Christentums zur Geltung, weswegen Nordamerika geradezu eine Brutstätte für Sondergruppen wurde. Zum einen waren viele Einwanderer wie die Puritaner eben wegen der religiösen Diskriminierung daheim ausgewandert, zum anderen fehlte ein großkirchlicher Zusammenhang, und zum dritten förderte das weite Land religiöse Inselbildungen. Katholische Einflüsse durch französische und spanische Siedler machten sich ebenfalls bemerkbar, sodass die Vereinigten Staaten nicht nur ethnisch (aufgrund der Völkerschaften) ein *melting pot* (»Schmelztiegel«) wurden, sondern sich auch in religiöser Hinsicht multikulturell entwickelten: Adventisten, Baptisten, Mennoniten, Methodisten, Mormonen oder Quäker sind nur einige Beispiele für die vielfältige Auffächerung.

Zudem war es dort und anderswo so, dass die religiösen Bräuche und Vorstellungen, die die Missionare vorfanden, ihre Spuren in der Volksfrömmigkeit der neu christianisierten Länder hinterließen und ihrerseits spirituell zurückwirkten. Das machte den Chor der Christen noch vielfältiger und hat zu einer derartigen Auffächerung der Lehre geführt, dass es dickleibige Handbücher braucht, alle die Gruppen zu erfassen, die sich selbst als christlich verstehen.

In vielen Fällen lässt sich die Grenze kaum noch ziehen, und in den Augen der großen Kirchen sind die meisten Sondergruppen allenfalls noch Sekten, ein Wort mit schlechtem Klang und vielen gegenüber ungerecht, wenn es etwa um tätige Nächstenliebe geht. Allerdings geht es bei der Trennung von den Großkirchen eher um wesentliche Differenzen in Glaubensaussagen.

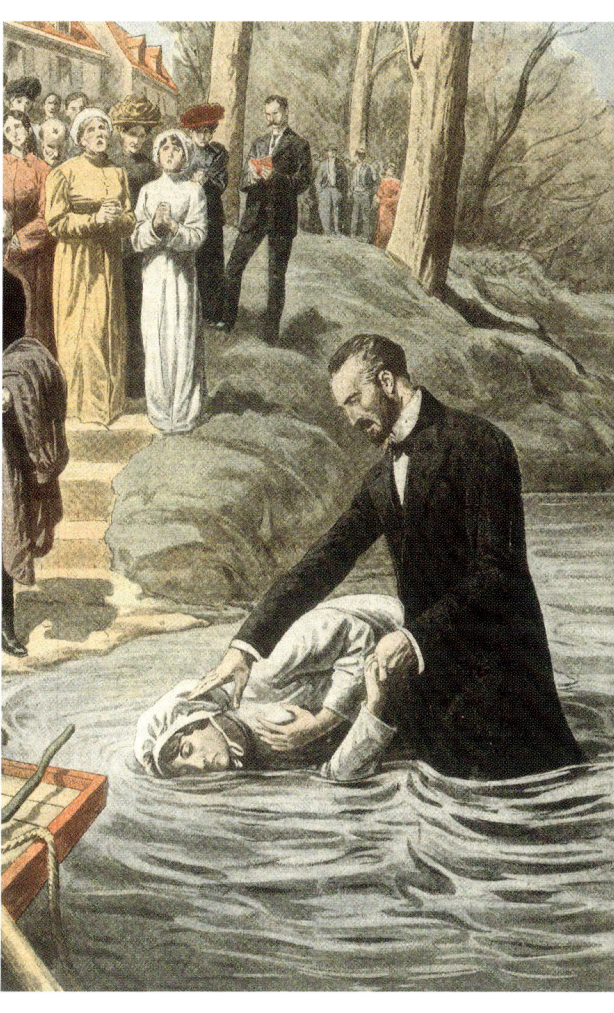

Taufzeremonie der Adventisten. Farbdruck aus »Le Petit Journal«, Frankreich 1910.

Schon in der Reformationszeit bildeten sich, wie an den Calvinisten (heute: Reformierten) gesehen, unterschiedliche evangelische Kirchen und auch schon Sondergruppen wie die Wiedertäufer. Durch die allerdings politisch bedingte Abspaltung der englischen Kirche von Rom, kam die Anglikanische Kirche hinzu, und von ihr lösten sich Presbyterianer und Puritaner.

Seitdem ist der Prozess immer neuer Gemeindebildungen nicht zum Stillstand gekommen, ja er hat neuen Schub dadurch erhalten, dass sich seit Beginn des 20. Jahrhunderts in der Regel eine tolerantere Haltung des Staates durchzusetzen begann.

Ökumene

Der Gedanke beschäftigte schon die Reformatoren und wurde drängender mit jeder Absonderung von neuen Kirchen und Sondergruppen: Wie lässt sich die Verkündigung des einen Christus glaubwürdig vermitteln, wenn die, die sich zu ihm bekennen, untereinander uneins, ja manchmal heillos zerstritten sind?

Im 19. Jahrhundert wurde diese Sorge zum Impuls für die Gründung einer konfessionsübergreifenden Bewegung, die sich um die Überwindung des Trennenden um des Gemeinsamen willen bemüht. Ausgehend von der reformierten Kirche, nannte sich die Strömung »ökumenische Bewegung« nach dem griechischen Wort »Oikoumene«, das die menschenbewohnte Welt bezeichnet. Ökumenisch ist alles Christentum von seinem Wesen her schon angelegt nach der Missionsweisung Christi bei der Himmelfahrt, »alle Völker« zu taufen und ihnen die frohe Botschaft (das Evangelium) zu bringen. Sein Wort wollte er eben nicht beschränkt sehen auf das »auserwählte Volk« des Alten Testaments.

In dem Maße, wie sich die frühe Kirche ausbreitete, war sie auch um ihre Einheit besorgt; Glaubensstreitigkeiten waren Gegenstand von Konzilien, auf denen oft erfolgreich wie in Nicaea 325 um Kompromisse gerungen wurde. Auch diese Bischofsversammlungen hießen »ökumenisch« eben wegen des Bemühens um Überwindung von Differenzen im weltweiten Christentum. Das wurde mit der Zeit und mit der wachsenden Schar der Gläubigen in immer mehr Ländern immer schwieriger und führte dazu, dass die Kirche tatsächlichen und angeblichen Gefahren für ihre Einheitlichkeit mit zunehmend fragwürdigeren Mitteln begegnete: Da wurde schon mal zu den Waffen gegriffen, wenn Abtrünnige anders nicht von der offiziellen Version zu überzeugen waren und da schreckte die Glaubenspolizei der Inquisition auch nicht vor Folter und Hinrichtungen zurück. Kirche war Amtskirche

Die Rolle der Kirche zu Zeiten der Inquisition war zweifellos nicht geprägt von Toleranz und Nächstenliebe. Folter und Hinrichtungen waren an der Tagesordnung.

geworden und damit zu einem Machtfaktor, den die Funktionäre vom Priester bis zum Papst nicht geschwächt sehen wollten. Und die Kaiser und Könige meistens ebenso wenig, denn schließlich war die Kirche auch Stütze ihrer Herrschaft.

Inhaltlich griffen die Kirchenführer zu immer genaueren Beschreibungen dessen, was als rechtgläubig gelten konnte und was als ketzerisch anzusehen war. Die Formulierung von Glaubenssätzen, die ursprünglich dazu gedacht waren, sich der Einheit der Verkündigung zu versichern, bewirkten mehr und mehr das Gegenteil: Abweichende, aber lebendige Traditionen wurden von der Kirche gekappt, Rechtgläubigkeit und Glaube gerieten in Gegensatz, nicht von der Kirche Verordnetes konnte nur eine Irrlehre sein. Wo solche Abweichungen sich von amtlichen Verurteilungen nicht beeindrucken ließen, kam es daher zu Abspaltungen, weil die Vielfalt in der Kirche selbst immer weniger lebbar geworden war.

LEIDEN UNTER DEM VERLUST DER EINHEIT

Schon das Wegdriften und schließlich die tatsächlich vollzogene Trennung der Ostkirchen von der Papstkirche erschütterte das auf Einheitlichkeit angelegte Selbstbild nachhaltig. Zu einem Erdbeben wurde dann die Reformation, die so schmerzte, dass die Gegenwehr zu einem Glaubenskrieg entartete. Der Frieden zwischen den Konfessionen war nur über Leichenberge möglich. Doch nicht nur Rom hatte unter den Abspaltungen gelitten, auch die abgetrennten neuen Kirchen freuten sich nicht nur der neuen Freiheit, sondern trachteten schon um der Mission willen nach Verbindendem, was in der eingangs des Kapitels genannten ökumenischen Bewegung zum Ausdruck kam. Sie zog die Lehre aus den bitteren Erfahrungen und bemühte sich ohne Verketzerung des jeweils anderen um den Brückenschlag.

Mehrere Tendenzen hatten die Bewegung vorbereitet: Der Humanismus (von lateinisch *humanus* = menschlich) und die reifende Wissenschaft hatten gezeigt, wie relativ Glaubenssätze sind, wenn man sie kritisch befragt. Toleranz, wie sie die Geistesströmung der Aufklärung im 18. Jahrhundert forderte, war die logische Schlussfolgerung aus dieser Erkenntnis. Das bedrohte zwar die Verbindlichkeit der Lehre der Kirchen und ihren Anspruch auf alleinigen Besitz der Wahrheit, doch es setzte dafür lebendige Kräfte der Frömmigkeit frei, die auf eine allgemeine, das Trennenden hintanstellende Brüderschaft in Christo drängten. Gegenüber einer Welt, für die Christentum immer weniger selbstverständlich wurde, konnten die Christen ein neues Selbstbewusstsein nur gemeinsam finden. Die Fortsetzung des Streits hingegen würde den Kirchen immer mehr Menschen entfremden. Dabei haben sie doch etwas Unschätzbares anzubieten: Die Ausfüllung der trotz Wissenschaft und der als Ultima Ratio als letzte Gewissheit aufs Podest gestellten Vernunft immer weiter klaffende Sinnlücke durch eine Botschaft der Liebe.

Gefahr erkannt, Gefahr gebannt – diese Gleichung gilt dort nur sehr bedingt, wo kurzfristige Vorteile die Sicht verstellen. Die Ökumeniker jedenfalls kamen nur im Schneckentempo voran: Zunächst bildeten sich Bibelgesellschaften zur Vereinheitlichung der Übersetzungen, dann kam es zu Konferenzen der Missionsgesellschaften, denn gerade nach außen beschädigte der konfessionelle Streit den Erfolg. 1914 entstanden ein »Weltbund für internationale Freundschaft der Kirchen« und ein »Internationaler Versöhnungsbund«, beide jedoch Opfer der Explosion des Hasses im Ersten Weltkrieg, der auch den kirchlichen Dialog schwer in Mitleidenschaft zog. Danach knüpfte man daher an dem Punkt an, der am ehesten Einigkeit möglich zu machen schien: 1921 entstand der »Internationale Missionsrat«.

1925 folgte der nächste Schritt mit dem Zusammentritt der »Allgemeinen Konferenz der Kirche Christi für praktisches Christentum« unter Vorsitz von Nathan Söderblom (1866–1931), Erzbischof von Uppsala. Die Teilnehmer klammerten bewusst theologische Detailprobleme aus und konzentrierten sich auf die Frage der christlichen Verantwortung gegenüber den Problemen des industriellen, sozialen, politischen und internationalen Lebens. 1930 mündete die Konferenz in die Gründung eines »Ökumenischen Rates für praktisches Christentum« mit Sitz in Genf, also in der Stadt, in der auch der Völkerbund tagte. An Erfolglosigkeit standen Völkerbund und Ökumenischer Rat einander nicht nach, denn sie sahen sich gleichermaßen mit dem Aufkommen aggressiver Mächte konfrontiert, gegen die ihre Instrumente stumpf waren. Mit Dialog waren Despoten wie Hitler, Stalin oder Mussolini nicht zu beeindrucken.

Eines der Wahrzeichen des Christentums: die gotische Kathedrale Notre-Dame de Paris

WELTKIRCHENRAT

An ihnen zerrieb sich auch ein anderer Zweig der ökumenischen Bewegung, die 1927 zusammengetretene »Weltkonferenz für Glauben und Kirchenverfassung«, die sich allerdings auch an kontroversere theologische Themen wagte, zunächst nur in Form einer Bestandsaufnahme des Trennenden und des Gemeinsamen. Die ersten Versuche, Gräben zu überwinden, die 1937 gemacht wurden, zeigten dann den ganzen Abgrund der Differenzen. Immerhin kam es zum Beschluss, angesichts der Bedrohung der Religion durch die totalitären Staaten beide ökumenischen Bemühungen zu vereinen. Der dazu gegründete »Vorläufige Ausschuss« kam aber wegen des Zweiten Weltkriegs vorerst nicht zum Zuge. Erst 1948 konnte in Amsterdam die Gründungsversammlung des »Ökumenischen Rates der Kirchen« (ÖRK) abgehalten werden, der auch kurz als Weltkirchenrat bezeichnet wird.

Er hat sich trotz der unverändert erheblichen Unterschiede im Glaubensverständnis als relativ stabile Größe erwiesen und umfasst heute 339 Mitgliedskirchen. Auf der Vollversammlung 1954 im amerikanischen Evanston wurde der Wille zu weiterer Zusammenarbeit bekräftigt. 1961 in Delhi stellte man mit dem Thema »Christus – das Licht der Welt« erneut die Mission in den Mittelpunkt. 1966 veranstaltete der ÖRK in Genf eine »Weltkonferenz für Kirche und Gesellschaft«. Themen weiterer Vollversammlungen waren u. a.: »Siehe ich mache alles neu«, »Jesus Christus, das Leben der Welt«, »Jesus Christus befreit und eint«. Gerade aber Letzteres harrt bis heute der Erfüllung und wird eigentlich von allen Beteiligten auch nicht mehr in der Form erwartet, dass es irgendwann einen Zusammenschluss aller geben könne. Man versteht sich als »Einheit in versöhnter Verschiedenheit«. Oder mit der Selbstbeschreibung gesagt: Der ÖRK sieht sich als »Gemeinschaft von Kirchen, die sich zu Jesus Christus gemäß der Heiligen Schrift bekennen und darum gemeinsam zu erfüllen trachten, wozu sie berufen sind.«

Die römisch-katholische Kirche stand der ökumenischen Bewegung lange äußerst skeptisch gegenüber und zog sich auf die Position zurück, dass die Fülle der Wahrheit und die Einheit in ihr bereits verwirklicht sei. Ökumene könne nur in der Rückkehr der anderen unter das Dach der katholischen, also der allgemeinen und allein selig machenden Papstkirche erfüllt werden. Erste Anzeichen für eine Wandlung dieser starren Haltung gab es in der 1928 veröffentlichten Enzyklika »Mortalium Animos« (den Seelen der Sterblichen), in der wohlwollende Neutralität signalisiert wurde. Papst Pius XII. (1939–1958) gestattete dann die Teilnahme an den ÖRK-Konferenzen, stellte zugleich aber unmissverständlich den katholischen Alleingültigkeitsanspruch heraus. Erst Johannes XXIII. (1958–1963) setzte mit der Ankündigung eines »Ökumenischen Konzils« neue Akzente.

Das Konzil selbst beschäftigte sich ausführlich mit der Einheit der Kirchen und verfasste ein Dekret über den »Ökumenismus«, das immerhin ein Dialogfenster öffnete: Trotz geschichtlicher Spaltung, hieß es, sei die Einheit des Leibes Christi durch Taufe und Gnadenwirken des Geistes wesentlich gewahrt. Auch außerhalb der sichtbaren Grenzen der katholischen Kirche gebe es »viele und bedeutende Elemente, aus denen die Kirche erbaut wird«. Dieser Hoffnungsschimmer erhielt allerdings im Jahr 2000 einen erheblichen Dämpfer, als der damalige Kardinal Ratzinger mit Billigung von Papst Johannes Paul II. in der Erklärung »Dominus Jesus« (Herr Jesus) erneut den Kirchencharakter der anderen christlichen Religionsgemeinschaften bestritt und nur ihre Rückkehr in den römischen Schoß als mögliche Ökumene anerkannte.

Reformierbarkeit und Bereitschaft zum kritischen Dialog, das weiß natürlich auch Kardinal Ratzinger, braucht jede Gemeinschaft. Dass sich eine zwei Jahrtausende alte Organisation da schwerer tut als jüngere Gemeinschaften, nimmt nicht Wunder. Sie hat Rücksichten zu nehmen auf alle in ihr wirksamen Strömungen und muss daher in Geduld auf die Stunde warten, da Anhänger, Geistlichkeit und ihre Führung reif für Neues sind. Das weiß natürlich auch Papst Benedikt XVI., der vor seiner Wahl zum Papst im Jahr 2005 als der oben schon erwähnte Kardinal Ratzinger die Geschicke der katholischen Kirche in Glaubensfragen wesentlich mitprägte.

Glaubensüberzeugungen und Ideologien werden durch die Welt verändert, verändern aber auch ihrerseits die Welt. Ohne den 2000 Jahre währenden prägenden Einfluss der Weltreligion des Christentums hätte nicht nur das von diesem Glauben geformte Abendland, sondern die gesamte Erde ein anderes Antlitz.

Mit der Amtseinführung von Papst Benedikt XVI. im April 2005 bekam die katholische Kirche einen neuen Oberhirten.

III Islam

Der Islam entstand als letzte der großen Weltreligionen im 7. Jahrhundert auf der Basis der Lehren des Propheten Mohammed. Diese sind im Koran aufgezeichnet und werden durch die Überlieferung bekräftigt. Durch Übernahme von Vorstellungen des Judentums und des orientalischen Christentums (Thora, Psalter und Evangelien gelten als Vorläufer) und durch dem Propheten gewährte Offenbarungen entwickelte sich eine streng monotheistische Religion, die unbedingte »Ergebung«, so die Übersetzung des Begriffes Islam, in Allahs Willen von den Anhängern, den Muslimen, fordert. Die im Koran geoffenbarten göttlichen Gesetze sind ganz diesseitig formuliert und verlangen im Alltag strenge Befolgung.

Bei Mohammeds Tod (632) umfasste der Islam bereits fast alle arabischen Stämme. Die Religion hat in mehreren Ausbreitungsbewegungen weite Gebiete Vorder- und Mittelasiens, Indiens und Nordafrikas unterworfen und zugleich die arabische Sprache in diesem Weltteil verbreitet. Durch friedliche Mission gewann der Islam Teile Indiens, Chinas und seit etwa 1500 Indonesien für seine Glaubensüberzeugung. Wichtig vor allem wurde die Islamisierung der Türkei, deren Osmanisches Reich zum bedeutendsten Träger islamischer Kultur wurde. Bei dieser Ausbreitung hat sich die Lehre trotz Wahrung ihrer Grundelemente mit der Zeit gewandelt und sich örtlichen Gegebenheiten angepasst. Als Anhänger des Islam gelten heute über eine Milliarde Menschen.

Schon in den ersten Jahrzehnten nach Mohammed entwickelten sich zwei verschiedene Richtungen des Islam aus Differenzen über die Führung der Glaubensbewegung: Die Sunniten unterstellten sich den Angehörigen der Prophetenfamilie, die Schiiten wiederum akzeptieren aus dieser Familie nur die leiblichen Nachkommen der Mohammed-Tochter Fatima aus deren Ehe mit Mohammeds Vetter Ali. Damit gingen auch unterschiedliche Interpretationen der Glaubensinhalte einher, wobei sich weitgehend die sunnitische Linie mit der Lehre von der Allmacht Gottes, der Vorherbestimmtheit des menschlichen Schicksals (*Kismet*), der Verantwortung des Menschen beim »gerechten« Endgericht, der Auferstehung, der begrenzten Vielehe und der Adaption mystischer Lehren wie im Sufismus, durchsetzte.

Nur etwa zehn Prozent aller Muslime sind Schiiten. Sie erwarten einen von Mohammed abstammenden Iman, der die Menschheit führen wird, und zeichnen sich sowohl durch besondere Glaubensstrenge als auch durch Kompromisslosigkeit aus. In der Gegenwart bilden sie allerdings die aktivste Gruppierung, vor allem seit im Iran eine schiitische islamische Republik entstanden ist (seit 1979). Sie strebt eine Erneuerung des Islam an.

Zierkachel mit Inschrift »Allah ist groß«.

Gegenüberliegende Seite: Die Sayyida-Zainab-Moschee in Damaskus (Syrien) gehört zu den bevorzugten schiitischen Wallfahrtsorten.

Vorislamischer Naher Osten

Es gehört zu den Wundern der Weltgeschichte, dass die wirkmächtigsten geistigen Strömungen nicht aus Metropolen wie Rom oder Alexandria hervorgegangen sind, sondern eher provinzielle Basen hatten: Buddha stammte aus einem unscheinbaren Dorf im nordöstlichsten Winkel von Indien, Jesus kam in einem Stall beim palästinensischen Bethlehem zur Welt und Mohammeds Lehre trat ihren Siegeszug im 7. Jahrhundert n. Chr. aus einer Region heraus an, die keinerlei Voraussetzungen dafür zu bieten schien.

Mohammeds Geburtsort Mekka liegt auf halber Höhe an der Westküste der Arabischen Halbinsel. Sie grenzte damals im Nordwesten an das Großreich der Byzantiner und im Nordosten an das persische Reich der Sassaniden; der Südwesten stand unter dem Einfluss des christlichen (koptischen) Abessiniens und des von diesem dominierten Jemenitischen Reiches. Byzanz war aus dem Ostteil des Römischen Reiches hervorgegangen, das einst den gesamten Mittelmeerraum bis in arabische Gebiete hinein beherrscht hatte. Mit den Arabern selbst war es in losen Handelskontakt getreten durch das von Kaiser Trajan im Jahr 106 für Rom eroberte Reich der Nabatäer mit der Hauptstadt Petra im heutigen Südjordanien.

Nomadisierende arabische Stämme (Beduinen) kontrollierten bis ins 20. Jahrhundert hinein die Handelsrouten der Karawanen durch die weiten, fast menschenleeren Wüsten der Arabischen Halbinsel zum Persischen Golf und zu den Häfen, wo indische Waren angelandet wurden. Die Beduinen und die vereinzelt sesshaft in den Oasen siedelnden arabischen Stämme gerieten daher später unter den Einfluss der jüdisch-christlichen Gedankenwelt der Bibel, ohne jedoch ihre diversen Kulte um Naturgötter und animistische Vorstellungen aufzugeben. Es waren wilde, kriegerische Gruppen, zusammengehalten durch familiäre Bande und eine sehr dingliche Vorstellung von ihrer jeweiligen Götterwelt. Die alltäglichen Gefahren und die Kargheit des Lebens machten ihnen die Allgegenwart von höheren Mächten ständig deutlich und die Hoffnung auf eine Belohnung für die Entbehrungen in einem jenseitigen Leben zum Glaubensziel.

Für eine Übernahme so hoch abstrakter Lehren wie die des Christentums fehlten daher jegliche Voraussetzungen, auch wenn die blutvollen biblischen Geschichten der arabischen Fabulierlust sicher entgegenkamen und in der einen oder anderen Weise adaptiert wurden.

ZWISCHEN LICHT UND FINSTERNIS

Das Christentum konkurrierte zudem mit der Staatsreligion des persischen Reichs der Sassaniden (Blütezeit 226–642), dem Zoroastrismus oder Parsismus (von: persisch), der ebenfalls in den arabischen Raum hineinwirkte. Diese Religion ging zurück auf den um 600 v. Chr. lehrenden altiranischen Propheten Zara-

Das Temenostor in Petra, das heute zu Jordanien gehört, wurde 114 n. Chr. zu Ehren Kaiser Trajans errichtet. Es diente zugleich als Triumphbogen und als Eingangstor zum Tempelbezirk.

Diese Landkarte der Arabischen Halbinsel wurde 1540 von G. B. Ramusio gezeichnet. Sie wird heute im Dogenpalast in Venedig aufbewahrt.

thustra (griechisch: Zoroaster). Dieser verstand sich als Verkünder des Gottes *Ahura Masda* (»weiser Herr«), des Schöpfers und Erhalters der Welt und Urgrunds der Macht des Lichts, das er vor Ahriman, dem Geist des Bösen und der Finsternis schützt. Bezogen auf den Gottesnamen Masda wird diese Lehre zuweilen auch als Mazdaismus bezeichnet.

Der Kampf zwischen dem zerstörerischen Prinzip und der rechten Ordnung bestimmt danach das kosmische Geschehen, die Geschichte der Welt und das Leben des Einzelnen, der sich zwischen Gut und Böse frei entscheiden und das Böse überwinden kann. Das gelingt ihm vor allem dann, wenn er, wie von Zoroaster gefordert, Gutes denkt, redet und tut. Insofern hat der Zoroastrismus durchaus auffallende Berührungspunkte mit den christlichen und jüdischen Lehren, sodass eine wechselseitige Verstärkung ihres Einflusses in der Region gegeben war und religiöse Grundlagen schuf, die sich als äußerst fruchtbar erweisen sollten. Noch aber herrschte erhebliche politische und kultu-

Babylonien war im Altertum wegen der Fruchtbarkeit seines Tieflandes zwischen Euphrat und Tigris berühmt. Das Zweistromland war aber auch Ausgangspunkt und Träger zahlreicher Kulturen, die in Medizin, Mathematik, Astronomie und Architektur hoch entwickelt waren. Davon zeugen Bauten wie der berühmte babylonische Turm. Man geht heute davon aus, dass es sich keineswegs nur um eine biblische Legende, sondern um den Tempelturm des Mardukheiligtums von Babylon handelt.

relle Zerklüftung vor: Die Araber, zu deutsch etwa »Wanderer« oder »Herumziehende«, waren vermutlich schon vor Beginn des ersten Jahrtausends v. Chr. aus Zentralasien auf die Halbinsel vorgedrungen und hatten dabei kulturelle Impulse aus dem Indusgebiet wie aus dem Zweistromland mitgebracht. Zwar behielt der größte Teil der arabischen Gruppen den angestammten nomadisierenden Lebensstil bei, zu dem es in den vorherrschenden Wüstengebieten ohnedies kaum eine Alternative gab, doch bildeten sich aufgrund der unterwegs gemachten Erfahrungen auch Zentren der Sesshaftigkeit. Primär natürlich dort, wo Ackerbau möglich war und wo die Neuankömmlinge mit den Großstaaten in Kontakt blieben, also im fruchtbaren Halbmond des Nordens und im Südwesten, wo schon im frühen Altertum eine so blühende Kultur entstanden war, dass die Römer von *Arabia felix*, vom »glücklichen Arabien« sprachen.

Von diesen Zentren aus gab es immer wieder Bestrebungen, staatliche Strukturen in der gesamten Region zu verankern. Das scheiterte jedoch regelmäßig an der Weite des Raums und dem unbändigen Freiheitswillen der Wüstensöhne. Mehr als eine punktuelle Sicherung der großen Karawanenstraßen durch jemenitische Kolonien und militärische Posten gelang kaum einmal. Sie waren wie die Städte selbst immer wieder An- und Übergriffen vonseiten der innerarabischen Nomadenstämme ausgesetzt, die einen Teil des Wohlstands der sesshaften Bevölkerung für sich beanspruchten und sich mit Gewalt holten, was man ihnen nicht freiwillig gab. Eine gewisse gegenseitige Verachtung bildete sich heraus: Die auf ihre Ungebundenheit stolzen Wüstenkrieger sahen auf die »Stubenhocker« herab, und die Städter, selbst noch wenige Generationen zuvor Nomaden, machten einen Bogen um die ungehobelten Beduinen.

Diese bezogen ihren sozialen Status allein durch den Stamm, zu dem sie gehörten. War er mächtig und womöglich zudem gerade in gutem Einvernehmen mit anderen mächtigen Stämmen, so profitierte der Einzelne davon. Stand er in Fehde mit einem oder mehreren anderen, so war auch der Einzelne gefährdet, denn die Gesetze der Blutrache galten kollektiv für den ganzen Stamm; das Individuum zählte in der Ausgesetztheit der Wüste nicht.

Spiegelbild dieser unscharfen Konturen des Stammesverbands war eine gewisse Führungslosigkeit. Zuvor gab es Führungsfiguren auch im Arabischen Nomadenstamm, ihre Führungs- und Durchsetzungsqualitäten waren aber immer nur von vorübergehender Dauer und hatten ihr Quelle in der persönlichen Autorität. Mit ihr konnte es bei Misserfolgen sehr schnell vorbei sein. Vererbbar war die Führungsrolle ohnedies nicht, wenn es auch besonders geachtete, fast adlige Familien gab.

Ob die Araber das Kamel als Last- und Reittier aus Asien mitgebracht haben oder ob es aus Afrika eingeführt wurde, lässt sich nicht mit Bestimmtheit sagen. Auffällig ist immerhin, dass es etwa zur gleichen Zeit wie die ersten arabischen Gruppen auf der Halbinsel auftauchte. Ohne das »Wüstenschiff« jedenfalls wäre das Arabertum nicht derart zur Entfaltung gekommen. Natürlich spielte das Kamel auch bei kriegerischen Auseinandersetzungen und bei Raubzügen in städtische Gebiete eine Rolle, denn als Reittiere erreichen Kamele große Geschwindigkeiten, was für die Bogenschützen von Bedeutung war. Anders aber als beim Streitross, dem bald der Streitwagen folgte, blieb die militärische Verwendung des Kamels allerdings ein Randphänomen; geballter Einsatz in Reitereinheiten war die Ausnahme.

ARABISCHE PUFFERSTAATEN

Das relativ friedliche Porträt darf nicht darüber hinwegtäuschen, dass die Reiternomaden eine ständige Gefahr selbst für die relativ gut gesicherten byzantinischen, persischen und jemenitischen Städte darstellten. Man war daher bemüht, sich unter den Arabern Verbündete zu schaffen, die man durch Zuwendungen als Bollwerk gegen die besonders raublustigen innerarabischen Stämme an sich band. Byzanz beispielsweise schuf sich im 5. Jahrhundert durch die Ghassaniden einen Puffer gegen die andrängenden Horden aus der Wüste. Das nach dem arabischen Stamm Ghassan genannte Adelsgeschlecht erhielt als Herrschaftsgebiet weite Teile Syriens, Palästinas und des Ostjordanlandes. Sozusagen als Araber des Kaisers leisteten sie dafür Grenzsicherung nach Südosten.

Auch die Sassaniden verpflichteten sich einen arabischen Stamm zum Schutz vor anderen arabischen Stämmen: Die Lachmiden siedelten sich um Hira, einer Stadt am Euphrat südlich von Kufa im heutigen Irak, an. Trotz vieler Konflikte mit den Ghassaniden konnten diese »Araber der Perser« relativ lange die Südgrenze des Sassanidenreichs sichern. Weniger Erfolg hatte das jemenitische Reich mit den Kinda in Südarabien. Ihr Zusammenhalt verlor sich schon bald aufgrund der Schwäche der Führungsmacht, die auch durch Hilfe aus Byzanz nicht wieder auf die Beine kam. Die Kinda lösten sich in diverse Unterstämme auf, ein Zeichen auch für die Abneigung der Nomaden gegen Führung im Allgemeinen und für die Ablehnung schon gar von Alleinherrschern. Noch um 700 formulierte das ein Dichter so:

»Zuweilen gehorchen wir unserem Herrn (amir), dann aber widersetzen wir uns wieder; wir sind ja nicht verpflichtet, stets nach seiner Meinung zu fragen.«

Diese Bemerkung steht im Zusammenhang mit einem Dank dafür, dass der Islam dieser Zerrissenheit ein Ende gemacht hat. Hinzuzufügen wäre: Und ihr so leicht ein Ende zu machen vermochte, denn der Kleinkrieg der Stämme in wechselnden Koalitionen machte ja ihre Schwäche aus und wurde vielfach auch so empfunden. Die oft sehr negativen Schilderungen der vormuslimischen Zeit in muslimischen Geschichtswerken speisen sich nicht nur aus der Verachtung für das Heidentum, sondern auch aus traumatischer kollektiver Erinnerung an die »Zeit der Uneinigkeit«. Sie ließ keine gedeihliche wirtschaftliche Entwicklung zu, sodass sich Armut mit ständiger Unsicherheit paarte.

DIE WIEGE DES PROPHETEN

Die Stadt am Roten Meer fand schon in Aufzeichnungen aus dem 1. Jahrhundert n. Chr. als Makoraba Erwähnung, gewann aber wohl erst um 500 ihre Rolle als bedeutendes Pilgerziel und wichtiger Handelsplatz. Zu verdanken hatte sie dies trotz der nicht besonders günstigen Lage in einem unfruchtbaren Tal zwischen abweisenden Bergrücken dem heiligen Zemzem-Brunnen, der Mekka zu einem geeigneten Karawanen-Knotenpunkt machte. Hier schnitten sich die Handelswege von Südarabien nach Palästina längs der Küste und vom Zweistromland quer durch die Arabische Halbinsel ans Rote Meer, wo im Hafen Dschidda die für afrikanische Abnehmer bestimmten Waren auf Schiffe umgeladen wurden.

Wo viel Handel, da viel Volk. Arabische Kaufleute, Betreiber von Karawansereien, ausländische Sklaven,

Fries mit einer Prozession von Bogenschützen in Lebensgröße. Der Fundort dieses Ziegelreliefs ist Susa im heutigen Iran.

abessinische Söldner, indische Händler – ein buntes Gemisch bildete das Gros der Bevölkerung der Stadt, zusammengehalten vom gemeinsamen Interesse am Verdienen durch Arbeit, Kriegsdienst oder Handel. Der war fest in arabischer Hand, wie denn die Stadt auch politisch unter der Kontrolle des Stammes der Koraisch stand, dem auch der kommende Prophet angehörte. Die vornehmen Familien der Koraisch bildeten eine Führungsschicht und die Machtklammer um das Gemeinwesen, in dem sich aufgrund der wirtschaftlichen Aktivitäten so etwas wie eine stadtstaatliche Gesinnung entwickelte.

Diese erhielt auch Nahrung durch die Funktion der Stadt als Nachrichtenbörse und Fokus der diversen geistigen, sprich: religiösen Strömungen, die aus den Großreichen im Norden mit den Karawanen nach Mekka vordrangen und ein deutliches Bildungsgefälle zwischen Stadt und Innerarabien schufen. Der überlegene mekkanische Dialekt des Arabischen setzte sich daher allmählich als Verkehrsprache durch, eine wesentliche Voraussetzung für mehr Gemeinsamkeit.

Und doch lag Mekka weltpolitisch gesehen vorerst an der äußersten Peripherie. Während das 450 Kilometer weiter nördlich gelegene Yatrib, später Medina genannt, in die Spannungen der Nordmächte verwickelt wurde, blieb es in Mekka noch ruhig. Dorthin reichte der starke Arm der Perser nicht und die Byzantiner behandelten die Stadt pfleglich, weil sie auf den Seeweg durch das Rote Meer angewiesen waren. So konnte sich der Wallfahrtsort noch eine Weile aus den Rivalitäten der Großen heraushalten, die seit dem 3. Jahrhundert andauerten und jetzt in eine entscheidende Phase traten. Dabei spielte das im Machtverfall begriffene Südarabien eine Sonderrolle, weil hierher schon die Abessinier ihre Form des Christentums gebracht hatten. Es geriet in Konflikt mit den in den Jemen ins Exil gegangenen Juden, die Unterstützung bei den Persern fanden, sodass der Südwestzipfel der Arabischen Halbinsel zum Schauplatz byzantinisch-persischer Stellvertreterkämpfe wurde.

Auf dem Weg dorthin liegend, konnte Mekka vom religiösen Hintergrund des Konflikts nicht unberührt bleiben, neigte zunächst der persischen Sache zu, geriet dann aber unter den Einfluss der Monophysiten.

»Die Karawanserei zu Wasit«. Illustration zu dem »Makamen« des Abu Muhammed al-Kasim Hariri (1054–1121). Arabische Buchmalerei, Bagdad, 1237.

Diese indische Miniatur aus dem 17. Jahrhundert zeigt die Kaaba in Mekka.

Diese Christen vertraten die Ansicht, dass Jesus nicht ebenso Mensch wie Gott sei, sondern nur eine einzige (göttliche) Natur habe. Das stand im Gegensatz zur Lehre der offiziellen Reichskirche von Byzanz, was der christlichen Mission in Arabien sicher nicht förderlich war. Gefallen fanden die Beduinen und auch die Städter in Mekka hingegen an einigen christlichen Bräuchen, ähnelten doch etwa die Prozessionen ihren Pilgerzügen zu heiligen Orten, darunter zur *Kaaba* (»Würfel«), die schon in heidnischer Zeit Verehrung genoss und zum Herzen des Islam werden sollte.

Von einer Christianisierung arabischer Stämme aber kann man allenfalls in den nördlichen Randzonen sprechen, wo sie in direktem Kontakt zu organisierten Kirchen standen. Das Gros der Nomaden und auch der Städter mit Ausnahme der Zentren im Jemen blieb heidnisch, worunter man keinen einheitlichen Kult zu verstehen hat, sondern eine diffuse Vielgötterei, die sich bemerkenswert oft an Steinmonumenten festmachte. Steine spielen auch im jüdischen Ritus eine wichtige Rolle und ein ganz besonderer Stein, der Meteorit *Hadjar al-Aswad* (»schwarzer Stein«), ist in die Südostecke der Kaaba eingelassen. Als Gemeinsamkeiten kamen der noch im Islam wirkende Schicksalsglaube und ein Gestirnkult hinzu, wie er orientalischen Kulturen vielleicht wegen der klaren Wüstennächte und der Bedeutung der Sterne für Zeitrechnung und Anbauplanung eigentümlich ist.

Arabische Christen aber blieben eine Minderheit, was die Araber nicht hinderte, Front gegen die vorrückenden Perser zu machen, die zu Beginn des 7. Jahrhunderts Syrien eroberten. 611 aber stießen sie nahe Dhu Qar bei Hira im heutigen Irak auf ein arabisches Heer, das ihnen eine empfindliche Niederlage beibrachte. Sie änderte zwar noch wenig an den politischen Verhältnissen, setzte aber einen sozusagen national-arabischen Akzent und ein Zeichen dafür, wozu die zerstrittenen Beduinen bei einheitlichem Handeln fähig waren. Dauerhaft wirksam aber konnte dies nur werden, wenn es gelang, einen gemeinsamen kulturellen Kitt in Form verbindlicher Riten und Glaubensinhalte zu finden. Alles weist daraufhin, dass Arabien damals an der Schwelle zu einer neuen Zeit stand.

Mohammed

Das vorige Kapitel hat gezeigt, dass der Prophet nicht aus dem Nichts kam und zudem einen religiösen Nährboden vorfand, der bereit war für seine Botschaft. Ohne diese Verwurzelung wäre es Mohammed ergangen wie den vielen Rufern in der Wüste, die tauben Ohren predigten oder genauer: die an ihrer Zielgruppe vorbeiredeten. Mohammed aber brachte eine Antwort als Araber auf arabische Fragen seiner Zeit und ihre religiöse Suche. Ein ganz wesentlicher Aspekt für diesen Erfolg liegt darin, dass sich Mohammed bewusst und betont als Mensch darstellte, dem zwar die Gnade zuteil wurde, Gottes Botschaft zu empfangen, der aber selbst nicht mehr sein wollte als die anderen Glieder der Gemeinde *(umma)*. Seine Herausgehobenheit bestand nur in der Erwählung und darin, dass er durch sie zum ersten aller Muslime wurde, was sich aber lediglich auf die zeitliche Perspektive bezieht.

Natürlich haben es seine Anhänger nicht dabei belassen, sondern schon zu Lebzeiten einen reichen Kult um die Person entfaltet. Vollends zur Legende und zum Vorbild in allem und jedem wurde Mohammed nach seinem Tod. Die konkrete geschichtliche Person verschwand dahinter fast völlig. Westliche Orientalisten und Islamwissenschaftler haben versucht, mittels historisch-kritischer Methodik einen biografischen Kern ausfindig zu machen. Was dabei als gesichert übrig blieb, ist nicht viel mehr als eine ungefähre Lebensspanne und wenige Fakten, die über die Person Mohammed fast nichts aussagen.

DIE BERUFUNG

Zwar gehörte Mohammed zum herrschenden Koraisch-Stamm in Mekka, aber eher zur Unterschicht. Sein Vater starb zudem vermutlich schon vor seiner Geburt um 570 und auch die Mutter verlor der Junge bereits als Kind. Es wuchs bei einer Amme und dann bei einem Onkel auf, der offenbar wenig für die Ausbildung des Mündels tat. Der junge Abul Kasim Muhammad Ibn Abd Allah, so der volle Name, war als Hirte tätig und nahm der Überlieferung nach auch an Karawanenzügen bis nach Syrien teil. Dort soll ihn ein christlicher Mönch als »Erwählten« erkannt haben. Und die Legende weiß auch zu berichten, dass schon damals Wunderzeichen die Besonderheit des Knaben erkennen ließen, der überall, wo er auftauchte, Segen brachte. In den Bereich der Tatsachen gehört allerdings eher, dass der kommende Religionsstifter aus seiner schwierigen Situation heraus einen kritischen Blick entwickelte und den sozialen wie geistlichen Reformbedarf erkannte.

Mohammeds Lage änderte sich um das zwanzigste Lebensjahr entscheidend, als ihm die reiche Kaufmannswitwe Chadidja zu verstehen gab, dass sie nicht

Mohammeds Reise durch das irdische Paradies auf dem Buraq, der heiligen Stute mit Meschenhaupt, geleitet vom Erzengel Gabriel.

abgeneigt sei, ihn zu heiraten. Obwohl die Frau angeblich schon vierzig Jahre zählte, überwogen für den armen jungen Mann natürlich die ökonomischen Vorteile. Mohammed fand sich plötzlich in gesicherten Verhältnissen und gewann die Freiheit, die er zum Reifen seiner Ansichten brauchte. Er zog sich dazu mehrfach in die Einsamkeit auf den Berg Hira nahe der Stadt zurück, wo er im Jahr 610, nun seinerseits runde vierzig Jahre alt, seine Berufung erlebte. Zunächst nahm er an, er habe Gott selbst schauen dürfen, doch ließ sich das später nicht mit der Lehre von der ungeheuren Kluft, die Geschöpf und allmächtigen Schöpfer voneinander trennt, in Einklang bringen und vertrug sich auch nicht mit dem Bildnisverbot. Aus der Erscheinung Gottes wurde die eines seiner vornehmsten Boten, nämlich die des Erzengels Gabriel, der Allahs Worte übermittelte, aber zunächst von Mohammed eine Äußerung verlangte, was diesem erst bei der dritten Aufforderung gelang. Da wurden ihm die Worte der Sure 96, Vers 1 bis 5 eingegeben:

»Lies! Im Namen deines Herrn, der erschuf,
Erschuf den Menschen aus geronnenem Blut.
Lies, denn dein Herr ist allgütig, Der die Feder gelehrt,
Gelehrt den Menschen, was er nicht gewusst.«

WARNUNGEN UND MAHNUNGEN

Nach den ersten Visionen oder genauer: Auditionen, denn der Kontakt zum Erzengel spielte sich vorwiegend akustisch ab, trat eine Pause *(fatra)* ein, von Mohammed tief schmerzlich als Gottverlassenheit erfahren. Dann aber kamen die Botschaften wieder und erreichten ihn fortan regelmäßig bis in seine letzten Lebenstage.

Wie die Offenbarung des Johannes sah auch Mohammed die Toten zum Gerichtstag auferstehen und sie in banger Furcht vor ihrem Richter und vor seinem Spruch zittern, der Hölle oder ewige Seligkeit bedeuten würde. Anders als die christliche Offenbarung aber verzichtete Mohammed weitgehend auf drastisches Ausmalen mit mythischen Symbolen. Ihm ging es mehr darum, seinen Landsleuten, unter denen er anfangs nur die Mekkaner verstand, den Weg zu zeigen, der eine Höllenstrafe vermeiden helfen könne: Furcht des Herrn, des einzigen und alleinigen allmächtigen Gottes *(Allah)*, Glauben und gute Taten könnten zwar einen positiven Spruch nicht erzwingen, würden diesem jedoch in der Stunde der Entscheidung förderlich sein. Die Provokation für die stolzen Mekkaner lag vor allem darin, dass Mohammed ihre Vielgötterei radikal kritisierte und als Kern aller Sündhaftigkeit brandmarkte.

Mochten die Leute seine Lehren anfangs noch als Ammenmärchen abtun oder einfach weghören, so wurde der immer eindringlicher vorgetragene Appell Mohammeds zur Umkehr zunehmend zum Ärgernis. Der in den Augen seiner Mitbürger selbst ernannte Prophet machte immer weniger Kompromisse und geißelte bald auch die Verehrung von Ortsgöttinnen, die er zunächst noch als »Töchter Allahs« geduldet hatte. Allenfalls Zwischenwesen wie Engel oder Dämonen kamen für ihn und die Muslime in Betracht. So nannten sich die wenigen Anhänger, die Mohammed zu überzeugen vermocht hatte, nach dem Wort, das später der Religion ihren Namen gab. *Islam* und *Muslim* gehören als Substantivierung beziehungsweise Partizip zum arabischen Verbum *aslama*, was so viel heißt wie »sich ganz, vorbehaltlos hingeben«, nämlich in die Hand Allahs, »des Erbarmers, des Barmherzigen«, wie er zu Beginn jeder Sure im Koran angerufen wird. Der Konflikt eskalierte. Nach zwei Jahren der Predigten, also um 615 hielt es Mohammed für angezeigt, einigen seiner besonders aktiven Gefolgsleute – oder Rivalen? – zum Verlassen der Stadt zu raten. Zuflucht würden sie sicher im christlichen Abessinien finden. Man wollte Mohammed und seine Jünger loswerden,

Die Schuhsohle des Propheten. Illustration einer Hadith-Handschrift.

eine schwierige Sache bei seiner Zugehörigkeit zum führenden Stamm der Stadt und auch wegen einer gewissen Bewunderung für den unbeugsamen, charismatischen Gottesverkünder.

Wenn Mohammeds mekkanische Tage gezählt waren, dann vor allem wegen zweier persönlicher Schicksalsschläge: 619 starb Mohammeds Onkel Abu Talib, das Oberhaupt seiner Sippe und Mohammed verlor im selben Jahr auch seine Frau Chadidja, die ihm trotz des Altersunterschieds die wichtigste Vertraute gewesen war. Der neue Führer der Sippe, ein Bruder des Verstorbenen, entzog Mohammed den Schutz, weil dieser ihn als Heide bezeichnet hatte; die Lage des Propheten und seiner Anhängerschaft in der Stadt wurde prekär.

Inzwischen aber war sein Ruf als Prediger über Mekka hinaus gedrungen und vor allem weithin bekannt geworden, dass die muslimische Gemeinde keine Stammesgrenzen kannte. Gerade die Zerklüftung der arabischen Gesellschaft in Stammes- und Sippenverbände aber war es, die einem kulturellen und geistigen Aufbruch entgegenstand, was insbesondere in der 450 Kilometer nördlich von Mekka gelegenen Ansammlung von Orten namens Yatrib fühlbar wurde. Anders als in Mekka, wo ein Stamm dominierte, lieferten sich hier zwei arabische und drei jüdische Stämme einen erbitterten Kleinkrieg, der die Existenz des Gemeinwesens gefährdete. Auch Muslime gab es in Yatrib bereits und diese haben vielleicht den Stammesführern den Vorzug gemeindlicher Organisation deutlich gemacht oder doch vorgelebt.

Mohammed, seine Tochter Fatima, sein Vetter Ali ibn Abi Talib (durch Heirat mit Fatima Schwiegersohn Mohammeds) und seine beiden Enkel al-Hasan und al-Husain. Miniatur aus einer arabischen Handschrift aus dem 18. Jahrhundert.

Einen hohen Reiz entwickelte für die praktisch orientierten Araber zudem die Lehre, dass zwar Gott der »ganz Andere«, der vom Menschen himmelweit Getrennte sei, dass aber der Mensch wie im Zoroastrismus frei war zu wählen und zu seiner Erlösung beitragen könne. Diese Welt und ihre irdischen Werte waren also nicht von sich aus schlecht und verloren. Die Welt war vielmehr aufgerufen, sich auf das Gute zu besinnen und es – ein ganz zentraler Punkt – in Gemeinschaft mit anderen, also als Gemeinde *(umma)*, zu erstreben im so genannten *djihad*, der »Bemühung um den Glauben« durch Verteidigung des »Hauses des Islam«; die Übersetzung »Heiliger Krieg« ist eine Vergröberung.

LOSLÖSUNG VON MEKKA

Ob das ausschlaggebend war oder ob unter den Muslimen in Yatrib einflussreiche Leute waren, die erfolgreich für Mohammed warben, darf offen bleiben. Es kamen jedenfalls Gesandte nach Mekka, die ihn in ihre Stadt einluden und nach einigen Verhandlungen auch zusagten, dass er dort als Prophet anerkannt würde. Als geistlicher Führer einer die Stammesgrenzen überschreitenden Gemeinde musste Mohammeds politisches Gewicht von selbst wachsen und zum Übergewicht über die zerstrittenen Parteien werden.

Im Sommer 622 entschloss sich Mohammed zur *hidjra*, der Auswanderung aus oder, anders übersetzt, der Loslösung von Mekka. Der Schritt sollte sich als Durchbruch für die Lehre des Propheten erweisen, weshalb die *hidjra* seither als Beginn der islamischen Zeitrechnung gilt. Die Lösung aber wird sicher nicht ganz konfliktfrei vor sich gegangen sein. Siebzig von Mohammeds Anhängern waren ihm voraus gezogen und hatten sich als Emigranten *(muhadschirun)* in Yatrib, dem späteren Madinat an-nabi (»Stadt des Propheten«), kurz Medina, niedergelassen. Zusammen mit den dortigen Muslimen, den »Helfern« *(ansar)*, bildeten sie eine ansehnliche Gemeinde, deren Führung Mohammed bei seiner Ankunft im September übernahm. Der Legende nach ritt er auf einer Kamelstute in die Stadt ein und wählte zur Wohnstätte den Platz, an dem sein Reittier erstmals anhielt. Davor betete er zunächst unter freiem Himmel. Bald aber ließ er nach dem Muster der jüdischen Synagoge ein Haus mit einem teilweise überdachten Hof errichten, der arabisch *masgid* (»Ort, an dem man sich zum Gebet niederwirft«) genannt, über Spanien und Frankreich europäisiert zu »Moschee« wurde.

Hier versammelten sich seine Anhänger zu politischer Aussprache wie zu kultischen Handlungen, insbesondere zu den fünfmal täglich zu verrichtenden Gebetsgottesdiensten und den freitäglichen Predigtgottesdiensten. Direkt an den Hof schlossen sich die privaten Gebäude Mohammeds und seiner zunächst zwei Frauen an, darunter seiner Lieblingsfrau Aischa, die damals noch kaum dem Kindesalter entwachsen war (geboren um 613); alle Bauten wurden sehr einfach in Luftziegelbauweise ausgeführt. Heute steht an der Stelle der seinerzeitigen Hütten über dem Sterbeort und dem Grab des Propheten und seiner Tochter Fatima die große Wallfahrtsmoschee, die die Muslime meist im Anschluss an die mindestens einmal im Leben zu absolvierende Pilgerfahrt nach Mekka *(hadjdj)* aufsuchen.

Zwar war in den Verhandlungen wegen der Übersiedlung auch die Frage ansatzweise geklärt worden, ob sich die Zuwanderer aus eigenen Mitteln würden erhalten können, doch in der konkreten Situation ergaben sich dann doch manche Probleme. Mohammed, noch voll Groll gegen seine Geburtsstadt Mekka, ließ daher manche der von dort kommenden oder der dorthin ziehenden Karawanen überfallen und bei Verweigerung des verlangten Wegezolls mitunter auch ausplündern.

In Medina, der Stadt, in die Mohammed 622 auswanderte, steht die Hauptmoschee Al Haram mit dem Grab Mohammeds.

Mekka war natürlich nicht gesonnen, derartige Übergriffe widerstandslos hinzunehmen. Ein fast tausend Mann umfassender Heerhaufen wurde gegen Yatrib (Medina) in Marsch gesetzt, doch unterlag er im März 624 bei Badr südwestlich der Stadt den zahlenmäßig und militärisch weit unterlegenen Muslimen. Sie fochten nämlich mit heißerem Herzen und für eine Sache, für die ihnen das Leben kein zu hoher Einsatz schien. Sie schrieben vor allem nicht sich und ihrer Tapferkeit den Sieg zu, sondern natürlich Allah, der seine Engel ihnen zur Hilfe gesandt habe. So marginal das kleine Gefecht tatsächlich auch gewesen zu sein scheint, so zentral wurde es für das Bewusstsein der jungen Gemeinde *(umma)*, auf der Seite des Allmächtigen zu stehen, der sie geradezu unbezwingbar mache. Darüber hinaus wussten Mohammeds Krieger ihre Gefallenen genauso in Allahs Hand, der sie zum Lohn ins Paradies einlassen werde, wo ihnen ewige Wonne gewiss sei.

Die Freuden des Himmels wurden ganz irdisch gedacht, was der sehr dinglichen Fantasie der Araber entgegenkam. Der Sieg und die unermüdliche Preisung des Sieges ließen Mohammeds Prestige in Medina rasch wachsen, sodass er es nun mit der innerstädtischen Opposition aufnehmen konnte. Sie bestand vor allem in den jüdischen Stämmen, die aufgrund ihrer religiösen Orientierung Mohammeds Anspruch, der Gesandte Gottes zu sein, nicht zu akzeptieren bereit waren.

Der Prophet Mohammed beobachtet die Schlacht am Berge Uhud. Türkische Miniaturmalerei, um 1590/1600.

DIE ÜBERLEGENHEIT DER UMMA

Die Mekkaner unternahmen erneut Rüstungsanstrengungen, indem sie nach Verbündeten suchten. Das blieb Mohammed natürlich nicht verborgen und so zog er seinerseits Verstärkungen an sich. Im April 627 schien dennoch die letzte Stunde der muslimischen *umma* gekommen, denn die Mekkaner rückten mit zehntausend Mann an, denen Mohammed nicht einmal die Hälfte entgegenstellen konnte. Dieser aber ließ einen Graben ausheben, der zwar nur von mäßiger Tiefe war, die gefährliche Reiterei des Feindes aber tatsächlich fast völlig ausschaltete. Außerdem kam den Verteidigern das Wetter mit Regen zu Hilfe, der den Nachschub der Mekkaner stark behinderte, was zu Konflikten in ihrem Bündnis führte. Die Belagerer zogen unverrichteter Dinge ab.

Der »Grabenkrieg«, wegen der List Mohammeds so genannt, endete auf diese Weise unentschieden, und doch kann man darin im Grunde einen Sieg des Propheten sehen. Zum einen hatte er einer vielfachen Übermacht getrotzt, zum anderen gezeigt, dass seine Organisation einer Gemeinde den Stammesbindungen zumindest in Gebieten von einiger Bevölkerungskonzentration deutlich den Rang ablief. Dieser Vorzug kam voll zum Tragen, nachdem Mohammed mit dem Strafgericht über den letzten jüdischen Stamm in Medina endgültig ein homogenes Gemeinwesen geschaffen hatte, die *umma muhamma-*

Gegenüberliegende Seite:
Die Schlacht bei Badr 624, bei der die Muslime über die Mekkaner siegten, ist in der islamischen Kunst ein oft zitiertes Motiv, wie auf dieser Miniatur, die um 1595 entstand.

dijja. Zugang hatte, wer sich dem Propheten und damit Allah anschloss. So entstand eine Art religiöse Staatsangehörigkeit, wie sie für islamische Länder typisch wurde.

Zum Zusammenhalt trug auch bei, dass Mohammed nun den Blick über Medina hinaus richtete und sozusagen diplomatisch aktiv wurde. Er bot umwohnenden Stämmen Bündnisse an, wenn sie seine Lehre annahmen. Er richtete der Legende nach Botschaften an die Herrscher auch der Großstaaten und forderte sie zur Übernahme des Islam auf, vergeblich natürlich. Wichtig daran ist eher, dass diese Legende die Dynamik widerspiegelt, mit der sich der Islam nun entwickelte, immer noch freilich im Konflikt mit Mekka. Kriegszüge aber richtete Mohammed nun eher nach Norden, weil er sich von militärischen Erfolgen oder von – notfalls erzwungenen – Bündnissen den Machtzuwachs versprach, dem letztlich auch seine Geburtsstadt erliegen würde. Expansion wurde zum missionarischen Programm.

Sie ließ sich selbstverständlich nur rechtfertigen, wenn der Islam sich nicht mehr nur an die Araber wandte und sich nur um sie bemühte, sondern wenn er seinen Anspruch ausdehnte. Das lag auch in der Logik der Verkündigung Mohammeds, denn der Allmächtige forderte selbstverständlich auch allumfassende Achtung. Einen Unterschied machte Mohammed zwischen Christen und Juden auf der einen Seite, die ja, wenn auch verfälscht, ebenfalls den einen Gott anbeteten, und den Heiden auf der anderen. Diese buchstäblich gottlosen Menschen mussten zur Annahme des wahren Glaubens gegebenenfalls gezwungen werden, während eine Zwangsbekehrung der Juden und Christen ausdrücklich ausgeschlossen wurde. Die Mekkaner gehörten mithin zu jenen, denen man zu ihrem Heil eigentlich gewaltsam verhelfen musste. Doch es waren ja seine einstigen Stammesgenossen und da ließ sich der Prophet etwas Besonderes einfal-

len. Im Jahr 628 machte er sich mit 1500 Getreuen zu einer »kleinen Pilgerfahrt« nach Mekka auf, kaum bewaffnet und im Tross nur die Opfertiere. Als die Mekkaner die Truppe entdeckten, war es zu spät, denn Mohammed hatte bereits den heiligen Bezirk *(haram)* erreicht, in dem Feindseligkeiten untersagt sind. Man verlegte sich daher aufs Verhandeln, woraus ein in den Augen der Anhänger Mohammeds beschämender Vertrag zustande kam:

EIN IRRITIERENDER SCHACHZUG

Gegen die Zusage, ihm im kommenden Jahr eine Wallfahrt zu genehmigen, verzichtete Mohammed für den Moment auf die Vollendung der Pilgerreise. Er nahm es auch hin, dass er in dem Dokument nicht als Prophet, sondern mit Namen genannt wurde, und er versprach zudem, bekehrte Mekkaner auszuliefern, die zu ihm nach Medina flüchten wollten. Die Irritation bei den Muslimen war ungeheuer und erst nach und nach erkannten sie den Nutzen, der in der scheinbaren Demut des Propheten steckte: Seine *umma muhammadijja* war von den Mekkanern als gleichberechtigt akzeptiert worden, der unerklärte Krieg beendet und Medina für die innerarabischen Beduinen jetzt genauso attraktiv wie die Rivalin – ja sogar wesentlich interessanter, denn hier stießen sie nicht auf Stammesgrenzen, sondern konnten den Eintritt ins städtische Leben durch einfaches Glaubensbekenntnis erreichen. Der unaufhaltsame, rasante Aufstieg Medinas begann.

An die Auslieferung von mekkanischen Überläufern hielt sich Mohammed zudem nicht, sondern hieß jeden willkommen, der ihm und Allah Treue und Hingabe versprach. Der Zulauf war derart, dass die führenden Köpfe in Mekka bald erkannten, dass ihre Stadt nur noch eine Zukunft mit Mohammed und nie mehr gegen ihn hatte. Das bewies endgültig der pünktlich im Jahr 629 absolvierte Pilgerzug der Muslime nach Mekka: Zigtausende kamen und überzeugten letzte Zweifler von der Übermacht des Islam. Hinzu kam, dass Mohammed für den Fall der Übernahme der Stadt großzügige Amnestieregelungen versprach und Plünderungen verbot. Am 11. Januar 630 zog er in seine Geburtsstadt ein, hielt Gericht und verhängte maßvolle Strafen gegen Unbelehrbare; auch einige wenige Hinrichtungen sind belegt. Sonst aber kam es allenfalls zu Geldstrafen, deren Erlös an die ärmeren Anhänger, denen die erhoffte Kriegsbeute entgangen war, ausgezahlt wurde. Widerstand gab es so gut wie keinen, nicht einmal gegen die nun folgende Zerstörung von heidnischen Kultstätten und bei der »Reinigung« der Kaaba von heidnischen Requisiten.

Zur weiteren Festigung seiner nun doch immer heterogener zusammengesetzten Gemeinde unternahm Mohammed weitere Kriegszüge.

DIE MUTTER ALLER PILGERFAHRTEN

In der verbleibenden Lebensspanne sorgte Mohammed auch kultisch für die Festigung seiner Anhängerschaft. Er setzte das im Koran verordnete Verbot des Weintrinkens und des Genusses von Schweinefleisch ebenso durch wie die Übernahme der Beschneidung, wie sie schon die Heidenzeit gekannt hatte und wie sie auch im Judentum üblich ist. Auch schaffte er den Schaltmonat ab, der bei den Arabern zuvor zur Angleichung ihres Kalenders an die Jahreszeiten üblich war. Zentral aber für den muslimischen Tageslauf wurde das rituelle Gebet (salat), dessen einzelne Phasen genau vorgeschrieben sind. Es wird heute fünf Mal am Tag zu ganz bestimmten Zeiten ausgeführt, eine Zahl, die für die Frühzeit nicht gesichert ist. Nur der reine Gläubige darf die salat ausüben, weswegen rituelle Reinigungen, notfalls auch mit Sand, vorher vorzunehmen sind. Das tägliche Beten geschieht meist auf einem Teppich, der den heiligen Bezirk (haram) symbolisiert, mit Gebetsrichtung Mekka. Nur am Freitag, dem heiligen (aber erst von mittags an arbeitsfreien) Tag der Muslime, ist in der Moschee das rituelle Gemeinschaftsgebet Pflicht. Verbeugungen und Gebetsformeln gehören dazu, als wichtigste die sieben Verse der ersten Sure:

»Lob sei Allah, dem Weltenherrn,
Dem Erbarmer, dem Barmherzigen,
Dem König am Tage des Gerichts!
Dir dienen wir und zu dir rufen um Hilfe wir;
Leite uns den rechten Pfad,
Den Pfad derer, denen du gnädig bist,
Nicht derer, denen du zürnst, und nicht der Irrenden.«

Auch weitere rituelle Vorschriften erließ der Prophet, meist in Orientierung an anderen Religionen, jedoch

»The Pilgrim's Costume«. Die Kreidelithographie aus dem Jahr 1855 zeigt, dass sich an den Kleidervorschriften für Mekkapilger nichts geändert hat.

immer in spezifischer Ausformung. Rein islamisch ist nur eine, aber die wohl wichtigste Pflicht des Gläubigen: Mindestens einmal im Leben soll er die heiligen Stätten in Mekka besuchen, also eine Pilgerfahrt *(hadjdj, hadsch)* antreten. Ihren Rang erhielt diese Grundpflicht (»Säule«) dadurch, dass sie Mohammed selbst im letzten Lebensjahr auf sich nahm und durch sein Vorbild in den Einzelheiten festlegte, seine eigene Reise sozusagen zur »Mutter aller Pilgerfahrten« machte. Bei den Kleidervorschriften (weiße Tücher), dem Küssen des »Schwarzen Steins«, den mehrfachen Umläufen um die Kaaba, den Steinwürfen gegen den Teufel, den Tieropfern und anderen Bestandteilen des Pilgerritus übernahm Mohammed bewusst traditionelle sakrale Handlungen, die damit leicht Eingang in die Volksfrömmigkeit fanden.

Der Prophet aber starb nicht an seinem Geburtsort, sondern kehrte nach Medina zurück, wo er mitten in den Planungen zu einem Kriegszug nach Südpalästina am 8. Juni 632 einem Fieber erlag.

Pilgerkarawane auf dem Weg nach Mekka. Gemälde von Leon Belly, 1861.

Der Koran

Frontispiz einer Koranhandschrift im Omaijaden-Stil aus dem 8. Jahrhundert. Aus der großen Moschee in San'a (Jemen).

Der Begriff für die heilige Schrift des Islam leitet sich her von einem arabischen Wort mit der Bedeutung »Rezitation, Vortrag, Lesung«. Die andere Deutung, nach der darin die Wurzel eines syrischen Wortes für »Schrift« steckt, gilt als weniger gesichert und hat auch weniger Plausibilität für sich: Wie Mohammed die Offenbarungen akustisch übermittelt wurden, so gehört zur richtigen Aufnahme und Weitergabe der Koran-Texte das Aufsagen, ja das höchst kunstvolle Rezitieren sowie die Bereitschaft zu hören, auch im Sinn von Gehorchen, nämlich den Geboten Allahs, wie sie im Koran aufbewahrt sind.

Auch dessen rhythmisierte Sprache und die Reimprosa, in der er abgefasst ist, weisen auf die Forderung nach lauter Verkündigung hin. Das geht so weit, dass islamische Theologen jedwede Übertragung in eine andere Sprache ablehnen, weil sonst die buchstäblich göttlichen Feinheiten, insbesondere beim Vortrag, leiden könnten. Jeder gläubige Muslim muss daher, auch wenn er nicht Arabisch versteht, einige Kernaussagen (zum Beispiel die 1. Sure, das »Vaterunser« der Muslime, arabisch: *Fatiha*) in der Originalsprache rezitieren lernen und ist gehalten, etwa im Ramadan, dem Fastenmonat, den dreißig Passagen auf Arabisch zu lauschen, in die der Koran zum Gesamtvortrag eingeteilt ist. Manche Muslime beginnen den arabischen Text komplett auswendig zu lernen, noch ehe sie die Sprache überhaupt verstehen können.

FORMALIA UND GLIEDERUNG

Zu Mohammeds Lebzeiten gab es keinen Koran in Buchform, nur Fragmente auf Papyrus, Leder oder Knochen im Besitz verschiedener Sammler. Wann diese Stücke zusammengeführt wurden, ist nicht genau zu bestimmen, doch hat sich die Annahme durchgesetzt, dass die Fixierung unter dem dritten Nachfolger (Kalifen) Othman, einem Schwiegersohn Mohammeds, etwa zwei Jahrzehnte nach dem Tod des Propheten erfolgt sein dürfte. Dabei entstand die Schwierigkeit, den Stoff zu ordnen. Eine korrekte Chronologie der Stücke philologisch zu ermitteln, hat Othmans Archivare wohl überfordert und so griffen sie zu einem auch bei anderen Textsammlungen oft geübten Verfahren: Nach dem kurzen Gebet der 1. Sure, der *Fatiha*, folgen die weiteren nach dem Prinzip der abnehmenden Länge. Die 2. Sure ist mithin die längste, die letzten Suren sind dementsprechend die kürzesten.

Damit die Chronologie nicht ganz aus dem Blick geriet, wurden später den Suren Vermerke hinzugefügt: »Geoffenbart zu Mekka« oder »Geoffenbart zu Medina«. Das kann nicht in allen Fällen als gesichert gelten, sagt aber in etwa, welche Teile des Korans aus der

Frühzeit vor der *hidjra (hedschra)*, also aus den Jahren zwischen 610 und 622 stammen, und welche aus dem Jahrzehnt der Bildung der *umma* in Medina. Das lässt sich oft auch schon daran ablesen, dass die mekkanischen Suren im Gros kürzer, sozusagen »prophetischer« wirken als die medinensischen, in denen es vielfach um Gesetzgebung und Regelung alltäglicher Fragen der Gemeindeordnung geht. Bei 29 Suren finden sich zu Beginn seltsame Buchstabenkürzel, die an Paraphen erinnern oder an mit Initialen gezeichnete Artikel. In diese Zeichen ist allerlei hineingeheimnisst worden, doch steht zu vermuten, dass es sich dabei lediglich um schlichte Herkunftsmarken der Schriftbesitzer handeln dürfte.

Eine nicht von Mohammed stammende Hinzufügung sind auch die Titel, die alle Suren tragen. Dabei fanden irgendwelche, wahllos gegriffenen Worte Verwendung, die keineswegs den Inhalt umreißen, sondern pure Merkvokabeln zu sein scheinen. Wenn etwa die längste Sure, also die zweite, den Titel »Die Kuh« *(al-baqara)* trägt, heißt das nicht, dass im Folgenden Fragen der Viehhaltung oder -zucht im Vordergrund stehen, ja nicht einmal Landwirtschaftliches allgemein; weite Passagen etwa gelten darin der Ehe, dem Verbot der Vermählung mit Ungläubigen oder der Pflicht, sich um die Armen zu kümmern. Es folgt auf diese Titel stets die Formel »Im Namen Allahs, des Erbarmers, des Barmherzigen!«, eine Segensformel, arabisch *basmala* genannt. Sie fehlt nur über der Sure 9, wohl weil diese vielleicht ursprünglich Teil einer anderen war.

Bei der Lektüre fällt insgesamt auf, dass jedenfalls in der Verkündigung durch Mohammed eine Entwicklung festzustellen ist. Wie schon bemerkt, unterscheiden sich die mekkanischen von den medinensischen Suren in Länge, Diktion, Klarheit und Thematik. Texte, die chronologisch präzise zuzuordnen sind, beweisen eine parallele Entwicklung zu Mohammeds Biografie und zu seinen wachsenden Aufgaben. Gedrängt von der Sorge um das ewige Heil seiner Mitbürger schleuderte er anfangs vor allem flammende Appelle heraus, mahnte, warnte und forderte. Es folgte eine Phase der eher argumentativen Darstellung mit Rückgriff auf Geschichte und andere Religionen, die wiederum in eine Periode der Regelung von praktischen Fragen überging, in die dann die *hidjra (hedschra)* fiel.

In Medina meldet sich danach der politische Führer Mohammed zu Wort, der seiner Gemeinde eine stabile Struktur zu geben bemüht ist. Die Suren werden länger, nehmen manchmal den Charakter von Verfügungen an und enthalten weniger Ausfälle gegen die Ungläubigen; die Abrechnung mit diesen hat bereits die Frühphase geleistet. Nun ist es aber so, dass vor allem die sehr langen Suren am Anfang des Korans, viele davon zu Medina geoffenbart, Brüche zeigen und oft abrupt das Thema wechseln. Es liegt daher die Vermutung nahe, dass manchmal disparate Teile zusammengefügt worden sind, sodass Passagen dieser und auch anderer Suren aus verschiedenen Zeiten der Verkündigung stammen oder von den Bearbeitern nicht korrekt komponiert worden sind. Das ändert nichts an der Schönheit des Textes oder an seiner Eindringlichkeit, es belegt nur, dass Allah nicht nur durch einen Menschen zu den Menschen gesprochen hat, sondern auch, dass dessen Worte von Menschen aufbewahrt und festgehalten worden sind. Auch manche fehlende Eindeutigkeit und manche kaum verständlichen Passagen mögen hierin ihre Erklärung finden.

Möglich aber ist auch, dass wir heute Andeutungen nicht mehr ohne weiteres verstehen, die den Zeitgenossen durchaus geläufig waren. Dass dem so sein könnte, darauf liefern die Textelemente einen Hinweis, deren Inhalt Mohammed aus dem Alten Testament übernommen hat, beispielsweise die Schöpfung der Welt und des Menschen, den Sündenfall, den Konflikt zwischen Kain und Abel, die Sintflut, den großen Abraham-Komplex, vieles über Moses, David und Goliath, Salomo usw. In solchen Fällen beschränkt er sich oft auf Bemerkungen, die wir nur aufgrund der jüdischen Überlieferung sofort zu identifizieren vermögen. Mohammeds Zuhörer kannten diese offenbar auch so gut, dass es zu keinen Missverständnissen kam. Sie waren durch die Zerstreuung der Juden bis in die entlegensten Winkel der Arabischen Halbinsel Gemeingut und für manche von genuin arabischen Mythen kaum zu unterscheiden.

KEIN GOTT NEBEN ALLAH

Die Kritik an der Vergöttlichung Christi ist eine der wichtigsten Aussage des Korans und führt zum zentralen Punkt der Lehre Mohammeds, dem kompromisslosen Monotheismus (Eingottlehre). Bei der Schilderung des Lebens des Propheten haben wir gesehen, dass er dort zunächst noch zu Milde gegenüber lokalen Gottheiten neigte, wohl aber eher zur Erleichterung der Annahme seiner Verkündigung durch die Mekkaner als aus tatsächlichem Glauben an weitere Götter neben Allah. Jedenfalls wenden sich islamische Theologen immer besonders scharf gegen Zweifel an diesem entscheidenden Dogma, das sich wie eine Klammer mit der Fatiha (Sure 1) und der Sure 112 um den gesamten Koran legt. Deswegen auch das Todesurteil gegen den Schriftsteller Salman Rushdie, der eben diesen Zweifel mit seinem Roman »Die Satanischen Verse« bedient hat.

Es handelt sich dabei um Verse aus der 53. Sure, in der von drei Göttinnen der heidnischen Araber die Rede ist, von denen Mohammed angeblich in einer ersten Verkündigung gesagt haben soll: »Das sind die hochfliegenden Schwäne, und ihre Fürbitte werde erhofft.« Schon am nächsten Tag aber soll Mohammed diese Sonderstellung der Göttinnen als »Töchter Allahs« widerrufen haben, indem er die Aussage tilgte und die Verse 21 bis 23 nach der endgültigen Version des Korans folgen ließ:

Illuminierte Koran-Handschrift. Aufgeschlagen ist der Beginn der 38. Sure.

Die 1. Sure des Korans in ornamentaler Rahmung. Koran-Ausgabe aus dem Jahr 1389.

»Sollen euch Söhne sein und Ihm Töchter?
Dies wäre dann eine ungerechte Verteilung.
Siehe, nur Namen sind es, die ihr ihnen gabt, ihr und eure
Väter. Allah sandte keine Vollmacht für sie hinab.«

Zum einen wirft dies ein Licht auf die auch heute noch übergroße Wertschätzung von Söhnen in der arabischen Gesellschaft, sodass Töchter für den Allmächtigen eine Schmach wären. Zum anderen aber, und das vor allem, haben wir hier eine vehemente Betonung der Aussage, dass es neben Allah keine göttlichen Wesen geben könne. Die erbitterte Zurückweisung der satirischen Ausdeutung der angeblichen früheren Koran-Zeilen durch Rushdie mittels des mörderischen *fatwa* (Rechtsgutachten, Verurteilung) durch den höchsten Schiitenführer Ayatollah Khomeini 1988 zeigt, welch hohen Rang die Lehre vom alleinigen und unvergleichlichen Gott für die Muslime hat. Der Koran ist ein einziger Gesang zu Ehren dieses Gottes, der wie ein unumschränkter orientalischer Herrscher vorgestellt wird, dem gegenüber völlige Hingabe *(islam)* gefordert ist.

ANFANG UND ENDE DER WELT

Zur koranischen Schöpfungsgeschichte gehört auch die Erschaffung des ersten Menschen Adam und die seiner aus ihm hervorgebrachten Gefährtin sowie die Feststellung, dass alles, was Allah schuf, gut war. Oder anders ausgedrückt, dass Allah »der beste

Schöpfer« ist (Sure 37, Vers 125), eigentlich eine Selbstverständlichkeit angesichts der Einzigkeit des Herrn. Wie andere Schöpfungsgeschichten, etwa der ägyptische Mythos vom Urschlamm, nimmt der Koran eine noch ungeformte Masse als Schöpfungsmaterial an; eine Erschaffung aus dem Nichts oder doch nur aus Allah selbst oder wie im Johannesevangelium aus dem »Wort« *(logos)* heraus erforderte wohl eine zu hohe Abstraktion. Es gibt daher Auslegungen, nach denen der Koran die Ewigkeit der Materie lehre.

Mag Mohammed mit seinen Erzählungen vom Anfang der Welt noch traditionelle Vorstellungen getroffen haben, so stießen die Ankündigungen vom Ende der Welt und von der Auferstehung am Tag des Gerichts auf die Zweifel einer sehr irdisch orientierten arabischen Gesellschaft. Der Prophet musste seine ganze Sprachgewalt aufbieten, um Interesse für diesen Gedanken zu wecken. Die Endzeitgemälde sind daher von besonderer Eindringlichkeit und die Androhung der Hölle wie die Preisungen des Paradieses gehören zu den packendsten Texten des Korans. Darunter sind sehr frühe Stücke, aber auch spätere Offenbarungen, die allerdings detailreicher gehalten sind. Für den Widerstand der Mekkaner gegenüber der Gerichts-Theologie sprechen die Verse 24 bis 26 der Sure 45:

»Und sie sprechen: ›Es gibt nur unser irdisches Leben.
Wir sterben und wir leben, und nur die Zeit vernichtet uns.‹
Sie haben davon aber kein Wissen, sie vermuten nur.
Und wenn ihnen Unsere deutlichen Zeichen verlesen werden,
so ist ihr Einwand nur der, dass sie sprechen: ›Bringt unsere
Väter her, so ihr wahrhaftig seid.‹
Sprich: ›Allah macht euch lebendig, alsdann tötet Er euch,
alsdann versammelt Er euch zum Tag der Auferstehung.‹
Kein Zweifel ist daran, jedoch wissen es die meisten
Menschen nicht.«

Mit dem Tag des Gerichts wird sich auch das Schicksal der Schöpfung insgesamt vollenden, »denn die ganze Erde wird Ihm nur eine Handvoll sein am Tag der Auferstehung, und die Himmel werden zusammengerollt sein in Seiner Rechten« (Sure 39, Vers 67). In dieser Sure wird auch beschrieben, wie die Ungläubigen in Scharen in die Hölle getrieben werden, derweil die Gerechten eingehen zu den ewigen Freuden. Was das angeht, scheint Mohammed für die Verdammten noch einen Funken Hoffnung gelassen zu haben. Man kann nämlich andere Stellen so deuten, dass Allah in seiner Gnade die Höllenstrafe im Einzelfall auch verkürzen werde: Zwar gilt grundsätzlich auch die Verdammnis als ewig, doch schränkt Sure 11, Vers 107 ein, »es sei denn, dass dein Herr es anders wolle; siehe dein Herr tut, was Er will«. Allah ist auch Herr über sein Urteil, nachdem er es gefällt hat, und Erbarmer auch für die, die es aufgrund ihres Verhaltens nicht unbedingt verdient haben.

Zwischen Schöpfung und Tag des Gerichts liegen die individuelle Lebensdauer des Menschen und die kollektive der Menschheit sowie die Existenz der Welt insgesamt. Allah hat sie den Menschen ebenso zum Geschenk gemacht wie er jedem Einzelnen seine Lebensfrist zugemessen und über sein Wohlergehen oder sein Leiden bestimmt hat.

Der schon angesprochene Schicksalsglaube durchwirkt den ganzen Koran und nimmt stellenweise die Form von völliger Vorherbestimmtheit (Prädestination) allen Seins an. Gemeint allerdings dürften in erster Linie zeitliche Begrenzungen und die Ergebnisse menschlichen Handelns sein. Freiheit, sich so oder so zu entscheiden, bleibt damit zwar in engen Grenzen, reicht andererseits aber auch so weit, dass sich der Sterbliche am Ende aller Tage dafür verantworten muss. Gottgegeben sind ja auch die Alternativen, ist auch die Chance zur Auswahl, allerdings immer nur zwischen den von Allah angebotenen Optionen, zu denen immerhin auch die unerhörte gehört, den Glauben an ihn auszuschlagen – die schwerste aller Sünden und doch eine Menschenmöglichkeit.

Die Ausbreitung des Islam

Mohammeds Tod erschütterte die muslimische Gemeinschaft in einer heute nur noch schwer vorstellbaren Heftigkeit. Zum einen hatte er keinen Sohn hinterlassen, zum anderen auch keinen Nachfolger bestimmt. Oder doch nur indirekt, indem er sich während seiner letzten Krankheit von Abu Bakr, seinem fast gleichaltrigen mekkanischen Schwiegervater und Vater der Lieblingsfrau Aischa, beim Gemeinschaftsgebet hatte vertreten lassen. Obwohl die Medinenser »Helfer« *(ansar)* gegenüber den »Fluchtgenossen« *(mudschahirun)* Mohammeds während der *hidjra (hedschra)* bei weitem die Mehrheit hatten, beugten sie sich dem Vertrauten des Propheten und huldigten ihm als Kalifen (»Nachfolger«). Das verhinderte nicht, dass einige Beduinenstämme sich nicht mehr an das Bündnis gebunden fühlten und sich abkoppelten, allerdings ohne den Islam selbst in Frage zu stellen.

Die Religion blieb weiterhin der Kitt der arabischen Welt, auch wenn selbst ernannte Propheten Abspaltungen versuchten. Sie scheiterten alle, und auch die politisch abtrünnigen Stämme konnten bald wieder in die Gemeinschaft gezwungen werden. Dazu trugen bald einsetzende militärische Erfolge bei, die wegen der nachhaltigen gegenseitigen Schwächung der Großreiche im Norden möglich wurden. Die Sassaniden hatten Byzanz in Ägypten und auch in Kleinasien an den Rand einer Niederlage gebracht, waren dann aber ihrerseits nach inneren Wirren von den Byzantinern zurückgeschlagen worden und sahen sich nun einer muslimischen Offensive gegenüber. Sie war zunächst lokal gegen Hira im mesopotamischen Fruchtland losgebrochen, weitete sich 633 auf Palästina aus und kam wegen der Überlegenheit des arabischen Volksheers gegenüber den ausgehobenen Truppen der Byzantiner und Perser rasch bis Damaskus (635) voran. Ganz Syrien fiel 636, Jerusalem zwei Jahre später, und 639 drangen die muslimischen Eroberer in Ägypten ein, wo sich Kairo 641 und Alexandria im Jahr darauf ergaben.

Auch gegen die Perser gelangen entscheidende Schläge, denen schon 636 die Hauptstadt Ktesiphon erlegen war; das Sassanidenreich war 642 insgesamt am Ende, auch wenn sich ein letzter Herrscher noch bis 651 im äußersten Nordosten hielt. An der rasanten Expansion war besonders bemerkenswert, dass der Tod des ersten Kalifen im Jahr 634 keine Verlangsamung brachte. Im Gegenteil: Der von Abu Bakr auf dem Totenbett zum Nachfolger bestimmte Omar I. ibn al-Chattab,

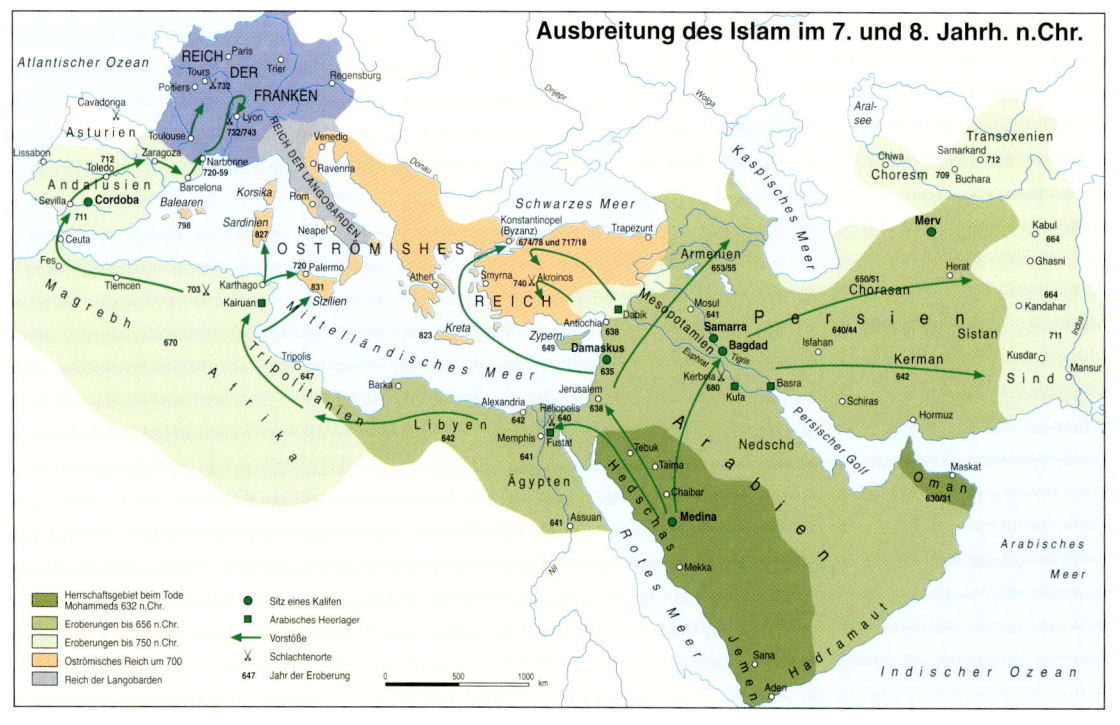

auch er aus der mekkanischen Aristokratie stammend und kaum jünger als der Prophet, erwies sich als dynamischer Antreiber beim Vormarsch und als genialer Administrator.

Er hielt sich nicht lange mit Bekehrungsversuchen gegenüber den Unterworfenen auf, sondern belegte sie nach bewährtem Rezept mit einer Sondersteuer und überließ sie weitgehend selbstständigen muslimischen Provinzstatthaltern. Auch an der Tradition der arabischen Stämme rührte er nicht, sondern verlangte wie Mohammed nur die religiöse Unterwerfung, während die sonstige Unabhängigkeit gewahrt blieb. Zehn Jahre waren Omar I. beschert, das neue Großreich zu formen, der Zentralmacht in Medina trotz der Expansion die Hauptrolle zu sichern und sein Haus zu bestellen. Als ihn 644 ein persischer Sklave aus persönlichen Motiven heraus ermordete, stand ein Wahlgremium zur Bestimmung eines Nachfolgers bereit, bestehend nur aus Angehörigen des Mohammed-Stamms der Koraischiten. Der Übergang erfolgte ohne Turbulenzen. Man einigte sich auf Othman ibn Affan, ebenfalls kaum jünger als Mohammed und mithin schon ein 70-Jähriger. In seine Zeit soll die Kodifizierung des Korans gefallen sein, eine in ihrer verbindenden Wirkung kaum zu überschätzende, aber zunächst als solche nicht erkannte Leistung. Der Legende nach wurde er, über den Koran gebeugt, erschlagen, ein lange traumatisch fortwirkendes Bild für die islamische Gemeinschaft.

Sie erhielt mit Ali ibn Abi Talib, dem einzigen der Führer, der bei Othman ausgeharrt hatte, einen neuen

Kalifen- und Mameluckengräber mit Zitadelle in Kairo. Kreidelithographie nach einem Aquarell, 1838/1839, von David Roberts.

Kalifen. Als Vetter Mohammeds und verheiratet mit dessen Tochter Fatima, genoss er großen Respekt, hatte aber in Aischa, der Favoritin unter den Frauen des Propheten, eine geschworene Feindin. Sie und Othmans Familie bezichtigten Ali der Komplizenschaft mit Othmans Mördern, verbündeten sich mit einigen Koraischiten-Oberhäuptern und zwangen Ali den Kampf auf. Noch im ersten Jahr seiner Amtszeit kam es bei Basra zur »Kamelschlacht«, in der Aischa auf ihrem Reittier das Banner der Feinde führte. Sie unterlagen Ali, die Anführer seiner Gegner fielen, und Aischa musste sich geschlagen aus der Politik zurückziehen. Sie starb 678 in Medina.

Zwar beherrschte Ali nun wieder fast alle eroberten Gebiete, regierte aber von Kufa aus und hatte zudem im Statthalter von Syrien, Moawija aus der Familie Othmans, einen erbitterten Feind. Auch diesen Konflikt sollten die Waffen entscheiden, doch wurde die Schlacht bei Siffin 657 abgebrochen, damit nicht weiteres Blut der muslimischen Brüder vergossen würde. Ein Schiedsgericht von zweifelhafter Legitimation forderte eine neue Wahl eines rechtmäßigen Kalifen, was Ali natürlich nicht hinnehmen konnte. Inzwischen aber war seine Lage durch den Übergang Ägyptens zu Moawija höchst prekär und eine militärische Lösung unausweichlich geworden. Die Ermordung Alis im Januar 661 hätte daran nichts geändert, wenn nicht dessen Sohn Hassan gegen entsprechende finanzielle Entschädigung zugunsten von Moawija auf die Kalifenwürde verzichtet hätte.

DYNASTIE DER OMAIJADEN

Äußerlich war damit die Einheit wiederhergestellt, doch der Bürgerkrieg hatte die arabische Gemeinschaft in Parteien gespalten: Da gab es die unbedingten Anhänger Alis, die in ihm sozusagen die Dynastie des Propheten verkörpert sahen und nur Abkömmlinge aus ihr als Kalifen zu akzeptieren bereit waren; aus ihrer Tradition entwickelten sich die Schiiten und die Aleviten. Andere, die sich von Ali getrennt hatten, die so genannten Charidjiten (»Ausziehenden«), vertraten die Ansicht, dass die Kalifenwürde allein dem »besten« Muslim zustehe, erkennbar an dessen Handlungen; diese Haltung barg bereits den Ansatz zu weiteren Spaltungen in sich. Als dritte und weitaus größte Gruppe setzten sich die Anhänger Moawijas durch, der die Dynastie der Omaijaden in Damaskus begründete. Sie sollte bis 750 die nachfolgenden Kalifen stellen und einen neuen, vorerst unaufhaltsamen Schub der Expansion des Islam auslösen.

Vorangegangen waren bereits Vorstöße in die Cyrenaika (647), den Osten des heutigen Libyens und die Eroberung Zyperns (649). Jetzt geriet sogar Konstantinopel selbst in Gefahr, konnte letztlich aber von den Byzantiner gehalten werden. Hingegen ging ganz Nordafrika an die Muslime verloren, die sich schon 670 im tunesischen Kairouan eine Basis geschaffen und begonnen hatten, sie mit einer prachtvollen Moschee zu schmücken. Unter den Nachfolgern von Moawija, der 680 starb, ging der Vormarsch weiter: Bis 693 vertrieben die Araber die Byzantiner aus Karthago und drangen nach Algerien vor. 711 gelang der

Der Innenhof der großen Moschee (Omaijaden-Moschee) in Aleppo, dem heutigen Haleb in Syrien. 1169 wurde sie mit Ausnahme des Minaretts durch ein Feuer zerstört und später unter Nuraddin wieder aufgebaut.

Sprung nach Spanien, das binnen kurzer Zeit fast ganz in arabischer Hand war, die nun auch nach Frankreich griff. Erst 732 brachte Karl Martell den islamischen Angriff bei Poitiers zum Stehen. Für Europa sicher ein Schlüsseldatum, für die Muslime allenfalls eine Schlappe. Die Integration vieler ehemaliger Christen blieb allerdings auch für den Islam nicht ohne Folgen, sondern brachte ihm rituelle wie theologische Impulse, die in der nun einsetzenden Traditionsbildung *(sunna)* nachhaltige Spuren hinterließen. Kulturell kamen Prägungen durch die griechisch-römische Antike hinzu. So übernahm das öffentliche arabische Bad *(hammam)*, das für die rituelle Reinigung von großer Bedeutung war, Züge der römischen Thermen, wie sie in Nordafrika und Spanien in großer Zahl anzutreffen und zum Teil noch in Betrieb waren, als die Eroberer kamen. Auch auf anderen technischen Gebieten wie dem Straßenbau lernten die Araber insbesondere von den Römern.

ARABISIERUNG

Doch der Islam blickte nicht nur nach Westen. Seit dem Scheitern der Belagerungen von Konstantinopel, zuletzt 716/717, verstärkten die Omaijaden-Kalifen die Vorstöße auch nach Osten. Dort waren schon unter dem ersten dieser Führer 664 Kabul und ein Jahrzehnt später Buchara sowie Samarkand erreicht worden. Im 8. Jahrhundert kamen die Araber in Berührung mit den Chinesen, zogen zur Indusmündung und hatten Kontakt mit einer Vielzahl von Kulturen, darunter auch mit buddhistischen. Allein arabisch kontrollieren ließen sich solche riesigen Räume natürlich nicht mehr, und so griff man zu einem Bündnissystem, in dem angestammte Herrscher für die neuen Herren ohne nennenswerte Einbuße ihrer Macht weiter regierten.

Während solche Kulturen keinen oder doch kaum Einfluss auf den Islam gewannen, kam es in einzelnen Regionen wie im usbekischen Buchara zu einer Vermischung. Im arabischen Heer konnten nun auch Nichtaraber, insbesondere Iraner und Türken Karriere machen. Umgekehrt schritt die Arabisierung in West wie Ost voran, erkennbar an der immer stärkeren Verbreitung des Arabischen als Verkehrssprache. Neben ihr blieben zwar noch lange Regionalsprachen sowie das byzantinische Griechisch oder das Koptische in Gebrauch, doch ließ sich der Aufstieg der Sprache der Sieger nicht aufhalten. Zu beachten dabei ist freilich, dass es sich um ein Idiom handelte, das wenig gemein hatte mit dem Arabischen in Literatur und Wissenschaft.

Die äußeren Erfolge vermochten immer nur zeitweilig innere Auseinandersetzungen, wie sie bei neu entstandenen Herrschaften so häufig sind, zu überdecken. Der Zwang, die wachsende Macht noch zu steigern, verschob die Kalifen-Pflichten vom Religiösen zum Politischen; aus den Nachfolgern des Propheten wurden quasi Monarchen, und schon Moawija führte de facto die Thronfolge ein, indem er seinen Sohn Jazid als Nachfolger designierte. Das stieß bei den besonders glaubenseifrigen Anhängern des Islam auf Unverständnis und wurde als Frevel aufgefasst. Hinzu kamen Eifersüchteleien zwischen den immer zahlreicheren Provinzen, die mehr Aufmerksamkeit, mehr Förderung und mehr

Die königlichen Bäder im Harem der Alhambra in Granada belegen, welch große Bedeutung das Bad (hamam) für die Muslime hat.

Unabhängigkeit einforderten, aber damit nicht gleichmäßig bedacht werden konnten. So franste der Machtteppich an den Rändern immer wieder aus, Gewonnenes ging wieder verloren und in den schwer zu kontrollierenden Wüstengebieten hatten stellenweise bald wieder ungebärdige Stämme das Sagen, was das ohnedies starke Kulturgefälle von Nord nach Süd noch abschüssiger machte.

Nicht weniger problematisch gestaltete sich das Nebeneinander der im Bürgerkrieg unter Ali entstandenen Parteien. Ein Ereignis zeigte das in ganzer Tragweite: Die nur direkte Ali-Nachfolger akzeptierenden späteren Schiiten erhoben sich gegen Jazid, der weder über die Autorität noch das Geschick des Vaters verfügte. Es kam 680 nordwestlich von Kufa zu einem militärisch eher nebensächlichen Gefecht, in dem aber Husain, ein Enkel des Propheten, auf Seiten der Schia fiel. Sein Blut erhoben die Ali-Anhänger zu Märtyrerehren und vertieften so den Riss zwischen sich und den Mehrheitsmuslimen derart, dass es bis heute keine Brücke hinüber gibt.

Unter dem dritten Omaijaden-Kalifen Ad al-Malik (685–705) kam es zu einem zweiten Bürgerkrieg des genuin arabischen Südens gegen den syrisch-irakischen Norden oder anders gesagt: der mekkanischen Traditionalisten gegen die neue Zentralmacht in Damaskus. Diese versuchte daher, mit dem Bau des Felsendoms (seit 691) in Jerusalem den kultischen Mittelpunkt des Islam nach Norden zu verlegen. Der *hadjdj (hadsch)* sollte nun auch gültig sein, wenn er dorthin und nicht bis nach Mekka führte. Damit konnte sich der Kalif nicht durchsetzen, und erst die Bezwingung von Mekka im Jahr 692 beendete das zehnjährige Ringen, das Unsummen verschlungen und somit zu höherer Abgabenbelastung und zu entsprechenden sozialen Problemen geführt hatte.

Zwar gelang 747 Kalif Marwan II. nochmals die Konsolidierung, doch meldeten sich bereits Prätendenten, die der abgewirtschafteten Omaijaden-Herrschaft das Zepter entreißen sollten.

AUS DER FAMILIE DES PROPHETEN – DIE ABBASIDEN

Sie richteten ihre Propaganda vor allem gegen die zunehmende Verweltlichung der Herrscher und forderten eine Neuanbindung an das Haus des Propheten. Es setzte sich die Gruppe durch, die nicht die radikale schiitische Position der alleinigen Geltung der auf Ali zurückgehenden Linie vertrat, sondern sich auf Mohammeds Onkel Abbas (565–653) berief. Dessen Ururenkel Muhammad ibn-Ali koordinierte die antiomaijadische Opposition in Chorasan im Nordosten des heutigen Iran. Seine Anhänger drangen nach Mesopotamien vor und nahmen 749 Kufa, wo Abul-Abbas, genannt al-Saffah (»der Freigebige«), der älteste Sohn von Muhammad ibn-Ali zum Gegenkalifen ausgerufen wurde. Er wandte sich ebenso gegen die unbedingten Aliden wie gegen Omaijaden-Kalif Marwan II., den er im Januar 750 schlug. Damit konnte er als erster der Abbasiden die Nachfolge im Kalifat antreten. Als Residenz wählte er Bagdad. In dessen Nähe entstand unter dem Nachfolger al-Mansur (754–775) seit 758 eine planmäßig angelegte neue »Stadt des Heils«, auf die bald der Name der alten Residenz Bagdad übertragen wurde.

Wie schon bei den Omaijaden gab es unter der neuen Dynastie einen Kulturschub, auch wenn sich beispielsweise Spanien verweigerte und weiter einem Zweig der Omaijaden huldigte. Dennoch trat der Islam nun in eine Phase, in der die Ausdehnung erlahmte und der politische Zusammenhalt bröckelte. Das war schon in den Anfängen der Abbasiden unübersehbar, denn sie kamen aus Persien und hatten bereits viele iranische Elemente aufgesogen. Insofern fiel es ihnen auch nicht so schwer wie den Omaijaden, Nichtaraber aufsteigen zu lassen, ja ihre militärische

Macht vor allem auf iranische und türkische Truppen zu stützen. Das völkische Moment trat immer weiter hinter das religiöse zurück, sodass eine gewisse Gleichberechtigung, aber auch eine gewisse Entkoppelung der vielen Völkerschaften zu beobachten war. Der Kalif schwebte zunehmend als bloße Symbolfigur und als eine Art Gottkönig über den Reichsteilen.

Die anfängliche Stabilität, erkauft allerdings durch blutige Abrechnung mit den Omaijaden-Anhängern, sicherten fähige und populäre Kalifen wie der bereits erwähnte Neu-Bagdad-Gründer al-Mansur, sein Nachfolger al-Mahdi (bis 786) und vor allem der vierte Abbasiden-Kalif Harun al-Raschid (»der Rechtgeleitete«), der volle 23 Jahre regierte und in der Erinnerung seiner Völker zur sagenhaften Figur wurde. Ihm gelangen noch einmal Gebietsgewinne zu Lasten von Byzanz in Kleinasien (bis Ankara), doch musste auch er Verluste hinnehmen wie etwa die Abspaltung des Maghreb (»Westen«), des heutigen Marokkos unter den Idrisiden und Tunesiens unter den Aglabiten; die spanischen Omaijaden vermochte auch er nicht wieder in die von ihm kontrollierte Gemeinschaft einzugliedern.

Die wahre Macht des Herrschers in Bagdad beschränkte sich allerdings weitgehend auf die Städte des fruchtbaren Halbmonds, während die Wüsten und Steppen nur bei Kriegszügen immer einmal wieder untertan gemacht wurden. Ansonsten genossen die Stämme weitgehende Freiheiten und waren auch keinen militärischen Pressionen ausgesetzt, wenn sie sich den Forderungen nach Anerkennung der religiösen Autorität des Kalifen und nach Abgaben nicht verweigerten. Dafür war eine nach Sassaniden-Vorbild aufgebaute Verwaltung unter einem Wesir (»Stütze«) zuständig. Diesem zugeordnet waren Unterwesire für je ein Amt *(diwan)*, also eine Art Ressortminister, darun-

»Harun al-Raschid empfängt die Gesandtschaft Karls des Großen 786«. Gemälde von Julius Köckert.

159

ter eben auch einer für die Finanzen, sicherlich nicht der unwichtigste, denn er kommandierte das Korps der Steuereinnehmer.

KODIFIZIERUNG DES RECHTS

Die beschafften Mittel dienten baulichen Aufgaben, dem Unterhalt der Truppe und der Hofhaltung, die immer mehr Geld verschlang. Die hohe religiöse Würde des Kalifen als oberstem Muslim verlangte nach entsprechender Repräsentation, bei der sich schon die frühen Abbasiden am Prunk des Hofzeremoniells der Sassanidenkönige orientierten.

Himmlische Pracht also für den Mann, der als Nachfolger des Propheten sozusagen ebenfalls vom Himmel gesandt war. Ihm musste daran gelegen sein, das religiöse Band, das sein Reich zusammenhielt, zu festigen, weswegen in der Abbasidenzeit eine stärkere Islamisierung einsetzte. Um 750 waren kaum mehr als zehn Prozent der Bevölkerung des gewaltigen Reiches Muslime, bis zum Ende des 10. Jahrhunderts stellten sie fast überall die überwiegende Mehrheit. Das lag auch in der Logik der Abkehr vom arabischen Konzept und darin, dass die muslimische Theokratie (Gottesherrschaft) keine Trennung zwischen Staat und Religion kannte, schon gar nicht seit in Gestalt der Abbasiden Abkömmlinge des Propheten herrschten. Eine Organisationsstruktur, die dem Aufbau der christlichen Kirchen ähnelte, bildete sich im Islam tatsächlich nie heraus.

Ein Beispiel für das ausgedehnte Prunkzeremoniell: die so genannte Chosroes-Schale mit Darstellung des Sassaniden-Königs Chosroes auf dem Thron. Gold, Bergkristall, Granat und grünes Glas wurden hier verarbeitet.

Und er kannte und kennt auch keinen Klerus in unserem Sinn. Stattdessen entstand in der frühen Abbasidenzeit eine Klasse von geistlichen und damit auch zugleich Rechtsexperten *(ulama)*, die qua Wissen eine Art Auslegungsmonopol für den Koran beanspruchten. Ließ das heilige Buch sie einmal im Stich, suchte man nach Belegen in den Berichten *(hadithe)* über das Leben Mohammeds und in der Tradition *(sunna)*. Mit der Zeit wuchs der Bestand an Präzedenzfällen und an *hadithen* derart, dass eine Auswahl und Kodifizierung erforderlich wurde. Vier Sammlungen gehören zu den wichtigsten: Die *sira*, eine um 800 entstandene »Biografie« des Propheten, das Buch der Kriegszüge *(kitab al-majazi)* aus derselben Zeit, die etwas jüngere Zusammenstellung »Generationen« *(tabaqat)* sowie die »Annalen« *(tarik)*, die um 900 entstanden sind.

Zu Harun ar-Raschids Zeit war also das Gros der maßgeblichen Schriften beisammen und damit das Fundament des islamischen Rechts, das freilich seinerseits breiter Auslegung Raum gab und in verschiedenen Schulen unterschiedlich fortentwickelt wurde. Gemeinsam ist allen Muslimen die Überzeugung, dass die Rechtsetzungen durch den Koran und durch die *hadithe* verbindliches göttliches Recht ist, doch der einzelne Rechtssatz kann nicht überall die gleiche Geltung beanspruchen. Das betrifft zuweilen auch fundamentale Fragen, die unterschiedlich beantwortet werden, ohne dass dadurch die Gemeinsamkeit des Glaubens aufgekündigt würde.

Politischer Verfall

Die Abbasiden stellten noch bis 1517 Kalifen, doch schon die Nachfolger Harun al-Raschids verloren rapide an Macht und bekamen auch qua Titel später Konkurrenz von Kalifen in anderen Teilen des einstigen Großreichs. Hinzu kam der wachsende Einfluss der Türken am Hof, der es Kalif al-Mutasim (833–842) geraten erscheinen ließ, sich eine neue Residenz zuzulegen: In Samarra am Tigris, etwa 120 Kilometer nördlich von Bagdad, ließ er sich einen Palast und eine prachtvolle Moschee errichten und nahm dort dauernd Aufenthalt. Das ließ den Einfluss seiner meist türkischen Offiziere wegen der Lösung von den angestammten Unterstützer-Gruppen immer weiter wachsen, bis der Kalif schließlich um 900 trotz Rückkehr nach Bagdad (890) nur noch ein zwar nützliches Aushängeschild, ansonsten aber eine weitgehend machtlose Marionette seiner Militärherrscher war.

Wie so oft kam Erneuerung von der Peripherie: Am Südufer des Kaspischen Meeres herrschte die Kriegerkaste der Buyiden. Ihr stach der mesopotamische Reichtum in die Augen, und sie suchte den Konflikt mit Bagdad, der schließlich 945 zur Einnahme der Stadt führte. Die Buyiden verzichteten auf eine Absetzung des abbasidischen Kalifen und nutzten ihn zur Legimation ihrer Herrschaft. Sie waren nämlich, wenn auch gemäßigte, bekennende Schiiten, also Anhänger der islamischen Richtung, die sich auf den Mohammed-Schwiegersohn Ali berief und beruft. Damit wären sie ohne Protektion des ansonsten völlig entmachteten Kalifen in Konflikt mit der Mehrheitsgesellschaft im Irak geraten.

Kriege und Pomp führten auf Dauer zu einer Verschlechterung der wirtschaftlichen Lage, zu sozialen Verwerfungen und damit zur Erosion der Buyiden-Herrschaft. Da ihre Truppen nicht überall zugleich sein konnten, lösten sich immer wieder größere oder kleinere Fürstentümer von der Zentrale, und die Buyiden konnten dann oft nicht verhindern, dass der Kalif auch diese Regionalherrschaften anerkannte, indem er zunächst unverbindliche Titel (z. B. *amir* = »Befehlshaber«) vergab, die bald aber tatsächliche Macht begründeten. Bekanntester wurde der aus dem Koran entnommene Begriff *sultan* (Sure 51, Vers 38), der zunächst einmal einfach mit »Vollmacht« zu übersetzen war, wenig später aber schon mit »Machtfülle«, und zwar mit einer derartigen, dass sie zur Bedrohung für die Buyiden werden sollte:

Erbaut ab 876 entstand in Kairo die Ibn-Tulun-Moschee nach dem Vorbild der Moschee von Samarra. Aus den Arkaden des großen Innenhofs blickt man auf das Minarett.

DIE SELDSCHUKEN

Als sich Togrilbeg, Oberhaupt der türkischen Seldschuken, um 1040 mit dem Titel zu schmücken begann, war der Anfang vom Ende der Buyidenzeit gekommen. Wieder übernahmen frische Kräfte vom Ostrand des einstigen Großreichs das Zepter und unterwarfen weite Gebiet vom Indus bis nach Anatolien; Bagdad war nach Plünderungen durch fatimidische Truppen 1059 in seldschukische Hand gefallen.

Auch der bis 1063 regierende Togrilbeg, selber Sunnit, legte Wert auf den Segen des höchsten sunnitischen Würdenträgers und band den damals amtierenden Abbasiden-Kalifen durch Verheiratung mit einer seiner Töchter und Eheschließung seinerseits mit einer Kalifentochter verwandtschaftlich eng an sich, ohne ihm freilich irgendwelche realen Machtbefugnisse einzuräumen.

Die lagen allein beim Sultan und reichten bald bis zum Ägäischen Meer, denn Byzanz hatte den asiatischen Heeren wenig entgegenzusetzen und schrumpfte auf ein kleines Herrschaftsgebiet um Konstantinopel. Um 1090 war der Gipfel seldschukischer Machtentfaltung erreicht, wozu eine tolerante Religionspolitik beigetragen hatte. Trotz des eigenen sunnitischen Bekenntnisses wurden Kompromisse mit den Schiiten gesucht und zeit- wie stellenweise auch gefunden. Koranschulen *(Medresen)* sorgten aber zugleich für die Fundierung der sunnitischen Theologie. Es herrschte insgesamt jedoch relativer innerer Frieden, von außen nur durch Rivalität und Kleinkriege mit den Fatimiden im syrischen Grenzgebiet gestört.

Genug Kraft für die Verbesserung der Infrastruktur des nun wieder ungeheuer großen Reiches blieb jedenfalls. Die Verbindungswege wurden durch Militärposten sicherer gemacht, die vermehrte Einrichtung von Karawansereien kam dem Handel entgegen, zahlreiche Moscheebauten setzten Zeichen für das einigende religiöse Band, Krankenhäuser kündeten von der Fürsorge des Sultans für seine Untertanen. Auf Dauer aber bröckelte auch dessen Macht allmählich durch widerborstige und eifersüchtige Provinzpotentaten, die es schließlich auch erneut schafften, den Kalifen auf ihre Seite zu ziehen. Dem wiederum gelang es nun in Gestalt des 1136 bis 1160 amtierenden al-Muqtafi, sich selbst ein vom Seldschuken-Sultan ziemlich unabhängiges Herrschaftsgebiet im Irak zu schaffen. Der Sultan sah sich auf sein anatolisches Kerngebiet mit dem Hauptort Konya zurückgeworfen. In den wilden Osten nämlich reichte seine Macht auch nur noch formal und bald sollte sie völlig unter die Räder kommen.

Im Mongolensturm fielen ganz Persien und Innerasien, 1258 wurde das Bagdader Kalifat hinweggefegt und das Sultanat wurde tributpflichtig. Immerhin behielt es einige Selbstständigkeit, sodass in Anatolien der Keim für ein neues islamisches Großreich erhalten blieb. Der Osten aber war vorerst an die Mongolen verloren, die einem Schamanenglauben anhingen und die städtischen Zentren in Persien und im Irak, aber auch im Indusgebiet, am Oxus und um das Kaspische Meer gründlich auslöschten. Trost fanden die Überlebenden nur in der Religion, denn die Mongolen zeichnete bei aller Gnadenlosigkeit religiöse Toleranz aus, die allerdings wohl eher Ignoranz war und so weit ging, dass die neuen Herren die Verfolgung Andersgläubiger durch Christen oder Muslime unterbanden. Schließlich aber erkannten auch sie um 1300 den Islam an und bereiteten damit im Osten bis weit nach Asien hinein den Boden für das bereits angekündigte neue muslimische Reich.

FATIMIDEN IN ÄGYPTEN

Der Abbasiden-Kalif war beim Angriff der Mongolen in Bagdad erschlagen worden; ein junger Mann aus seiner Familie hatte sich jedoch retten können und in Ägypten Zuflucht gefunden.

Gegenüberliegende Seite:
Zu den beeindruckendsten Bauwerken des Islam gehört die Blaue Moschee oder Sultan-Ahmet-Moschee in Istanbul, die 1609–1616 unter Sultan Ahmet I. erbaut wurde.

Die Nilprovinz hatte einen ganz anderen Weg hinter sich als das Kerngebiet. Bis Mitte des 9. Jahrhunderts hatten noch enge Bindungen an die in Damaskus regierenden Omaijaden und dann an die Abbasiden in Bagdad und Samarra bestanden. Doch diese lockerten sich angesichts der Schwäche der Zentralmacht, sodass sich 868 ein türkischer Militärbefehlshaber namens Ahmad ibn Tulun weitgehend vom Abbasiden-Kalifen lösen konnte. Seine Dynastie zahlte anfangs noch Abgaben an Bagdad, verwandte aber den größten Teil des Reichtums des fruchtbaren Nillandes zu dessen wirtschaftlichem Ausbau, was einen erstaunlichen Wohlstandsschub brachte.

Schon bald nach ibn Tuluns Tod (886) aber erlagen seine Nachfolger dem Sog des Reichtums und überboten sich in Verschwendungssucht, was zu nachhaltiger Schwächung der Abwehrkräfte führte. Die Abbasiden in Bagdad gewannen daher ihren Einfluss zurück und schlossen die Provinz wieder dem Reich an, ohne allerdings für eine Stärkung zu sorgen. Im Gegenteil: Dem immer noch vergleichsweise wohlhabenden Ägypten wurden höhere Lasten aufgebürdet und so die Südwestflanken des Kalifenreichs anfällig für Übergriffe aus dem Westen.

Dort war in Tunesien etwa um die Zeit der abbasidischen Restauration in Ägypten ein Schiitenführer aus Syrien gelandet und hatte die in Kairouan herrschenden, noch einigermaßen mit dem Kalifat verbundenen Aglabiten verdrängt. Seit 909 stand er einer eigenen Dynastie vor, die sich auf die Mohammed-Tochter Fatima berief und ihre Geltung auch für andere Reichsteile anmeldete.

Er und seine Nachfolger konnten nach anfänglichen Konflikten einige der kriegerischen Berberstämme für sich und die Sache der Fatimiden begeistern. Immer weitere nordafrikanische Gebiete gerieten so unter ihre Kontrolle, und 969 setzten sie sich schließlich in Ägypten fest. Die Fatimiden-Herrscher gründeten die Stadt Kairo (*al-Qahira* = »die Siegreiche«) neben der Garnisonsstadt Fustat (heute Alt-Kairo mit der ibn-Tulun-Moschee von 879), legten sich ebenfalls den Kalifen-Titel zu und leiteten daraus einen historischen Anspruch auch auf Syrien her, wo sie natürlich mit den Abbasiden zusammenstießen; von diesem Dauergrenzkrieg war schon die Rede. Im westlichen Mittelmeer eroberten fatimidische Flotten die Balearen, Korsika, Sardinien und Sizilien.

Seltsamerweise eskalierte der Konflikt zwischen den Fatimiden und den ebenfalls schiitischen Buyiden, die im Namen des abbasidischen Kalifen in Bagdad fochten, während die neuen Herren den Sunniten im eigenen Land gegenüber durchaus Toleranz übten. Selbst Christen und Juden erlebten unter den als fanatisch verschrieenen schiitischen Fatimiden eine Zeit großer Freiheiten der Religionsausübung. Es war wie so oft: Kleine ideologische Differenzen entzweiten die islamischen Brüder nachhaltiger als tatsächliche religiöse Gräben. Erst allmählich wandelte sich das, und 1009 kam es sogar zur Zerstörung der Grabeskirche in Jerusalem durch fatimidische Truppen, vermutlich weil man die Christen der Komplizenschaft mit den Buyiden verdächtigte, deren Vorherrschaft in Palästina gebrochen werden sollte.

Vielleicht spielte beim Niedergang der Fatimiden das Echo jenes fanatischen Ausrutschers in Jerusalem eine Rolle. Ihr Ansehen als tolerante Herrscher erhielt wohl auch bei den mehrheitlich sunnitisch gesonnenen Muslimen im Vorderen Orient einen Kratzer. Als in Bagdad die sunnitischen Seldschuken 1059 an die Macht gekommen waren, sank der fatimidische Stern. Und die Schwäche wurde offenbar weithin ruchbar; reiner Zufall dürfte es wohl nicht gewesen sein, dass nun im Abendland der Kreuzzugsgedanke zündete und den ersten christlichen Vorstoß ins Heilige Land auslöste. Seit 1096 drangen Rittertruppen durch Anatolien Richtung Jerusalem vor, das 1098 wieder ein-

Diese französische Buchmalerei (um 1400) illustriert die Eroberung Jerusalems durch die Sarazenen unter Saladin am 3. Oktober 1187.

mal den Besitzer wechselte. Die Fatimiden drängten die Seldschuken zurück und besetzten die Stadt. Dem Sturmangriff der christlichen Gottesstreiter aber vermochten sie im Jahr darauf nicht standzuhalten. Jerusalem fiel 1099, und es fielen Tausende dem nachfolgenden Gemetzel in den Straßen der Stadt zum Opfer. Die Vertreter der Religion der Nächstenliebe kannten keine Gnade. Und die Zerstrittenheit ihrer Gegner gerade hier an der Nahtstelle der beiden Kalifate erlaubte den »Franken« die Etablierung eines Königreichs Jerusalem, das mehr als ein Jahrhundert Bestand haben sollte.

AIJUBIDEN UND MAMELUCKEN

Den Untergang der christlichen Herrschaft aber erlebten die Fatimiden nicht mehr, denn 1171 brach ihre Macht unter den Schlägen kurdisch-syrischer Truppen zusammen, in deren Gefolge der Sunnismus von ganz Ägypten Besitz ergriff. Die Syrer waren gegen die christliche Bedrohung zu Hilfe gerufen worden und nutzten dies nun selbst zur Machtübernahme am Nil durch Saladin, so die christliche Kurzform des Namens Salah ad-Din Jusuf ibn Aijub, der die daher Aijubiden genannte Dynastie begründete.

1187 eroberte Saladin dann auch Jerusalem. Mit einer von der christlichen Grausamkeit so abweichenden Milde und Nachsicht bei der Behandlung des unterlegenen Gegners ging Saladin als Musterbeispiel für Ritterlichkeit und Toleranz in die Geschichte ein. Die Aufklärung feierte ihn im 18. Jahrhundert, und Lessing setzte ihm mit der Figur des Sultans »Nathan der Weise« ein poetisches Denkmal.

Mit Saladins Sieg war die christliche Gefahr aber nicht vorüber; immer wieder sahen sich Aijubiden-Sultane Angriffen von Kreuzrittern gegenüber, die aber nie wieder für längere Zeit Fuß fassen konnten. Zeitweiliger Erfolg stellte sich allerdings auch erst ein, als sich die christliche Seite ebenfalls der Saladinschen Tugenden entsann. Al-Kamil, der Neffe des 1093 gestorbenen Saladin, sah sich 1218 in Ägypten einem Kreuzfahrerheer gegenüber, konnte es aber nach schwerem Ringen 1221 besiegen. Gefährlicher wurde es, als sieben Jahre später Kaiser Friedrich II. in Akkon landete.

Der hochgebildete Staufer verzichtete auf – vermutlich ohnedies wenig aussichtsreiche – Gewalt. Er verlegte sich lieber auf Gespräche und fand in al-Kamil einen höchst kompetenten und angenehmen Partner. Friedrichs Berater kritisierten zwar die Kumpanei, das Tête-à-Tête aber gerade ermöglichte erst den Durchbruch. Am 18. Februar 1229 kam jedenfalls ein Vertrag zustande, in dem al-Kamil Friedrich persönlich das Königreich Jerusalem abtrat. Der Kaiser verzichtete dabei auf den Heiligen Bezirk mit der Omar-Moschee, dem Felsendom und dem Tempel Salomos, wo die christlichen Pilger jedoch wieder ihr Gebet verrichten durften. Den Vertrag besiegelte ein Waffenstillstand auf zehn Jahre. So wie Friedrich sich hasserfüllter päpstlicher Kritik ob seines Erfolges ausgesetzt sah, so musste sich al-Kamil heftiger arabischer Verrat-Vorwürfe erwehren. Er ließ sich davon nicht beirren und hielt die Abreden bis zu seinem Ende (1238) ein.

Nach ihm kam es zur Zersplitterung der Aijubiden-Herrschaft in syrische, mesopotamische und ägyptische Zweige. Das nutzte ein türkischstämmiger Offizier namens Aibak aus dem Kader der Mamelucken (Militärsklaven). Er entmachtete und ermordete 1250 den letzten Sultan und herrschte seit 1252 selbst über Ägypten. Bei seinem seit 1257 regierenden Nachfolger suchte der von den Mongolen vertriebene abbasidische Kalif aus Bagdad Zuflucht, fand zwar Anerkennung, aber recht unsichere Verhältnisse vor, denn die Mamelucken-Herrscher wechselten rasch, und zwar durch Mord und Totschlag. Erst Sultan Baibar (1260–1277) brachte eine Stabilisierung. Er konnte Ägypten vor den anbrandenden Mongolen-Heeren schützen und die syrische Grenze gegen sie sichern.

Natürlich blieben weitere Bedrohungen nicht aus, etwa im 14. und 15. Jahrhundert durch verheerende Pestseuchen, doch insgesamt garantierten die Mamelucken-Dynastien fast ein Vierteljahrtausend die Sicherheit und Selbstständigkeit des Nilreiches. Dann wurden sie Opfer der eigenen Ideologie: Sie lehnten die aufkommenden Feuerwaffen als Teufelswerk ab und gerieten dadurch militärisch in Rückstand. Als zu Beginn des 16. Jahrhunderts das Osmanische Reich seine zweite große Expansionswelle startete, geriet auch Ägypten ins Visier der Konstantinopelbezwinger. 1517 erlag ihnen Kairo, der letzte Mameluckenherrscher wurde gehängt. Zwar spielten Offiziere der Mamelucken auch später noch wichtige politische Rollen, das endgültige Aus für sie aber kam 1811, als Sultan Mehmed Ali sie in einer Mordaktion als Machtfaktor eliminierte.

DER ÄUSSERSTE WESTEN

Überraschend widerstandslos war das Westgotenreich mit der Hauptstadt Toledo auf der Iberischen Halbinsel nach dem Angriff von nur wenigen Tausend Arabern seit 711 zusammengebrochen. Fast ganz Spanien war bald in islamischer Hand, nur ein Saum im gebirgig-unwegsamen Norden blieb unbesetzt. Ein Ausgreifen nach Südfrankreich scheiterte, wie schon berichtet, bei Poitiers 732. Trotz erheblicher Unruhen in der Folgezeit und einer lebhaften Zuwanderung von Berbern und arabischen Stämmen stabilisierte sich die Lage. Die Bindungen an das Kalifat im fernen Damaskus bestanden bald nur noch auf dem Papier und lösten sich ganz, als die Abbasiden die Omaijaden 750 aus dem islamischen Kerngebiet verjagten. Ein Abkömmling nämlich der geschassten Herrscherfamilie fand den Weg nach Spanien und etablierte dort seit 756 eine neue Omaijaden-Dynastie mit der Hauptstadt Córdoba zunächst als Emirat, seit 929 als eigenes Kalifat, das dritte neben dem ursprünglichen und dem der Fatimiden. Auch hier bewährte sich die relative Toleranz der muslimischen Herren, die deswegen von der christlichen und jüdischen Bevölkerung leichter zu akzeptieren waren. Ja, es bildete sich im Dialog der Religionen eine Kultur, die beispielhaft für Orient wie Okzident werden sollte. Der Mitteleuropäer, der heute durch Spanien reist, findet allenthalben die eleganten und fantasievollen Elemente maurischer Baukunst, wie der Stil nach der Bezeichnung »Mauren« für die aus Afrika gekommenen Araber genannt wird. Bis in die heutige spanische Kunst wirkt der Einfluss des Orients, aus dem nach einem lateinischen Sprichwort alles Licht kommt. Und das traf auch geistig zu: Arabische Wissenschaftler wie Averroës (Ibn Rusd) oder jüdische wie Maimonides gaben dem westlichen Denken wichtige Impulse, über das Arabische kam die Kenntnis der antiken griechischen Schriftsteller, allen voran Aristoteles, ins Abendland. Aber auch die Heil- und die Dichtkunst wurden arabisch vermittelt.

Erstaunlicherweise geschah dies in keineswegs immer ruhigen Zeiten des Niedergangs der Omaijaden-Dynastie. Das Kalifat von Córdoba ging schon 1030 unter, nachdem es in Kleinstaaten und Regionalherrschaften zerfallen war. Das löste eine Welle von Bürgerkriegen aus, die ihre Spuren in der spanischen Heldenliteratur hinterlassen haben. Berühmtestes Beispiel ist Rodrigo Díaz de Vivar, genannt El Cid (vom arabischen Wort für »Herr«), aus dem 11. Jahrhundert, der Valencia den Mauren entriss. Damit ist schon ein Stichwort berührt, das den Anfang vom Ende der viele Jahrhunderte währenden arabischen Dominanz in Europas äußerstem Südwesten markierte: Die *Reconquista*, die im 10. Jahrhundert einsetzende und ganz allmählich vorankommende Wiedereroberung des Landes durch die verbliebenen Christen von Norden nach Süden.

Die Muslime wandten sich dagegen 1086 um Unterstützung an die Dynastie der Almoraviden (»Grenzkämpfer«) aus Nordafrika. Die ließen sich nicht lange bitten, entmachteten bis 1090 die spanischen Kleinfürsten und gliederten das Land in ihr marokkanisches Reich ein. Im 12. Jahrhundert folgten ihnen die ebenfalls nordafrikanisch-berberischen Almohaden (»Bekenner der Einheit Gottes«), die aber nur noch gut die Hälfte der Halbinsel wieder in die Hand bekamen, der Rest war bereits unter christlicher Kontrolle, darunter auch die einstige westgotische Hauptstadt Toledo. 1212 kam es nach Aufruf des mächtigen Papstes Innozenz III. zu einem Kreuzzug gegen die Mauren, bei dem deren Machtgebiet auf kleine südöstliche Regionen schrumpfte. Letzte Bastion der Muslime war das Königreich Granada, dessen Fall 1492 das Ende der arabischen Herrschaft in Spanien und einer unschätzbaren kulturellen Symbiose bedeutete.

Der Einfluss der Mauren in Spanien lässt sich nicht nur an Großbauten wie der Alhambra nachweisen. Dieses Bild zeigt ein Wohnhaus im maurischen Stil in der Nähe der Moschee La Mezquita in Córdoba.

Das Osmanische Reich

Mit Mut und Geschick hatte ein seldschukisches Kernreich den Mongolensturm in Kleinasien überdauert, auch wenn es zeitweilig Tribute an die neuen Nachbarn im Osten zahlen musste. Als deren Aggressivität durch allmähliche Übernahme des Islam zurückging, kam es zu inneren Zerfallserscheinungen im Seldschuken-Staat, denen der turkmenische (türkische) Emir der nordwestlichen Grenzprovinz Sakarya Osman I. Ghasi 1281 ein Ende machte, indem er energisch die Zügel ergriff. Nach ihm benannte sich die nun bis ins 20. Jahrhundert herrschende Dynastie und ihr Osmanisches Reich, das zu einem ungeahnten Siegeszug antrat. Kurz vor seinem Tod 1326 setzte Osman selbst den ersten Akzent mit der Einnahme von Brussa (heute Bursa), das neue Hauptstadt des gewachsenen Machtbereichs und entsprechend repräsentativ ausgebaut wurde.

Zum nächsten Schritt wurden die Osmanen geradezu eingeladen: Im Byzantinischen Rumpfreich in und um Konstantinopel (türkisch: Istanbul) tobten innere Kämpfe; eine der verfeindeten Parteien bat Orchan, den Sohn Osmans, um Hilfe. Das ließ sich dieser nicht zweimal sagen, sondern nutzte die Gelegenheit 1328 zum Schritt über die Meerengen nach Europa, wo er Stützpunkte anlegte, von denen aus der spätere Vormarsch möglich wurde. Eine Truppe, die dafür schlagkräftig genug war, schuf der Sultan seit 1329 durch Ausbau und Reform des Heeres: Fortan bildeten vor allem Kriegsgefangene die Infanterie, während die Reiterei von Unterführern gestellt wurde, die sich der Sultan durch Belehnung mit eroberten Gebieten und Städten besonders verpflichtet hatte. Später wurden junge christliche Männer rekrutiert und gezwungen, zum Islam überzutreten, weil nur Muslime Waffen tragen durften; sie wurden als Korps der Janitscharen (»neue Truppe«) berühmt. Die Mittel für die Kriege hatten in erster Linie die nichtmuslimischen Untertanen zu tragen, also Christen sowie Juden und Griechen, die den Handel dominierten. Traten sie zum Islam über, dann standen ihnen auch höchste Staatsämter offen.

In seiner Schwäche bat Byzanz die Osmanen 1350 erneut um Hilfe, dieses Mal gegen die Serben. Deren Abwehr ließ sich der Sultan 1354 durch Überlassung von Gallipoli (heute Gelibolu) auf einer Halbinsel am europäischen Ufer der Dardanellen vergüten; 1361 nahm er auch Adrianopel (heute Edirne) unter seine Fittiche und machte es zur neuen Hauptstadt des Reiches, in dem wie eine Insel das nun fast gänzlich aufs Stadtgebiet von Konstantinopel geschrumpfte Byzantinische Reich lag. Anders als dieses im Niedergang

Diese islamische Miniatur, die 1628 entstand, zeigt die Belagerung der Stadt Edirne.

begriffenen Gebilde erwies sich das aufstrebende Osmanische Reich als äußerst wehrhaft: Eines seiner Heere besiegte 1389 die verbündeten Serben, Bulgaren, Walachen und Ungarn an der Maritza; die serbische Gefahr war ausgeschaltet. Vier Jahre später mussten auch die Bulgaren nach der Niederlage gegen die Osmanen auf dem Amselfeld die Waffen strecken und sich der türkischen Herrschaft ausliefern. Und selbst Kreuzfahrer holten sich 1396 bei Nikopolis eine blutige Niederlage gegen die Türken.

KONSTANTINOPEL GEFALLEN

Sie griffen nun sogar nach Konstantinopel selbst, doch vereitelte das vorerst noch ein Einfall der Mongolen in Anatolien. Deren gefürchteter Anführer Timur (Tamerlan) schlug den Osmanen-Sultan Bajasid I. 1402 bei Ankara und nahm ihn gefangen. Der Eroberer verzichtete aber auf die Ausnutzung seines Sieges, machte kehrt und wandte sich nach Osten. So blieb das Osmanische Reich im Bestand unangetastet, konnte sich erholen und nach Abwehr von zwei weiteren Kreuzfahrerheeren bei Warna 1444 und erneut auf dem Amselfeld 1448 frontal gegen Konstantinopel vorgehen. Die glänzende Hauptstadt des einstigen Oströmischen Reiches wurde am 29. Mai 1453 erstürmt – durch Europa ging ein Beben. Wer sollte nun noch den Vormarsch der Muslime ins Herz des Abendlands aufhalten?

Natürlich machte der Bezwinger der Weltstadt, Sultan Mehmed II. Fatih (= »der Eroberer«, 1451–1481), sie nun ebenfalls zu seiner Residenz, die in den folgenden Jahrhunderten eine unerhörte Pracht entfaltete. Nach dem pompösen Eingang des dortigen Sultanspalastes wurde seine Regierung bald allgemein als »Hohe Pforte« bezeichnet. Zum Aufblühen trug auch bei, dass reiche Handelsstaaten wie Genua und Venedig sogleich unbeschadet der religiösen Differenzen in intensiven Handelsaustausch mit dem Osmanischen Reich traten. Erst durch das weitere Ausgreifen der Osmanen nach Europa und im Mittelmeer kam es zu gefährlichen Konfrontationen. Zunächst aber arrondierte Selim I. Yavuz (= »der Strenge«, 1512–1520) das Reich nach Osten und verleibte sich Aserbaidschan, Mesopotamien, Syrien und 1517 auch Ägypten ein. Danach führte er den schon vorher beanspruchten Kalifentitel ganz offiziell, denn die Abbasiden-Dynastie war nun endgültig untergegangen.

Die Eroberung Konstantinopels durch die Türken unter Sultan Mehmed II. Fatih am 29. Mai 1453. Die Szene zeigt das türkische Heerlager vor Konstantinopel.

169

Selim I., Vater von Sulaiman, unter dessen Ägide sich das Osmanische Reich von Westeuropa bis nach Südrussland ausdehnte.

Sein Sohn und Nachfolger, der 26-jährige Sulaiman (der II. nach europäischer, der I. nach türkischer Zählung) wurde der zehnte Sultan seiner Dynastie, und die Zehn gilt im Islam als »die glücklichste und vollkommenste Zahl«. Er übernahm ein Reich, dessen Halbmond-Banner über ganz Kleinasien, Ägypten, Syrien, Arabien, Südrussland und dem Balkan wehte und dessen Flotte das Schwarze Meer und große Teile des Mittelmeers beherrschte.

Das aber genügte Sulaiman noch nicht, es stachelte ihn geradezu an, es den großen Ahnen gleich zu tun, ja sie womöglich noch in den Schatten zu stellen. Die ersten, die seinen Eroberer-Ehrgeiz zu spüren bekamen, waren die Ungarn: 1521 erschien Sulaiman vor Belgrad und nahm die Festung nach vier Wochen Belagerung. Im Jahr darauf kapitulierten die Johanniter auf Rhodos nach blutigsten Kämpfen vor seiner Landungsflotte. 1526 folgte ein weiterer Vorstoß nach Ungarn und der Sieg bei Mohács über König Ludwig II., den Schwager Kaiser Karls V.; Ungarn wurde 1541 osmanische Provinz.

1529 tauchten die osmanischen Heere sogar vor Wien auf, mussten sich aber nach hohen Verlusten wieder zurückziehen. Sulaiman wandte sich in der Folgezeit nach Persien, das 1534 erobert wurde, griff, allerdings vergeblich, nach Malta und verleibte seinem Reich Tunis und Algier ein. Er herrschte nun über rund 35 Millionen Untertanen und über ein Gebiet von etwa 12 Millionen Quadratkilometern. Als einziger ernst zu nehmender Rivale blieb das Reich der Habsburger Karl und Ferdinand (Spanien, Italien und Deutschland), gegen das Sulaiman immer wieder anrannte und dem er schweren Schaden zufügte. Noch sein letzter Zug galt dem Abendland: 1566 nahm der 72-Jährige nochmals Wien ins Visier, doch ereilte ihn unterwegs der Tod. Zeitgenössische Porträts zeigen Sulaiman nicht als harten Krieger, sondern eher als nachdenklichen, in sich gekehrten Mann, der er zuvörderst wohl auch war und dem er den Beinamen »der Gerechte« verdankte. So heißt er bis heute in der islamischen Welt; »der Prächtige« nannten ihn die vom Glanz seiner Herrschaft geblendeten und erschreckten Europäer.

AUF DEM GIPFEL DER MACHT UND PRACHT

Wesentlichen Anteil daran hatte Sulaimans Hofbaumeister Sinan (um 1490–1588), der auch unter den Nachfolgern Selim II. (1566–1574) und Murad III. (1574–1595) bis zu seinem Tod in biblischem Alter oberster Architekt blieb.

Trotz dieser langen Lebensspanne beeindruckt das Werk des muslimischen Baumeisters schon rein statistisch: 131 Moscheen, 62 Schulen *(medrese)*, 19 Grabkapellen *(türbe)*, 17 Armenküchen *(imaret)*, 3 Krankenhäuser *(schifahane)*, 6 Brücken für Aquädukte, 17 Karawansereien, 33 Paläste, 5 Vorratslager, 33 Bäder *(hammam)* und ungezählte Wasserspeicher und Küchenbauten stehen auf der Liste seiner Werke. Die schiere Menge, aber auch die Größe, Ausstattung und Pracht vieler Sinan-Bauten erklären sich nur durch die ungeheure Macht, die das Osmanische Reich damals entfaltete. Sinan standen Heere von Fachleuten und Bauarbeitern zur Verfügung, als Leiter der Bauschule zog er sich zudem planmäßig begabte Schüler heran.

Sparen musste er an nichts, wie sein Hauptbau, die für Sulaiman II. 1550–1557 errichtete Moschee, die Sulaimanie, belegt. Sie zeigt alle Elemente der Kunst Sinans, der dafür Marmor, Halbedelsteine, Fayencen und Schriftornamente einsetzte. Er schmückte den Bau mit 136 prachtvollen Fenstern, die eine »Moschee des Lichts« entstehen ließen, mit Säulen und Nischen, darunter auch solche für Brunnen und Kamine, ließ Künstler Pflanzen- und Blumenbilder malen, hielt sich aber strikt an das islamische Verbot der Menschen- und Tierdarstellungen.

Bibliotheken, Unterrichtsgebäude, ein zentraler Wasserverteilungsbau, Stallungen, Küchen, Bäder, Brunnen in den Höfen, eine Reihen-Fußwaschanlage, eine lange Flucht von Abtritträumen am äußeren Hof sowie eine Grabkapelle für den Baumeister selber – das alles machte die Moschee zu einem gewaltigen sakralen Komplex, ja zu einem ganzen Stadtviertel mit ausgeklügelter Infrastruktur.

Ein solches Riesenreich brauchte effektive Führung und aufwändige Verwaltung. Im Dorf herrschte der Aga, die Provinz regierte der Pascha, die Regierung des Sultans führte ein Großwesir, der über ein Heer von Beamten, den Effendis, verfügte. Diese Struktur wurde neu eroberten Gebieten sogleich verordnet, nur gab es nach Sulaiman nur noch selten nennenswerte Eroberungen. Nach ersten Erfolgen gegen das Reich der Habsburger und der Besetzung Zyperns 1571 kam es zu ersten Rückschlägen, markiert durch die Niederlage der türkischen Flotte gegen die verbündeten Venezianer und Spanier (»Heilige Liga«) bei Lepanto (heute Naupaktos) vor dem Golf von Korinth am 7. Oktober 1571.

Das war militärisch zwar wenig bedeutend, aber ein unzweifelhaftes Zeichen dafür, dass Europa aufholte, und zwar vor allem dank der Entdecker, die den Seeweg nach Indien erschlossen, Afrika erforscht und die Neue Welt für ihre Kronen in Besitz genommen hatten. Die Welt wurde größer – das Mittelmeer nahm lediglich noch die Rolle eines Nebenschauplatzes ein und rückte dessen Ostmacht an den Rand. Dieses büßte an Bedeutung als Handelspartner ein und litt unter der durch die amerikanischen Edelmetalle einsetzenden Geldentwertung.

Wegen der wenig erfolgreichen Kriegszüge blieb auch die gewohnte Beute aus, deren Verteilung viele bis dahin ruhig gestellt hatte. Nun kam es zu sozialen Unruhen und 1598 sogar zu einem Aufstand der Bauern in Anatolien, der erst nach sieben Jahren unter Kontrolle war. Offensichtlich ging es nicht ohne Eroberungen, doch die Zeit der leichten Siege war vorbei. Zwar konnte das Osmanische Reich 1669 Kreta gewinnen, doch dazu hatte es ein Vierteljahrhundert harter Kämpfe gebraucht.

171

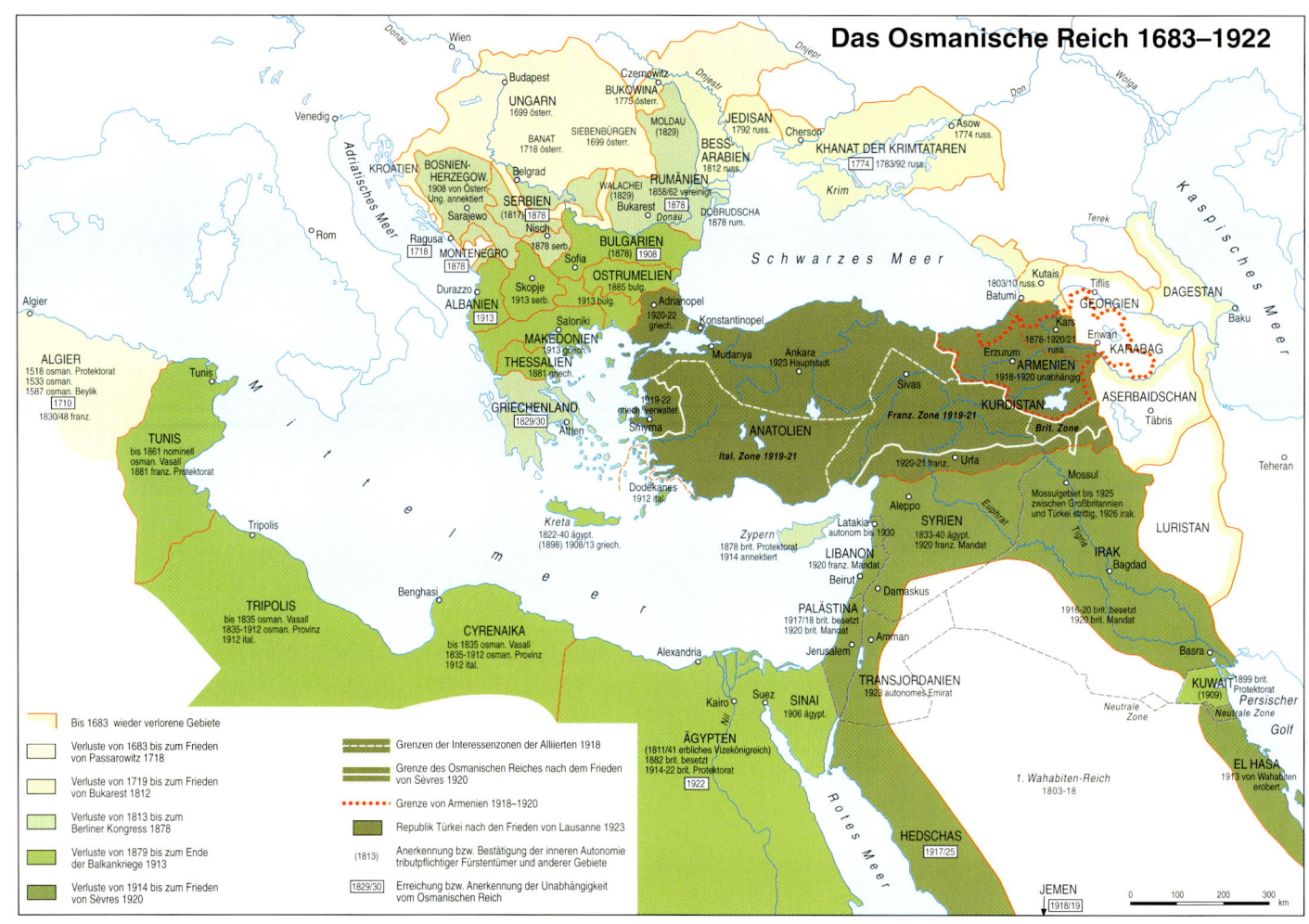

DER KRANKE MANN AM BOSPORUS

Dann kam die endgültige Wende: Im Bemühen, neues Terrain zu gewinnen, ließ Großwesir Kara Mustafa 1683 seine Heere auf Wien vorstoßen und ging zur Belagerung über. In der Schlacht am Kahlenberg konnte ein deutsch-österreichisch-polnisches Entsatzheer die Türken besiegen und Wien endgültig befreien. In der Folgezeit brachte vor allem der österreichische Feldherr Prinz Eugen den Osmanen schwere Niederlagen bei, sodass sie schon 1699 ganz Ungarn räumen mussten und 1717 auch Teile Serbiens, das Banat, Bosnien und die Walachei verloren. Im Norden griffen nun auch die Russen an und vertrieben die türkische Herrschaft von der Nordküste des Schwarzen Meeres; im Verlauf des folgenden Jahrhunderts gewann Russland auch die West- und die Ostküste.

Auch im Süden spitzte sich die Lage krisenhaft zu, denn Napoleon griff 1798 nach Ägypten. Mit britischer Hilfe wurde ein Erfolg vereitelt, doch der türkische Statthalter Pascha Mehmed Ali fühlte sich an Weisungen des Sultans kaum noch gebunden. Seine Nachfolger stiegen 1867 sogar zu Khediven (Vizekönigen) auf, und 1882 beendete die britische Besetzung des Landes endgültig die osmanische Oberhoheit über Ägypten, das im Ersten Weltkrieg britisches Protektorat wurde. Schon lange vorher (1817) war Serbien selbstständig geworden, hatten die Griechen sich dank europäischer Hilfe vom Reich lösen können (1821), war nach französischem Zugriff (1830) der letzte osmanische Einfluss in Algerien erloschen und musste Tunesien als französisches Protektorat aus dem Reichsverband entlassen werden (1881). Kreta erhielt 1895 Autonomie, Libyen ging im Krieg 1911/12 an Italien verloren, von den europäischen Besitzungen blieb nach den beiden Balkankriegen 1912/13 nur noch der Zipfel um Adrianopel (Edirne).

Den »kranken Mann am Bosporus«, so ein in der Mitte des 19. Jahrhunderts aufkommendes Schlagwort, vermochten auch die 1839 von Sultan Abdul Meschid II. eingeleiteten Reformen nicht mehr zu kurieren: Alle Bürger wurden religiös und rechtlich gleichgestellt, die ungerechte Steuerpacht abgeschafft, und nach dem französischen Vorbild reformierte die Hohe Pforte das Handels- und Strafrecht. Doch die Verschuldung wuchs wegen der militärischen Lasten ungebremst, sodass 1875 sogar die Zahlungsunfähigkeit eintrat und eine internationale Gesellschaft die Kontrolle über die Wirtschaft des Osmanischen Reiches übernahm.

Als daraufhin Sultan Abdul Hamid II. weitere Reformen für unnötig erklärte, bildete sich dagegen die Opposition der Jungtürken (»Komitee Einheit und Freiheit«), die Einfluss auf das Offizierkorps gewannen und sich und ihre Forderungen nach konstitutioneller Monarchie 1908 durchsetzen konnten.

Längst aber regierte »Zu spät« die Stunde: Das letzte islamische Großreich brach im und nach dem Ersten Weltkrieg, den es auf der deutschen, also der Verliererseite mitmachte, völlig auseinander, sodass nur noch der türkische Kernstaat in Kleinasien übrig blieb. Er erhielt durch Mustafa Kemal Pascha, genannt Atatürk (»Vater der Türken«), einen einstigen Jungtürken, in den 1920er-Jahren schließlich eine moderne republikanische Verfassung: Verankerung eines Rechtes auf Bildung, klare Trennung von Staat und Religion, Gleichstellung der Frau, Ablehnung aller Versuche expansionistischer panislamischer Bestrebungen.

Politisch verlor damit der Islam äußerlich gesehen die Klammer, doch eine Religion, die alle ihre Angehörigen immer als Mitglieder der einen Gemeinde *(umma)* begreift und deren Anhänger sich ebenfalls so verstehen, wird stets ein politischer Faktor sein. Das gilt nicht nur für die einzelnen Staaten mit starken muslimischen Mehrheitsgesellschaften, sondern auch global, so unterschiedlich die Traditionen und Überzeugungen auch sein mögen.

Abdul Hamid II., türkischer Sultan von 1876–1909. Nach seiner Absetzung durch die Jungtürken wurde er nach Saloniki verbannt.

Die »fünf Säulen«

In den vorangegangenen Kapiteln haben wir gesehen, wie der Islam Staatlichkeit schuf in einer Region, die eine solche Organisationsform bis dahin kaum kannte. Insofern waren Religion und Staat zunächst nicht zu unterscheiden, und das Oberhaupt beider war der Kalif. Das ließ sich auch noch eine Weile aufrecht erhalten, als dieses Gemeinwesen, die *umma*, sich in kürzester Frist riesige Gebiete einverleibte. Erst als die Expansion an ihre Grenzen stieß und von den Rändern her eine gewisse Erosion einsetzte, zerfiel die politische Einheit, die auch von innen her durch Auslegungsdifferenzen des Korans und verschiedene Würdigung der Tradition Verwerfungen zu zeigen begann.

Blatt einer Koranhandschrift in kufischer Schrift aus dem 9. Jahrhundert.

Nachdem mit dem Osmanischen Reich noch einmal eine Zusammenfassung weiterer Länder unter islamischem Dach gelungen war, markierte dessen Zerfall das Ende der politischen Bündelung. Die religiöse aber blieb erhalten durch die Ausrichtung des muslimischen Blicks auf Mekka und auf das geoffenbarte Wort Allahs im Koran. Die im Westen verbreitete Vorstellung eines monolithischen islamischen Blocks aber findet darin keinen Anhaltspunkt, da Handeln immer politische Willensbildung voraussetzt, und die ist im Konzert der islamischen Staaten so vielstimmig wie in den säkularisierten Gesellschaften des Westens oder der so genannten Dritten Welt. Denn auch die Länder mit islamischer Prägung sind inzwischen weitgehend säkularisiert, also hinsichtlich ihres politischen Handelns verweltlicht, und ihre Bürger rechtlich gleichgestellt. Beispiele wie der »Gottesstaat« im Iran oder die Taliban-Episode in Afghanistan sind Ausnahmen und dürften kaum auf längere Sicht in einer komplexer werdenden und erhebliche Flexibilität fordernden modernen Welt die Entwicklung zurückzudrehen in der Lage sein.

Und doch gibt es gravierende Unterschiede: Mögen auch die Staaten den unausweichlichen Modernisierungsbedarf schon aus Gründen der globalisierten Wirtschaft erkannt haben, so ist die gesellschaftliche Wirklichkeit vom islamischen Glauben weit stärker durchdrungen als das in christlichen oder in einstmals christlichen Ländern der Fall ist. Das klingt fast paradox, hat der Islam doch nicht einmal eine organisatorische Klammer im Gegensatz zu den christlichen Kirchen. Die viel irdischeren Regelungen, ja Vorschriften aber, die die Lehre des Propheten seinen Anhängern auferlegt, binden aber stärker, als es eine noch so potente Organisation könnte. Im Folgenden sollen daher die »fünf Säulen« *(arkan)* des Glaubens skizziert werden.

1. DAS GLAUBENSBEKENNTNIS

Die schon erwähnte Sure 112 des Korans mit der Forderung, den einen, ewigen Gott zu bezeugen, bildet den Hauptsatz des islamischen Glaubensbekenntnisses *(schahada)*. Es wird gewöhnlich in der kurzen Formel gesprochen: »Ich bekenne, dass es keinen Gott außer Allah gibt und dass Mohammed der Gesandte Allahs ist.« Die Schiiten setzen hinzu: »Und Ali ist der

Freund Allahs.« Dabei ist »Allah« (Betonung auf der zweiten langen Silbe) ein Begriff zur Bezeichnung des höchsten Wesens und kein Name, Kurzform von »al-ilah«, zu übersetzen mit »die Gottheit«.

Mit einem Namen nämlich wäre Allah nie zu fassen, ja nicht einmal mit allen irdischen. Der islamische Kult kennt daher sozusagen stellvertretend für alle denkbaren und nichtdenkbaren Namen Allahs die »neunundneunzig schönen Namen Gottes« wie etwa »der Werte«, »der Allwissende«, »der Vergebungsreiche«. Sie werden zeremoniell zuweilen mit Hilfe eines Rosenkranzes aufgesagt.

Zentrale, alles an Bedeutung überragende Aussage des Bekenntnisses ist also der strikte Monotheismus. Neben Allah gibt es keine Macht und also auch keinen Sohn, wie ihn das Christentum lehrt. Schwerste Sünde mithin besteht im Bezweifeln der Alleinherrschaft Allahs und im »Beigesellen« von wie auch immer gearteten Gottheiten. Deswegen reicht es auch zum formlosen Übertritt zum Islam, unter Zeugen das Bekenntnis in der kurzen und prägnanten Form zu sprechen. Denn damit anerkennt der Bekehrte auch Mohammed und mit diesem den Koran als unwandelbares geoffenbartes Wort Gottes.

Der Innenhof der al-Azhar-Moschee in Kairo. Erbaut 970–972 ist sie seit 998 islamische Universität.

Dessen ewige Allgültigkeit erlaubt mithin auch keinen Rückweg – salopp gesagt: einmal Muslim, immer Muslim. Ja, es ist sogar so, dass auf Abkehr vom Bekenntnis eigentlich die Todesstrafe steht. In der Wirklichkeit aber kollidiert diese Forderung mit der Religionsfreiheit, die in den Verfassungen vieler islamischer Staaten verankert ist und auch die beliebige Konversion (Übertritt) umfasst.

Dagegen richten sich radikale Islamisten und fordern, dass sich alle islamischen Länder am Iran oder am Sudan ein Beispiel nehmen, wo die Todesstrafe für Abtrünnige wieder eingeführt worden ist. Die Fundamentalisten kennen religiöse Toleranz nur für Menschen, die nie Muslime waren und daher auch die Todsünde der Abkehr nicht begehen können. Da das unbedingte Bekenntnis zum »einen, ewigen Gott« so wesentlich ist, sei hier abschließend noch Sure 4, Vers 136 zitiert, die das etwas ausführlicher folgendermaßen umreißt:

»O ihr, die ihr glaubt, glaubet an Allah und Seinen Gesandten und an das Buch, das er auf Seinen Gesandten herabgesandt hat, und die Schrift, die Er zuvor herabkommen ließ. Wer nicht glaubt an Allah und Seine Engel und die Schriften und Seine Gesandten und an den Jüngsten Tag, der ist weit abgeirrt.«

Mit der Mehrzahl »Seine Gesandten« sind die Vorläufer gemeint, die Mohammed – von Abraham über Noah und Moses bis Jesus – ausdrücklich anerkennt und deren Verehrung er fordert.

2. DAS FASTEN

Die meisten Kulturen kennen asketische Elemente und das dazu gehörende temporäre Fasten. Mohammed fand in der arabischen Tradition wie im Vorbild des Judentums und des Christentums Fastengebote vor und formte daraus die islamischen Vorschriften. Wie das Fasten *(saum)* zu gestalten ist, wurde ihm sehr detailliert in Sure 2, Verse 183 bis 188 geoffenbart, wo es heißt:

»Oh die, die ihr glaubt, vorgeschrieben ist euch das Fasten, wie es den Früheren vorgeschrieben ward; vielleicht werdet ihr gottesfürchtig.
Gezählte Tage! Wenn aber einer unter euch krank ist oder auf Reisen, (der faste die gleiche) Anzahl von anderen Tagen; und sie, die es vermöchten (und nicht fasten), sollen zur Sühne einen Armen speisen ... Und dass ihr fastet, ist euch gut, wenn ihr es begreift.
Der Monat Ramadan, in welchem der Koran herabgesandt wurde als eine Leitung für die Menschen ... – wer von euch den Mond sieht, der beginne das Fasten in ihm ...
Und wenn dich Meine Diener nach Mir fragen, siehe, Ich bin nahe. Ich will antworten dem Ruf des Rufenden ...
Erlaubt ist euch, zur Nacht des Fastens eure Weiber heimzusuchen ... Und esset und trinket, bis ihr einen weißen Faden von einem schwarzen Faden in der Morgenröte unterscheidet. Alsdann haltet streng das Fasten bis zur Nacht ...«

Der islamische Kalender geht buchstäblich nach dem Mond: Jeder Monat beginnt mit dem Neulicht des zunehmenden Mondes, umfasst also 29 oder 30 Tage, sodass sich das Jahr auf 354,367 Tage beläuft. Es bleibt mithin hinter dem Sonnenjahr um 11 Tage zurück, und die Monatsanfänge wandern also in 33 Jahren einmal durch alle Jahreszeiten. Das ist für den Ramadan (Betonung auf der letzten Silbe) insofern von Bedeutung, als der Fastenmonat im Sommer erheblich längere Abstinenzzeiten verlangt als im Winter, wenn die Nacht um vieles länger ist. Fasten nämlich soll der Muslim nur bei Tage, also vom ersten Schimmer der Morgensonne (wenn man »einen weißen von einem schwarzen Faden« unterscheiden kann), bis zum Untergang unseres Zentralgestirns. Wann genau mit dem Fasten zu beginnen und wann es beendet ist, wird in manchen Städten durch Ausrufer, Schüsse oder Trommler verkündet, damit nicht jeder seine eigene Frist setzt und damit präzis gemeinsam gefastet wird. Fasten wird ebenso wie in den anderen Religionen als Buße aufgefasst, dient zugleich der Reinigung des

Körpers, stählt die Willenskraft und soll die Konzentration auf den Glauben fördern. Was der inneren Einkehr hinderlich sein könnte, soll möglichst ausgeschlossen sein, und dazu gehören nun einmal vor allem Ablenkungen durch kulinarische wie sexuelle Genüsse, ja schon die pure Nahrungsaufnahme stört; seit einiger Zeit besteht während der Ramadan-Tage auch Rauchverbot. Ausgenommen vom Fastengebot hat schon der Koran Reisende und Kranke, die das Fasten nachholen oder abgelten können. Das haben Rechtsgelehrte *(ulama)* auf Schwangere, Schwerarbeiter, Gebrechliche und andere möglicherweise vom Fasten überforderte Menschen übertragen, denn es heißt in der zitierten Sure auch: »Allah wünscht es euch leicht und nicht schwer zu machen.«

Bei Einbruch der Dunkelheit tritt das tägliche Fastenbrechen ein, nach dem wieder alle leiblichen Genüsse gestattet sind, wie in der Sure ausgeführt. Die aufgestaute Lust bricht sich dann in besonderer Geselligkeit Bahn, sodass der Ramadan zu einer besonders intensiv (Fasten) und freudig (Feiern) erlebten Zeit wird. Das steigert sich noch am Ende des Monats, wenn die Enthaltsamkeit insgesamt vorbei ist, was mit einem Fest des Fastenbrechens (in der Türkei »Zuckerfest« genannt) begangen wird, das neben dem Opferfest eines der beiden kanonischen Feierhöhepunkte im islamischen Jahr bildet. Drei oder sogar vier Tage lang besucht man Bekannte und Verwandte, gönnt sich und Gästen ausgedehnte Mahlzeiten und beschenkt vor allem die Kinder. Auch sonst wenig eifrige Muslime beachten daher das Fastengebot im Ramadan um des geselligen Wertes willen, wie ja bei uns auch Menschen Weihnachten begehen, die den Anlass dafür gar nicht mehr kennen oder doch nicht als solchen akzeptieren.

3. DIE PILGERFAHRT NACH MEKKA

Schon bei der Darstellung der Biografie Mohammeds war die Rede von der Verpflichtung jedes Muslims, einmal im Leben oder womöglich noch häufiger, die Heiligen Stätten in Mekka aufzusuchen, sofern er das gesundheitlich und finanziell zu leisten vermag. Diese »Säule« des Islam ruht auf weit älterer Tradition, was bei Erwähnung mancher der dabei vorzunehmenden Rituale im Koran (insbesondere Sure 2, Vers 196) auch nicht in Abrede gestellt, ja stellenweise so-

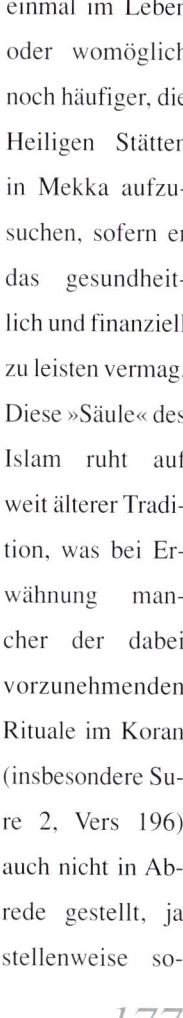

Keramikfliese mit einem Plan der Stadt Mekka mit der Kaaba, dem Hauptheiligtum der Moslems.

Pilgerzug von Muslimen zur Kaaba in Mekka.

gar betont wird. Im Einzelnen gliedert sich der *hadjdj* (sprich: Hadsch), die Pilgerfahrt, in folgende Schritte: Vor Antritt der Reise muss der Pilger »rein« sein, wozu ihm eine rituelle Waschung und die Kleidung in zwei ungenähte weiße Tücher verhilft. Frauen tragen ebenfalls ein weißes Gewand mit Kopfbedeckung, aber keinen Schleier.

In Mekka ist die Kaaba (»Würfel«) in der »Heiligen Moschee« das zentrale Ziel. Dieser schwarze Würfel ist sieben Mal zu umschreiten, wobei der »Schwarze Stein« nahe der Ostecke zu küssen ist; bei dem üblichen Gedränge genügt aber auch das Ausstrecken der Hand danach. Es folgt ein ebenfalls siebenmaliger Lauf zwischen zwei Hügeln in Erinnerung der Suche nach Wasser durch Haggar, die Mutter Ismaels; die 385 Meter lange Strecke ist heute überdacht. Die beiden letztgenannten Rituale sind terminlich unabhängig und können jederzeit als »Besuchswallfahrt« ausgeführt werden.

Der *hadjdj* selbst muss im Monat Dhu, dem Pilgermonat, unternommen werden, denn dann folgt: Fahrt oder Marsch zum zwei Dutzend Kilometer östlich von Mekka gelegenen Berg Arafa, oft mit vorheriger Übernachtung in Mina, zum Frühgebet. Der Pilger meldet sich mit dem Ruf »Da bin ich!« und gibt sich damit ganz in die Hand Allahs. Der Tag vergeht in Gebet und Meditation oder mit dem Anhören von Predigten. Dann geht es zurück durch das Tal von Muzdalifa nach Mina, wo wieder übernachtet wird. Der Pilger hat unterdessen sieben Kieselsteine gesammelt, die er auf einen Steinhaufen wirft, der den »großen Satan« verkörpert.

Noch am selben Tag begehen die Pilger zum Andenken an den Gehorsam Abrahams das Opferfest durch Tieropfer. Zeitgleich feiern die Muslime in aller Welt dieses höchste aller islamischen Feste. Den Männern wird der Kopf geschoren und den Frauen eine Locke abgeschnitten zur Aufhebung des Weihezustands.

Als Abschluss des *hadjdj* geht es zurück nach Mekka, wo noch einmal ein »Umlauf des Laufschritts« um die Kaaba zu absolvieren ist.

Alljährlich treten zum festgesetzten Zeitpunkt über anderthalb Millionen Muslime den *hadjdj* an, was die Verantwortlichen, seit 1925 der saudische Staat, vor erhebliche organisatorische Probleme stellt. Sie enden nicht mit der eigentlichen Pilgerfahrt, denn die meisten Gläubigen besuchen danach noch weitere heilige Stätten, vor allem das Grab des Propheten in Medina. Das Treffen so vieler Menschen gleichen Bekenntnisses aus den unterschiedlichsten Kulturkreisen am zentralen Ort ihres Glaubens wird zu einem bewegenden Gemeinschaftserlebnis und verleiht den Teilnehmern daheim erhebliches Prestige. Als besonders verbindend dabei wirkt, dass alle vom Milliardär bis zum Hirten, der oder dessen Dorf ein Leben darauf gespart hat, in gleicher Kleidung ihre Gleichheit vor Allah erleben und sich ihm ganz ergeben im Sinne des Wortes »Islam«.

4. DAS GEBET

Wie das Christentum kennt der Islam Gebete unterschiedlichster Art, darunter auch solche, in denen um Schutz, Hilfe oder auch Regen gebeten wird.

Davon abzuheben ist das rituelle Gebet *(salat)*, das täglich fünfmal zu sprechen und dabei durch Knien, Verneigungen und Berührung des Bodens mit der Stirn zu begleiten ist – vor Sonnenaufgang, mittags, nachmittags, bei Sonnenuntergang und am späteren Abend mahnt der Muezzin (Gebetsrufer) vom Minarett der Moschee zum Gebet.

Für diese Anzahl und Terminierung gibt es im Koran nur indirekte Hinweise; die eigentliche Ausformung

Gläubige beim Gebet in der großen Moschee (Omaijaden-Moschee, erbaut im 8. Jahrhundert) in Damaskus.

der Details geht wohl auf das überlieferte Vorbild Mohammeds zurück.

Der Pflicht zur *salat* kann der Gläubige nach Waschung überall nachkommen, nur muss auch der Gebetsplatz im sakralen Sinn rein sein, weswegen das Gebet in der Moschee immer erste Wahl ist. Dort ist Reinheit stets gegeben, dort weist die Stirnwand die Richtung nach Mekka, dort erinnert die leere Gebetsnische *(mihrab)* an die Gegenwart des Propheten und dort betet man vor allem gemeinsam, was immer vorzuziehen ist. Am Freitag, dem heiligen Tag des Islam, ist das Aufsuchen einer Moschee sogar Vorschrift. Frauen dürfen das Pflichtgebet wie auch das Glaubensbekenntnis nicht öffentlich, auch nicht in der Moschee, sprechen, weil sie sonst den Blicken fremder Männer ausgesetzt wären. Obwohl der Alkoholgenuss ohnedies untersagt ist, verlangt Sure 4, Vers 43 nochmals ausdrücklich Nüchternheit und betont die Verpflichtung zur rituellen Reinigung:

»*O die, die ihr glaubt, nähert euch nicht trunken dem Gebet (sondern wartet,) bis ihr wisset, was ihr sprechet, und auch nicht vom Samen befleckt, es sei denn, ihr zöget des Weges, bis ihr euch gewaschen habt. Seid ihr krank oder auf einer Reise, oder kommt einer von euch von der Senke, oder ihr habt die Weiber berührt und findet kein Wasser, so nehmet dafür guten Sand und reibet euer Gesicht und eure Hände ab; siehe, Allah ist nachsichtig und verzeihend.*«

5. DAS ALMOSENGEBEN

Im Konflikt zwischen Mohammed und den Mekkanern ging es nicht zuletzt um die einseitig materialistische Einstellung der Mitbürger. Sie war für den Propheten ein wesentliches Hindernis beim Bemühen um den Weg Gottes *(djihad)* und bei der Vorbereitung auf

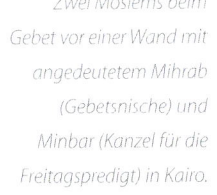

Zwei Moslems beim Gebet vor einer Wand mit angedeutetem Mihrab (Gebetsnische) und Minbar (Kanzel für die Freitagspredigt) in Kairo.

das Jüngste Gericht. Gebets-, Fasten-, Wallfahrts- und Mildtätigkeitsgebote gehen darauf zurück, weil sie die Eitelkeit des Irdischen bewusst machen und den Blick auf das Wesentliche richten. Bezeichnenderweise heißt daher eine der »fünf Säulen« des Glaubens *zakat*, was gemeinhin als »Almosen« oder »Armensteuer« übersetzt wird. Das Wort aber stammt aus dem Begriffsfeld »Läuterung, Reinigung«. Die Hilfe für Bedürftige rückt damit in den Rang der unabdingbaren Voraussetzungen für den Islam im wörtlichen Sinn von völliger Unterwerfung unter den Willen Allahs oder wie es in Sure 9, Vers 60 heißt: Sie gilt »als eine Vorschrift Allahs«.

Und noch etwas steckt in der Weisung, sich um die Ärmeren und Armen zu kümmern: Mit der Bildung der *umma*, der muslimischen Gemeinde, verschwanden die Stammesgrenzen, eine Voraussetzung für die islamische Staatenbildung, aber auch eine Gefahr für den Zusammenhalt. Hatte im Stamm stets jeder für jeden einzustehen, weil er vom »gleichen Blute« war, so fiel diese Bindekraft nun weg. Die Verpflichtung zur Solidarität untereinander musste religiös verankert werden, was mit der zakat geschah und geschieht. Sie hat außerdem weitere Funktionen, die der eben zitierte Vers der Sure 9 eingangs beschreibt:

»Die Almosen sind nur für die Armen und Bedürftigen bestimmt und die, welche sich um sie bemühen, und die, deren Herzen gewonnen sind, und für die Gefangenen und die Schuldner und den Weg Allahs ...«

In anderen Übersetzungen wird, etwas genauer gesagt, dass die *zakat* nicht nur für diejenigen sei, »deren Herzen gewonnen sind«, sondern auch für die, »deren Herzen gewonnen werden sollen« sowie »für den Loskauf von Sklaven«. Milde ist also auch missionarisch gemeint als Lockung mit Hilfsangeboten und mit der Freiheit. Die Verantwortung aller Gläubigen für den Einzelnen war ein wesentliches Moment der Attraktivität, die der neue Glaube bei seiner Ausbreitung in den ersten Jahrhunderten für die Unterschichten in den eroberten Gebieten entwickelte. Für die Wohlhabenden unter den Unterworfenen hatte die Armensteuer ebenfalls einen hohen Reiz, aber aus dem umgekehrten Grund: Sie war überall erheblich geringer als die Lasten, die denen auferlegt wurden, die nicht zum Islam übertraten.

Wie hoch aber die *zakat* zu sein hat, darüber sagt der Koran nichts Genaues. Folgt man Sure 2, Vers 219, dann darf sie dem Geber nicht allzu weh tun oder ihn gar selbst verarmen lassen, denn dort heißt es: »Und sie werden dich befragen, was sie ausgeben sollen (als Almosen). Sprich: ›Den Überfluss.‹« Das ließ natürlich zu viel individuellen Spielraum, sodass sich während der Traditionsbildung *(sunna)* genauere Regelungen herausbildeten. Sie schwankten verständlicherweise regional und nach Art der Abgabe. Die Marge pendelte sich zwischen fünf und zehn Prozent aller Erträge ein.

In manchen Ländern ist die *zakat* heute Teil der fiskalischen Regelungen, wird behördlich eingezogen und ihrer Bestimmung nach für soziale Aufgaben verwandt. Die Staaten aber, in denen wie etwa in der Türkei strikte Trennung von Religion und öffentlicher Verwaltung herrscht, überlassen es den Gläubigen, für die Armen an religiöse Institutionen oder direkt an mittellose Personen zu spenden. Stellenweise gibt es auch kommunale Vereinbarungen. Eine besondere Art der *zakat* ist mit dem Ende des Ramadan verbunden: Beim dann zu feiernden Fest des Fastenbrechens sind Geschenke in der Familie oder unter Verwandten und Bekannten üblich. Da die Armen im weiteren Sinn (etwa wie im Christentum »die geringsten meiner Brüder«) zur Familie gehören, sind auch sie aus diesem Anlass zu bedenken. Nach sunnitischer Überlieferung wäre ohne solche je nach Land unterschiedlich hohe Abgabe das Fasten rückwirkend um jeden Segen gebracht.

181

Islamisches Recht

Bei den Erläuterungen zum Koran ist vom Unterschied der in Mekka und der in Medina geoffenbarten Suren die Rede. Er besteht vielfach darin, dass die medinensischen Texte eher Fragen des Zusammenlebens in der *umma*, der Gemeinde der Muslime, beantworten, während die eigentlichen Glaubenssätze vornehmlich in den mekkanischen, also früheren Suren zu finden sind. Das liegt daran, dass Mohammed in Medina in Personalunion oberste religiöse wie politische Autorität war und sich vermehrt auch um Rechtsfragen kümmern musste. Er legte die Antworten aber nicht getrennt von den religiösen nieder, sondern integrierte Weisungen zum Verhalten in der Ehe, zur Behandlung von Straftätern, zu Eigentumsproblemen, zur Erbteilung und dergleichen in die Verkündigung. So gewann das islamische Recht (*scharia*, zu betonen auf der zweiten Silbe) sakralen Charakter, weil als Wort Allahs geoffenbart.

Dieser Kupferstich von 1810 zeigt einen Mufti.

Da der Koran aber nur einen Bruchteil des zu Regelnden regelt, griff man auch auf die Berichte (*hadithe*) über Mohammeds vorbildliches Handeln und seine sonstigen Aussagen zurück, denen ähnlicher Rang zuerkannt wird. Zwar lässt sich bei vielen *hadithen* kein direkter Bezug zu Mohammed mehr ausmachen, doch gelten sie als unmittelbar mündlich weitergegeben und mithin als echt. Hier liegt eine entscheidende Bruchstelle zwischen Sunniten und Schiiten, die viele Überlieferer nicht anerkennen und deswegen eine eigene Traditionslinie (*sunna*) gebildet haben mit in vielen Punkten abweichenden Aussagen.

Die koranische Grundlage aber ist dieselbe und die Art der Weiterentwicklung des Rechts ging ähnliche Wege, denn beide Richtungen standen immer wieder und stehen bis heute vor dem Problem, neue Konflikte rechtlich zu lösen.

Außer der Fülle der *hadithe* und den Koran-Vorschriften gelten als Richtschnur für neue Urteile Präzedenzfälle, also bereits früher entschiedene Rechtsstreitigkeiten, in denen zunächst ebenfalls kein gültiges Muster für die Urteilsfindung vorlag. Die Juristen behalfen sich mit der Suche nach Ähnlichem in der eigentlichen *scharia* und verfuhren dementstprechend. Solche Analogieschlüsse wurden ergänzt durch mehrheitlich von den Rechtsgelehrten (*ulama*, Einzahl: *alim*) vertretene Positionen, was alles zusammen den Kanon der islamischen Rechtserkenntnisse (*fiqh*) ausmacht.

Bei solchem Verfahren nimmt es nicht Wunder, dass sich sehr unterschiedliche Rechtstraditionen entwickelten, sodass vergleichbare Fälle im Sudan anders als in Bengalen ausgehen, ja dass der Katalog der *scharia* hinsichtlich Recht oder Unrecht stark differiert. Das betrifft vor allem die Grenzfälle des Erlaubten, also die letzten beiden der vier folgenden Aspekte: Erlaubt ist natürlich überall alles durch den Koran Gebotene, und auch über das Anzuratende (Verdienstvolle) gehen die Meinungen kaum auseinander; beim bloß Gestatteten aber treten schon recht unterschiedliche Auffassungen auf und bei dem, was noch hinnehmbar, von dem aber abzuraten ist, nimmt die Bandbreite der Meinungen erheblich zu.

IN DER TRADITIONSFALLE

Durch die Dominanz der europäischen Mächte im Zeitalter des Kolonialismus fanden viele westliche

Momente Eingang in den Rechtsbestand der islamischen Welt. Es fehlte auch nicht an Versuchen, die *scharia* zu kodifizieren, also ein Gesetzbuch mit festen Paragraphen aus einer ihrem Wesen nach lebendig wachsenden und sich wandelnden Rechtsauffassung zu machen. Dadurch entstanden Sammlungen, in denen nebeneinander staatliches Recht, Gewohnheitsrecht und religiös fundierte Rechtsgrundsätze festgehalten sind. Damit aber ließ sich einerseits nur bedingt den modernen Herausforderungen begegnen, auf der anderen Seite konnte solches Buchstabengesetz die religiöse Wirklichkeit nicht hinreichend abbilden.

Es fehlte und fehlt daher nicht an Versuchen, ganz zur *scharia* zurückzukehren. Dazu aber gehen die Meinungen, was denn nun genau deren Bestand ist, wiederum zu weit auseinander, und das Verfahren der alleinigen Weiterentwicklung durch Gelehrte ist nicht nur undemokratisch, sondern erweist sich auch als zu umständlich. Sie müssen oft sehr mühsam Auswege aus der Traditionsfalle finden, wenn es etwa darum geht, die vom Koran als Selbstverständlichkeit angesehene Sklaverei zu verwerfen. Hier hat man immerhin in der oben dargestellten Weisung, Almosen zu geben, eine Handhabe gefunden. Diese Gaben sollen ja auch zum Freikauf von Sklaven verwendet werden, woraus sich Allahs Wille zur allmählichen Überwindung des Besitzes von Menschen an Menschen ablesen lasse. In anderen Fällen bereiten manche seinerzeit fortschrittlichen, inzwischen aber hemmenden Vorschriften erheblich mehr Kopfzerbrechen.

Wenn dennoch immer wieder eine Reislamisierung des Rechts gefordert wird, dann aus der Enttäuschung heraus, dass die Anpassung an westliche Standards das Gegenteil dessen erreicht habe, was man sich erhoffte. Das richtet sich auch gegen sozialistische Impulse, wie sie etwa Ägypten unter Nasser aufgenommen hatte. Statt die Ursache bei einer immer noch viel zu geringe Reformbereitschaft zu suchen, sehen die Konservativen in der »Verwässerung« der reinen Lehre die Schuld auch am ökonomischen Niedergang der islamischen Länder. Dagegen haben es aufgeklärte Muslime schwer, die beispielsweise eine rechtliche Besserstellung der Frauen und eine behutsame Familienplanung fordern. Dabei sind diese Faktoren ausschlaggebend für eine Bevölkerungsexplosion, die nicht nur zur Verarmung der betroffenen Völker führt, sondern die ganze Welt bedroht.

Koranfragment, 2. Sure.

DIE RECHTSGELEHRTEN

Verwundern freilich kann es nicht, dass die rückwärtsgewandten Strategien dominieren, denn dann blicken die Muslime in eine Vergangenheit, in der ihre Kultur der abendländischen turmhoch überlegen war. Darunter leidet natürlich die Zukunftsfähigkeit, denn auch ihre Rechtsgelehrten, die *ulama*, pflegen diese Sicht. Sie sind ja gerade gehalten, so eng am Koran und an der *sunna* zu bleiben wie irgend möglich. Liberalität weckt daher meist Argwohn, und das Fremde erscheint in erster Linie als faktische Bedrohung der islamischen Identität.

Zwar gibt es im Islam, jedenfalls im sunnitischen, keine Geistlichen, doch haben die *ulama* ihre Rolle in gewisser Weise übernommen, da sie mit der rechtlichen Auslegung der Schrift oder genauer der Schriften auch eine Art Monopol in religiösen Fragen beanspruchen können. Keiner kennt sich mit ihnen besser aus, auch wenn sie sich ihnen weniger theologisch als juristisch nähern, was bei einer so alltagsprägenden Religion allerdings kaum scharf zu trennen ist.

Zu den *ulama* gehören nicht nur die Rechtsgelehrten, sondern auch andere Autoritäten wie die Lehrer an immer zahlreicheren theologischen Fakultäten und Akademien, die Muftis (»Entscheider«), die Kadis als Richter im eigentlichen Sinne. Sie alle können so genannte Rechtsgutachten *(fatwa)* zu Fragen abgeben, die im weitesten Sinn Religiöses berühren oder doch berühren könnten, was so ziemlich für alle Fragen zutrifft von der Gentechnik bis zur Kosmetik, vom Kündigungsschutz bis zur Nutzung der Kernenergie. Die Gültigkeit einer *fatwa* hängt ab von der persönlichen und amtlichen Autorität dessen, der sie ausgearbeitet hat. Oberste Instanz bei den Sunniten ist die über tausend Jahre alte Al-Azhar-Universität in Kairo, bei den Schiiten die theologische Hochschule in Kum (Ghom). Es gibt aber auch alltägliche Kolumnen in den Zeitungen, in denen *ulama* manche *fatwa* zu Fragen aller Art veröffentlichen. Unverbindlich sind die höchsten wie die einfachsten, doch gewinnen die von ganz oben kommenden oft Gesetzesrang.

Durch dieses verzweigte Rechtsetzen, zu dem in neuerer Zeit noch die von Staats wegen verkündeten Gesetze kommen, hat sich eine verwirrende Vielfalt an Handlungsanleitungen, Ge- und Verboten entwickelt, die selbst die Experten kaum noch zu überschauen in der Lage sind. Hinzu kommt, dass sich mehrere Rechtsschulen gebildet haben, die durchaus voneinander abweichende Stellungnahmen sogar zu Kernfragen des Rechts abgegeben haben und abgeben.

DIE FRAU IM ISLAM

Für den Nichtmuslim von besonderem Interesse ist die bereits erwähnte in unseren Augen problematische Rechtsstellung der Frau im Islam. Dabei wird oft übersehen, dass der Wandel des hiesigen Frauenbilds auch noch ziemlich jungen Datums ist und dass von tatsächlicher Gleichberechtigung auf vielen Gebieten selbst in der westlichen Welt noch nicht die vollgültige Rede sein kann. Dennoch: Bei wachsender Zuwanderung von Muslimen nach Europa und in die USA besteht bei diesem Thema hoher Aufklärungsbedarf, damit Konflikte bewusst und beizeiten entschärft werden. Fürchten Musliminnen und mehr noch Muslime den Verlust der überkommenen Rollen in der Familie durch fremde Einflüsse, so sorgen sich die Gastländer um das hier an Emanzipation Erreichte; es könnten Vorstellungen importiert werden oder bei den Jugendlichen Schule machen, die mit den abendländischen Traditionen nicht zu vereinbaren wären.

Polygamie im Sinne von Polygynie (Vielweiberei) war auch im vorislamischen Arabien gang und gäbe, allerdings nur bei denen, die sich einen entsprechend großen Hausstand leisten konnten. Der Mann nämlich musste, und er wird durch den Koran auch ausdrücklich dazu verpflichtet, für angemessenen Unterhalt

Turkmenische Frauen im Iran beim Kämmen von Wolle.

seiner Frauen und Kinder aufkommen, was vielen Männern nicht möglich war. Die Mehrehe war daher auch als Versorgungseinrichtung zu verstehen für Frauen, die sonst der Gemeinschaft zur Last gefallen wären. Das wiederum ergab sich aus der nur über den Mann definierten Rolle der Frau, die als eigenes Wirtschaftssubjekt auch für den Koran nicht in Betracht kommt. Sie kann nicht einmal ohne männliche Begleitung den *hadjdj*, also die auch ihr vorgeschriebene Pilgerfahrt nach Mekka unternehmen.

Heute allerdings ist die Monogamie auch in islamischen Ländern weitgehend die Regel und wird vielfach durch staatliches Recht gesichert. Gewachsenes Selbstbewusstsein der Frauen spielt dabei ebenso eine Rolle wie die über die Medien bis in die letzten Winkel verbreiteten westlichen Vorbilder. Obwohl die dennoch weiterhin gültige Vier-, beim Propheten sogar Vielzahl von erlaubten Ehefrauen die Zweitrangigkeit des weiblichen Geschlechts deutlich macht, ist dies vor Gott anders. Ihm gegenüber haben Frauen und Männer die gleichen Pflichten und werden dereinst beim Jüngsten Gericht daran gemessen, wie sie ihnen nachgekommen sind.

Auf Erden aber, daran lässt der Koran keinen Zweifel, gebührt dem Mann eindeutig der Vorrang vor der Frau. Auch wenn der Islam gewisse Vorteile dahingehend für Frauen brachte, dass sie selbst und nicht mehr ihre Sippe oder ihr Stamm das Brautgeld bekamen, haben sie bis heute im außerhäuslichen Bereich nur höchst eingeschränkte Rechte, dürfen in einigen Gegenden nicht ohne männliche Begleitung ausgehen, können ohne Genehmigung des Mannes, Bruders oder sogar Sohnes kein Geld ausgeben und haben sich sexuell zur Verfügung zu halten. Wegen der »Unreinheit« in der Menstruationszeit, die als »Schaden« (oder »Plage«) eingestuft wird, und während der Schwangerschaft geht das nicht immer; auch dies sind Gründe für die Mehrehe. Sie ist zudem im Sinne einer möglichst großen Nachkommenschaft erwünscht, die im Alter die Eltern ernähren kann. Deswegen werden (Ehe-)Frauen auch als »Acker« bezeichnet (Sure 2, Vers 223), den der Mann möglichst eifrig zu bestellen hat, »wie Allah es euch geboten hat«. Das entspricht der biblischen Weisung »Seid fruchtbar und mehret euch!«

EIGENTUM DES MANNES

Die ehelichen Pflichten sind also recht einseitig zugunsten des Mannes verteilt, der auch disziplinarische Rechte gegenüber der Frau hat. Ähnliches gilt für

Die Miniatur aus dem Jahre 1560 zeigt ein Paar im Garten.

die Scheidung, die nur der Mann einseitig und ohne oder doch ohne triftigen Grund beanspruchen kann; es genügt schon, wenn ihm die Frau auf einmal »zuwider« ist (Sure 4, Vers 19). Vor der Hochzeit geschlossene Eheverträge des Inhalts, dass der Mann verspricht, seine Frau zu »entlassen«, wenn er gewalttätig wird oder eine weitere Frau heiratet, sind oft das Papier nicht wert, auf dem sie stehen. Selbst Staaten wie die Türkei, die in der Verfassung Mann und Frau gleichgestellt haben, können gegen solche überholten Anschauungen nur wenig ausrichten, wie sie auch gegen die Verheiratung von Kindern durch die Eltern, sprich: den Vater oder die Erzwingung von Ehen gegen den Willen der Töchter relativ machtlos sind.

Das Besitzrecht des Mannes an seiner Frau oder seinen Frauen, wozu eben auch die Töchter zählen, ist nahezu unbeschränkt. Einzige Ausnahme: Er darf sie nicht gegen ihren Willen vererben. Hinsichtlich ihres Verhaltens zu Lebzeiten jedoch hat er die alleinige Weisungsbefugnis, was auch in den diversen Kleidervorschriften zum Ausdruck kommt. Sie sind von Land zu Land äußerst unterschiedlich und reichen von der völligen Schleierfreiheit bei den Berbern bis zur Burka, die von den afghanischen Taliban den Frauen verordnet wurde. Aus dem Koran sind solche Vorschriften kaum abzuleiten, denn nach Mohammed geht es nur um »züchtige« Bekleidung und darum, die Scham zu bedecken. Alle Formen der Verschleierung durch Haar- (mittels Kopftuch), Gesichts- oder Ganzkörperverhüllung sind Ergebnisse der jeweiligen Tradition. Ziel ist stets, die schon im Koran sehr groß geschriebene Triebhaftigkeit des (fremden) Mannes nicht zu reizen.

Die Beschneidung von Mädchen *(khafd)*, auch schon ein vorislamischer Brauch, dient offenbar dem umgekehrten Schutz: Die Frau soll ihrerseits möglichst wenig in Versuchung kommen. Hygienische Gründe, wie sie für die auch in anderen Kulturen verbreitete Beschneidung der männlichen Kinder und Jugendlichen gelegentlich genannt werden, sind dafür kaum ins Feld zu führen.

Offenbar wird die Mädchenbeschneidung auch nicht allzu guten Gewissens vorgenommen, denn sie findet nur heimlich statt, während sie bei Knaben gewöhnlich mit aufwändigen Festen begangen wird. Internationaler Druck kann hinter der Heimlichtuerei nicht stecken, denn Initiativen, die schmerzhafte Verstümmelung zu ächten, gibt es erst in neuester Zeit. Sie haben zudem bisher kaum Wirkung gezeigt; noch in den 1990er-Jahren wurde von höchster Stelle (Al-Azhar Universität) in der Mädchenbeschneidung eine »religiöse Notwendigkeit« gesehen.

Festzuhalten ist bei alledem, dass die rechtlich schwache Position der Frau natürlich nur im Konfliktfall zum Problem wird. Im Allgemeinen sind die muslimischen Partnerschaften nicht mehr und nicht weniger glücklich als die in anderen Kulturen. Wer arabische oder türkische Hochzeiten miterlebt, wird von der allgemeinen Freude bei Männern wie Frauen angesteckt. Ohne Familie, auf die hin alle Lebensplanung angelegt wird, ist Glück für die wenigsten vorstellbar. Und beide Partner gehen im ehrlichen Bemühen in die Ehe, einander glücklich zu machen und Geborgenheit zu schenken.

Die islamische Welt heute

Alles bisher Gesagte gilt ohne Abstriche nur für die Sunniten, und das sind fast neunzig Prozent der 1,2 Milliarden Muslime; unter den in Deutschland lebenden 2,8 Millionen sind sogar über fünfundneunzig Prozent Sunniten. Natürlich gibt es bei ihnen wiederum nach Ländern oder nach herrschender Rechtsschule abweichende Meinungen insbesondere im Grenzbereich zum Politischen, und auch die Auslegung von Koranstellen differiert oft nicht unerheblich. Doch Grundsätzliches trennt sie nicht. Eigentlich trifft das auf die mit ihnen verfeindeten Schiiten (von *schia* = Partei) ebenfalls zu, denn Koran und Prophet sind für diese genauso maßgebend. Und doch: Gerade die eher nachrangigen Differenzen können heftiger entzweien, als es das völlig Fremde vermag, vor allem dann, wenn beim Bruch Blut geflossen ist. Der islamische Glaube ist für beide Richtungen unteilbar, weswegen der jeweils andere als Abweichler oder, christlich gesagt, als Ketzer gilt. Ungläubigkeit scheint leichter hinnehmbar, wie wir auch am nordirischen Konflikt zwischen Katholiken und Protestanten sehen und aus den vielen Glaubenskriegen lernen können.

Zur Spaltung kam es wegen der Nachfolge Mohammeds, zu der nach schiitischer Meinung allein der Schwiegersohn Ali und seine männlichen Nachkommen in direkter Linie berechtigt waren. Sie gelten als Imame, also rechtmäßige und »göttlich geleitete« Oberhäupter der *umma*, der Gemeinde der Gläubigen. Der Konflikt brach auf, als der Omaijade Moawija 661 Ali besiegte, sich selbst zum Kalifen machte und diese Würde in seiner Familie erblich machte, in einer Familie, die seinerzeit lange gegen Mohammed gekämpft hatte. Alis Niederlage aber war noch nicht der Beginn der eigentlichen Spaltung. Sie wurde erst unheilbar, als Alis zweiter Sohn Husain, Mohammeds Enkel und dritter Imam in den Augen der Partei *(schia)* Alis, im Jahr 680 den Versuch machte, die Herrschaft zurückzuerobern. Mit wenigen Getreuen, die meisten hatten ihn im Stich gelassen, stieß er ins Zweistromland vor und wurde bei Kerbela am Ostrand der Syrischen Wüste von den Omaijaden-Truppen ge- und erschlagen. Muslime hatten muslimisches, ja Blut der Prophetenfamilie vergossen.

Jetzt erst kam den Ali-Anhängern zu Bewusstsein, welch ungeheuren Verlust sie erlitten hatten und in welche Schuld sie sich durch Feigheit verstrickt hatten. Im Jahr 684 versammelten sie sich zur Klage am Grab des Imams, von dessen Familie ein Sohn überlebt hatte, der vierte Imam, nach dem Großvater ebenfalls Ali geheißen. Husain rückte in schiitischer Tradition nun zum höchstverehrten Märtyrer auf, und die Trauer um ihn nahm Züge einer Büßerbewegung an. Da Allah selbst dem Schwiegersohn Mohammeds den Koran ausgelegt habe, hätte sich dieses göttliche Wissen in seinen Söhnen und deren Söhnen fortgeerbt, sodass alle Imame im Stand der Weisheit waren und ihr Vorbild und ihre Aussprüche für die schiitische Überlieferung so bedeutsam wurden wie die Berichte *(hadithe)* über Mohammeds Leben und Äußerungen für die sunnitische. Die Imam-Aussagen wurden im 9. Jahrhundert in vier Büchern gesammelt, die zu den heiligen Schriften des Schiismus gehören.

Darin wird geweissagt, dass dereinst der »Mahdi« (der von Gott Geführte) kommen und in der Endzeit alle Gläubigen unter seinem Banner vereinigen werde. Diese Heilshoffnung bildete sich wohl auch wegen des Ausbleibens einer »gerechten« Wiederversammlung aller Muslime unter einem Führer und wegen des Aussterbens der direkten männlichen Linie der Ali-Dynastie. Für den größten Teil der Schiiten war das bei Muhammad ibn Hasan, dem zwölften Imam, im Jahr 874 der Fall, um den sich die Legende bildete, er sei nicht gestorben, sondern nur verborgen und warte alterungslos darauf, als der verheißene Mahdi wiederzukommen. Man nennt diese Lehre daher auch Zwölfer-Schia im Unterschied zu anderen Auffassungen, die weniger Imame anerkennen oder die Reihe der Imame fortgesetzt haben.

HEILIGE STÄTTEN DER SCHIITEN

Alle Imame sind für die rund 120 Millionen Schiiten Märtyrer, auch der verborgene, denn er wird, ehe er sein Reich der Gerechtigkeit errichtet, ebenfalls unschuldig den Tod erleiden, wenn er sich wieder zeigt. Die Imame haben stellvertretend gelitten und der verborgene wird ebenfalls für die Gläubigen leiden, eine Auffassung, die dem christlichen Erlösungsglauben nahe kommt. Zusammen mit dem Propheten und seiner Tochter Fatima gelten die Imame zudem als die »vierzehn Unfehlbaren«, die keines Irrtums fähig und keiner Sünde schuldig sind. Über ihren Gräbern und an den Stätten ihres Wirkens von Kerbela bis Samarra, Nedjef bis Meschhed wurden prachtvolle Moscheen errichtet, die Wallfahrtsziele wurden. Seltsamerweise aber entwickelte sich die Stadt Kum (Ghom) etwa 140 Kilometer südwestlich von Teheran zum wichtigsten Pilgerort des Schiismus: Hier war 816 Fatima gestorben, die Tochter des siebenten und Schwester des achten Imams, die als »die Sündelose« gilt. Die Hochschule von Kum ist geistlich maßgebend für die Schiiten.

Hier werden auch Geistliche ausgebildet, die es im Sunnismus so nicht gibt. Aus den *ulama*, den Rechtsgelehrten der Sunniten, entwickelte sich bei den Schiiten ein Theologenstand, zu dem die Mullahs gehören. Sie sind Rechts- und Religionslehrer, die bei entsprechender wissenschaftlicher oder politischer Autorität zu Ayatollahs aufsteigen können. Der Titel dieser herausragenden Gelehrten bedeutet wörtlich »Zeichen (oder Wunder) Gottes«, und der Ranghöchste unter ihnen trägt die Bezeichnung *Ayatollah al-usma*, zu deutsch »größtes Wunderzeichen Gottes«, ein Verehrungstitel, wie er etwa dem iranischen Revolutions-

Der in gegenwärtiger Zeit wohl bekannteste Führer der Schiiten, der gleichzeitig Religionsführer (Ayatollah) und Politiker war: Ruholla Mussawi Khomeini.

führer Ayatollah Khomeini nach 1979 zukam, der als »Fakih« (Führer der Nation) auch oberster politischer Repräsentant wurde.

Im historischen Überblick über die Ausbreitung des Islam ist bereits dargestellt worden, dass zwei schiitische Dynastien vorübergehend zu erheblichem Einfluss gekommen sind: die Buyiden im eigentlichen Kerngebiet des Islam im Zweistromland und im Osten sowie die Fatimiden in Afrika, Ägypten und Palästina/Syrien. Sie sind später weitgehend von sunnitischen Herrschern verdrängt worden, und nur im heutigen Iran, wo der Schiismus Staatsreligion ist, und im Irak hat sich eine starke schiitische Gemeinschaft zu behaupten vermocht.

Politisch allein maßgebend aber ist sie vorläufig nur im Iran, während sie im Nachbarland lange unter dem Druck der sunnitisch orientierten Bagdader Führung leben musste, obwohl sie die Bevölkerungsmehrheit stellt. Nicht zuletzt aus diesem Konflikt entstand der 1980 bis 1988 geführte, äußerst blutige erste Golfkrieg zwischen beiden Ländern.

HEILIGER KRIEG

Die Globalisierung macht auch vor dem Islam nicht halt, und das ist in vielerlei Sinn zu verstehen: Die islamischen Länder sind mit den ökonomischen Herausforderungen des Weltmarktes konfrontiert; sie müssen ihren Völkern Antwort geben auf das Warum der wachsenden Kluft zu den Wohlstandsstaaten; sie haben dafür zu sorgen, dass diese nicht weiter wächst, sondern möglichst verringert wird; sie sehen sich geistigen Importen über die weltweiten Kommunikationsnetze gegenüber; sie haben sich mit den Rückwirkungen der Migration von Muslimen in alle Welt auseinander zu setzen. Die nach Europa und in die USA ausgewanderten Glaubensgenossen bleiben ja in Kontakt mit ihren Heimatländern und öffnen dadurch unvermeidlich deren Gesellschaften für neue Fragen. Dass terroristische Antworten die falschen sind, wissen die Verantwortlichen, doch sind Fanatiker nicht ohne weiteres zu zähmen.

Sie motivieren ihr Tun zudem gern religiös, auch wenn Koran und Tradition dafür wenig bis nichts hergeben. Zentraler Begriff dabei ist der *djihad*, was ursprünglich nur »Einsatz, Bemühen« für die Sache Allahs bedeutet, allerdings in einem so umfassenden Sinn, dass dabei zur Verteidigung und zur Verbreitung des Islam auch militärische Mittel nicht ausgeschlossen sind. Insofern trifft in eng begrenztem Rahmen die Deutung des Begriffs auch als »heiliger Krieg« zu, obwohl schon der oben erwähnte al-Ghazali im 12. Jahrhundert deutlich machte, dass der eigentliche »heilige Krieg« gegen die eigene Sündhaftigkeit zu führen ist, neben dem der Kampf um Missionierung nur ein »kleiner heiliger Krieg« sein könne. Hinzu kommt, dass eine Zwangsbekehrung von »Schriftbesitzern« wie Juden und Christen, die Allahs Offenbarung nur

Zahlreiche Moscheen beeindrucken durch ihre filigranen und aufwändigen Mosaikarbeiten.

Auch wenn der Islam einen Personenkult um Mohammed kaum rechtfertigt – weswegen man auch eher von Muslimen als von Mohammedanern spricht –, wird der Geburtstag des Propheten doch ausgiebig gefeiert, wie hier von jungen Türkinnen in Berlin.

nicht richtig bewahrt haben, ausdrücklich ausgeschlossen ist. Gerade gegen sie, insbesondere gegen die Juden in Israel, aber richtet sich die moderne Form des terroristischen »heiligen Krieges«, der denn auch unter dem Etikett »Verteidigung« verkündet und geführt wird.

ISLAMISMUS

Die Fanatiker, die der Sache des Islam auf lange Sicht eher schaden, haben bei ihrem Tun freilich das beste Gewissen, ja sie beruhigen etwaige Skrupel erfolgreich mit der Aussicht auf den himmlischen Lohn, der »Märtyrern« winkt. Darunter versteht der Islam anders als das Christentum nicht nur passive Dulder, die ihr Leben um des Glaubens willen verloren haben, sondern auch im offensiven Kampf für Allah gefallene »Blutzeugen«. Natürlich könne Allah seinen Krieg auch selbst führen und würde immer obsiegen, doch nach Sure 47, Vers 4 bis 8 will er die Gläubigen prüfen, inwieweit sie tatsächlich zur völligen Hingabe *(islam)* bereit sind. Wörtlich heißt es dort weiter:

»Und diejenigen, die in Allahs Weg getötet werden, nimmer leitet Er ihre Werke irre.
Er wird sie leiten und ihr Herz in Frieden bringen.
Und einführen wird Er sie ins Paradies, das Er ihnen zu wissen getan.
O ihr, die ihr glaubt, wenn ihr Allah helft, wird Er euch helfen und eure Füße festigen.
Die Ungläubigen aber, Verderben über sie! und irre leitet er ihre Werke.«

Eine Legitimation für Mord und Totschlag an Unbeteiligten bietet der Islam als Religion keinesfalls. Die ihn politisch-ideologisch deuten und Blutbäder geradezu als Gottesdienste inszenieren, überschreiten eindeutig das islamische Sittengesetz. Sie machen aus der Religion des »Allerbarmers« einen Islamismus, der sein Selbst-Bewusstsein allein aus der Konfrontation bezieht. Bis zur Mitte des 20. Jahrhunderts gab es eine solche mörderische Verzerrung nicht; sie entstand erst aus dem Aufbäumen der Völker des Nahen und Fernen Ostens gegen den Kolonialismus und hat neuerdings an Schärfe gewonnen. Der Islamismus speist sich nun aus den Enttäuschungen darüber, dass beide Wege – der kapitalistische wie der sozialistische – den wirtschaftlichen Niedergang der islamischen Länder nicht haben aufhalten können. Die Schuld suchen die Fanatiker bei der Abkehr vom Buchstabenglauben und von den oder doch manchen Grundsätzen der *scharia*, die sie wieder zur Grundlage allen Rechts machen wollen.

Die radikalen Islamisten sehen daher in allem, was aus Europa oder Amerika kommt, Teufelswerk und nur in der an der Religion orientierten politischen Rückbesinnung einen »dritten Weg«. Dann würde der Islam wieder zur politischen Klammer und zu der Kraft, die einstmals die Größe und die Vormachtstellung der islamischen Welt ausgemacht habe. Diesen Weg kann natürlich nur eine Elite beschreiten, und zu sichern wäre er immer nur autoritär durch besonders berufene Führer, die im Besitz der »reinen« Lehre sind. In dieser antidemokratischen Grundhaltung ähneln die diversen islamistischen Bewegungen einander. Wenn es aber darum geht, wie ein zukunftsfähiges Modell auszusehen hätte, dann zerfasern die verschiedenen Strömungen, ja geraten in Konflikt miteinander. Keinesfalls alle nämlich wollen moderne Errungenschaften über Bord werfen, und zwei so »fundamentalistische« Richtungen wie die der iranischen Ayatollahs und der afghanischen Taliban sehen im jeweils anderen sogar einen Todfeind.

Solche Konfrontation wird allerdings oft überdeckt durch die Konzentration auf einen gemeinsamen Feind, ob er nun von außen kommt wie die USA bei ihrem Anti-Terror-Krieg oder im Innern bekämpft wird wie das Regime der Militärs in Algerien. Insofern verhindern Brandherde wie der in Palästina die Selbstbesinnung auf die eigenen Reformkräfte, ohne die eine gedeihliche Entwicklung weder im arabischen Raum noch in Nordafrika oder Südostasien in Gang kommen kann. Von einigen Traditionen müssen die in Rede stehenden Staaten Abschied nehmen, wenn ihnen beispielsweise das Wachstum der Bevölkerung nicht aus dem Ruder laufen soll. Sonst dreht sich die Armutsschraube weiter, und es baut sich ein Konfliktpotenzial auf, das nicht nur den inneren Frieden der fraglichen Länder bedroht.

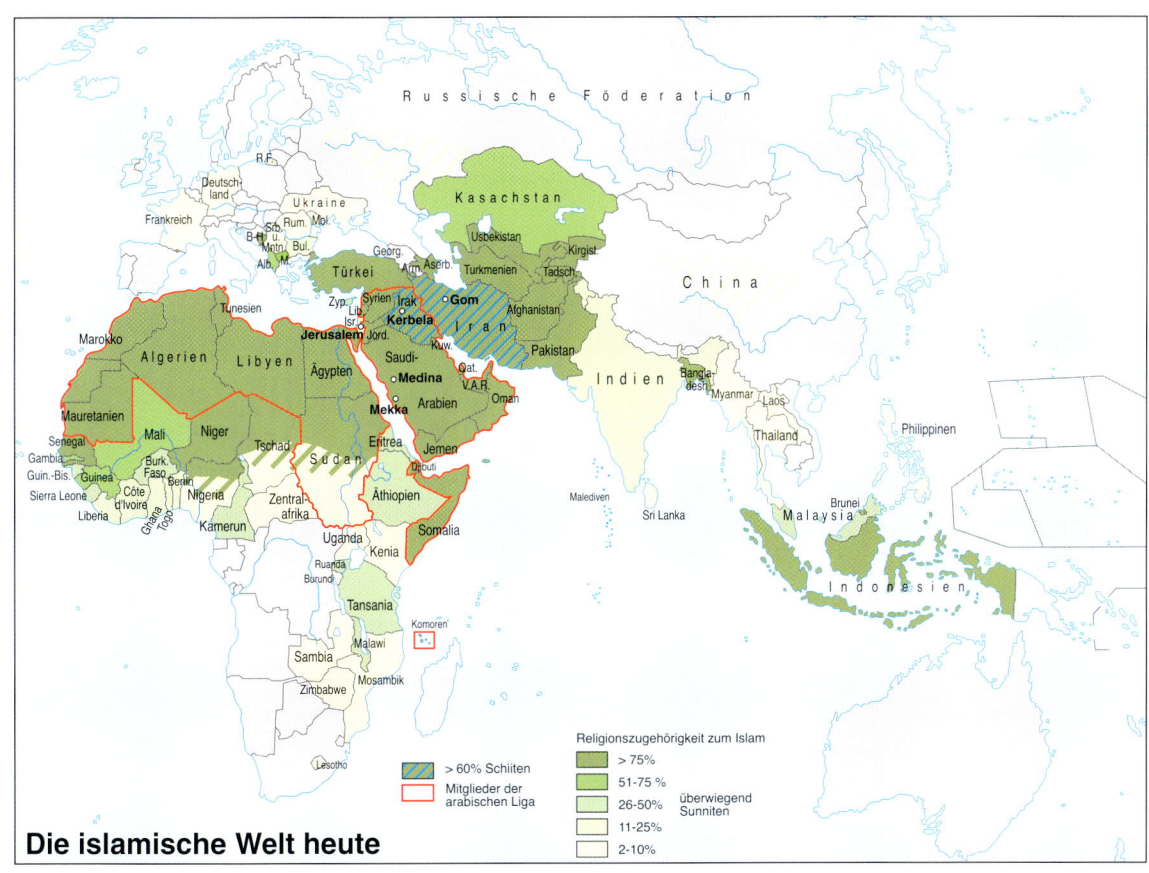

Die islamische Welt heute

IV Hinduismus

Schon der Name »Hinduismus« sagt, dass wir es bei dieser Religion mit stark regional geprägten Glaubenslehren zu tun haben: Abgeleitet ist der Begriff vom Fluss Indus, der sich aus fünf großen Strömen speist und den Westen des indischen Subkontinents beherrscht. Von Westen kamen auch die entscheidenden Impulse zur Entwicklung der altindischen (dravidischen) Kultur und Religion hin zum Hinduismus. Die aus dem Inneren Asiens im 2. Jahrtausend v. Chr. vordringenden indogermanischen Arier brachten einen Kriegerglauben mit, der durch Vermischung mit den alteingesessenen Vorstellungen das vielfältige spirituelle System prägte.

Der Hinduismus ist kein einheitliches religiöses Bekenntnis, sondern eine Weltsicht, in der ein Vielgötterhimmel und ein urtümlicher Dämonenglauben ebenso Platz haben wie die Vorstellung, dass aller Vielheit ein einheitliches unpersönliches Göttliches zugrunde liegt. Keine der zahlreichen Richtungen gibt es in reiner Form, sondern immer nur in reicher Verbindung mit den anderen, sodass Toleranz zu einem Merkmal der im Wortsinn weitherzigen Religion geworden ist. Das darf allerdings nicht mit Beliebigkeit der Inhalte verwechselt werden, denn einige Säulen des Glaubens gelten für alle der rund 800 Millionen Hindus. In erster Linie ist das die Lehre von der Kaste, in die jeder Mensch hineingeboren wird. Diese sozial abgeschlossenen Schichten der Gesellschaft sind Spiegel der hierarchisch, also stufig gedachten Weltordnung von den Göttern über die in mehrere Rangklassen eingeteilte Menschheit bis zu den Tieren, Pflanzen und bis zur unbelebten, aber keineswegs unbeseelten materiellen Natur.

Und »Seele« ist sozusagen auch der Botenstoff, der die Sphären durchlässig macht, denn als zweite Säule gehört zur Lehre des Hinduismus der Glaube an die Seelenwanderung, an den ewigen Kreislauf *(Samsara)* der Existenzen, dem das Individuum unterworfen ist. Wie sich der Gläubige diese kosmische Kausalität zu denken hat, das lehren ihn die allen Hindus gemeinsamen Überlieferungen *(Smriti)*, festgehalten in den heiligen Schriften, in erster Linie in den aus frühester Zeit überlieferten *Veden* (»Wissen«), aber auch in späteren Texten wie den *Puranas* (Mitte des 1. Jahrtausends v. Chr.) und dem knapp ein Jahrtausend jüngeren Epos *Mahabharata* mit dem Lehrgedicht *Bhagavadgita* (»Gesang des Erhabenen«).

Andere Vorstellungen sind weniger verbindlich, aber sehr verbreitet – von der Verehrung der heiligen Kühe über den Glauben an die reinigende Kraft der heiligen Flüsse und an einige Hauptgottheiten bis hin zu Wallfahrten zu heiligen Stätten. Zu den allgemein angerufenen Göttern zählen vor allem der Schöpfergott Brahma, dessen Bedeutung für den religiösen Alltag allerdings gering ist, der Erhalter Vishnu und der Zerstörer Shiva (»der Gütige«). Sie und andere Götter können in menschlicher Gestalt, etwa als Held Rama oder als Krishna (»der Dunkle«), erscheinen. Ihre Taten sind als beispielhaft in den heiligen Schriften gepriesen.

Die Globalisierung hat längst auch den Hinduismus erfasst. Gab es bis ins 20. Jahrhundert hinein vor allem starke hinduistische Minderheiten in Sri Lanka, Nepal oder Indonesien, so finden sich heute Hindu-Gemeinschaften sowohl in Europa als auch und vor allem in den USA.

Der Sonnengott Narayan. Fassadendetail am Bhagavati-Tempel Parcem in Goa (Indien).

Gegenüberliegende Seite: Ein Brahmane beim Studieren eines religiösen Textes.

Frühes Indien

Der Hinduismus, ein Begriff der sich von der iranischen Bezeichnung für den mächtigen Fluss Indus herleitet, zeichnet sich durch rasche Entwicklung aus. Daher wird oft zu wenig Wert darauf gelegt, seine historischen Wurzeln zu betrachten; man ist vollauf mit seinem momentanen Erscheinungsbild beschäftigt. Dabei ist es bei ihm nicht anders als bei allen übrigen geistlichen Strömungen – nur der genaue Blick auf die frühesten Entwicklungsstufen macht die späteren erst einigermaßen verständlich.

Weil aber der Hinduismus keine Stifterreligion ist, verlieren sich seine Anfänge in der Vorgeschichte, so als habe es ihn immer schon gegeben und als sei er sozusagen die eigentliche Urreligion. Wir müssen daher die Fäden da aufnehmen, wo sie erstmals fassbar werden, und das ist zu einer Zeit der Fall, da auch die anderen Hochkulturen an den großen Strömen Afrikas und Asiens ins Licht der Geschichte treten.

Bedauerlicherweise werfen die beiden wichtigsten Zentren der Kultur am Indus, das namengebende Harappa im Pandschab (Fünfstromland) und das über ein halbes Tausend Kilometer weiter flussabwärts gelegene Mohenjo-Daro, große archäologische Probleme auf: Die Ruinen der nördlichen Metropole wurden im 19. Jahrhundert als Steinbruch geplündert und bis auf die Grundmauern abgetragen, das südlichere Mohenjo-Daro liegt so knapp über dem heutigen Grundwasserspiegel, dass Tiefgrabungen zum Gewinn von Erkenntnissen über die Entwicklung der Stadt durch die Jahrhunderte seit dem Zeitraum von etwa 2600 v. Chr. bis zum Verfall um 1750 v. Chr. kaum möglich sind.

Wir haben es in den so früh blühenden Zentren am Indus und an seinen Quellflüssen mit einer Kultur zu tun, die sich auch auf dem restlichen Subkontinent ausgebreitet oder doch mindestens auf ihn ausgestrahlt haben muss. Diesen Befund stützen auch Kunstwerke, die in Harappa und Mohenjo-Daro entdeckt worden sind, darunter Stierdarstellungen und Phallussteine, wie sie in Fruchtbarkeitsriten des Hinduismus verwendet wurden und werden. Das allein wäre ein recht dünnes Band, doch fand man auch das Bild einer wie in Yoga-Stellung sitzenden Gottheit, die mit Hörnern geschmückt und von vielen Tieren umgeben ist. Es gehört nicht viel Fantasie dazu, darin ein Urbild des Hindu-Gottes Shiva (»der Gütige«) zu sehen – in der Gestalt des Pashupati, wie er als Herr der Tiere heißt. Bilder weiblicher Gottheiten, wie sie später als Gemahlinnen und Energiespender Shivas auftreten, identifizierten die Archäologen ebenfalls.

Diese indische Miniatur aus dem 18. Jahrhundert zeigt einen Yogi vor einem Landschaftshintergrund mit einem Baum und Felsen und stammt aus einer Serie von Darstellungen der Yogatechnik mit Versen in Hindi in Devanagari-Schrift.

VORDRINGEN DER ARIER

Die meisten Historiker nehmen an, dass die Harappa-Kultur zwar auch schon vorher Verfallserscheinungen zeigte, aber erst dem Angriff der aus Zentralasien vordringenden Völkerschaften um die Mitte des 2. Jahrtausends v. Chr. endgültig erlag. Die neuen Herren des Indusgebiets nannten sich selbst *Arya* (»Edle«) zur Abgrenzung gegenüber den Unterworfenen. Da sie auch eine andere, nämlich eine zur indogermanischen Familie gehörende Sprache mitbrachten, wurde der Begriff »Arier« später sprachwissenschaftlich verwendet und schließlich im Dritten Reich sogar völlig abwegig rassisch umgedeutet. Eine andere Rasse aber war es zweifellos nicht, die da in das hoch entwickelte Indien einbrach. Es handelte sich um vorderasiatische Stämme, verwandt mit den Iranern, die waffentechnisch das wettmachten, was ihnen kulturell fehlte. Leider fehlte ihnen auch der Blick für die großen Leistungen der Harappa-Kultur, sodass beispielsweise deren ausgeklügelte Bewässerungsanlagen zerstört wurden und ihre Ingenieurskunst in Vergessenheit geriet. Erhalten aber blieben Elemente der religiösen Vorstellungen der Harappaner. Zwar dominieren im Hinduismus die von den Ariern mitgebrachten Mythen und Kulte, doch in Spuren finden sich auch ältere Versatzstücke, wie wir am Gott Shiva und seinen weiblichen Pendants bereits gesehen haben. Wie viele der Unterworfenen die Religion angenommen haben, ist wegen der fehlenden schriftlichen Überlieferung nicht zu beurteilen. Es wird wohl so gewesen sein, dass die Religion der Eroberer den Besiegten mehr oder weniger gewaltsam verordnet wurde. Einige überkommene Vorstellungen der Vorbevölkerung überleben in solchen Fällen aber immer, wenn sie dem Siegerkult nicht gänzlich zuwider laufen. Es genügt die Feststellung, dass wir bei der im *Veda* (»Wissen«) überlieferten Arier-Religion mit Sicherheit eine Mischung aus bodenständigen Kulten und importierten Vorstellungen vor uns haben. Dafür spricht auch der Hinweis im Veda, dass die Besiegten nicht die falschen Götter, sondern nur die Götter falsch verehrt hätten.

Damit ist das Stichwort gefallen: Der in der Sprache Sanskrit überlieferte Veda der Arier ist das älteste Korpus altindischer Literatur, bestehend aus vier Sammlungen *(Samhita)* unterschiedlichen Alters. Man spricht daher auch von den Veden. Sie sind die einzige zeitnahe Quelle für die Zustände in der Epoche des Vordringens der Eroberer. Über Jahrhunderte, wenn nicht gar Jahrtausende mündlich weitergegeben, sind die ältesten Teile nicht nur wegen zu vermutender Übermittlungsverluste ungenau, sondern auch wegen ihrer religiösen Motivation. Als Geschichtsschreibung in unserem Sinn können die Texte wahrlich nicht gelten, und so sind unsere Kenntnisse über das frühe Indien kaum zutreffender als die mythischen Nachrichten von der Gründung Roms und den ersten Jahrhunderten der römischen Geschichte. Nur die Berichte über die zahlreichen auch inner-arischen Kriege dürften wahre Begebenheiten spiegeln, da diese im kollektiven Gedächtnis meist tiefe Spuren hinterlassen. Einigermaßen verlässlich allerdings geben die vedischen Texte das Vordringen der Eroberer wieder. Da sie sich nach ihrem Alter ordnen lassen, können wir anhand der Ortsnamen auf das jeweils besetzte Gebiet schließen: Stehen in den ältesten Versen vornehmlich Orte im östlichen

Aus der Harappa-Kultur um 2000 v. Chr. stammt dieser männliche Torso aus rotem Sandstein.

Ebenfalls aus der Harappa-Kultur stammt diese Bronzeskulptur eines Wagenlenkers.

Afghanistan und vor allem im Industal, so finden sich später vermehrt auch solche aus dem Ganges-Gebiet und machen die Stoßrichtung der Arier deutlich. Am mittleren Ganges kamen sie danach zunächst zum Stehen. Die Ostausdehnung war allem Anschein nach mit einem Rückzug aus den heute pakistanischen Regionen im Westen verbunden, die wohl wegen ihrer geringeren Fruchtbarkeit den arischen Hirtennomaden weniger zusagten, vor allem nachdem diese als Bauern sesshaft geworden waren.

GESELLSCHAFTLICHE GLIEDERUNG

Das muss spätestens um 1200 v. Chr. geschehen sein, als die soziale Gliederung der arischen Gesellschaft deutlicher wurde: Organisiert waren die Arier in streng patriarchalisch vom männlichen Familienoberhaupt geführten Sippen und diese wiederum in Stämmen, denen ein König *(Raja)* vorstand. Er war aber keineswegs unumschränkter Herrscher, sondern hatte seinen Rat *(Sabha)* und bei bestimmten Anlässen auch die Volksversammlung *(Samiti)* zu hören. Außerdem unterlag er dem großen Einfluss seines Hausgeistlichen *(Purohita)*, der gegen Entgelt die Opfer zelebrierte, ohne die nichts unternommen werden durfte, denn sonst hätte der König den Zorn der Götter heraufbeschworen, und seine Untertanen wären nicht zur Gefolgschaft verpflichtet gewesen. Es ist nicht weiter verwunderlich, dass mit der Zeit die Macht der Priesterklasse ins Immense wuchs. Der Beruf des Priesters, des Brahmanen, wurde denn auch als der erste erblich und damit Ursprung eines sich mit der Zeit verfestigenden Kastensystems.

Mit geheimnisvollen Riten, blutigen Opferhandlungen und besonderen Gewändern beeindrucken die Priester die Menschen dabei ebenso wie mit Arzneien und allerlei Wunder wirkenden Rezepturen. Bei den Arier-Brahmanen war das vor allem der so genannte Soma, ein berauschender Saft aus einer Kletterpflanze, vielleicht mit Fliegenpilzbeimengung. Dieses Rauschmittel tranken die Priester und erlangten dadurch eine Art Trancezustand, der den Laien wie höhere Eingebung erscheinen musste. Was die Brahmanen in dieser Ekstase äußerten, wurde als göttlicher Orakelspruch hingenommen und befolgt.

Eine Weile war die Führung zwischen den hohen Militärs und den obersten Priestern noch strittig, doch setzten sich schließlich die Brahmanen – nicht zuletzt wegen ihres durch Opfergebühren gespeisten Reichtums – in der mittelvedischen Zeit bis etwa 850 v. Chr. durch. Sie übertrugen die Erblichkeit ihres Standes auch auf die anderen Schichten: Krieger, Bauern und Hirten, Bürger (Handwerker, Händler), hörige Unterworfene. Noch aber gab es eine gewisse Durchlässigkeit in dieser Schichtung, die erst in den folgenden Jahrhunderten immer starrer wurde, sodass etwa Ehen über die Kastengrenzen hinweg fast völlig unmöglich wurden. Diese Verfestigung stieß ebenso wie die große Macht der Brahmanen auf Kritik und löste eine religiöse Erneuerung aus. Es entstand die Bewegung der Wanderasketen *(Sramanas)*, die sich selbst auf die Sinnsuche begaben.

Die Machtkämpfe, die solche Übergangszeiten stets prägen, haben einen gewaltigen literarischen Niederschlag in dem 106 000-Verse-Epos Mahabharata gefunden. Darin geht es um den Krieg der bösen Kauravas gegen die tugendhaften Pandavas, verwandte Sippen, die stellvertretend das Duell um die Zukunft Indiens ausfechten. Liebe und Tod, Treue und Verrat, Arglist und Erbarmen – das ganze Arsenal menschlicher Leidenschaften und Schicksale liefert den Stoff zu diesem umfassenden Zeitgemälde. Konkrete historische Nachrichten sind daraus kaum zu gewinnen, dafür aber ein Eindruck von den sozialen und politischen Verwerfungen, mit denen diese Periode der Geschichte des Landes begann, die wir die spätvedische nennen, und die etwa von 850–500 v. Chr., also bis zum Auftreten Gautama Buddhas, dauerte. Vergleichbar ist das Werk allenfalls dem Homers über den Trojanischen Krieg der Griechen, über den wir auch nur legendenhaft unterrichtet sind. Erkennbar freilich wird, dass um diese Zeit ein größerer arischer Staat zwischen Indus und Ganges entstand, Keimzelle späterer Reiche, die dann bis Bengalen reichten.

Die Brahmanen wurden im Laufe der Zeit zur wichtigsten Kaste im Sozialgefüge der Arier. Ihre Stellung konnten sie noch Jahrhunderte festigen, wie dieser Kupferstich nach einer Zeichnung von Jan Huygen van Linschoten (1563–1611) zeigt, auf dem indische Händler, Schreiber und Brahmanen zu sehen sind.

Veda/Veden

Wir unterscheiden zwischen den heiligen Texten, die in der Frühzeit der arischen Einwanderung in Indien ihre endgültige Form fanden, dem Veda oder den Veden, und den Schriften, die den Umbruch zur Buddha-Zeit spiegeln, sowie jenen, die zur Erneuerung des Hinduismus in späterer Zeit geführt haben. Die ältesten religiösen Texte haben aber auch in der Spätzeit ihre Geltung behalten, erscheinen jedoch in neuem Licht: Götter oder Geister, die anfangs ganz personal aufgefasst worden waren, entwickeln sich zu Verkörperungen von Prinzipien, Kräften und kosmischen Gesetzen. Sie übernehmen die Funktion von Hilfskonstruktionen beim Bemühen um das religiöse Begreifen der Welt, des Alls, der Zeit und der Ewigkeit. Wir beobachten diese Entwicklung hin zu immer weiterer Abstraktion auch in anderen Religionen, doch bleibt im Hinduismus das Element des fast dinglichen Götterbegriffs stärker. Zwar kennt auch er eine Art Monotheismus (Eingottvorstellung), doch in ganz anderer Weise als etwa Islam oder Christentum. Für manche Hindu-Denker besteht der Glaube an das Eine, das Absolute eher in der Erkenntnis, dass die Vielheit zugleich als Einheit zu sehen ist. Vom Polytheismus (Vielgötterlehre) der Frühzeit kommen sie zu einem Pantheismus (Allgottlehre), nach dem sich Göttliches in allem manifestiert.

Beginnen wir mit dem Anfang, dem *Veda* (»Wissen«, für den Hindu: »heiliges Wissen«), einem Wort, das stammverwandt ist mit lateinisch *videre* (»sehen«) und mithin so viel heißt wie Wissen als Einblick in die Wahrheit. Der Veda ist das älteste indische Literaturdenkmal und als »Aushauch der Weltseele« *(Brahman)* trotz aller Wandlungen stets Basis des Hinduis-

Das Aufwühlen des Ozeans durch Götter und Dämonen beim Beginn der Schöpfung.

mus geblieben. Die Texte genießen schon qua Alter und als *Shruti* (»was [den Weisen der Vorzeit] offenbart wurde«) hohe Verehrung. Den Rang von Bibel oder Koran erreicht der Veda als Grundlage der Religion freilich nicht, dazu ist er trotz des imponierenden Umfangs flankiert von zu vielen mythischen Fortschreibungen, epischen Anwandlungen, religiösen Kommentaren und kontroversen Auslegungen. Man spricht auch in der Mehrzahl von den Veden, weil der Text-Kanon in vier Sammlungen *(Samhitas)* gegliedert ist. Älteste ist der *Rigveda*, das »Wissen in Versen«, es folgten der *Samaveda*, das »Wissen der Liturgie«, und der *Yajurveda*, das »Wissen der Opfersprüche«. Als letzte *Samhita*, die erst sehr viel später in den Veda aufgenommen wurde, kam der *Atharvaveda* zustande, das »Wissen von den Zaubersprüchen«.

DER RIGVEDA

Der Veda der Verse, der Rigveda, enthält die ältesten indo-arischen Texte. Wie alt sie sind, ist strittig und im Grunde nicht genau zu ermitteln, weil sie über Jahrhunderte, wenn nicht noch länger, mündlich weitergegeben worden sind. Dazu entwickelten die Priester (Brahmanen) eine ausgeklügelte Methode des Auswendiglernens, die noch heute geübt wird. Ähnlichkeiten mit indo-iranischen Texten legen nahe, dass die hier versammelten 1028 Hymnen (10 580 Verse) um die Zeit des Vordringens der Arier nach Indien in der überlieferten Form zusammengestellt worden sind, also in Anordnung und Gestalt aus der Mitte des 2. Jahrtausends v. Chr. stammen. Die Inhalte sind mit Sicherheit noch älter. Fixiert wurde der Kanon der Hymnen etwa tausend Jahre danach, um 500 v. Chr., in der mit dem Griechischen und anderen Idiomen der Indogermanen verwandten Sprache Sanskrit. Verstanden wurde sie in dieser altertümlichen Form schon bald nur noch von den Priestern und denen, die sie später wissenschaftlich pflegten. Das Volk war weitgehend ausgeschlossen und kannte allenfalls in etwa die Inhalte der bei den Opferhandlungen am häufigsten rezitierten Teile.

In zehn, meist mit römischen Ziffern bezeichnete Kreise *(Mandalas)* gliedert sich der Rigveda. Die darin versammelten Gedichte sind verschiedenen Dichterfamilien zugeschrieben, die das »Handwerk« des Dichtens über viele Generationen vererbten. Das war insofern möglich, als die Bestimmung alles Formulierten, die Rezitation beim Opfer für die verschiedenen Götter und mit den verschiedenen Absichten, strikt festgelegt war. Es handelte sich also um religiöse Zweckdichtung. Die Variationsmöglichkeiten erschöpften sich daher in der Wortwahl, in diversen Umschreibungen des Nichtsagbaren, Abwandlungen der Beschwörungen oder genauer: Einladungen der Himmlischen zum feierlichen Gastmahl. Als solches nämlich verstanden die Arier das Opfer, das die Götter günstig stimmen und ihnen die er-

Brahmanen opfern dem Gott Vishnu.

Priester sprechen ein Gebet für das Glück eines Hochzeitspaares.

wünschten Gaben – Siege, Reichtum, gute Ernten, Gesundheit, wohl geratene Kinder (Söhne vornehmlich) und dergleichen – abgewinnen sollte. Dazu wurde der Ablauf und das rituelle Beiwerk der Opferhandlungen immer weiter verfeinert, sodass die Ausübung schließlich nur noch Berufspriestern nach langjährigem Studium möglich war.

Man beachte: Anders als der spätere Hinduismus kannte die vedische Religion noch keine Tempel und auch keine Bilder der Götter. Für die Opferhandlung wurde aus Ziegeln oder Brettern dort ein Altar errichtet und geweiht, wo die umherziehenden Arier gerade ihre Weidegründe hatten und wo sich Bedarf zu einer Einladung an den einen oder anderen der Himmlischen ergab. Die vedischen Götter waren also überall zur Stelle, während Tempelgottheiten sozusagen von ihrem Amtssitz aus für Segen, Lohn oder Strafe sorgen. Umgekehrt stärkte die universale Anrufbarkeit der Götter des Rigveda ihre speziellen Funktionen, weil ja für jeden Zweck der zuständige Gott an jedem Ort eingeladen werden konnte. Ihnen fehlte daher der Aspekt einer gewissen Allmacht der in Tempeln verehrten Götter.

SAMAVEDA, YAJURVEDA, ATHARVAVEDA

Während die Texte des Rigveda bei der Opferhandlung vom *Hotar* (»Rufer«) rezitiert werden, nimmt sich derer aus dem *Samaveda* der *Udgatri* (»Sänger«) an. Diese Sammlung *(Samhita)* umfasst nur 1549 Verse, die zudem bis auf 78 alle mit Versen aus den Kreisen VIII und IX des Rigveda übereinstimmen und nur für den Verwendungszweck abgewandelt sind. Das Wort Sama heißt so viel wie Melodie und weist die Texte des Samaveda als liturgische Vorlagen aus, die gesungen wurden und werden. Beim Vortrag steigerte sich der Udgatri in Ekstase, wobei ihm der schon erwähnte Soma-Saft half. Der indische Philosoph Sri Chinmoy (*1931) beschreibt die Funktion dieser Samhita so: »Der Samaveda lehrt uns, auf welche Weise göttliche Musik unser strebendes Bewusstsein in die höchste Sphäre der Seligkeit erheben kann, und macht uns zu bewussten Kanälen Gottes, des Höchsten Musikers, für die Umwandlung menschlicher Dunkelheit in göttliches Licht, menschlicher Fehlerhaftigkeit in göttliche Vollkommenheit, menschlicher Undenkbarkeiten in göttliche Unvermeidlichkeiten und menschlicher Träume in göttliche Wirklichkeiten.«

Die beiden für Rigveda- und Samaveda-Sprüche zuständigen Priester begleiten mit Rezitieren und Singen das Opferritual, das als Dritter im Bunde der Adhvaryu vornimmt. Er murmelt dabei die im Yajurveda gesammelten Opfersprüche, die zum Gelingen der Einladung an den oder die Götter beitragen sollen. Ob sie die Speise annehmen – und mit entsprechender Dankgabe belohnen – hängt entscheidend von der exakten Ausführung aller rituellen Handlungen ab. Ein guter Adhvaryu wird daher nicht nur die meisten Sprüche des Yajurveda auswendig kennen, sondern auch entsprechende Routine bei den dazu gehörigen Gesten und Verrichtungen haben. Außerdem wird er den Schwarzen Yajurveda ebenso kennen wie den Weißen, denn so bezeichnet man die beiden Überlieferungen der im Rigveda wurzelnden Sprüche. Der Schwarze Yajurveda wird auch »ungeordnet« genannt, weil er von fünf verschiedenen Schulen kompiliert ist und neben den eigentlichen Opfersprüchen, den Mantras, auch theologische Erläuterungen bietet, während der strengere Weiße sich auf die Mantras wie *svaha* (»so sei es!«) beschränkt, die in knappster Form bloße *Bijas* (»Saatsilben«) sein können.

Der vierte Veda war lange nicht als solcher anerkannt, obwohl der Kern seiner 731 Hymnen ebenfalls auf den Rigveda zurückgeht. Das mag damit zusammenhängen, dass er nicht direkt mit dem Opferritual zu tun hat, und damit, dass die primär magische Ausrichtung des Atharvaveda, des »Wissens von den Zaubersprüchen«, den gelehrten Brahmanen anfangs suspekt war. Erst im Zuge ihrer Machtsicherung wuchs die Anerkennung für diese Schrift, denn gerade Magie war dem Volk und auch seinen Anführern gegenüber besonders geeignet, der geistlichen Macht der Priester

Unterricht in den Veden in einer brahmanischen Schule in Trichur, Kerala (Südindien).

den Vorrang vor der politischen der Herrscher und des Adels zu sichern. Den Namen erhielt diese Samhita denn auch von den Artharvans, den ältesten indischen Priestern, deren Segenssprüche und Verfluchungen, Hochzeitsformeln und Begräbnisgesänge, Heilssprüche (älteste medizinische Ratschläge) und Glückwünsche, Abwehrzauber (etwa gegen Dämonen) und Beschwörungen des Sieges darin bewahrt sind. Königliche Hofpriester verhalfen dem Atharvaveda zu derartigem Ansehen, dass er in den Kanon aufgenommen wurde. Unter den vier Priestern beim Opferritual hat denn auch der für den Atharvaveda zuständige Brahmane die Aufsicht. Es finden sich aber im Atharvaveda auch philosophische Betrachtungen genauso wie Hymnen.

BRAHMANAS UND ARANYAKAS

Allen vier Veda-Sammlungen folgten weitere Bücher zur Erläuterung, Präzisierung der Riten und Vervollkommnung der Auslegung: die Brahmanas. In diese Prosaschriften mit ihren Anweisungen zum genauen Ablauf der jeweiligen kultischen Handlungen sind aber wiederum Epen, Legenden, Hymnen und Lehrtexte eingebettet, die in gewisser Weise den jeweiligen Veda fortschreiben. Nicht nur der Kult nämlich wurde immer weiter ausgestaltet, sondern auch die Inhalte anders akzentuiert. Das lässt sich an der Umdeutung des Opfers besonders gut studieren: War es anfangs eine Lockung oder Einladung an die Gottheit, so wurde es zunehmend zu einer Beschwörung. Der Priester bemühte sich nicht mehr um die Gottheit, sondern zwang sie magisch herbei. Ja, es finden sich vermehrt Äußerungen, nach denen die Götter von den Opfern abhängig seien und mithin nicht mehr sie das Geschehen lenkten, sondern die Brahmanen, die mit ihren Riten und Formeln Macht über sie gewonnen hatten. Das nahm die Form so absurder Behauptungen an, dass die Sonne nicht aufginge, brächte nicht der Priester täglich der Morgenröte das Feueropfer dar. Die inszenierte Selbstüberschätzung der Priester war keinesfalls uneigennützig, sondern diente zum Ausbau ihrer Position in der Gesellschaft und zur Mehrung ihres Reichtums. Sie ließen sich die aufwändigen Opfer, Beschwörungen, Weihehandlungen und sonstigen Rituale immer fürstlicher entlohnen und stilisierten sich selbst zu höheren Wesen.

Mit solcher Selbstvergötterung aber provozierten sie auch Kritik und diese schlich sich in die eigenen Texte ein, zunächst noch fast unmerklich. Die Brahmanas beschäftigten sich im Laufe der Zeit zunehmend auch mit spekulativen Themen, also auch mit dem, was nach dem irdischen Ende mit den Menschen würde. Hier zeigten sich erste Ansätze der Wiedergeburtslehre, denn den Priestern etwa wurde bescheinigt, dass sie mit sorgfältiger Pflege des Kults ihr künftiges Schicksal auch in anderen Existenzen positiv würden beeinflussen können. Der Schritt, diesen Gedanken auch auf besonders eifrige Spender und schließlich auf alles verdienstvolle Tun auszudehnen, musste logischerweise folgen.

Zunächst aber führten solche kühnen Gedanken zu einer weiteren Sorte von Brahmanas, den so genannten Aranyakas. Das Wort *aranyaka* bedeutet wörtlich »zum Wald gehörend« und meinte, dass die in den entsprechenden Texten ausgebreiteten Gedanken so geheim und für den Ungeübten so »gefährlich« seien, dass sie nur in strikter Einsamkeit studiert und in kultische Praxis umgesetzt werden durften. Es bildete sich dadurch eine Eremitenbewegung, die den in den Städten dominierenden Brahmanen entglitt und deren Träger den Schritt zu selbstständigem Denken wagten. Sie kamen notwendigerweise zu vielen anderen Ergebnissen, als bisher in der Tradition vorgegeben. Schließlich erklärten die »Wald-« oder »Wildnistexte« das dingliche Opfer für überflüssig und verlegten es ins Innerliche. Die Götter wurden so zu innermenschlichen Seelenkräften und die Welt zu ihrem Geschöpf. Daraus ergab sich bald die Forderung, dass der Mensch selbst für seine Erlösung verantwortlich sei und etwas dafür tun müsse. In der Einsamkeit ganz auf sich verwiesen, entwickelten die frommen Männer eine Meditationspraxis und Methoden der Askese, die sie dem Weltlichen entrückten und zugleich die Welt zu ihnen zog. Um viele der »Waldpriester« bildeten sich Scharen von Jüngern und brachten eine Erweckungsbewegung in Gang, die zu tief greifendem religiösen Wandel führen sollte.

ALTINDISCHE GÖTTER

Bevor wir uns jedoch dem religiösen Umbruch bis zur Buddha-Zeit zuwenden, wollen wir einen kurzen Blick in den vedischen Götterhimmel werfen. Eine vollständige Übersicht ist allerdings ausgeschlossen, nur die Hauptgottheiten *(Devas)* mit ihren typischen Eigenschaften und Zuständigkeiten können vorgestellt werden. Man bezeichnet sie nach ihrer Stellung in den drei Stufen des Universums als himmlische, atmosphärische und irdische Gottheiten oder nach ihren Funktionen als Naturgötter, die Gewalten wie Gewitter oder Sturm, Sonne oder Feuer und dergleichen verkörpern, als Ordnungsgötter, die sittliche Werte wie Wahrhaftigkeit, Recht oder Freundschaft darstellen, sowie als Raum-, Schöpfungs- oder Menschengötter. Zu den Letzteren gehört der Totengott und der erste Mensch ebenso wie der Urpriester, von dem sich alle folgenden herleiten. Außerdem kennen die Veden personifizierte Mächte wie das schon mehrfach erwähnte Rauschmittel Soma, das als Gott verehrt wurde, oder wie Maya, die Wunderkraft, und Manyu, den Kampfesmut. Hinzu kommen Dämonen wie die Wassernymphen *(Asparas)* sowie Licht- und Luftgeister, die Kräfte der Finsternis und die bösen Geister nicht zu vergessen.

VARUNA, INDRA, SURYA

Zu den wichtigsten Göttern des Veda zählt allen voran Varuna (»der Allumfassende«). Er ragt unter den Himmlischen heraus, ist der Schöpfergott und Gott der Ordnung *(Rita)*, schützt also vor Chaos und bewahrt, immer von neuem durch Opfer günstig gestimmt, die Welt vor der Auflösung. Er gilt als fast allmächtig, denn er hat unbegrenzte Kontrolle über das Schicksal der Menschen und seiner Schöpfung. Er lässt Mond und Sterne nachts leuchten und löscht sie tagsüber. Später wird er zum Gott der Meere und Flüsse, als der er noch heute angerufen wird. Ihm zu danken ist beispielsweise, dass die Flüsse zwar unablässig in die Meere strömen, diese aber nicht zum

Diese Szene aus dem hinduistischen Epos »Ramayana« zeigt, wie Wassergöttinnen Dämonen verführen.

Überlaufen bringen. Sein Begleiter ist in vielen Hymnen Mitra, der seltsamerweise zugleich für den Tag- und-Nacht-Rhythmus und für die Vertragstreue zuständig ist und auch »Gott Freundschaft« heißt. Vielleicht erklärt sich das dadurch, dass ihm selbst im Dunkeln zu trauen ist.

Varuna kaum nach steht Indra, der dem atmosphärischen Bereich zugeordnet ist. Ihm sind im Veda mehr Hymnen als den meisten anderen Gottheiten gewidmet, was daher rührt, dass mit Indra als Gewitter- und Kriegsgott die arische Landnahme in Indien verbunden ist. Er wird denn auch gern als Lenker eines Streitwagens mit zwei langmähnigen braunen Pferden davor dargestellt, der Waffe, der die drawidischen Eingeborenen nicht gewachsen waren. Mit seinem Donnerkeil (*Vadjra*, wörtlich: »Diamant«) streckt er die »hässlichen« (weil plattnasigen und dunkelhäutigen) Gegner nieder und trägt den Beinamen Purandara, »Zerstörer der Städte«; die arischen Hirtennomaden hatten in der Tat keinerlei Sinn für die städtische Harappa-Kultur. Deswegen gilt Indra auch als »Befreier des Wassers«, denn unter seiner Führung zerstörten die Eroberer das hoch entwickelte Bewässerungssystem der ackerbauenden Indus-Zivilisation; deren Staudämme werden in den Hymnen zu Dämonen, die die Flüsse gefangen genommen hatten. Und deswegen auch die enge Verbindung Indras zu den Kühen, die dadurch mehr Weidegründe erhielten. Als Symbol der Frühzeit verlor der trinkfreudige Indra, dem immer Ströme von Soma zu opfern waren, nach Beginn der Sesshaftigkeit mit der Zeit an Bedeutung. Wie in fast allen urtümlichen Religionen spielt in der vedischen die Sonne eine wesentliche Rolle, verkörpert durch Surya, der wie Varuna dem himmlischen Bereich zugeordnet ist. Für die Dichter des Veda stand fest, dass sich alles um Surya dreht wie das Rad um die Achse und dass alles von ihm abhängig ist. Die Gottheit wird daher bis heute gern in einem von sieben Pferden gezogenen Wagen dargestellt, denn die Sieben repräsentiert im Veda die Zahl der Farben des Lichts. Von Surya als Lichtspender empfangen alle Wesen Leben und Gesundheit. Als Inbegriff der Reinheit vermag Surya die Sünden seiner Verehrer zu tilgen, wenn sie ihn in angemessener Opferform darum bitten. Dann sorgt er auch dafür, dass die Menschen nachts in ihre Hütten heimkehren und dort geschützt sind. Er ist ein Gott im höchsten Sinn, denn das Sanskrit-Wort Deva für »Gottheit« bedeutet so viel wie »der Strahlende«.

RUDRA, VISHNU, AGNI

Rudra, »der Heulende, der Furchterregende«, ist wegen seiner bemerkenswerten Karriere zu erwähnen. Er verfügt über paradoxe Fähigkeiten, denn er ist gleichermaßen der große Krankmacher von Menschen und Vieh wie Helfer und Heiler. Gefürchtet wird er als Gott der Stürme, dem man sich nur angstvoll zu nähern wagt, was sich jedoch zuweilen nicht vermeiden lässt, denn Rudra ist auch Herr der Heilkräuter. Er ist schwer zu rufen, weil er in unwegsamen bergigen Gegenden lebt, ist zottig und widerborstig. Aber er ist mächtig: Er kann sogar Götter bestrafen, wenn sie ihre Pflichten versäumen. Die schon in den Veden angelegten Merkmale wie blauer Hals, viele Augen, ein Stier statt eines Pferdes als Reittier etc. treten später immer deutlicher hervor. Rudra wird damit allmählich zum bloßen Beinamen des in anderem Zusammenhang zu behandelnden wichtigen Gottes Shiva, und zwar für dessen zerstörerische Eigenschaften. Rudras typische Waffe, Pfeil und Bogen, wird später zum Dreizack, wie ihn der römische Gott Neptun (griechisch: Poseidon) führte.

Zu seiner heutigen Bedeutung kam Vishnu erst sehr viel später. Er ist in den Veden zwar ein wichtiger, aber noch nicht der herausragende Gott, der er mit der Zeit geworden ist. Allerdings hat er auch schon in der

Frühzeit als ein in der himmlischen Sphäre beheimateter Sonnengott anderes Format als die eher übermenschlichen, aber doch mit Menschen vergleichbaren Götter Indra oder Rudra. Beschrieben wird Vishnu als »das Wesen, das sich im gesamten Kosmos ausgebreitet hat«. Die Legende berichtet, dass Vishnu nach der Niederlage Indras und anderer Götter gegen König Bali die Macht der Götter durch eine List wiederherstellt: Er verwandelt sich in einen Zwerg und bittet Bali, ihm alles zu schenken, was er mit drei Schritten durchmessen könne. Bali gewährt das großzügig, sieht dann aber zu seinem Schrecken, wie Vishnu zum Himmel empor wächst und diesen wie die Erde durchschreitet, ihn selbst aber durch den dritten Schritt in die Unterwelt hinabdrückt. Dieser Dreischritt wurde zum Symbol für Aufgang, Kulmination und Untergang der Sonne und schuf dem ersten Menschen Manu die irdische Wohnstatt. Später rückt Vishnu neben Brahma und Shiva in die oberste göttliche Troika auf.

Wenn Agni, der Feuergott, hier als letzter vorgestellt wird, dann beileibe nicht, weil er das Schlusslicht unter den vedischen Göttern ist, sondern wegen seiner Sonderrolle, die eine doppelte ist. Zum einen ist Agni (dasselbe Wort wie lateinisch *ignis*: »das Feuer«) ein vollgültiger Gott wie die anderen und erscheint als Sonne am Himmel, als Blitz in der Luft und als Flamme auf Erden, zum anderen dient er als Mittler zwischen den Göttern und den Menschen. Ohne Agni wäre der vedische Kult gar nicht möglich, und ohne ihn ließen sich die Götter nicht zu den Geschenken veranlassen, die man von ihnen erbittet: Reichtum, Erfolg, Gesundheit. Daher sind Agni die meisten Hymnen des Rigveda gewidmet.

Vishnu auf der Schlange Ananta liegend mit Lakshmi, einer weiblichen Gottheit. Indische Miniatur der Rajasthan-Schule aus dem 17. Jahrhundert.

Upanishaden, Epen

Eigentlich war das, was die vedische Religion seit dem 7. Jahrhundert v. Chr. von Grund auf wandelte eher eine philosophische als eine religiöse Revolution, denn an die Stelle von Anbetung und Opfer trat spekulatives Denken vor allem erkenntnistheoretischer Art. Das heißt: Es ging zunehmend um die Fragen, was die Welt eigentlich sei, woher sie komme, wohin sie und der Mensch unterwegs seien und wie dieser aus dem zunehmend als Leiden gesehenen Sein einen Weg zur Errettung *(Moksha)* finden könne. In den so genannten Upanishaden fanden diese metaphysischen Überlegungen ihren Niederschlag.

Diese Texte sind die ältesten Quellen der indischen Philosophie und heißen so, weil sie die Lehrer-Schüler-Situation zur Grundlage haben: *upa-ni-shad* heißt wörtlich »sich (dem Lehrer) ehrfurchtsvoll nähern« oder »nahe neben ihm sitzen«. Lehrer *(Gurus)* waren die frommen Einsiedler und Asketen, und ihre Schülerzahl wuchs zwischen dem 8. und 6. Jahrhundert v. Chr. ständig. Die zunehmend als leer empfundenen Rituale der Brahmanen stillten nicht mehr den Sinn-Hunger der nachdenklichen Gläubigen. Sie fühlten sich in den Kasten eingesperrt und erhofften sich Befreiung von Heilslehren. Eine davon, der Buddhismus, wurde schließlich so stark, dass die vedische Religion an den Rand geriet und erst später wieder Terrain gutmachen konnte. Das gelang ihr vor allem deswegen, weil sie sich den Neuerungen letztlich nicht verschloss und ihrerseits in den Upanishaden heilige Schriften entwickelte, die Antworten auf die neuen Fragen bereithielten.

Diese angeblich einhundertacht Texte (in Wirklichkeit weit mehr, doch 108 ist eine heilige Zahl), die direkt an die Veden, Brahmanas und Aranyakas anknüpfen, bilden den Abschluss der Veden und werden daher auch zusammenfassend *Vedanta* (»Veda-Ende«) genannt. Sie stehen damit am Anfang dessen, was wir heute Hinduismus nennen. Natürlich gehören auch die älteren *Samhitas* (Sammlungen) zu dessen Fundament, doch erst mit den Upanishaden wurde der Keim gelegt zu seiner Ausprägung als Weltreligion. Deswegen soll an dieser Stelle etwas ausführlicher auf diese bemerkenswerte Literatur eingegangen werden.

Eine Illustration zum Devi-Mahatmya: »Der Gott Indra fleht die Göttin an«.

BRAHMAN UND ATMAN

Die Veden hatten die Frage nach der Entstehung der Welt höchst unterschiedlich, ja widersprüchlich beantwortet. Hier setzten die Upanishaden an, verwarfen die Lehre von den Gottheiten *(Devas)* als Schöpfer und stuften diese ebenfalls als geschaffene Wesenheiten ein. Es müsse aber in der Vielheit das Eine geben, das Ursache für alles sei und an dem alles Teil habe. Dieses nennen die Upanishaden das Brahman und umschreiben es als das absolute Bewusstsein, das Wesen des Universums, das sich in allem manifestiere. Es ziehe sich wie ein »Faden« als »Selbst« durch alles und sei im Einzelwesen als Atman gegenwärtig.

Das Wort Atman ist mit unserem Begriff »Atem« stammverwandt und wird auch ähnlich verstanden, nämlich als beseelender Hauch, der beim Tod den Körper verlasse, aber ebenso ewig, so »todlos« sei wie Brahman, mit dem er eins sei. Damit ist keine Identität von Brahman und Atman gemeint, sondern eine »Nicht-Zweiheit«. Das ist sehr schwer und nur vergleichsweise zu verstehen. Daher soll hier die berühmte Stelle aus der Chandogya-Upanishad (VI, 12) mit allen drei Versen zu Wort kommen. Es geht dort um die Belehrung des Shvetaketu durch seinen Vater Uddalaka:

»›Hole von dort eine Frucht des Nyagrodha-Baumes!‹ – ›Hier, Ehrwürdiger!‹ – ›Spalte sie!‹ – ›Gespalten ist sie, Ehrwürdiger!‹ – ›Was siehst du da?‹ – ›Diese ganz feinen Körner, Ehrwürdiger!‹ – ›Von diesen spalte eben gerade eines!‹ – ›Gespalten ist es, Ehrwürdiger!‹ – ›Was siehst du da?‹ – ›Gar nichts, Ehrwürdiger!‹

Er (Uddalaka) sprach zu ihm (Shvetaketu): ›Fürwahr, mein Lieber, diese Feinheit, die du nicht erblickst, aus dieser Feinheit, mein Lieber, besteht fürwahr dieser große Nyagrodha-Baum. Glaube das, mein Lieber!

Das, was diese Feinheit ist, darin hat dieses All sein Selbst. Das ist das Wahre. Das ist das Selbst. Das bist du, o Shvetaketu!‹ –

›Noch mehr möge mich der Ehrwürdige belehren!‹ – ›Gut, mein Lieber!‹ sprach er.«

Für die Hindus reicht die Definition »Brahman«, denn dies ist die Allseele, deren Faden durch jeden von uns geht, sodass alle Wesen untereinander und mit Brahma verbunden sind.

Und hier kommt ein neues Moment in die Lehre von Karma und Wiedergeburt. Weiterhin gilt, dass Handeln je nach Güte oder Schlechtigkeit Karma erzeugt und dass dieses bestimmt, in welcher Form der Handelnde wiedergeboren wird. Nun aber wird ein Weg gewiesen, wie diese ewige und leidvolle Wiederkehr *(Samsara)* zu beenden und Erlösung *(Moksha)* zu erreichen ist. Wer die Gleichung *aham brahma asmi* (ich bin das Brahman) verstanden hat, der steigt aus dem Zirkel des Leidens aus und findet zur Vereinigung mit Gott – das ist die Erkenntnis der Letzten Wirklichkeit, denn *prajnanam brahma* (Brahman ist Erkenntnis).

Das scheint allerdings nur auf den ersten Blick einfach, denn unter Verstehen des *ayam atman brahma* (Atman und Brahman sind eins) wird anderes als bloß intellektuelles Begreifen oder gar nur Nachbeten verstanden. Der Erlösung Suchende muss sich der Identifikation seines Atman mit dem Brahman völlig gewiss, muss dessen im Wortsinn inne-werden. Dazu gehört die völlige Lösung vom Irdischen und von zeitlichen Bedürfnissen, Zügelung und Beherrschung der Sinne, Konzentration auf das große Geheimnis des Einsseins mit dem Brahman, der das Ganze ist und Ursache aller Ursachen. Vereinfacht zeigt das ein Gleichnis über das, was mit dem »Das bist du« *(tat tvam asi)* gemeint ist; der schon erwähnte Sri Chinmoy erklärt es folgendermaßen:

»Ein Gottliebender klopfte an die Türe von Gottes Herzen. Gott fragte von innen: ›Wer ist da?‹ Der Gottliebende antwortete: ›Ich bin es.‹ Die Tür blieb geschlossen. Der Mann klopfte und klopfte. Schließlich ging er davon. Nach einer Stunde kam er wieder zurück. Er klopfte an die Türe von Gottes Herzen. Gott *fragte von innen: ›Wer ist da?‹ Der Gottliebende antwortete: ›Ich bin es.‹ Die Tür blieb verschlossen. Der Mann klopfte vergebens weiter. Schließlich ging er. Nach einer weiteren Stunde kam er wieder zurück und klopfte wieder an der Türe von Gottes Herzen. Gott fragte von innen heraus: ›Wer ist da?‹ Der Gottliebende antwortete: ›Mein ewiger Geliebter, Du bist es.‹ Sofort öffnete Gott die Türe Seines Herzens.«*

Der Gottliebende hatte endlich eingesehen: Du bist kein anderer als Gott. Wer sollte sonst Gott sein, wenn nicht du?

Darstellung eines Asketen im »Dara Schikoh«-Album, einer Sammlung, die in den Jahren 1633–1642 zusammengestellt wurde.

DIE SMRITI

Wie in anderen Religionen sind die Stoffe und Themen der heiligen Schriften, im Hinduismus die Veden, Brahmanas, Aranyakas und Upanishaden, auch anderweitig literarisch verarbeitet, gestaltet, gedeutet und legendär ausgebaut worden. Im Unterschied zur geoffenbarten *Shruti* (dem »Gehörten«) spricht man dann von der *Smriti* (dem [menschlich] »Erinnerten«). Diese Schriften haben oft erheblich mehr Bedeutung für die Lebenswirklichkeit der Hindus als die für die meisten schon aus sprachlichen Gründen oft nicht verständlichen heiligen Werke. Das gilt besonders für die hoch abstrakten Lehren der Upanishaden, die sich nur wenigen gelehrten Lesern erschließen, während die Epen und Legenden, Sagen und Gesänge sehr populär geworden sind.

Zur Smriti gehören auch wissenschaftliche Werke über Rechtsfragen, Verslehre, Grammatik oder Astronomie, die zwar auch nur einen begrenzten Nutzerkreis ansprechen, aber Folgen für den Alltag und den Ritus hatten. Älteste dieser Schriften ist das Gesetzbuch des Manu *(Manu-Samhita)*, das nach dem angeblich ersten Menschen benannt ist, doch aus den Federn verschiedener Autoren stammt, einige davon älter als die Verfasser der philosophischen Upanishaden, andere wohl jünger. Sie behandeln in erster Linie Gesetze, aber nicht nur. Es finden sich auch andere gesellschaftliche Aspekte, ja das Buch dürfte mit den ursprünglich 100 000 Versen in 24 Kapiteln so etwas wie eine soziale Enzyklopädie gewesen sein, von der jedoch nur noch 2685 Verse überliefert sind. Sie genügen aber zur Einschätzung ihrer Wirkung: Klar umrissen ist hier erstmals das Kastenwesen, das den Brahmanen den unbestreitbaren Vorzug vor allen sichert, die Funktionen der anderen definiert und die Stellung der Frau deutlich herabstuft. Zwar wurden die Vorschriften in der Frühzeit nicht so rigide gehandhabt wie später, doch liegt hier der Keim zur allmählichen Erstarrung der hinduistischen Gesellschaft in die vier Kasten und die zahllosen Unterkasten (Geburtsgruppen, *Jatis* genannt). Das soll als Beispiel für die nichtreligiösen oder doch nur abgeleiteten fachlichen Texte genügen, denn wichtiger wurden die poetischen Ausgestaltungen. Alles überragen dabei die beiden imposanten Epen Ramayana und Mahabharata, die bis heute nichts von ihrer Strahlkraft eingebüßt haben. Sie sind in der Sprache Sanskrit verfasst, doch erst durch umgangssprachliche Fassungen wirksam geworden, die öffentlich aufgeführt und vorgetragen wurden und werden. In Rahmenerzählungen sind Legenden und Sagen, moralische Betrachtungen und Göttererzählungen, Anstandsregeln und Rechtsvorschriften eingebettet, die durch den erzählerischen Teil ausgedeutet und praktisch erprobt werden.

Das erschließt sich dem modernen Leser oder Hörer nicht ohne weiteres, weswegen es allerhand Leitfäden zum Verständnis und vor allem anschauliche Umsetzungen gibt bis hin zu Fernsehbearbeitungen, die sich als wahre Publikumsmagneten entpuppten.

DAS RAMAYANA

Wenden wir uns zunächst dem *Ramayana* (»Lebensweg des Rama«) zu: Dieses Epos in sieben Büchern *(Kanda)* mit 24 000 Doppelversen, verfasst vom legendären Heiligen Valmiki in Bengalen, ist wohl im Kern mit einer im 4./3. Jahrhundert v. Chr. anzusetzenden Entstehungszeit etwas jünger als das bekanntere Mahabharata, obwohl an beiden auch die nachfolgenden Epochen noch lange gedichtet haben. Aus dem Ramayana leiten die Inder soziale und sittliche Ge-

Rama im Königreich der Affen. Illustration zum Ramayana.

setze ab, die bis heute ihre Wirkung tun. Das Versprechen in der Einleitung lautet: »Wer das heilige, lebensspendende Ramayana liest und wiederholt, wird von allen Sünden geheilt und gelangt in den Himmel.« Das Epos schildert das Schicksal Ramas, einer Inkarnation (Fleischwerdung) des Gottes Vishnu. Rama ist der Sohn des Königs Dasharatha von Ayodhya und soll diesem auf dem Thron nachfolgen. Eine der Gemahlinnen seines Vaters möchte aber ihren eigenen Sohn, einen Halbbruder Ramas, als König sehen. Rama, dem der Wunsch der Königin Befehl ist, zieht sich daher für viele Jahre in die Wälder zurück. Seine Gemahlin Sita und sein jüngerer Bruder Lakshmana begleiten ihn auf seinen Wanderungen, wodurch der »göttlichen« Gatten- und Bruderliebe ein Denkmal gesetzt wird.

DAS MAHABHARATA

Vom zweiten, größten altindischen Epos war schon die Rede im Zusammenhang mit den gesellschaftlichen Umbrüchen in der ersten Hälfte des 1. Jahrtausends v. Chr. Auch am *Mahabharata* (»Geschichte vom Kampf der Nachkommen des Bharata«) haben viele Generationen geformt, und seine endgültige Fassung wird es kaum vor dem 2. nachchristlichen Jahrhundert erlangt haben. Es berichtet aber natürlich von viel älteren Zeiten, und auch hier wird es so sein, dass Kernstücke über lange Epochen mündlich tradiert worden sind. Noch heute kennen viele Inder den Inhalt oder Teile davon vor allem aus Aufführungen, Rezitationen und filmischen Bearbeitungen. Die Geschichten und der von ihnen ausgebreitete Sagenstoff sind auf diese Weise auch Gemeingut unter denen geworden, die nicht selbst lesen konnten und können. Es ist ein gewaltiges Werk von 106 000 Doppelversen in je 32 Silben, gegliedert in 18 Kapitel und zurückgehend auf einen historisch nicht fassbaren Weisen und Seher namens Vyasa, was nichts weiter heißt als »der Sammler«. Deswegen hat man sich darunter eine Vielzahl von Verfassern und Kompilierern vorzustellen, die ins Mahabharata fast den gesamten Schatz der Götter- und Heldensagen, Fabeln und Märchen des altindischen Volksglaubens integriert haben.

Die bereits skizzierte Rahmenhandlung stellt sich im Detail folgendermaßen dar: Im Königreich der Kuru, wohl im Gebiet des heutigen Delhi zu lokalisieren, haben die verwandten Bharata-Familien der »guten« Pandavas und der arglistigen Kauravas das Sagen. Die Söhne beider sind begierig, den regierenden blinden Herrscher Dhritarashtra zu beerben und rüsten sich zum Kampf gegeneinander, wenn dieser sich zurückziehen sollte. Eigentlich steht der Thron den Söhnen des vorher regierenden Königs Pandu zu, der zugunsten des blinden Bruders der Macht entsagt hatte und Eremit geworden war. Dagegen aber machen die Dhritarashtra-Söhne der Kaurava-Familie Front. Zunächst können die Kauravas die Pandu-Söhne verdrängen, die in alle Welt ziehen, allerhand Abenteuer erleben und Krishna, eine Inkarnation des Gottes Vishnu, zum Verbündeten gewinnen. Pandu-Sohn Arjuna erobert das Herz der Prinzessin Draupadi. Da er aber versprochen hat, alles mit seinen Brüdern zu teilen, und da diese Draupadi zudem ebenfalls verehren,

Diese Relieffriese mit Szenen aus dem Mahabharata und dem Ramayana finden sich am Hoysaleshvara-Tempel, der dem Gott Shiva und seiner Frau Parvati geweiht ist, in Halebid (Indien).

wird sie schließlich Gemahlin aller fünf – vielleicht eine Quelle für die in Tibet lange herrschende kulturgeschichtlich so seltene Polyandrie (Vielmännerei), denn der himmelhohe Himalaja gehört zu den wichtigsten Schauplätzen des Epos.

Bald naht die Entscheidung, als Dhritarashtra tatsächlich resigniert und das Reich zu teilen vorschlägt. Das aber wollen beide Parteien nicht hinnehmen. Zunächst gelingt noch durch List ein friedlicher Ausgleich: Duryodhana, ältester Sohn des blinden Königs, schlägt dem Ältesten der gegnerischen Pandavas Yudhishthira ein Würfelspiel ums Ganze vor. Von einem gewieften Onkel in die Spieltricks eingeweiht, gewinnt Duryodhana den Pandu-Söhnen das Reich und die Gemahlin Draupadi ab, allerdings nur auf Zeit: Nach dreizehn Jahren sollen die Rollen wieder getauscht werden. Als es schließlich so weit ist, können sich die Kauravas aber plötzlich nicht mehr an die Abmachung erinnern. Die Waffen müssen entscheiden, wozu beide Seiten eine Unzahl von Kämpfern aus aller Herren Länder von China bis Griechenland in ihre Heere aufnehmen.

In einer erbitterten achtzehntägigen Schlacht auf dem Feld von Kurukshetra, in der nichts ausgelassen wird an Heldenmut und Kriegslist, übermenschlichen Leistungen und abgefeimtem Verrat, behalten die Pandavas dank Krishna die Oberhand, alle gegnerischen Anführer sind vernichtet. Yudhishthira fällt endlich die Krone zu, und er regiert noch viele Jahre als weiser Herrscher. Dann übergibt er die Macht einem Enkel Arjunas und zieht mit den Brüdern und ihrer treuen Draupadi ins Hochgebirge und darüber hinaus ins Reich der Götter. Dort genießt der einstige Kontrahent Duryodhana bereits die himmlischen Freuden, da er seine kriegerischen Pflichten makellos erfüllt hat. Yudhishthira hingegen wird verurteilt, noch ein letztes Mal wiedergeboren zu werden, weil er sich offenbar vom Irdischen noch nicht ganz gelöst hat. Er hat darauf bestanden, dass auch sein Hund in die Göttersphäre aufgenommen wird. Selbst Güte kann, so sie nicht völlig selbstlos ist, ein Hindernis für die endgültige Erlösung sein.

Viele Szenen des Ramayana und des Mahabharata sind den Menschen aus Aufführungen bekannt, für die Masken wie die hier abgebildete verwendet werden.

Neben dem farbigen Geschehen im Mahabharata fesseln die tiefen Einblicke in die altindische Lebenswelt, in ihren Wertekanon, ihre Sitten und gesellschaftlichen Normen. Gerade in der Prüfungssituation des Kampfes treten Tugenden und Laster scharf konturiert und kontrastiert hervor. Und dass die ersteren siegen, für unsere modernen Happy-End-Seifenopern das Übliche, erscheint anfangs gar nicht selbstverständlich. Die ungeheuren Anstrengungen, die es kostet, den Kampf zu bestehen, spiegeln die hinduistische Grundüberzeugung, dass der Mensch nicht passives Opfer übermächtiger Gewalten sein muss, sondern für sein Karma und damit für seine künftigen Existenzen und letztlich für die Erlösung *(Moksha)* verantwortlich ist. Der Krieg zwischen Himmel und Hölle tobt in jedem und verlangt von jedem klare Parteinahme.

Bhagavadgita, Puranas

Nicht einmal ein Prozent des Mahabharata macht ein Einschub aus, der mehr Bedeutung im Hinduismus erlangt hat als die anderen neunundneunzig Prozent des gewaltigen Epos zusammen: Der »Gesang des Erhabenen«, die Bhagavadgita oder kurz Gita, wird von vielen so hoch geschätzt, dass zuweilen nicht zu Unrecht die Bezeichnung »Evangelium« der indischen Religion dafür zu finden ist.

Es handelt sich um 700 Doppelverse in 18 Gesängen, die von der Proportion der Gliederung des Mahabharata entsprechen, das seinerseits aus 18 Büchern besteht. Die Bhagavadgita steht im sechsten und umfasst dessen Kapitel 25 bis 42. Sie ist eingeschoben unmittelbar vor Beginn des großen Waffengangs, der den Machtkampf der beiden Bharata-Sippen der Kauravas und Pandavas entscheiden soll.

Die Heere sind bereits aufmarschiert und stehen einander gegenüber, da kommen dem Pandava-Helden Arjuna Bedenken, ob er denn aus Machtkalkül Verwandte und Lehrer, Schwager und Onkel töten dürfe und ob es nicht besser sei, sich notfalls selbst von diesen ohne Gegenwehr töten zu lassen. Er wendet sich mit diesen Skrupeln an seinen Wagenlenker Krishna, von dem er weiß, dass dieser mehr ist als ein einfacher Kämpfer. Darauf weisen Anreden hin wie »o Unerschütterlicher« oder »o Feindtöter«. Krishna (»der Erhabene«) nämlich ist eine Inkarnation des Gottes Vishnu und für Arjuna ein Weiser und Lehrer, von dem er sich Rat bei der Lösung seines Zwiespalts erhofft, wie er ihn im zweiten Gesang in den Versen 6 bis 8 beklagt:

»Wir wissen nicht, was für uns besser wäre: ob wir siegen oder ob sie uns besiegen. Wir wünschten nicht zu leben, wenn wir die getötet hätten, die vor uns angetreten sind, die Dhritarashtra-Söhne.

Mein Wesen ist gequält vom Makel des Jammervollen. Ich frage dich mit einem Geiste, dessen Sinn für die Pflicht verwirrt ist: Was wäre der bessere Entschluss? Das sage mir! Ich bin dein Schüler. Lehre mich, der ich zu dir meine Zuflucht genommen habe!

Denn ich sehe nichts, was meinen Gram vertreiben könnte, der meine Sinne austrocknet, erlangte ich auch auf Erden reiche Herrschaft, frei von Nebenbuhlern, oder selbst bei den Göttern die Oberherrschaft.«

Krishna entfaltet nun mit hoher poetischer Beredsamkeit seine Lehre vom Handeln, das untätigem Attentismus immer vorzuziehen ist und bereits einen Wert an sich darstellt. Muße, wie sie manche predigen, sei ohnedies eine Illusion, denn kein lebendes Wesen komme ganz ohne Taten aus. Wenn sie aber schon notwendig seien, dann seien solche vorzuziehen, die obendrein verdienstvoll sind. Dazu dürfen Handlungen nicht von persönlichem Interesse geleitet sein, nicht wie die Opfer der Brahmanen auf Lohn aus sein. Gut handelt, wer selbstlos handelt, also auch der, der bei der Bekämpfung des Bösen nicht nach persönlichen Rücksichten fragt, sondern dem Guten seine Kraft leiht ohne Vorbehalt und ohne Bedenken hinsichtlich etwaiger innerer oder äußerer Wunden. Dazu aber muss der Handelnde sein Inneres erkunden und seine Sinnesorgane – wie die Schildkröte ihre Gliedmaßen in den Panzer – von außen abziehen, damit er begierdefrei wird. Und er muss erst einmal in Erfahrung bringen, was das Gute ist. Voraussetzung von verdienstvollem Handeln ist mithin das Wissen, die Erkenntnis, die genauer Prüfung des jeweiligen Sachverhalts entspringt, die aber auch eine religiöse Komponente hat.

BHAKTI – DIE GOTTESLIEBE

Es gibt Situationen, Verhältnisse, Konflikte und unübersichtliche Lagen, wie sie sich beispielsweise im Fall der nun anstehenden Schlacht ergeben. Da gerät der zum Handeln aufgeforderte Arjuna ins Grübeln, vermag aber durch Grübeln allein nicht die Lösung zu

Gegenüberliegende Seite:
Krishna beim Flötenspiel unter dem heiligen Kadamba-Baum.

Shiva ist einer der Hauptgötter des Hinduismus. Dargestellt wird er meist als ein in Meditation versunkener Asket mit einem dritten Auge auf der Stirn.

finden. Hier hilft der Lehrer, aber der auch nur, wenn hinter diesem die Gottheit steht und wenn die Liebe zum Lehrer *(Guru)* letztlich diese Gottheit meint. Die Gottesliebe *(Bhakti)* wird dann zum Quell der für das richtige Handeln unabdingbaren Erkenntnis, ja für das Wissen an sich. Ohne diese Liebe wird sich das Interesse des Handelnden immer an Irdisches knüpfen und meist die eigenen Vorteile als höchsten Maßstab ansehen. Das aber bedeutet Verhängnis, vor dem nur Krishna, also Vishnu, bewahren kann. Die Liebe zu ihm befreit von Eigennutz sowie von Kummer und Sünden; sie beschert dem Liebenden Herzensfrieden und führt schließlich zu Gott selbst. Im neunten Gesang, Verse 30, 31 und 34, sagt Krishna das in aller Deutlichkeit:

»Selbst wenn ein großer Bösewicht mich liebt, niemand sonst verehrend, ist als gut er zu betrachten, hat er sich doch recht entschieden.
Schnell wird er tugendhaft und geht zum ewigen Frieden ein.
O Kunti-Sohn, erkenne: Wer mich liebt, geht nicht zugrunde ...
Auf mich richte den Geist, mir sei ergeben, mir opfere, mich verehre! Zu mir wirst du kommen, wenn du so dein Selbst mit mir verbindest, in mir das Höhere siehst.«

Indem Krishna seinen Zuhörer mit dem Namen seiner Mutter anredet (»Kunti-Sohn«) appelliert er an das Urvertrauen, das er nun für sich verlangt. Nur in dieser Vorbehaltlosigkeit der Gottesliebe kann Arjuna die nötige Klarheit gewinnen, die er braucht, will er sich in der brisanten Lage im Angesicht der Feinde richtig entscheiden. Zu dieser Klarheit gehört auch die Einsicht in die Ewigkeit der Seele, womit Krishna die Lehre der Upanishaden aufgreift vom Einssein des Atman (Einzelseele) mit dem Brahman (Allseele). Daraus ergibt sich für ihn, dass der Kampf gegen die Verwandten und Freunde Arjunas Gewissen nicht belaste, töte er doch allenfalls vergängliche Körper und schädige in keiner Weise die unvergängliche Seele, die verbrauchte Körper ablege, »wie ein Mann die abgenutzte Kleidung ablegt«. Und: »Nicht zerschneiden sie (die Seele) die Schwerter, nicht brennt sie das Feuer.« Außerdem muss alles Geborene ohnehin sterben, und Arjuna dürfe daher »über eine unvermeidliche Sache nicht trauern«, sondern müsse den »pflichtgemäßen Kampf« aufnehmen; eine Pflicht, die sich zweifelsohne auch aus seiner Zugehörigkeit zur Kriegerkaste ergebe.

Der Krishna-/Vishnu-Glaube ist im Hinduismus bis heute lebendig geblieben, ja er ist sogar immer bedeutender geworden, wie noch darzustellen sein wird. Dazu beigetragen hat sicher zum einem die in der Bhagavadgita propagierte Wehrhaftigkeit, die darin zum anderen flankiert ist vom Gegenstück der Mahnung zu strikter Selbstdisziplin und Meditation. Hinzu kommt, dass der Vishnuismus, so der gängige Begriff für diese Glaubensrichtung, alle Menschen als gleich ansieht, unabhängig von der Geburt, worin er mit dem Buddhismus übereinstimmt, allerdings ohne Kritik am Kastenwesen, wie wir bei der Belehrung des Arjuna hinsichtlich seiner Kriegerpflichten gesehen haben.

Wer an den Kastenschranken rüttelt, gefährdet das gesamte gesellschaftliche Gefüge und mithin die Stabilität des Staates. Vishnuismus bedeutet daher auch Verfestigung der Kasten, wobei freilich bemerkenswert ist, dass diese nicht vom Brahmanismus her begründet wird, sondern eher »politisch«, weil kriegerisch. Die Bhagavadgita als Grundlage dieser Haltung wendet sich also gegen den Anspruch der Brahmanen auf die Vorrangstellung in der Gesellschaft, aber nur bedingt gegen deren Ritengläubigkeit.

DIE PURANAS

Zeigt die Bhagavadgita einen Trend zum Monotheismus durch die Zentralstellung von Krishna/Vishnu, so kommt in den ebenfalls von Bhakti geprägten Puranas, den erst im frühen bis späten Mittelalter niedergeschriebenen Smriti-Texten, wieder die ganze populäre Göttervielfalt zum Vorschein. Wichtig zu betonen dabei ist der Wortteil »Schein«, denn weder ist der Hinduismus rein polytheistisch (vielgötterhaft) zu verstehen, noch kann er im jüdisch-islamischen Sinn als Eingottlehre bezeichnet werden. Bei allem Gestaltenreichtum muss bedacht werden, dass Hinduismus immer auch Zusammenschau bedeutet und dass das Eine nur viele Namen hat. In den Puranas freilich tummeln sich die Götter wie auf dem griechischen Olymp und treiben es ähnlich bunt wie Zeus und die Seinen. Neben wissenschaftlichen Themen behandeln die Puranas vornehmlich Göttersagen und farbige Mythen, die besonders volkstümlich geworden sind, weil die vedische Theologie für den einfachen Gläubigen zu abstrakt und gedankenreich ist.

Man unterscheidet zwischen 18 alten *(Mahapuranas)* und einer Vielzahl jüngerer Texte *(Upapuranas)*. Die älteren Puranas sind den drei Hauptgöttern Brahma, Vishnu und Shiva zugeordnet, wobei das zum Vishnu-Kreis gehörige Bhagavata-Purana, das die Krishna-Geschichten erzählt, am bekanntesten geworden ist. Wie in allen Puranas werden die Geschichten in Versen erzählt und im Zwiegespräch zwischen einem

Brahma und Shiva. Indische Miniatur aus dem 18. Jahrhundert.

Guru und einem Schüler entwickelt. Dabei geht es stets um die Entstehung der Welt, das Ende der Welt, die verwandtschaftlichen Beziehungen der Götter untereinander, die verschiedenen Verkörperungen des ersten Menschen *(Manu)* je nach Entwicklungsstand der Menschheit sowie um das Schicksal der Nachkommen Manus. Puranas sind auch später noch immer wieder entstanden, beispielsweise solche über die Geschichte und die Wirkkraft heiliger Stätten, doch rechnet man diese Schriften nicht zu den klassischen. Die Puranas spiegeln den bedeutsamen Rollenwandel der vedischen Hochgottheiten im Lauf der Jahrhunderte seit der religiösen Reformzeit in der zweiten Hälfte des 1. Jahrtausends v. Chr. Wie schon bei der Vorstellung der Götter angedeutet, verliert Indra, der die Eroberezeit repräsentierte, drastisch an Bedeutung und sinkt zu einem Bewacher der Hochgötter herab. Seine Vormachtstellung übernimmt Vishnu, der Gott der zehn Inkarnationen, von denen Krishna die achte ist. Vishnu tritt neben Brahma, der Varuna als Schöpfergott abgelöst hat, ja Vishnu wird nicht selten selbst als Schöpfer erwähnt und genießt als Erhalter des Universums höchste Verehrung. Dritter im Bunde der obersten Gottheiten ist Shiva geworden, ursprünglich nur der Beiname für die zerstörerische Seite Rudras, jetzt selbst Gott der Zerstörung und zuständig für den Untergang der Welt, der einen neuen Schöpfungszyklus in Gang bringen wird.

Dann erst schlägt wieder Brahmas Stunde, während im Augenblick Vishnu dominiert. Doch Shiva gilt es ebenfalls zu beachten: Auch wenn seine Hauptaufgabe noch bevorsteht, so leistet er schon in der Gegenwart als Zerstörer des Schlechten und der Unwissenheit Wesentliches für die Schöpfung und das Heil der Gläubigen.

Den Spagat zwischen der abstrakten Wahrheit und den vielen Manifestationen des Göttlichen bringen die wenigsten fertig und halten sich an die Mythen. Sie verehren ihren Lieblingsgott und opfern ihm oder, je nach Anlass oder Wunsch, auch anderen Göttern. Der theologisch-philosophische Überbau kümmert sie wenig. Andere erklären die Vielgötterwelt für unerheblich, lehnen sie zwar nicht ab, betrachten sie aber wie die Buddhisten als Teil der zu überwindenden Welt und der Erlösung ebenso bedürftig wie die Menschen. Deswegen machen sie auch die Folgerungen nicht mit, lehnen also beispielsweise das Kastenwesen ab, wie es etwa in der Bhagavadgita als ganz selbstverständlich vorausgesetzt wird. Zu diesen Kritikern des Brahmanismus und der Veden gehören auch die Dschainas (Jainas), deren Sonderweg deswegen hier kurz vorgestellt werden soll.

DSCHAINISMUS

Die Eigenbezeichnung dieser aus dem Hinduismus hervorgegangenen Lehre geht zurück auf den Sanskritbegriff Dschaina, der so viel bedeutet wie »Anhänger des Siegers (oder des Eroberers)«. Die Dschainas lehnen die Autorität des Veda ebenso ab wie die Opfer, weil für sie Götter nur als ebenfalls der Welt verhaftete Wesen existieren. Sie anerkennen nur 24 Lehrer, die so genannten Tirthankaras, von denen die Grundlagen des Glaubens über die Jahrhunderte weitergegeben worden seien. Der letzte in dieser Lehrer-Reihe war nach dschainistischer Anschauung Mahavira, ein Zeitgenosse Buddhas um 500 v. Chr. Wie dieser kritisierte er die Dominanz der Brahmanen und deren Zementierung der Kasten. Und wie Buddha stammte Mahavira aus der Kriegerkaste, verließ mit etwa dreißig Jahren seine vornehme Familie und nahm das Leben eines Wanderasketen auf. Nach zwölf Jahren kam er zur »befreienden Erkenntnis« und verbreitete die darauf zielende Lehre in den verbleibenden Lebensjahren.

Es handelt sich dabei – und das ist eine weitere Parallele zum Buddhismus – um eine Wegweisung zur

Gegenüberliegende Seite:
Der Vimala-Tempel ist dem ersten Tirthankara Adinath gewidmet und wurde 1032 geweiht.

Selbsterlösung aus dem auch von Mahavira gelehrten ewigen Kreislauf der Wiedergeburten, die als ewiges Leiden begriffen werden.

Askese ist danach der Königsweg zum erlöserischen Erfolg, den der Dschaina am ehesten als Mönch oder Nonne erreichen kann. Es gibt aber auch Laienanhänger, heute noch etwa vier Millionen. Das Mönchtum hat sich seit dem 1. Jahrhundert in die Shvetambaras (»die Weißgekleideten«) und die Digambaras (»die Luftbekleideten«) geteilt, die außer einem Wedel zum Vertreiben der Insekten vom Platz, auf dem sie sich niederlassen wollen, keinerlei Kleidung oder sonstige Hilfsmittel haben. Diese radikale Form der asketischen Lebensführung nehmen allerdings nur sehr wenige Mönche auf sich, Nonnen ist sie ohnedies aus sittlichen Gründen verwehrt.

Die Erwähnung des Fliegenwedels hat schon ein Grundprinzip der dschainistischen Religion anklingen lassen: Mönchen und Laien ist es strikt untersagt, irgendein Wesen zu verletzen oder gar zu töten. *Ahimsa* (Nicht-Verletzen) meint allerdings nur Menschen und Tiere, da niemand ganz ohne Nahrung existieren kann. Der Verzehr von Pflanzen ist daher erlaubt, ansonsten aber Lebendigem gegenüber so viel Vorsicht geboten, dass Mönche sogar Mundtücher tragen, damit sie keine Insekten verschlucken. Berufe wie Metzger oder Jäger sind daher natürlich völlig tabu. Zu den weiteren Glaubensvorschriften gehören absolute Keuschheit (für die Geweihten), Ehrlichkeit in Worten und Taten, Verachtung weltlichen Besitzes, Mäßigkeit und Zuwendung zum Nächsten.

Im dschainistischen Kult spielen Predigten von Mönchen, Rezitationen von Texten Mahaviras, Spenden von Blumen, Früchten und Räucherwerk zum Gedenken an die Tirthankaras, die »Furtbereiter«. Die großen Lehrer heißen so, weil sie wissen, wie man durch den ewigen Strom der Wiedergeburten ans Ufer der Erlösung gelangen kann. Unablässig nämlich schwingt das Rad der Zeit, und seine Speichen durcheilen die Abstufungen von der paradiesischen zur katastrophalen Epoche. Erst wenn diese abgelaufen ist, steigen sie wieder in ein hoffnungsfrohes Weltzeitalter empor. Nach dschainistischer Lehre ist die Welt ewig und unvergänglich. In ihrer Mitte befindet sich die kreisrunde Erde mit dem Weltberg Meru im Zentrum. Um ihn gruppieren sich kreisrunde Kontinente und Meere. Unter der Erde hausen Dämonen, und dort verbüßen die Verdammten ihre zeitlich begrenzten Strafen. Über der Erde türmen sich die verschiedensten Himmelsregionen und über diesen ruht wie eine Linse der Wohnsitz der Erlösten, die für alle Zeit dem Wiedergeborenwerden entrückt sind.

Eine solche Wiedergeburt kann menschlich, tierisch, göttlich oder höllisch sein, je nach dem angesammelten Karma. Dieses kann durch tugendhaftes Leben abgebaut und gereinigt werden. Ist die Seele schließlich von allem Materiellen befreit, gesellt sie sich zu den Erlösten und verharrt dort in weltentrückter Seligkeit. Der Kosmos gehorcht nicht Göttern, sondern natürlichen und sittlichen Gesetzen, die sich in der Vergeltungskausalität des Karma verwirklichen. Das Weltgeschehen geht durch das ewige Zusammenspiel von geistigen und ungeistigen Substanzen vor sich. Zu den ungeistigen gehören der leere Raum, die Ruhe, die Bewegung und die Zeit.

Zahlenmäßig fielen und fallen die Dschainas in Indien kaum ins Gewicht. Ihre ausgeprägte Spiritualität und religiöse Disziplin hat jedoch deutliche Spuren in der gesamten indischen Kultur hinterlassen. Vor allem die großen Tempelanlagen versetzen die Besucher immer wieder ehrfurchtsvoll in Erstaunen: Der Chaumukha-Tempel in Ranakpur (Bundesstaat Rajastan) etwa umfasst 29 Hallen und ruht auf 1444 Säulen, die Verzierungen sind Beispiele höchster Steinmetzkunst, und die Reliefs, die Mahavira verherrlichen, strahlen große bildnerische Kraft aus.

Vaishnavismus

Ohne Zahl sind die verschiedenen Richtungen des Hinduismus, und doch lassen sich drei Hauptströmungen ausmachen. Der ersten, in deren Mittelpunkt die Verehrung Vishnus steht, dem so genannten Vaishnavismus, gilt dieses Kapitel. Ehe sich der Vishnu-Kult richtig entfalten konnte, musste der Gott selbst seine bemerkenswerte Karriere machen. Im Rigveda nämlich taucht er kaum auf, sieht man von dem berühmten Dreischritt ab, und ist als Sonnengott nur der Begleiter des in der Frühzeit viel bedeutenderen Indra. Vishnu entwickelte in der Folgezeit jedoch einen erheblichen Sog, der womöglich darauf zurückzuführen ist, dass seine Wurzeln schon im vorvedischen Volksglauben liegen, den die arischen Eroberer nicht zur Gänze zu unterdrücken vermochten.

Jedenfalls beerbte Vishnu schon bald den Sonnengott Surya, integrierte Hari, den »Vertreiber der Sünde«,

Vishnu auf der Schlange Ananta liegend. Indische Miniatur der Rajasthan-Schule aus dem 18. Jahrhundert.

In seiner Eigenschaft als Weltenordner kommt Vishnu als Avatara auf die Erde zurück und nimmt dabei verschiedene Formen an. Hier ist er als Narasimha in seiner vierten Inkarnation zu sehen.

und übernahm auch die Rolle des Narayama, also dessen, was göttlich im Menschen wirkt. *Nara* nämlich heißt so viel wie »den (göttlichen) Menschen betreffend« und *yana* kennen wir aus vielen Begriffen, die sich auf das Unterwegssein, den Lebensweg, die Entwicklung beziehen, etwa im Epos Ramayana, das vom Schicksal Ramas handelt. Surya, Hari und Narayana wurden zu drei der tausend Beinamen Vishnus. In den mittelalterlichen Puranas gewann er schließlich seine volle Bedeutung als Erhalter der Welt und menschenfreundlicher Hüter des kosmischen Gleichgewichts und der sittlichen Ordnung *(Dharma)*. Der in der Inkarnation des Krishna in der Bhagavadgita die Rolle des Erhabenen spielende Vishnu rückte damit neben Brahman, den Schöpfer, und Shiva, den Zerstörer, in die Trimurti, die hinduistische Dreieinigkeit, auf. Zu Vishnus Füßen entspringt der heilige Fluss Ganges.

Dass Vishnu zuweilen sogar die Rolle des Schöpfers spielt, belegen die vielen künstlerischen Darstellungen. Sie zeigen den Gott beispielsweise ruhend auf der Weltenschlange Ananta (»der Endlose«), zugleich ein Beiname Vishnus. Die tausendköpfige Schlange heißt auch Shesha-Naga (»König der Schlangen«), kann durch Gähnen Erdbeben auslösen und dient als Erholungsort Vishnus zwischen den Schöpfungen. Ruht er, dann entsteht nichts, wird Vishnu aber aktiv, dann erblüht aus seinem Nabel eine Lotosblume mit darauf sitzendem Brahma, der so zu einer Eigenschaft Vishnus wird. Der schöpferische, vierarmige Vishnu richtet sich aus der Ruhehaltung auf und zeigt sich als schöner Jüngling, der ein Muschelhorn, ein Wurfgeschoss, eine Keule und einen Lotos in seinen vier Händen hält. Seine Waffen sind der Bogen Sharnga und das Schwert Nandaka. Als Transportmittel steht ihm der gewaltige Vogel Garuda zur Verfügung, meist mit Kopf, Schwanz und Flügeln eines Adlers, aber mit Körper und Beinen eines Menschen dargestellt und in dieser Gestalt Herr der Vögel und damit gleichzeitig geschworener Feind der Schlangen.

VOLKSFRÖMMIGKEIT

Selbst ohne seine Schöpfereigenschaften musste Vishnu zur bevorzugten Gottheit werden, denn seine beiden höchsten »Partner« eignen sich weit weniger dazu. Brahma erinnert schon im Namen an die als arrogant und hochfahrend erlebten Priester mit ihren kaum durchschaubaren Riten und dem wenig erfreulichen Opferwesen. Zudem hat er als Erschaffer der

Welt vorerst sozusagen seine Schuldigkeit getan. Shiva dagegen flößt mit seinen zerstörerischen Kräften eher Furcht ein. Zwar muss man sich auch mit ihm gut stellen, da er das letzte Wort über die momentane Welt und ihre Geschöpfe haben wird, doch die eigentliche Zuneigung richtet sich auf Vishnu, bei dem man sich aufgehoben fühlt, dessen Eigenschaften am ehesten Vertrauen erwecken. Dass seine Stimme zudem durch die wundervollen Verse der Bhagavadgita zu den Menschen spricht, hat natürlich auch zu seiner Popularität als Krishna beigetragen, der im 7. Gesang (Verse 28–30) sagt:

»Aber die Menschen, die dem Bösen ein Ende gesetzt haben und Gutes tun, diese sind von der zweifachen Verblendung befreit und lieben mich ihrem Vorsatz getreu.
Die auf mich gestützt nach Erlösung von Alter und Tod streben, die kennen dieses Brahman vollständig, das höchste Selbst, das ganze Werk.
Die mich als Haupt der Wesen, Haupt der Götter, Haupt der Verehrung kennen und auch in der Todesstunde nicht davon abweichen, diese Treugesinnten kennen mich wirklich.«

In solchen Versprechungen offenbart sich die grenzenlose Güte Vishnus, der daher Bhakti, die Gottesliebe, in vollem Maß verdient. Mit seinem Aufstieg zum volkstümlichsten Gott verband sich eine Abkehr von den kultischen Handlungen, die von den Brahmanen in einer dem Volk weder verständlichen Sprache noch in einer nachvollziehbaren Form vorgenommen wurden. Das Volk wollte keine theologischen Spitzfindigkeiten, wie sie die Philosophen entwickelt hatten, das Volk wollte Götter, wo nicht zum Anfassen, so doch zum Schauen. Die auf Vishnu – und zum kleineren Teil auch auf Shiva – gerichtete Bhakti-Bewegung des Mittelalters war Ausdruck dieser Wünsche und prägte die hinduistische Kunst nachhaltig. Ob Tempel oder Bilder – Gott gehörte zur Familie, und Lebensfreude sollte ihm dargebracht werden, nicht der ätzende Rauch der Opferfeuer.

In der Opferablehnung, jedenfalls sofern das Opfer die Tötung von Tieren verlangt, sind sich alle Vaishna-

Vishnu in seiner ersten Inkarnation als der Fisch Matsya.

vas (Anhänger Vishnus) einig. In den Formen der Vishnu-Verehrung aber gab und gibt es starke Abweichungen, was noch dadurch gefördert wird, dass der Hinduismus zahlreiche Formen der Inkarnation Vishnus kennt. Sie treten wie Krishna als Wagenlenker Arjunas auch auf Erden in Erscheinung, und so sehen manche Schulen in Heiligen oder Gurus Vishnu-Verkörperungen. So wie Krishna sich im soeben zitierten Text als »Haupt der Götter« bezeichnet, so beanspruchen die jeweiligen Inkarnationen ausschließliche Verehrung.

Der Vaishnavismus neigt daher wie alle detailliert ausgeformten Lehren zur Unduldsamkeit, wenn Vishnus Herrschaft oder die einer seiner Inkarnationen angezweifelt wird. Die Entscheidung für Vishnu wird dann leicht eine gegen Shiva oder Brahma und ihre Anhänger. Das Gebot, zwischen diesen Gliedern der Trimurti keinen Unterschied zu machen, verträgt sich für viele nicht mit der völligen Hingabe an das eigene Idol. Der Mensch, auch der toleranzgeübte Hindu, denkt eben vornehmlich hierarchisch, sodass er die anderen Götter neben seinem allenfalls dann gelten lassen kann, wenn sie im Rang deutlich unter diesem stehen.

VISHNUS VERKÖRPERUNGEN

Bei Gefahr im Verzug für die Ordnung der Welt und ihre sittliche Fundierung wird Vishnu auch auf Erden aktiv als irdisches Wesen. Er entschließt sich zu solcher Herabkunft *(Avatara)* und entscheidet dabei je nach Fall, in welcher Form, ob als Fabelwesen, Tier oder Mensch, er der Menschheit am besten zu Hilfe kommen und ihr in der weiteren Entwicklung beistehen kann. Die Fleischwerdung (Inkarnation) ist also keinesfalls zu verwechseln mit der Wiedergeburt von Wesen aufgrund von Karma, denn die Inkarnation geschieht freiwillig, und der Inkarnierte ist sich auf Erden weiterhin seines göttlichen Auftrags voll bewusst. Die Inkarnationslehre nutzten die Vishnu-Anhänger dazu, sich regionale wie überregionale populäre Figuren der Sage und des Mythos als Vishnu-Verkörperungen anzueignen. Zu zählen sind die verschiedenen Gestalten nicht, die Vishnu schon angenommen haben soll, doch beschränkt man sich auf die klassischen in den Puranas genannten Versionen, dann wird gewöhnlich von zehn wichtigen Inkarnationen gesprochen.

VAISHNAVA-KULTE

Eine der ältesten Hindu-Kultgemeinschaften, die Vishnu und seine Inkarnationen verehren, bilden die Bhagavata, so genannt nach dem Bhagavata-Purana, einer heiligen Schrift aus dem 10. Jahrhundert, deren Inhalt aber erheblich älter ist. Krishna als Sohn und Pendant des göttlichen Vasudeva spielt darin eine zentrale Rolle, weswegen Vaishnavas die Texte so hoch

Krishna und Radha, seine Gespielin und Inkarnation von Vishnus Frau Lakshmi, sind in der Kunst häufig dargestellte Motive.

schätzen. Der Begriff Bhagavan bedeutet so viel wie »Herr« im Sinne einer Bezeichnung für Gott. Die Bhagavata breiteten sich vom Norden her über Zentralindien bis in den Süden aus. Ihre Lieder sind bis heute vor allem im Zusammenhang mit Hochzeiten sehr populär.

Jüngeren Datums und von einer konkreten Person gestiftet ist die Bewegung der Nimbarkas oder Nimavats: Nimbarka, ein Philosoph des hohen Mittelalters, machte sich Gedanken darüber, welcher Art die Verbindung Welt-Gott-Mensch sei. Er sah sie wesensgleich, weil aus gleicher ewiger Quelle, und hielt daher eine Vereinigung der menschlichen Seele mit dem Göttlichen für möglich, obwohl er einen Unterschied bestehen ließ. Bezeichnenderweise steht seine Lehre daher unter dem paradoxen Begriff Dvaitadvaita, was wörtlich »Nichtzweiheit-Zweiheit« heißt, worunter die Wesenseinheit von Gott und Welt ebenso gemeint ist wie ihre nicht völlige Gleichheit. In der Liebesgeschichte zwischen Krishna und Radha fand der Philosoph das schönste Gleichnis dafür: Die Hirtin ist zwar dem als Krishna erschienenen Gott Vishnu ewig nah, aber doch nicht eins mit ihm. Die zeitweilige Vereinigung drückt die Innigkeit der Partnerschaft aus und belegt, dass nicht nur der Mensch schlechthin abhängig von Gott ist, sondern auch von diesem gebraucht wird. Diese höchste aller Liebesgeschichten besingt die *Gitagovinda* (»Gesang des Kuhhirten«) des Dichters Jayadeva aus dem 12. Jahrhundert; bis heute wird sie vor allem von Vaishnavas in Bengalen aufgeführt, wobei die erotische Komponente im Zentrum steht.

SIKHISMUS

Die Sikhs, zu deutsch: »Schüler« (oder »Jünger«), Anhänger der von Nanak ins Leben gerufenen hinduistisch-islamischen Religion, bilden mit heute weltweit rund 18 Millionen Angehörigen eine starke Minderheit vor allem im nordwestindischen Bundesstaat Pandschab. Aus dem islamischen Pakistan sind sie ausgewiesen worden oder freiwillig ausgewandert. Die islamischen Elemente in der Sikh-Lehre sehen muslimische Theologen als Verfälschungen durch hinduistische Umformung und damit als ketzerisch an. Umgekehrt lehnen auch die Hindus die islamisch verfremdete Lehre ab. Untergruppierungen der Sikhs sind auch in den USA und in Europa (vor allem in Großbritannien) aktiv.

Sikh-Gründer Nanak war geprägt von der zu seinen Lebzeiten in Nordindien üblichen Sant-Tradition (»Heiligen«-Tradition), die eine mystische Einheit mit Gott durch Yoga anstrebte. Er bemühte sich, verschiedene Lehren und aktuelle Einflüsse zu vereinen. Er lehrte die Anrufung eines einzigen Gottes (herrührend aus dem Monotheismus des Islam) und wie Kabir aktive Nächstenliebe in Verbindung mit hinduistischen Elementen wie die Karma-Kausalität, den allein durch eigene Anstrengungen zu unterbrechenden Kreislauf der Wiedergeburten *(Samsara)* oder der Scheinwirklichkeit der sichtbaren Welt. Diese Vielfalt brachte ihm Anhänger aus verschiedenen Glaubensrichtungen.

Wichtigster von Nanaks Nachfolgern wurde der zehnte Guru Gobind Singh (1675–1708), der die Sikhs zu einer Bruderschaft zusammenschloss, die Züge einer militärischen Theokratie hatte. Durch ihn sollen auch die fünf Erkennungszeichen oder die fünf »Ks« der Sikhs (für Männer wie Frauen) eingeführt worden sein: Das lange, ungeschnittene, in den großen Turban zu wickelnde Haar *(Kesh)*, der zu dessen Pflege erforderliche Kamm *(Khanga)*, ein Armreif aus Stahl als Verbundenheitszeichen *(Kara)*, der Krummdolch *(Kirpan,* heute nur noch symbolisch in Miniaturform getragen), die knielange Hose *(Kuchha)*. Auch das Hinzufügen von Singh (»Löwe«) bei Männer- und Kaur (»Prinzessin«) bei Frauennamen soll auf Gobind Singh zurückgehen.

Diese gemeinschaftlichen Erkennungszeichen sollten auch symbolisieren, dass die Zugehörigkeit zur Kaste für Sikhs keine Rolle spiele. Die Söhne Gobind Singhs starben vor ihm. Dadurch wurde die bis dahin erbliche Weitergabe der Guru-Würde unterbrochen. Stattdessen erklärte Gobind Singh Adi Granth (»Das Ursprüngliche Buch«), den heiligen Text der Sikhs, zum »Schrift-Guru«. Das aus 3384 Hymnen in 15 575 Versen bestehende Buch wird im höchsten Sikh-Heiligtum, dem Goldenen Tempel in Amritsar, aufbewahrt und gilt als unvergängliche Stimme der großen Lehrer. Anderthalb Jahrhunderte nach Gobind, im Jahr 1849, wurde das Pandschab, und damit das Gebiet der Sikhs, von der britischen Kolonialmacht unterworfen. Ein Teil des Pandschab fiel nach Ende der Kolonialzeit 1947 an Pakistan mit dem erwähnten Verlust der Heimat für viele Sikhs. Militante Anhänger der Religion versuchten seitdem immer wieder, den indischen Teil des Pandschab als eigenen Staat von Indien loszulösen und griffen dabei mehrfach zur Gewalt. Die Zentralregierung musste Truppen entsenden, wobei auch Blut im Goldenen Tempel floss, was die Unversöhnlichkeit der Sikhs zusätzlich anheizte. Auch die Ermordung der indischen Ministerpräsidentin Indira Gandhi im Jahre 1984 scheint mit der ungelösten Sikh-Frage in Zusammenhang zu stehen.

Zu Beginn des 20. Jahrhunderts, vor allem aber in Zuge der Guru-Begeisterung seit den 1960er-Jahren, kamen Elemente der Sikh-Religion auch nach Europa. Sie wurden vorwiegend durch Gruppen aufgenommen, die Rhadasoami als Gott verehren, der dem Guru Shiv Dayal Singh (1818–1878) offenbart worden sei. Diese durch *Sant Mat* (»Lehre des Heiligen«) geprägten Gruppen haben sich in mehrere Untergruppierungen aufgeteilt. In Indien gelten die Sikhs als besonders begabte Händler und Techniker; ihr Gebiet gehört zu den Hightech-Regionen und hat es zu ungewöhnlichem Wohlstand gebracht.

Junge betende Sikhs im Pandschab (Nordindien).

Shaivismus

Die hinduistische Weltsicht ist eine dialektische, das heißt: Von allem, was möglich oder wirklich ist, ist auch das Gegenteil wirklich oder möglich. Die erstaunliche Verwandlung des Gottes Rudra aus dem Veda hin zu Shiva, dem »Gütigen«, der Upanishaden und der Puranas belegt diese Flexibilität auf erstaunliche Weise. Es ist nämlich nicht so, dass Shiva all die furchtbaren Eigenschaften des »heulenden« Finsterlings Rudra, der für Erde und Tod stand, abgelegt hätte, sondern sie werden entweder nur positiv gewendet oder aber als Potenz für einen späteren Zeitpunkt oder eine erst noch kommende Gelegenheit verstanden. Shiva als Verkörperung der Zerstörung müsste eigentlich der absolute Gegner des Bewahrers und des Menschenfreundes Vishnu sein, und er ist das in gewissem Sinn auch. Unter anderen Aspekten aber ergänzt er den von den Vaishnavas verehrten Gott durch seine Dynamik und dadurch, dass er dem Bewahren Grenzen setzt und für die Zerstörung des Schädlichen sorgt. So gesehen lässt sich sogar dem von Shiva bewirkten Vergehen Positives abgewinnen, da ohne dieses neues Werden nicht denkbar wäre – Urprinzip aller Dialektik.

Die Doppeldeutigkeit der Figur war von Anfang an gegeben, als Shiva noch der Gott der Unterworfenen war und von den siegreichen Ariern verachtet wurde: Er ritt auf einem Stier, der gefährlich, aber auch Sinnbild der Fruchtbarkeit ist. Er ließ sich von einer Kobra begleiten, die den Tod bringen kann, aber auch mit ihrem Tanz in aufgerichteter Haltung gen Himmel weist, also ein erlösendes Symbol sein kann. Die wilden, bedrohlichen Merkmale jedoch überwogen bei weitem: Shiva jagte im Dschungel, wenn er seine Heimat auf einem der höchsten unwirtlichen Gipfel des Himalaja verlassen hatte. Schnell war er und stark, bewaffnet mit Pfeil und Bogen und ein Schrecken seiner Gegner, weswegen ihn die Ureinwohner als Beschützer gegen die Eroberer anriefen. Diese aber mochten einen so mächtigen Herrn nicht den Feinden allein überlassen und wandten wie in vielen Fällen das Mittel der Umarmung an, indem sie Shiva auch zu dem Ihren machten. Dabei muss es zum Wandel des Gottesbildes vom ungestümen Zerstörer zum abgewogen handelnden Lenker der Geschicke und weisen Segenbringer *(Shambu)* gekommen sein.

Shiva mit Pfeil und Bogen auf seinem Reittier, dem Stier Nandi, sitzend.

DER GROSSE YOGI

Die Zwienatur aber legte er auch dann nicht ab, und so taugt er weiterhin als Leitstern der Asketen, denn er ist Herr der Zeit und damit Herr der Vergänglichkeit, die das Weltliche abtötet, wie es der Asket erstrebt. Shiva gibt ihm die Kraft zur Meditation, segnet als *Mahayogi* (»Großer Yogi«) seinen Yoga und ersetzt ihm die menschliche Gesellschaft, der er entsagt

Diese Ganesha-Skulptur aus Sandstein stammt aus dem 7. oder 8. Jahrhundert und wurde in Kambodscha gefunden.

hat. Shiva wird denn auch oft als meditierender *Jatadhara* (»der mit dem geflochtenen Haar«) dargestellt oder als *Nataraja* (»König des Tanzes«), der den Dämon der Nicht-Erkenntnis und des Verhaftetseins an der Welt zertritt. Deswegen gilt Benares (heute Varanasi) als Stadt Shivas, denn hierher an den Ganges pilgern die frommen *Sadhus* (Mönche, Heilige). Der Fluss ist nicht nur den Vaishnavas, sondern auch den Shaivas, den Anhängern Shivas heilig. Die Puranas berichten, dass Ganga, so die den Fluss verkörpernde Gottheit, durch Gebete vom Himmel herabgerufen worden und darüber sehr erbost gewesen sei. Furchtbaren Schaden hätte sie anrichten können, wenn nicht Shiva die Wucht der Fluten durch Brauen und Locken aufgefangen und in verträgliche Bahnen gelenkt hätte. Deswegen trägt Shiva auch den Bei- oder genauer Ehrennamen Ganga-Dhara (»der den Ganges Haltende«), denn der riesige Fluss ist ja tatsächlich oft eine Gefahr, etwa zu Zeiten der Schneeschmelze und während des Monsunregens.

So umfassend Shivas Macht ist, so unvollständig bleibt sie als männliches Prinzip. Ohne weibliches Gegenstück nützt die Potenz, dargestellt in vielfältigen Phallus-Säulen (Linga), und die Zeugungskraft nichts. Zu Shiva gehören daher Gemahlinnen mit verschiedenen Namen, die alle den Schoß symbolisieren, der erst Shivas Fruchtbarkeit zur Geltung bringt. Und für diese stehen auch die Söhne, die diesen Verbindungen entstammen. Als wichtigster ist Ganesha zu nennen, der Elefantenköpfige.

SHAKTI

Das weibliche Element oder die weibliche Energie ist für Shiva als Ergänzung unabdingbar. Weiblichkeit steht daher im Shaivismus (seltener: Shivaismus) höher im Kurs als im Vaishnavismus, wo Radha nur die zum göttlichen Krishna empor strebende schwache menschliche Seele ist. Die annähernde Gleichrangigkeit von Shiva und Shakti, wie die weibliche Gottheit im Shaivismus zusammenfassend genannt wird, lässt sich historisch verstehen. Die Verehrung des Weiblichen nämlich ist sehr alt und reicht in vorarische Zeiten zurück, als mutterrechtliche Formen der gesellschaftlichen Organisation noch eine größere Rolle spielten. Wie in vielen anderen Kulten bei fast allen Völkern gehörte die »Große Mutter« (lateinisch: *Magna Mater*) zum religiösen Grundbestand der Induskultur. Sie wird mit der Erde identifiziert, aus der alles wächst, sie hat Macht über das Wasser, das Fruchtbarkeit garantiert, sie ist der Schoß, aus dem alles Leben kommt, sie gewährt dem schwachen jungen Leben Schutz, nährt es und gibt ihm Wärme. Shaktismus, oft als eigene hinduistische Richtung bezeichnet, ist daher eigentlich nur als weiblich gewendeter Shaivismus zu verstehen.

Die kriegerischen Arier konnten mit Frauen im Himmel nicht viel anfangen; im Rigveda spielen Göttinnen allenfalls als Gemahlinnen oder Gespielinnen von Göttern eine bloß untergeordnete Rolle. Mit der Konsolidierung der neuen Herrschaft aber wuchs der Bedarf an Mütterlichkeit auch im Spirituellen. Die Liebe in ihrer Urgewalt konnte nicht ohne Repräsentantin bleiben, und offenbar reichte eine Hirtin, wie sie Krishna beigegeben wurde, nicht aus. Bei ihr dominierte der erotische Gedanke, während der in Flusskulturen so wichtige Aspekt der Fruchtbarkeit nicht hinreichend ausgeprägt erschien. Hier schuf der Shaivismus durch Shakti Abhilfe. Im folgenden Kapitel über den Tantrismus wird das noch näher erläutert. Hier sollen nur einige Shiva-Gemahlinnen vorgestellt werden, die nicht als verschiedene Personen zu sehen sind, sondern als göttliche Verkörperungen von Eigenschaften und Ausdruck der vielen Seiten des weiblichen Gegenstücks zu Shiva.

Zwar kennt auch der Vaishnavismus mit Lakshmi, der Frau von Vishnu, eine Hochgöttin (des Glücks und der Schönheit), doch die Macht etwa der schon erwähnten Parvati, der »Tochter der Berge«, erreicht sie nicht. Diese verkörpert die kosmische Energie, die Materie zu beleben vermag. Ihre Bedeutung zeigt sich darin, dass ihre Eheschließung mit Shiva, dem »Herrn der Berge« *(Girisha)*, von Brahma selbst vorgenommen worden sei, während Vishnu und seine Frau als Zeugen zugegen waren. Parvati wird gern mit üppigen Formen oder in der Mutterrolle mit Ganesha auf dem Schoß dargestellt. Künstler zeigen sie auch gern beim Austausch von Zärtlichkeiten oder direkt bei der Vereinigung mit Shiva. Wie dieser hat sie aber auch eine finstere Seite und heißt dann Durga (»die Unergründliche«) oder Kali (»die Schwarze«). Andere wieder eher positive Namen sind Uma-Haimavati (»vom Himalaja stammend«), Padma (»die Lotosblüte«) oder Sati (»treue Gattin«). Doch hier noch einige Worte zur abgründigen Seite von Shakti.

SHAIVA-KULTE

Es nimmt nicht wunder, dass bei den beiden völlig verschiedenen Seiten Shivas auch zwei grundsätzlich andere Richtungen im Kult der Shaivas entstanden sind: Die volkstümliche Form der Verehrung des Beschützers und Lebensspenders und die asketische um den Großen Yogi, der die Welt überwunden hat. Beide Traditionen kennen zudem vielerlei Untergruppen, die sich auf besondere Eigenschaften Shivas konzentrieren, sodass ein sehr buntes Bild des Shaivismus entsteht. Fremden erscheinen vor allem die sexuellen Seiten mancher Shaiva-Kulte besonders seltsam, die im Tantrismus eine wesentliche Rolle spielen. Ob-

Eine indische Miniatur aus der Serie »Durga Charitra« zeigt die Göttin Durga auf dem Schlachtfeld.

Eine Mutter mit ihrem Kind bringt ein Opfer an den Linga dar.

wohl die dunkle oder weltabgewandte Variante im Shaiva-Kult dominiert, lohnt auch ein Blick auf die Anhänger des Gottes, die ihm sich liebend nähern und ihn um Hilfe bei der Bewältigung der irdischen Herausforderungen und beim Bemühen um gottgefälliges Leben bitten.

An erster Stelle zu nennen sind da die Anhänger des Shaiva-Siddhanta (»höchstes Ziel der Shaivas«), eine vor allem in Südindien verbreitete Gemeinschaft, die deswegen auch südlicher oder tamilischer Shaivismus genannt wird. Shiva wird als Mahadeva (»Großer Gott«) verehrt, seine Gemahlin Amba (»Mutter«) verkörpert Shakti, die weibliche Seite der Gottheit. Wie bei Ramanujas Vishnu-Kult sehen die südlichen Shaivas Gott-Seele-Welt zwar nicht als Einheit, aber als Nicht-Zweiheit, weil sie vom Wesen her im selben ewigen Grunde wurzeln. Dabei ist freilich die menschliche Seele anders als Shiva an die Materie gefesselt und kann sich nur durch göttlichen Beistand von dieser Fessel lösen. Bekommen kann ihn nur, wer sich Shiva als persönlichem Gott ganz in Liebe (*Bhakti*) widmet. Zwar verlangt der Shaiva-Siddhanta dazu keine strenge Askese, empfiehlt aber Meditationsübungen. Sie haben das Ziel, in der Welt der Gegensätze das gemeinsame Göttliche zu schauen. Viel zur Popularität dieser Shaivismus-Richtung hat beigetragen, dass ihre Gurus nicht brahmanischer Herkunft waren und daher auch das Kastenwesen ablehnten. Außerdem benutzten sie die drawidische Sprache Tamil, sodass das Volk Zugang zu ihren Lehren fand.

Eine relativ kleine, aber durch ihre Lebensweise bedeutsame Shaiva-Sekte nennt sich Lingayat nach dem Phallussymbol, das für die Allmacht Shivas als Erzeuger steht. Man sollte meinen, dass die ebenfalls in Südindien verbreiteten Lingayat-Anhänger einen besonders lebensprallen Kult pflegen bei dieser Ausrichtung auf die Schöpferkraft ihres zentralen Gottes. Doch das Gegenteil ist der Fall: Die auch unter der Bezeichnung *Virashaiva* (»heldenhafte Shiva-Verehrer«) bekannte Bewegung wurde im 12. Jahrhundert von einem Brahmanen namens Basava gestiftet, und bereits dieser handelte gegen alle Erwartungen. Er wandte sich gegen die Autorität der Veden und der sie hütenden Priester. Und auch das Kastenwesen kritisierte er, obwohl er selbst der obersten angehörte. Die Lingayat-Sekte setzte sich gar für die religiöse und rechtliche Gleichheit der Frauen ein, verwarf Rituale und Opferung und verzichtete auf Tempel, weil nach ihrer Lehre jeder Mensch Tempel der Gottheit sei. Shiva nämlich ist danach das unpersönliche eigentliche Selbst jedes Menschen.

Zwar bildete sich bald auch bei der Lingayat-Gemeinde wieder ein zunächst abgelehntes Priestertum, auch kehrte man in gewissem Maß zum Ritualismus und zum Kastendenken zurück, doch bis heute zeichnen sich die Lingayat-Anhänger mit ihrem Erkennungszeichen des umgebundenen kleinen Linga durch außerordentliche Strenge der Sitten aus: Sie sind reine Vegetarier, verurteilen alle Rauschmittel, bekennen sich zu uneingeschränkter Gewaltlosigkeit, bekämpfen die sexuelle Libertinage und haben schon früh die Unsitte abgeschafft, Kinder zu verheiraten. Frauen und Männer sind frei bei der Partnerwahl.

YOGA UND ASKESE

Der nördliche oder Kashmir-Shaivismus beschreibt die Hilfe Shivas bei der Erlösung des Einzelnen als relativ klein. Der Mensch muss schon selbst konsequent an sich arbeiten, damit ihm Shiva entgegenkommt. Yoga ist dabei das Mittel der ersten Wahl zur Gewinnung von Selbstdisziplin und Sammlung auf das spirituelle Ziel, worunter die Erkenntnis des überall und in allem waltenden Absoluten zu verstehen ist, und zwar auf dreifache Weise: Einmal gilt es Shiva als einzige Wahrheit zu begreifen, während alle Erscheinungen der so genannten Wirklichkeit bloßer Schein *(Maya)* sind; Shivas Shakti (Schöpferkraft) allein macht die Welt möglich. Zum Zweiten, und hier übernimmt Shiva an der einzigen Stelle im religiösen Prozess eine aktive Rolle, muss der Yogi Gott darum bitten, ihm einen Meister *(Guru)* zu schenken, ohne den erfolgreiches Meditieren nicht möglich ist; unter Erfolg versteht der Kashmir-Shaivismus die Erkenntnis oder genauer: Wiedererkenntnis des wahren Selbst als Teil des absoluten Seins, verkörpert durch Shiva. Als dritte Forderung gilt, dass jeder, der den genannten Erfolg in Form der dafür nötigen Erleuchtung erreicht hat, verpflichtet ist, seinerseits andere auf den richtigen Weg zu führen. Es sei hier wieder betont, dass Erkennen im Hinduismus nicht rational allein sondern eher als ein im Innersten Erfahren zu verstehen ist, denn so ergibt sich tugendhaftes Leben aus dem spirituellen Erleben. Die asketischen Richtungen des Shaivismus haben zwei sonderbare Vorläufer: Einmal handelt es sich um die Pashupata-Gruppe, die etwa vor tausend Jahren erlosch. Sie bezog ihren Namen von Shiva als »Herrn der Tiere«, der ihre Seelen wie Tiere aus Schlingen befreie. Allerdings benahmen sich die Anhänger der Sekte auch wie Tiere, indem sie tanzten, wild herumsprangen, brüllten und überhaupt ein höchst bizarres Verhalten an den Tag legten. Dahinter stand das Bemühen, die Menschen so zu erschrecken, dass sie sich von den Pashupata-Gläubigen abwandten. Das sollte die Lösung von der Welt erleichtern, vor deren Spott

Digambaras (»die Luftbekleideten«) sind Asketen, die außer einem Wedel zum Vertreiben der Insekten vom Platz, auf dem sie sich niederlassen wollen, keinerlei Kleidung oder sonstige Hilfsmittel haben. Diese radikale Form der Lebensführung nehmen allerdings nur sehr wenige Mönche auf sich.

die kaum bekleideten »Menschentiere« in die Einsamkeit flohen, wo sie durch strenge asketische Übungen zu religiöser Erkenntnis finden und magische Kräfte gewinnen wollten.

Noch abschreckender war der Kult der »Schädelträger« *(Kapalas)*, die Shiva als Großen Zerstörer *(Mahakala)* und seine furchtbare »schwarze« Gemahlin Kali verehrten. Auch als Bhairava, den »Fürchterlichen«, priesen sie ihren Gott, mit dem sie andere bedrohten und von dem sie das Recht bekommen hätten, sich über alle Gesetze hinwegzusetzen. Entsprechend grausig waren ihre Rituale und blutig ihre Opferhandlungen. Ja, sie behaupteten, dass sie auch Menschenfleisch in ihre Opferfeuer gäben, damit der hungrige Gott besänftigt werde. Es ging sogar die Legende, dass die Kapalas die von ihnen sehr geschätzten berauschenden Getränke aus Schädeln von erschlagenen Brahmanen schlürften und auf deren toten Körpern ihre Gebete verrichteten.

An diese wohl schon vor 1400 untergegangene Sekte knüpften seit dem 18. Jahrhundert die Aghoris an, eine Asketen-Gemeinde, die ähnlich scheußliche Praktiken pflegte und vereinzelt noch pflegt, heute schon aus Gründen der Rücksicht auf die staatlichen Gesetze allerdings gemäßigter. Noch immer aber bevorzugen die Aghoris als Aufenthaltsort die Verbrennungsplätze für die Verstorbenen und bedecken ihren Körper allenfalls mit Asche, denn sie lehnen Kleidung ab. Die Todesnähe, die sie suchen, soll sie daran erinnern, dass alles vergänglich ist und dass Shiva, der Zerstörer, und Kali, seine Furcht erregende Frau, immer das letzte Wort haben über das Lebende wie das Tote. Zwar haben die Aghoris ihre einstigen kannibalischen Bräuche aufgegeben, doch schockieren sie die Gesellschaft immer noch mit ekstatischen Tänzen nach dem Genuss großer Mengen von Wein und Marihuana sowie durch sexuelle Ausschweifungen und das Verzehren von Exkrementen. Dahinter steht der Gedanke, dass im Absoluten, verkörpert von Shiva, das Schöne wie das Widerwärtige, das Leben wie der Tod, das Gute wie das Böse gleichermaßen aufgehoben und eins sind.

Wanderasketen wie diesen Sadhu (rechts im Bild) gibt es auch heute noch. Die Aufnahme wurde in den Bergen von Kaschmir gemacht.

Neuere Entwicklungen

An Revolutionen ist die Weltgeschichte reich. Doch wohl keine hat so globale Erschütterungen ausgelöst wie die industrielle Revolution, die im 18. Jahrhundert in England einsetzte und die Welt in wenigen Jahrzehnten von Grund auf wandelte. Hatten die Träger dieser Revolution schon schwer mit ihren Folgen zu kämpfen, so wurden die, denen sie zwangsweise verordnet wurde, in einem schwer vorstellbaren Maß davon erschüttert. Der Kolonialismus wurde nicht nur schmerzhaft als politische Fremdherrschaft erlebt, sondern auch als kultureller Schock, verstärkt noch durch technische Neuerungen, die den Menschen als bare Zauberei erscheinen mussten. Für Indien kam hinzu, dass seine Vielfalt sich plötzlich einer Zentralisierung durch die britische Kolonialmacht ausgesetzt sah, die Konflikte förmlich programmierte. Die weißen Herren, die 1836 sogar ihre Sprache zum amtlichen Kommunikationsmittel erklärten, scherten sich wie die meisten Sieger wenig um Empfindlichkeiten religiöser, regionaler oder sozialer Art und beschleunigten den Wandlungsprozess derart, dass den Unterworfenen die Luft auszugehen drohte.

Das rief natürlich Gegenkräfte auf den Plan, die sich einerseits in Aufständen entluden und die andererseits zu einer Besinnung auf die eigene kulturelle, und das heißt immer auch religiöse Identität beitrugen. Identitätssuche hat meist zwei Seiten, eine konservative, die am Überkommenen festhält und es um jeden Preis stärken möchte, und eine reformerische, die nur in einer Modernisierung die Chance zum Bestehen der neuen Herausforderungen sieht. Insofern erhielt der asketisch-mönchische Hinduismus durch die Begegnung mit dem als Bedrohung empfundenen aufgeklärten westlichen Gedankengut ebenso neue Impulse, wie sich diejenigen bestärkt fühlten, die ihre Religion aus traditioneller Erstarrung befreien wollten. Ihr Weg erwies sich als der vielversprechendere, auch wenn die Konservativen bis heute mit ihrem Gedankengut fortleben. Im Folgenden soll es vor allem um die Reformbewegungen gehen.

Es war nahe liegend, dass sich erste Ansätze in gehobenen Kreisen regten, denn deren Angehörige verfügten am ehesten über die erforderliche Bildung. So gründete Rammohan Roy (1772–1833), Sohn eines bengalischen Brahmanen, 1828 den Brahmo Samaj, der sich vor allem auf die philosophischen Lehren der Upanishaden stützte. Roy hatte an einer islamischen Universität studiert und in Kalkutta für die britische East India Company gearbeitet. Auf diese Weise mit Bibel, Ko-

Das britische Kolonialreich brachte die industrielle Revolution auch nach Indien. Im Zuge der Kolonialisierung wurde Indien zum Monopol-Absatzmarkt der englischen Textilindustrie. Auf diesem Kupferstich ist eine Fabrik zur Gewinnung des Indigofarbstoffs zu sehen.

Für die Fremdheit, die der Westen gegenüber dem Hinduismus empfand, spricht schon der Titel dieses Kupferstichs aus einem Bilderbuch für Kinder, das 1809 in Weimar erschien: »Hinduische Merkwürdigkeiten«.

ran und westlicher Wissenschaft vertraut, schien ihm der Hinduismus insofern reformbedürftig, als er die falschen sozialen Folgerungen aus dem richtigen Glauben gezogen hatte. Im Grunde ging es nach Roy doch allen Religionen um die Erkenntnis und Verehrung eines Schöpfer-Gottes und um dessen Auftrag, ein sittsames Leben zu führen. »Auswüchse« wie Witwenverbrennung – Roy hatte eine solche im Fall einer Schwägerin erleben müssen – oder die Verheiratung von Kindern seien mit keiner Religion zu rechtfertigen und daher abzulehnen.

Devendranath Tagore (1817–1905), ein Nachfolger Roys, setzte den Kampf für eine soziale »Entrümpelung« des Hinduismus fort, wollte aber nicht so weit

gehen wie sein Rivale Keshab Chandra Sen (1838–1884), der auch die Kasten radikal ablehnte. Darüber kam es zu einer Spaltung der Bewegung: Sens Gefolgsmann Dayananda Sarasvati (1824–1883) gründete 1875 in Lahore, das heute zu Pakistan gehört, die »Gemeinschaft der Arier«. Schon mit dem Namen machte er deutlich, dass der Veda für ihn die höchste Autorität genoss. Er nahm diese heiligen Schriften, insbesondere die Hymnen des Rigveda, buchstäblich beim Wort und kam durch ihre Analyse zum Schluss, dass Bilderverehrung, Kastentrennung, Diskriminierung der Frau und das Verbot der Wiederheirat von Witwen in keiner Weise durch sie gedeckt oder gar zu begründen seien. Logischerweise wandte er sich damit auch gegen die Ausgrenzung der so genannten Unberührbaren *(Aprishyas)* und geriet so in Konflikt mit dem religiösen Establishment.

Durch scharfe Ablehnung westlich-christlicher Errungenschaften zog er sich zudem den Argwohn der britischen Kolonialherren zu, die zu Recht in Sens Arier-Bund ein nationalistisches Element ausmachten. Das äußerte sich auch im Bemühen des Bundes, die Schulbildung der Jugend zu verbessern und dabei die Nationalsprache Hindi zu pflegen. Doch erreichte Sen damit ebenfalls nur eine dünne Schicht wohlhabender Bürger. Das Volk ließ sich hingegen seinen überreichen Götterhimmel nicht nehmen.

RAMAKRISHNA

Als »Seele des Hinduismus« verehren bis heute viele Inder einen Mann, der zwar nicht zu den Gelehrten gehörte, aber durch den Versuch einer Neubelebung der spirituellen Seite des Glaubens zum Heiligen wurde: Ramakrishna (1836–1886) war Sproß einer Brahmanen-Familie der Vaishnava-Richtung, wandte sich aber dem Shaivismus zu und wurde Priester der Göttin Kali (Shivas wehrhafte Gemahlin) in einem Tempel bei Kalkutta. Durch strikte meditative Disziplin und religiöse Übungen wie dem unablässigen Singen von Hymnen suchte er nach Erkenntnis und versetzte sich immer häufiger in ekstatisch-tranceartige Zustände. Unterstützt von einem weiblichen Guru mit tantrischen Ritualen und von einem Mönch, der ihm meditativ zur Seite stand, erlangte Ramakrishna schließlich einen Zustand der Gottesschau, in dem er nicht mehr Priester, sondern nur noch Seher sein konnte. Und was er sah, war die Gleichheit des Ziels aller Religionen bei unterschiedlichem Weg. Das führte ihn zu einer Lehre der radikalen Toleranz auch dem Christentum und dem Islam gegenüber, beides Religionen, die er genau studiert hatte. An ihnen kritisierte er nur, dass sie neben sich keine anderen Religionen zu dulden bereit waren.

Narendranath (»Naren«) Datta, genannt Svami Vivekananda (1863–1902), wurde zum bedeutendsten Verkünder der Lehre Ramakrishnas von der Einheit und Wahrheit aller Religionen wurde. Er war zutiefst durchdrungen vom Glauben, dass alles zum Göttlichen gehöre und dass der Mensch in seinem Leben nur das Ziel zu verfolgen habe, diese Identität mit dem Allerhöchsten zu erkennen und daraus die sittlichen Folgerungen zu ziehen: Respekt vor allen Wesen und Zuwendung zu den Mitmenschen, denn sie sind so göttlich wie man selbst. Kastendenken konnte sich mit solcher Erkenntnis natürlich nicht vertragen, und so wurde die Ramakrishna-Mission des Vivekananda auch zum Träger sozialer Reformbestrebungen. Ein vom großen Lehrer gegründeter Orden kümmerte sich zudem um Volksbildung und Ausbau des Gesundheitswesens, eine revolutionäre Wendung, denn unter Mönchen oder Nonnen vermochte man sich bis dahin in Indien nur weltabgewandte Fromme vorzustellen. Jetzt sollten sie sozial aktiv werden.

Wichtiger noch als dieser Impuls wurde eine eigentlich gar nicht vorgesehene Reise Vivekanandas: Uneingeladen fuhr er, unterstützt von einem reichen

Schüler, 1893 nach Chicago zu einem Kongress der Weltreligionen im Rahmen der Weltausstellung. Und da er schon einmal da war, ließ man ihn auch sprechen, wenn auch als letzten aller Redner. Das erwies sich als Vorteil, denn die eindrucksvollen Worte, die Vivekananda fand, blieben als Höhepunkt der ganzen Veranstaltung im Gedächtnis der Zuhörer und führten dazu, dass er über Nacht in den USA und auch in Europa zu einer Berühmtheit wurde. Seine Beschreibung des Hinduismus prägte das westliche Bild der Religion nachhaltig, die bisher als rückständig und götzendienstlich gesehen worden war. Und daheim erfüllte es die Menschen mit Stolz, dass einer der Ihren von den arroganten Westlern ernst genommen, ja bewundert wurde. Für das Selbstbild der Hindus und das Nationalgefühl der Inder war Vivekanandas hohes Ansehen ein unschätzbarer Gewinn und für die Reformbestrebungen eine große Unterstützung.

SRI AUROBINDO

Nicht viel jünger war Vivekanandas bengalischer Landsmann Aurobindo Ghose, genannt Sri (»der Glückliche«) Aurobindo (1872–1950). Er stammte ebenfalls aus der Oberschicht. Sein Vater war ein Arzt mit Sympathien für den Brahmo Samaj und erfüllt von großer Bewunderung für die westlichen Errungenschaften. Deswegen schickte er den Sohn schon als Siebenjährigen nach England, wo Sri Aurobindo eine gründliche Schulausbildung erhielt und von wo er 1893 mit einem Diplom der Universität Cambridge für alte Sprachen, Deutsch und Französisch in die Heimat zurückkehrte. Er übernahm eine Professur für englische Literatur und Sprache in Kalkutta und gab bald eine eigene Zeitung heraus, in der er sich für die Unabhängigkeit seines Landes von England einsetzte. Das trug ihm Verfolgung und schließlich Untersuchungshaft ein, weil man ihn verdächtigte, an einem Anschlag auf einen britischen Deputierten beteiligt

gewesen zu sein. Obschon freigesprochen, blieb Aurobindo im Visier der Kolonialmacht, reduzierte aber nicht deswegen sein politisches Engagement, sondern weil er in der Haftzeit zur Erkenntnis gekommen war, dass die wahre Befreiung eine spirituelle sein müsse. Die Kolonialbehörden aber trauten dem Frieden nicht, und ihre weiteren Schikanen zwangen Aurobindo schließlich zur Flucht in die französische Enklave Pondicherry in Südostindien, südlich von Madras. Dort ließ er sich 1910 für den Rest seines Lebens nieder und widmete sich einer von ihm entwickelten Form des Purna-Yoga, den er den »integralen« nannte. In Mira Alfassa (1878–1973), einer gebildeten Frau aus türkisch-ägyptischer Familie, fand er nach einer ersten Begegnung 1914 ab 1920 eine Weggefährtin, die ihn mit Tatkraft und Organisationstalent zur Seite stand und die wachsende Anhängerschaft betreute. Die Adepten des von Aurobindo gegründeten *Ashram* (»Kloster«) nannten sie stets respektvoll »die Mutter«. Sie setzte das Werk Aurobindos fort und sorgte für die Erweiterung der Gemeinschaft zu einer regelrechten Klosterstadt, genannt Auroville, wo Sinnsucher aus aller Welt und ohne Ansehen der religiösen Herkunft den spirituellen Wegweisungen Aurobindos folgen können. Auch wenn Aurobindo in seinem selbst gewählten Exil kaum Einfluss auf die indische Unabhängigkeitsbewegung zu nehmen vermochte, so trugen doch seine zahlreichen Schriften und die Wertschätzung, die sie sich auch im Westen erwarben, zur Stärkung des indischen Selbstbewusstseins bei.

Dabei spielte es keine große Rolle, dass nur wenige wirklich zur Gedankenwelt Aurobindos Zugang fanden, die für Normalbürger viel zu anspruchsvoll ist. Kurz skizziert ging es dem Yogi darum, nicht nur einen Weg empor zum Göttlichen zu finden, sondern das Göttliche (Brahman) auch »herabzubringen« zum Menschen und zur Materie. Bildlich gesprochen: Aurobindo hielt es für völlig verfehlt, die Lotosblume nur oder auch nur vornehmlich aus dem Schlamm heraus beschreiben und verstehen zu wollen, aus dem sie emporwächst. Das unfassbare Wunder, das die Blume verkörpere, müsse auch vom Göttlichen her begriffen werden, vom »Supramentalen« (über den bloßen Verstand Hinausgehende) her.

Das Aufwärtsstreben dorthin und das Göttliche herabbringen ins Lebendige, das wollte Aurobindo beides – daher »integral« – im Wege der von ihm entwickelten Meditation erreichen. Hinduistisch daran ist das auf das Göttliche Gerichtetsein im Yoga, westlichem Denken entsprang der Gedanke, der Mensch könne es auch in der Gegenbewegung durch »Öffnung« gewinnen und in sein Leben integrieren.

DIE GROSSE SEELE

Eher politische Impulse und damit die entscheidenden für die Befreiung Indiens von der Kolonialherrschaft setzte Mohandas Karamchand Gandhi (1869–1948), ein Jurist aus Porbandar auf der Halbinsel Kathiavar im äußersten Westen Indiens. Er stammte aus der Kaste der Kaufleute (Gandhi heißt so viel wie »Händler«) und konnte es sich daher leisten, 1888 bis 1891 in London zu studieren, und zwar neben der Rechtswissenschaft auch noch Sprachen und Physik. Trotz dieser umfassenden Bildung blieb sein Erfolg als Anwalt in der Heimat bescheiden, sodass Gandhi nach Südafrika auswanderte, wo er seine eigentliche Bestimmung fand, nämlich die politische: Seine

Aufenthalt an einer Bahnstation der Eisenbahnlinie Darjeeling–Kalkutta. Koloriertes Foto von 1906.

Landsleute gehörten für die dort herrschenden Weißen zu den Farbigen und waren mithin der gleichen Diskriminierung ausgesetzt wie diese. Im Kampf dagegen entwickelte Gandhi die wesentlichen Prinzipien seiner Lehre vom gewaltlosen Widerstand nach dem hinduistischen Prinzip des »Nicht-Verletzens« *(Ahimsa)*. Trotz mehrerer Haftstrafen hatte er einigen Erfolg: Die Situation der Inder in Südafrika hatte sich

Gandhi mit Anhängern auf dem »Marsch zum Meer« (12.3.–6.4.1930), mit dem er gegen das Salzgewinnungsmonopol der englisch-indischen Regierung protestierte.

deutlich gebessert, als Gandhi 1914 nach Indien zurückkehrte, um daheim den Kampf gegen die britische Fremdherrschaft aufzunehmen.

Im Ersten Weltkrieg hielt er noch einigermaßen still, erhoffte er doch, dass die Briten den Einsatz indischer Soldaten nach dem Sieg mit mehr Selbstverwaltung belohnen würden. Er sah sich bitter getäuscht und ging zu entschlossener Gegenwehr mittels bürgerlichen Ungehorsams *(civil disobedience)* über. Er wurde zum Führer der Kongresspartei und proklamierte die Nicht-Zusammenarbeit (non-cooperation oder *Hindi Asahayoga*) mit der Kolonialverwaltung, den Boykott der englischen Schulen und englischer Waren sowie die Nichtachtung britischer Gerichtsurteile. Der Kampf sollte allein durch »Festhalten an der Wahrheit« *(Satyagraha)* und Seelenkraft geführt werden, was dem Volksführer den Beinamen *Mahatma* (»Große Seele«) eintrug. Eine seiner Ideen, wie man die Briten an ihrer empfindlichsten Stelle, dem Geld, treffen konnte, betraf das häusliche Spinnen eigener Stoffe, das den Import aus England schwächen würde. Das Spinnrad wurde denn auch zum Symbol des Kampfes der Inder unter Gandhi.

So friedlich wie er aber blieben nicht alle seine Anhänger: Als einige gegen seinen Willen 1922 zur Gewalt griffen, brach Gandhi seine Aktionen ab, konnte aber die Verurteilung zu einer sechsjährigen Haftstrafe damit nicht mehr abwenden. Er musste wegen seines angeschlagenen Gesundheitszustands nur zwei Jahre verbüßen und nahm 1924 den Kampf wieder auf. Der wandte sich fortan aber nicht nur gegen die Briten, sondern auch gegen die seiner Meinung nach zutiefst ungerechte Kastengesellschaft. Insbesondere die kastenlosen und damit fast völlig rechtlosen »Unberührbaren« *(Parias)* wollte er besser stellen. Mit sozialen Reformen und der Modernisierung der Gesellschaft hoffte er, eine größere politische Reife des Volkes zu erreichen und damit zusätzliche Argumente für eine Selbstregierung des Landes zu gewinnen. Die Kolonialherren nämlich verwiesen nur allzu gern auf die unterentwickelten politischen Strukturen Indiens und führten dies als Grund an, dass ihrer Ansicht nach das Land noch lange Aufsicht brauchen würde.

Viel erreichte Gandhi nur insofern, als ihm die Massen verstärkt zuströmten, ohne dass freilich die Oberschicht zu Konzessionen bereiter geworden wäre. Es musste wohl doch erst die Selbstregierung erkämpft werden, damit Reformen per Gesetz durchzusetzen wären. Gandhi nahm daher seit 1929 wieder vermehrt die britische Herrschaft aufs Korn und startete im Jahr darauf eine weitere spektakuläre und durchschlagende Aktion: den so genannten Salzmarsch. Das lebensnotwendige Salz unterlag einer erheblichen Steuer, und die Briten drohten jedem mit schweren Strafen, der versuchen sollte, ihr Monopol zu unterlaufen. Das aber bezweckte buchstäblich der Marsch über mehrere Hundert Kilometer zum Meer, auf dem sich eine wachsende Volksmenge Gandhi anschloss. Nach drei Wochen erreichte die Menge das Meer. Am 6. April 1930 trat Gandhi in der Morgendämmerung an den Strand und hob symbolisch ein paar verkrustete Salzkörnchen auf, Signal für alle, die Salzgesetze der Briten zu brechen. Überall an den Küsten folgten die Inder dem Beispiel und legten Salinen an. Obwohl die Engländer bis zu 60 000 Menschen, darunter natürlich auch Gandhi, inhaftierten, ließ sich die Bewegung nicht mehr bremsen.

UM MITTERNACHT DIE FREIHEIT

London versuchte es nun mit einer Umarmungstaktik, ließ Gandhi schon 1931 wieder frei und lud ihn zu einem Runden Tisch in die Hauptstadt ein. Der Auftritt des abgehärmten Asketen in der traditionellen einfach weißen Kleidung in der englischen Metropole erregte weltweit Aufsehen und verschaffte dem Mahatma große Sympathien, zumal er bei den Verhandlungen

Verhandlungen über die Unabhängigkeit Indiens unter Leitung des britischen Vizekönigs von Indien, Louis Lord Mountbatten, im Jahre 1947.

nicht einen Schritt von der Forderung nach Unabhängigkeit abwich und 1932 erneut ins Gefängnis musste. Weitere Haftzeiten folgten auch noch während des Zweiten Weltkriegs, als England auf indische Unterstützung dringend angewiesen war und sich zudem einer hitlerfreundlichen nationalistischen Bewegung gegenüber sah. Gandhis kategorische Forderung *Quit India!* (»Verlasst Indien!«) beantwortete London mit Verurteilung und Gefängnis zwischen 1942 und 1944. Die beispiellose Überdehnung der englischen Kräfte jedoch ließ nun allmählich die Einsicht in London wachsen, dass die Kolonialherrschaft auf Dauer nicht mehr zu halten war.

Bloß wie sollte die Unabhängigkeit aussehen? Der Subkontinent war ja religiös tief gespalten zwischen Muslimen und Hindus, und selbst Gandhis ungeheure Autorität vermochte nicht das Trennende zu überwinden. Er musste ohnmächtig zusehen, wie alles auf eine Teilung Indiens zusteuerte und zudem auf furchtbare Konflikte zwischen den verfeindeten Religionen. Und so kam es: Am 15. August 1947 um Mitternacht entstanden zwei neue Staaten auf dem Boden der einstigen Kolonie British India. Der für die Muslime wurde Pakistan genannt und war geteilt in einen größeren westlichen Teil um Karatschi und Lahore und in einen kleineren, tausend Kilometer entfernt in Ostbengalen im Gangesdelta gelegenen (heute: Bangladesh). Das eigentliche indische Kerngebiet vom Himalaja im Norden bis zur Südspitze des Subkontinents wurde Staatsgebiet der Hindus. Damit war aber eine genaue Trennung der Religionen bei weitem nicht gelungen, eine riesige Fluchtbewegung von Hindus aus pakistanischem Gebiet und von Muslimen aus Indien setzte ein, begleitet von blutigen Ausschreitungen der beiden Gruppen gegeneinander, wobei nach Schätzungen bis zu einer halben Million Menschen ums Leben kamen.

Prominentestes Opfer wurde Gandhi selbst, allerdings waren dafür nicht Muslime verantwortlich: Am 30. Januar 1948 feuerte ein fanatisierter Hindu, dem die Konzessionen dem Islam gegenüber zu weit gingen, aus nächster Nähe drei Kugeln auf den Mahatma ab. Der von den Indern vergötterte Mann brach mit einem Götternamen auf den Lippen tödlich getroffen zusammen: »O Rama!« waren seine letzten Silben. Die Welt trauerte, denn der einzige, der dieser Region der Friedlosigkeit vielleicht ein wenig Versöhnung hätte bringen können, der Verkünder der Gewaltlosigkeit, war durch Mörderhand gefallen.

Bis heute sind Indien und Pakistan nicht zur Ruhe gekommen, und es muss als besonders tragisch vermerkt werden, dass durch den ständig schwelenden Konflikt der Hinduismus eine brutale fundamentalistische Komponente gewonnen hat, obwohl er von seiner ganzen Anlage her die toleranteste Religion ist. Ihre großen Lehrer von Roy über Ramakrishna bis Gandhi haben zu wenig Vorbildcharakter gehabt. Das gilt auch für die weiterhin ausstehende Überwindung der Kastengrenzen, die im folgenden Kapitel eine wesentliche Rolle spielen.

Kult und Alltag

Kirchen, Synagogen, Moscheen, Pagoden, Tempel – alle Religionen haben ihre heiligen Gebäude für Gottesdienste und kultische Handlungen. Der Hinduismus kannte solche Bauten zunächst nicht, sondern nur abgesteckte, gegebenenfalls mit einer Mauer abgetrennte Ritualplätze, wo die Opfer vorgenommen wurden. Diese Plätze konnten bei der wandernden Lebensweise jederzeit und an jedem Ort relativ rasch markiert werden.

Erst in späterer Zeit entwickelte sich eine immer feinere Tempelarchitektur gemäß dem wachsenden Stellenwert der Religion und ihrer Gottesdiener, der Brahmanen. Was wir heute in Indien an Hindu-Tempeln bewundern können, spiegelt die ungeheure Vielfalt der Gottheiten (man spricht von insgesamt um die 33 000) und die zahlreichen Kulte wider, und dennoch liegen fast allen Gotteshäusern ähnliche Bauprinzipien zugrunde. Das ergibt sich schon daraus, dass die

Eine Opferstätte in Benares (Varanasi) für den Linga.

Gebäude und Gebäudegruppen als Wohnungen eines oder mehrerer Götter angesehen werden und daher auf eine Art Allerheiligstes ausgerichtet sind, das die kosmische Ordnung geometrisch (fast immer quadratisch) spiegeln soll. Die Himmelsrichtungen spielen daher für den Grundriss von hinduistischen Tempeln eine Schlüsselrolle.

Im Zentrum steht gewöhnlich ein Bild des Hauptgottes *(Murti)*, etwa Vishnus und/oder seiner Inkarnationen (meist Rama oder Krishna), und der ihm zugeordneten Götter, eine Statue oder im Falle von Shiva-Tempeln ein Linga. Da zum Ritus das Umschreiten des Bildes oder der Statue gehört, muss dafür Platz sein entweder in Form eines Hofes oder meistens eines Säulengangs. Türme oder Kuppeln *(Shikaras)* krönen Tore und Heiligtümer der Anlage und richten den Blick der Gläubigen gen Himmel. Die Vielzahl der Shikaras gibt manchen Tempeln das Aussehen eines kleinen Gebirgszugs. Auch dahinter steckt Symbolik: Da viele Gottheiten auf Himalaja-Gipfeln beheimatet sind, erspart der Tempelbesuch die Reise dorthin. Zum Tempelbezirk gehören außerdem Innen- und Vorhöfe, Terrassen und andere Flächen, wo beispielsweise das inzwischen allerdings nur noch seltene Feueropfer stattfinden kann, das im Innern des Hauses nicht möglich wäre. Durch Gänge ist das Allerheiligste verbunden mit Nebenräumen und einem Hauptversammlungsraum, alles geschmückt mit Götterbildern und Reliefs, heiligen Ornamenten und sakralen Zeichen.

DAS BILDNIS ALS GLEICHNIS

Bilder haben im Kult einen hohen Stellenwert, weil nach Hindu-Vorstellung nicht nur der Verehrende dabei Gott schaut, sondern auch von diesem wahr- und wichtiggenommen wird. Das Bild ist natürlich nur eine Erscheinungsform des Gottes, der sich in jeder beliebigen Gestalt verkörpern kann. Deswegen lehnen manche Hindus auch Bilderverehrung ab, weil sie darin einen unstatthaften Versuch der Festlegung des

Der Komplex des Wassertempels Pura Ulum in Danu Bratan auf Bali (Indonesien).

Göttlichen sehen. Andere akzeptieren die Bilder nur als Stützen bei der Konzentration im Gebet und bei der Meditation.

Auch illustrieren die Bilder sehr gut die Geschichte des jeweiligen Heiligtums, indem sie Szenen aus den großen Epen zeigen und Legenden gestalten, wie und warum die Gottheit sich gerade diese Wohnung gesucht oder sie direkt gefordert hat. Diese Geschichten sind oft höchst fantastisch und spiegeln die hinduistische Frömmigkeit in ihrer zugleich sehr dinglichen und ebenso sehr symbolischen Komponente. Besonders beliebt bei Shiva-Tempeln sind die Erzählungen von den Liebesabenteuern Shivas, die sich am fraglichen Ort abgespielt haben sollen, auch sie natürlich symbolisch gemeint als Urzeugung. Stark symbolhaltig geht es auch beim eigentlichen Gottesdienst (*Puja*) zu: Die *Murti* (das Bild oder die Statue des Hauptgottes) wird gewaschen (mit Wasser übergossen, am besten solches aus dem Ganges), neu eingekleidet und bekränzt, die Priester kredenzen der Gottheit Getränke und legen ihr Früchte zu Füßen. Wie in katholischen Kirchen Räucherfässer geschwenkt werden, so auch im Hindu-Tempel, nur dass nicht Weihrauch, sondern Kampferduft zum Wohlbefinden des Gottes verströmt wird. An hohen Feiertagen wird die Murti auch in einer Prozession mitgeführt, wobei sie vor Sonne und Regen durch Schirme zu schützen ist. Die Puja-Gaben spielen im Anschluss an die eigentliche Weihehandlung eine wesentliche Rolle als Mittel, den Gläubigen Segen (*Prasada*) zu spenden. Die Priester verteilen das Obst und das zum Waschen eingesetzte Wasser an die Tempelbesucher, die die Speisen essen, sich mit dem Wasser benetzen oder sich die Blumen der Girlanden anstecken und so der Gnade des Gottes teilhaftig werden. Vielfach üblich, insbesondere im Shiva-Kult, ist auch das Verteilen von Asche aus den heiligen Lampen. Sie wird ins

Gesicht gerieben, was ein wenig an unseren Brauch der Aschekreuze am Aschermittwoch erinnert.

Sonst aber haben Tempelbesuche wenig Ähnlichkeit mit der Teilnahme an christlichen Gottesdiensten: Es gibt nicht die zentrale Predigt und auch keine gemeinsam auszuführenden Andachtsübungen, obwohl man überall betende Menschen, oft mit zusammengelegten Handflächen vor dem Gesicht, sieht. Reges Kommen und Gehen beherrscht das Bild. Manche beten still für sich vor Götterbildern, andere schauen den Priestern bei der Puja zu, wieder andere nutzen das Zusammentreffen mit Bekannten zu einem Plausch oder liefern ihre Gaben für den Tempel ab. Spielende Kinder gehören ebenso zum lebhaften Treiben im Tempel wie die Gruppen von Kranken, die sich vom Aufenthalt im Gotteshaus Linderung oder gar Heilung ihrer Gebrechen erhoffen. Überhaupt geschieht alles sozusagen auf eigene Rechnung und aus eigenem religiösen Impuls, für den der prachtvolle Bau und das reiche Bildwerk nur den angemessenen Rahmen stellen. Da Gott hier wohnt, ist man ihm hier auch am nächsten und kann um Hilfe bei privaten wie gemeinsamen Problemen bitten. Der Prasada stärkt den einzelnen Gläubigen für seinen Alltag.

Bilder und Skulpturen von Göttern spielen im Hinduismus eine wichtige Rolle. Dieser Fries an der Fassade des Kandariya-Mahaveda-Tempels in Madya Pradesh vermittelt einen Eindruck davon.

PRIVATE FRÖMMIGKEIT

Die hinduistische Toleranz kann man in fast allen indischen Wohnungen besichtigen. Es ist nämlich keineswegs normal, dass alle Familienmitglieder immer die gleiche Gottheit verehren, sondern dass es auf dem Hausaltar in der Küche oder auf einer sakralen Anrichte im Wohnzimmer nicht selten mehrere Götterbilder nebeneinander gibt. Manche sind sozusagen angeheiratet, andere Ergebnis der spirituellen Entwicklung eines Sohnes oder einer Tochter, wieder andere sind wegen besonderer Sorgen oder Wünsche – gegebenenfalls nur vorübergehend – beigegeben. Shiva-Lingas und Vishnu-Statuen stehen ebenso einträchtig nebeneinander wie Kali-Bilder oder Krishna-Darstellungen, und hinzu kommen meist noch lokale und Haus-Gottheiten sowie oft auch Heiligenbilder. Da die Hindus in der Vielzahl immer auch die Einheit des alles durchwirkenden Brahman sehen, stören sie unterschiedliche Kulte selbst im engsten Kreise nicht.

Im Übrigen spielen im eigenen Heim die häuslichen Götter meist eine erheblich größere Rolle als die Hochgottheiten, die vor allem im Tempel verehrt werden. Für die eigenen Sorgen und Wünsche, für den Dank wegen erwiesener Wohltaten eignen sich die persönlichen Manifestationen des Göttlichen und auch die lokalen deutlich besser, weil sie sich um den Alltag kümmern, während Shiva oder Vishnu mit dem Kosmos im Ganzen und mit dem Weltenlauf schlechthin beschäftigt sind. Das heißt nicht, dass sie nicht auch für das private Gebet erreichbar wären, doch empfiehlt sich dafür eher einer ihrer spezialisierten und mit den lokalen Gegebenheiten vertrauten Helfer. Die im Großen dominierenden männlichen Gottheiten stehen da, wo es um Privates wie Fruchtbarkeit oder Krankheit geht, deutlich hinter den weiblichen zurück. Pflegerisches und Fürsorge traut man Göttinnen eher zu, wie denn das Haus auch Domäne der Frau und Mutter ist. Ohnedies wird den Frauen eine spirituelle Schutzfunktion zugeschrieben. Vom Wohlergehen einer Familie wird auf die Tugendhaftigkeit und Frömmigkeit der Hausfrau geschlossen.

Wie in den Tempeln finden auch daheim oder im dörflichen Rahmen Gottesdienste *(Pujas)* statt, vorgenommen vom Hausherrn, aber oft auch von der Ehefrau, und wie in den Tempeln erhalten die als Ehrengäste des Hauses angesehenen Götter Kleidung, Waschungen, Blumenschmuck, Speisen, meist vegetarischer Art, und Räucherwerk. Auf dem Lande geht es dabei manchmal rustikaler zu als in den vornehmen Tempeln. Da wird auch schon einmal zu alkoholischen Getränken gegriffen, weil der Gott sie gefordert hat. Getrunken wird der Wein dann beim Prasada von den Gläubigen, vorrangig von den Priestern, Asketen, Yogis, Mönchen oder Gurus, die der Inspiration in besonderem Maße bedürfen. Auch Tieropfer kommen vor, wenn beispielsweise ein vergöttlichter Heiliger verehrt wird, aus dessen Lebenszeit bekannt ist, dass er sich nicht vegetarisch ernährt hat. Solche Menschen-Götter sind sehr häufig und werden besonders innig verehrt, weil man von ihnen annimmt, dass sie aus eigener Erfahrung in ihrem menschlichen Leben besonderes Verständnis für die alltäglichen Sorgen und Nöte haben. Umgekehrt gibt es aber auch böse Geister, die einstmals Menschen waren und wegen ihrer Schlechtigkeit nun den Nachgeborenen schaden wollen. Auch sie finden Platz auf oder im häuslichen Schrein, weil sie dort unter Kontrolle der guten Götter sind und sich vielleicht sogar bessern.

Götterbilder und Schreine für bestimmte Gottheiten der Gegend, der Gemeinde oder des Flusses prägen auch den öffentlichen Raum. Wohin der Hindu auch immer unterwegs ist, es ergeben sich ständig Möglichkeiten, ein kurzes Gebet zu verrichten, um für das Gelingen des momentanen Vorhabens oder für die Gesundheit der Familie zu beten. Die Frauen verrichten beim morgendlichen Wasserholen ebenso ihr Gebete für den Tag, wie Menschen, die zur Arbeit gehen, frommen Männern auf dem Weg Almosen geben *(Dana)* oder kurz in einen Tempel eintreten, um zu spenden oder Segen zu erbitten. Bei der Haus- oder Feldarbeit ist es üblich, fromme Lieder zu singen und in Pausen den Kindern Heiligengeschichten zu erzählen. Zur innigeren religiösen Versenkung legen auch die Laien zuweilen Fastentage ein oder solche, an denen sie auf bestimmte Genüsse verzichten. Zur Vorbereitung von Wallfahrten an heilige Orte, zu bestimmten Tempeln oder an Flüsse, die wie der Ganges eine besondere Rolle im Leben der Hindus spielen, sind besondere asketische Übungen Tradition wie sexuelle Enthaltsamkeit, Verzicht auf Bequemlichkeit, demütige Fortbewegung ausschließlich zu Fuß.

LEBENSABSCHNITTE

Wie alle Religionen kennt auch der Hinduismus besondere Feiern zu bestimmten Zeitpunkten im Leben. Die Bräuche differieren allerdings regional und je nach Gesellschaftsschicht erheblich, vor allem was die Ausgestaltung angeht. Deswegen sollen hier nur die wichtigsten genannt und so skizziert werden, dass sie generell zutreffen. Nach alter Tradition gliedert sich das menschliche Leben in vier große Abschnitte *(Ashramas)* sie werden von strenggläubigen Hindus noch heute so definiert: Bis maximal zum 25. Lebensjahr dauert die *Brahmacharya* genannte Zeit, was wörtlich Enthaltsamkeit oder Keuschheit bedeutet, aber so wörtlich nicht immer eingehalten wird. Es ist die Lehrzeit, in der die jungen Leute spirituell reifen

Zeremonie in einem indischen Tempel. Ein Familienoberhaupt berührt den Arm eines Priesters, um mit den Göttern in Kontakt zu treten.

und mit dem weltlichen, vor allem aber mit dem heiligen Wissen *(Veda)* vertraut gemacht werden. In diese Zeit fällt die Verleihung des heiligen Baumwollfadens, der die Berechtigung dazu ist, sich in die Lehre eines Gurus zu begeben, der die religiöse Fundierung vollendet. Dann erst ist der junge Mann vorbereitet auf die Kernphase des Lebens.

Das ist die Rolle des *Grihastha*, zu deutsch: Haushälters, also die Zeit als Ehemann, Vater und Familienversorger. Dass ein Mann unverheiratet bleibt, wird als schwerer Makel angesehen, denn auch alle Götter haben Frauen und Familien. Außerdem gelten Kinder als Zeichen sichtbaren Segens, weil sie für den Fortbestand von Kultur, Volk und Sippe sorgen. Entsprechend hoch bewertet wird die Pflicht des Grihastha zur Sorge für das materielle Wohl seinen Hauses. Die Ehefrau als »andere Hälfte des Grihastha« hat ihren Teil dazu vor allem innerhalb des Hauses beizutragen und dafür Anspruch auf die Liebe, ja die Hingabe des Mannes und auf den Respekt der Kinder, bis diese selber ihre Brahmacharya-Zeit hinter sich haben und einen eigenen Hausstand gründen oder Mönche, Asketen, Heiler oder Gurus werden, die einzigen Formen des Unverheiratetseins, die nicht nur nicht als Makel, sondern als heilig gelten.

Die vorletzte Lebensphase ist vornehmlich, die letzte ganz der spirituellen Vollendung gewidmet: Sind die Kinder selbstständig, folgt der *Vanaprastha*, übersetzt: der Waldaufenthalt. Das bedeutet nun nicht völliges Eremiten-Dasein, sondern eine Mischung aus weiterer Pflege familiärer Bindungen und Zeiten der Einsamkeit zu innerer Einkehr, Studium der heiligen Schriften, Meditation und Yogaübungen. Diese Phase mündet allmählich in die letzte des Lebens, in der die Lösung vom Irdischen und die Entsagung angestrebt wird. Alle Begierden sollen verstummen, die Seele (Atman) konzentriert sich auf das Einswerden mit der Weltseele (Brahman).

GEBURT UND KINDHEIT

Hindu kann man nicht werden, als Hindu wird man geboren. Europäern oder Amerikanern, die sich ausdrücklich zum Hinduismus bekennen, bleiben die wichtigsten, nur Hindus vorbehaltenen Tempel verschlossen. Entsprechend wichtig sind die Geburtsfeiern, zu denen *Pujas* (Gottesdienste) in einem der örtlichen Tempel oder bei reichen Hindus auch in einem der Hauptheiligtümer des Landes abgehalten werden. Gebete um langes Leben und Wohlergehen werden von den Anwesenden unter Anleitung eines Brahmanen gesprochen. In einer Urkunde wird der genaue Geburtszeitpunkt notiert, weil er für das Horoskop und damit für die Lebensplanung wesentlich ist. Bei der gleichen Gelegenheit oder in einer weiteren aufwändigen Feier erfolgt die Namensgebung, wobei Namen von Göttern oder Heiligen bevorzugt werden, weil sie Glück bringen. Weitere Anlässe zu Feiern im Rahmen der Entwicklung eines Kleinkindes sind beliebig vom ersten Zahn über die erste feste Mahlzeit bis zum ersten Haarschnitt. Sie sind Ausdruck der großen Freude über die Erweiterung der Familie.

Früher in den obersten Kasten für Jungen allgemein, heute nur noch bei den Brahmanen üblich ist die Weihe *(Upanayana)* unter Verleihung der heiligen Schnur zum Zeichen der Beendigung der Kindheit und des Aufrückens in den Status eines Schülers, der nun bei einem Guru weiter ausgebildet wird. Die Schnur muss von einem jungfräulichen Mädchen aus drei einzelnen Fäden geflochten worden sein. Der Schüler gelobt bei der Zeremonie Reinheit, Disziplin und Ehrlichkeit und lernt als erstes das Gayatrimantra kennen, von dem wir schon im Zusammenhang mit der Dämmerungsbegrüßung gehört haben. Dieses Mantra muss der Schüler auswendig wissen und möglichst täglich viele Male hersagen. Für Mädchen gibt es keine vergleichbare Feier, doch begehen viele Familien die erste Menstruation, die das Kind zur Frau

Eine Leichenverbrennung am Ufer des Ganges. Das Feuer bewirkt eine große Reinigung und erlaubt der Seele, den Körper zu verlassen.

macht, mit mehr oder weniger aufwändigen Festen nach einem Tempelbesuch mit der Mutter. Auch eine Neueinkleidung und Geldgeschenke sind in einigen Gegenden Indiens bei diesem Anlass üblich.

DER LETZTE WEG

Gefällt jemandem bei uns eine Wohnung, dann hört man schon einmal den Satz: »Hier bringt man mich nur mit den Füßen voran wieder raus.« Das geht sicher nicht auf hinduistische Bräuche zurück, doch gehört zu diesen, dass der Leichnam Verstorbener tatsächlich mit den Füßen nach vorn aus dem Haus getragen werden soll. Er ist zuvor gesalbt und in ein weißes (Männer) oder rotes (Frauen) Tuch eingeschlagen und auf einer Trage festgezurrt worden. Träger transportieren ihn zum Platz der Verbrennung, wo die Unterkaste, die für Bestattungen zuständig ist, einen Scheiterhaufen errichtet hat. Die Prozession führt der älteste Sohn an. Kurz vor der Verbrennungsstätte bleiben die Frauen zurück, während die Männer den Toten bis zuletzt begleiten und die nochmals rituell gereinigte Leiche auf den Holzhaufen legen und ihn mit weiteren Scheiten bedecken. Dann umschreiten die engsten Verwandten die Stätte der letzten Ruhe, ehe der älteste Sohn das Feuer entfacht und schließlich bei fortgeschrittener Verbrennung den Schädel mit einem Bambusrohr öffnet, was als der eigentliche Todeszeitpunkt angesehen wird. Dabei erfolgt die Anrufung des Totengotts Yama und anderer Gottheiten, sie mögen dem Verstorbenen beistehen und sicher ins Land der Ahnen geleiten. Die Asche und Knochenreste bestattet man in der Erde oder schüttet sie in einen heiligen Fluss. Die trauernden Söhne lassen sich bis auf ein kleines Haarbüschel kahl scheren.

Söhne spielen auch in der Folgezeit eine wichtige Rolle, und auch deshalb sind sie willkommener als Töchter: Einen ganzen Tag nach dem Tod nämlich gehört der Geist des oder der Verstorbenen noch zur Familie auf Erden und muss mit Speisen und Getränken versorgt werden, was wiederum der älteste Sohn durch Opfergaben von Sesam- oder Gerstenwasser und Reisklößen leistet, zu denen erneut Gebete gesprochen werden. Diese *Shraddha* (»Totenmahl«) genannte Zeremonie ist vom Sohn im ersten Trauerjahr allmonatlich bei Neumond zu wiederholen und in den Jahren danach jeweils am Todestag. Nur so ist sichergestellt, dass die Verstorbenen tatsächlich ihre Ruhe im Reich der Ahnen finden. Ohne einen Sohn, der den Ritus vollziehen könnte, wären sie verurteilt, auf immer Geister zu bleiben.

In diesem Zusammenhang sind ein paar Bemerkungen über eine in unseren Augen ungeheuerliche Sitte erforderlich: die Witwenverbrennung. Seit 1829 zwar durch die britische Kolonialmacht verboten und auch vom indischen Staat untersagt, hat es dennoch immer wieder Fälle gegeben, in denen die hinterbliebene Ehefrau mit dem verstorbenen Ehemann verbrannt wurde oder sich nachträglich verbrennen ließ. Diese Sati genannte Zeremonie, die eigentlich nichts weiter als »treue, reine Gattin« bedeutet, war zwar nie flächendeckend verbreitet, doch sind immer wieder Befürworter aufgetreten, und auch heute noch wird vereinzelt von solchen Vorkommnissen berichtet. Man nimmt an, dass dahinter ein Kriegerbrauch gestanden hat: Soldaten kamen ja oft sehr jung ums Leben, sodass die Gefahr bestand, dass die junge Witwe von einem anderen »befleckt« würde. Außerdem galt die Frau beim Tod des Mannes ohnedies als rituell und sozial ebenfalls gestorben, sodass ihre Verbrennung eher als Anteil am Heldentod des Mannes verstanden wurde. Nur Müttern mit kleinen Kindern und Schwangeren war das – grundsätzlich freiwillige – »Nachsterben« verwehrt. Bestanden keine solchen Hindernisse, erwarb die Frau durch die Sati höchste Verdienste und wurde vielfach sogar als vergöttlicht verehrt.

Beim Fest zu Ehren Ganeshas führen goldgeschmückte Elefanten die Prozession an.

FESTE

Der Indienreisende wird den Eindruck nicht los, dass er in einem Land angekommen ist, das ständig in Feierstimmung ist. Überall und unentwegt ertönt irgendwo Musik, tanzen Menschen, zieht Weihrauchduft durch die Straßen, begegnet man bunten Prozessionen, wird gelacht und gesungen. Jeder Tempel begeht Feste seiner Hauptgottheit, aber auch solche, die Nebenfiguren gelten. Regional- und Lokalgötter fordern ihre Anhänger zu Feiern auf, die Geburtstage von Hochgottheiten sind ebenso festlich zu begehen wie Tage, an denen markante Ereignisse der indischen Geschichte stattgefunden haben oder an denen die Aussaat oder die Monsunzeit beginnt. Hinzu kommen private Festlichkeiten zu den oben genannten Anlässen, im Rahmen des Ahnenkults oder bei Wallfahrten. Allein die Liste der öffentlichen religiösen Feste würde mehrere Seiten füllen. Es kann daher hier nur beispielhaft verfahren werden, wobei das Augenmerk möglichst verbreiteten und möglichst hohen Feiertagen gilt. Dem elefantenköpfigen Ganesha, Sohn Shivas und Parvatis, sind wir schon begegnet und haben gehört, wie sehr der gemütliche Gott des Beginnens geschätzt wird. Er hilft beim Lösen von Problemen, gibt seinen Segen zu Plänen und neuen Projekten, verspricht Schutz bei Reisen und Wallfahrten, erhält Opfer bei Geschäftseröffnungen sowie Grundsteinlegungen und wird von vielen an jedem Morgen angerufen, auf dass der Tag erfolgreich werde. Auf zahllosen Hausaltären steht sein Bild, denn er gilt auch als zuverlässiger Beschützer vor Unglück und häuslichem Missgeschick.

Entsprechend beliebt sind seine Feste, die dann begangen werden, wenn die Hindus annehmen, dass in der fraglichen Zeit sein Einfluss noch stärker als üblich und noch segensreicher wirkt oder wegen höherer Gefährdung erforderlich ist. Das ist der Fall in der dunklen Zeit der indischen Monate, das heißt in den Phasen, in denen der Mond abnimmt, wobei sich der Glaube etabliert hat, dass der vierte Tag dieser Phase besondere Risiken birgt. Dann heißt es, Ganesha günstig zu stimmen, was am besten mit Naschwerk gelingt, das er so schätzt. Am vierten Tag der hellen Monatshälfte hingegen ist das zwar nicht so nötig, doch hat Ganesha dann besonders gute Laune, sodass er für Feiern sehr zu haben ist.

»Ganeshas Vierter« (Ganesha Caturthi) ist also ein Glückstag. Da man aber nicht guten Gewissens jeden Monat ausschweifende Feste begehen kann, hat man diesen Tag im Monat Bhadrapada (August/September) für das höchste Ganesha-Fest auserkoren. Zentrum der Feiern ist der Bundesstaat Maharashtra. Dort, aber auch sonst vielerorts in Indien, fertigen die Familien Ganesha-Bilder (Murtis) aus Lehm oder kaufen Tonfiguren und stellen sie vor die Haustür zum Zeichen, dass der Gott willkommen ist. Ehe er aber kommt, nehmen die Familienmitglieder Bäder und reinigen sich sowie das ganze Haus für den hohen Gast. Dann erst wird die Murti auf den Hausaltar gestellt und ist nach Weihe durch einen Brahmanen und den Hausvater mit der ganzen Wirkmächtigkeit Ganeshas anwesend. Mehrere Tage bleibt der Gast und wird in dieser Zeit täglich mit einer Puja geehrt, bei der ihm alle seine Leibspeisen geopfert werden. Auch Waschungen sind üblich, die allerdings an stellvertretenden Gegenständen vorgenommen werden, damit die Lehmfigur keinen Schaden nimmt. Ist das Fest vorüber, drückt das Familienoberhaupt dem Bildwerk die Augen zu und trägt es in Begleitung des ganzen Hausstandes zu einem heiligen Gewässer, wo es versenkt wird. Die Auflösung der Figur im Wasser symbolisiert die Rückkehr Ganeshas in seine kosmische Sphäre.

GÖTTINNEN

Mit Versenkung der Bilder in Gewässer endet auch das neun Nächte (Navaratri) und zehn Tage während Fest für die weiblichen Gottheiten Durga (oder Parvati), Lakshmi, Sarasvati und andere Fruchtbarkeitsgarantinnen.

Eine Frau verhindert, dass der Baum gefällt wird, unter dem sie sich mit Krishna zu treffen pflegt. Derartige Szenen, in denen Frauen als Geliebte von Göttern oder Göttergestalten fungieren, sind in der Illustration von Epen oft zitierte Motive.

Dieses riesige Volksfest beginnt an Neumond des Monats Ashvina (September/Oktober) und leuchtet in reichem Lichterschmuck der Häuser und Straßen. Wieder werden Bilder und Statuen der Göttinnen aufgestellt, die man bekränzt und denen zu Ehren Getreidekörner zum Keimen gebracht werden. Die

Aspekte und auch die Reihenfolge der Feiern sind regional unterschiedlich. So begeht man in Bengalen vor allem den Sieg der Göttin Durga über die Dämonen und opfert Tiere. Andernorts stehen Waffen im Zentrum einiger der Feiertage zur Erinnerung an den Sieg Arjunas im Epos Mahabharata; anstelle der Waffen stehen heute auch Gerätschaften wie Autos oder Computer. Am neunten Tag gibt es den Brauch, der Göttin Sarasvati als der für den Lernerfolg zuständigen besondere Pujas abzuhalten, indem man Bücher, Instrumente oder Schreibmaterial am Bild der Göttin platziert, die gesegnet werden sollen.

Den letzten Tag weihen viele Lakshmi, der Göttin des Glücks, die wie Ganesha allen Neuunternehmungen günstig ist. Ihr Fest ist wie bei uns Neujahr eines der guten Vorsätze, der Beginn eines neuen Geschäftsjahrs oder neuer Projekte. All dies fängt man schriftlich oder mündlich mit dem Wort Shri ein, ein Beiname der Göttin, der »die Wunderschöne« bedeutet. Da weibliche Gottheiten im Zentrum des Navaratri-Festes stehen, treten natürlich auch Frauen und Kinder in besonderer Weise in Erscheinung. Sie kleiden sich festlich, führen Tänze auf, spielen als Schauspielerinnen oder mit Puppen Szenen aus den Epen und Legenden und singen Loblieder auf die Göttinnen, deren Bilder die Bühnen schmücken. In einem klimatisch so begünstigten Land wie Indien werden aus solchen Festen große Volksveranstaltungen, die alle Menschen in religiöser Verbundenheit begehen.

Zur Demonstration der Vielfalt dient folgende keineswegs vollständige Aufzählung weiterer Feste: *Vasanta Pancami* (»Frühlingsfünfter«) im Monat Magha (Januar/Februar) für die Göttin Sarasvati; *Mahashivaratri* (»Shivas große Nacht«) im Monat Phalguna (Februar/März) mit Fasten, Wachen und Beten; *Holi* (»Farbenfest«), Neujahrsfeier im Monat Caitra (März/April) zu Ehren Vishnus und seiner Inkarnationen mit Farbpulverwerfen und Dämonenverbrennung; *Ramanavami* (»Ramas Neunter«) im selben Monat zur Feier des Geburtstags von Rama, einer Vishnu-Inkarnation; *Buddhajayanti* (»Buddhas Geburtstag«) im Monat Vaishaka (April/Mai); *Naga Pancami* (»Schlangen-Fünfter«) im Monat Shravana (Juli/August) mit Schlangenverehrung und Brunnenreinigung; *Haritalika Tij* (»Haritalas Dritter«) im Monat Bhadrapada zur Huldigung von Göttinnen wie Parvati durch Fasten der Frauen; *Divali* (»Neumond«) im Monat Karttika (Oktober/November) als Lichterfest mit Feuerwerk zu Ehren von Lakshmi; *Purnima* (»Vollmond«) Prozessionsfest im Monat Pausha (Dezember/Januar) zu den Tempeln der Haupttirthas (der wichtigsten »Furten«).

DIE STELLUNG DER FRAU

Indien ist eine Männergesellschaft, woran vor allem der Hinduismus, aber auch der Islam mitgewirkt haben. Das war nicht immer so, denn zur vedischen Zeit genossen die Frauen einen weit höheren Rang. Von der Herabstufung im Gefolge der Reformbewegung (asketischer Pessimismus) in der zweiten Hälfte der 1. Jahrtausends v. Chr. haben sie sich jedoch nie wieder erholt, obwohl ihre Minderwertigkeit in hinduistischen Augen auch eine erstaunliche Kehrseite hat. Im Prinzip jedenfalls ist es so, dass die Geburt einer Tochter eher als Unglück oder als zweifelhaftes Glück angesehen wird, während die Söhne hochwillkommen, ja für den Bestand der Sippe und vor allem für den segensreichen Ahnenkult überlebensnotwendig sind. »Eine Tochter ist ein Jammer«, heißt es in einem Brahmana. In unseren modernen Zeiten der vorgeburtlichen Geschlechtsbestimmung mittels einer Fruchtwasseranalyse hat diese Abwertung zu vermehrter Abtreibung weiblicher Föten geführt, während früher und heute noch auf dem Lande der Tod neugeborener Mädchen durch Vernachlässigung oder gar Mord nicht selten war und ist. Ein empfindlicher Frauenmangel ist spürbar und wird sich vermutlich verschärfen bis hin zu erheblichen gesellschaftlichen Verwerfungen, die wohl keinerlei Aufwertung der Frauen, sondern nur ihre weitere Diskriminierung als Eigentum des Mannes bringen werden.

Möglich aber ist auch, dass die zaghaft in Gang gekommene Gegenbewegung greift, die aus den gebildeten Schichten des städtischen Mittelstands herrührt und durch westliche Einflüsse sowie Rückwirkungen der Migration von Hindus nach Europa und Amerika verstärkt wird. Auch politisch gibt es einen gewissen Druck von Seiten etwa der Vereinten Nationen, den indischen Frauen die vollen Menschenrechte zu gewähren und ihren Objektstatus zu mildern. Erst aber wenn das Bewusstsein bei den Inderinnen selbst für ihre Rechte auch auf gleiche Bildungs- und Berufschancen gewachsen sein wird, kann das alles Erfolg haben. Noch nämlich akzeptiert die weit überwiegende Mehrheit der indischen Frauen die überkommene Rolle klaglos oder doch ohne Hoffnung darauf, dass sich daran etwas ändern könnte oder ließe. Nach dieser Tradition gehört die Tochter dem Vater, die Ehefrau dem Ehemann und die Witwe den Brüdern und Verwandten, wenn die Frau es nicht vorzieht, diesem sozialen Tod durch den tatsächlichen zuvorzukommen. Eine erneute Verheiratung von Witwen nämlich verstößt gegen das sehr hoch gehaltene Treueideal und ist daher gegen die gesellschaftlichen Zwänge kaum denkbar. Oft bleibt der Witwe, die sich betont schmucklos zu kleiden hat, nur die demütigende Rolle als ungern geduldete Kostgängerin oder sogar als Bettlerin oder als Prostituierte.

Als Sati wird die Witwenverbrennung bezeichnet, bei der die Frauen ihren verstorbenen Ehemännern während der Verbrennungszeremonie durch einen Sprung ins Feuer in den Tod folgen. 1829 wurde dieser »Brauch« von den Briten verboten.

Ein besonderer Mechanismus sorgt dafür, dass auch die Frauen an der Fortdauer der Diskriminierung mitwirken: Sie gehen bei der Hochzeit in der Familie des Mannes auf und müssen, obwohl gesetzlich verboten, eine nicht unerhebliche Mitgift einbringen. Sie sind im neuen Umfeld dennoch so lange fast rechtlos, wie sie keinen Sohn geboren haben und die Schwiegermutter das alleinige Sagen hat. Sohn und Ableben der Schwiegermutter aber stellen eine gewisse Aussicht darauf dar, dass sie dereinst Herrin des Hauses sein werden, und dann gewinnen sie durchaus eine nicht zu unterschätzende Macht, denn bei aller Männerüberhöhung bleibt doch der Hausvater ohne die Frau unvollständig und ist auch rituell, also religiös, auf die Ehefrau und Mutter seiner Kinder angewiesen. Ohne sie kann er die Hausgötter nicht verehren, sie bereitet die Opfer vor und sie unterweist die Kinder in den alten Lehren und Legenden, die zu den hinduistischen Grundkenntnissen gehören. Auf der einen Seite stellt die Frau eine sexuelle Bedrohung für das Seelenheil des Hindus dar, auf der anderen aber gibt es kein Weiterleben der Familie, der Sippe und des Volkes ohne sie.

Das spiegelt sich auch im Doppelcharakter der Göttinnen. Sie sind zum einen wie Sita ihrem Rama treue und völlig ergebene, ja für den Mann sogar todbereite Gattinnen oder wie Lakshmi Inbegriff der Schönheit und des Glücks. Andererseits entwickeln sie beträchtliche Macht wie Durga, die die Götter als einzige vor dem furchtbaren Dämonenkönig zu retten vermag, oder wie die furienartige Kali, der sich sogar ihr großmächtiger Mann Shiva zu Füßen werfen muss. Wie wir an den Festen und an den Hausgottheiten gesehen haben, sind Göttinnen oder vergöttlichte Frauen aus der Volksreligiosität gar nicht wegzudenken. Die zauberhafte, immer wieder inszenierte und auch vom Fernsehen geschätzte Romanze von Krishna und der Hirtin Radha zeigt zudem, dass es in Indien nicht anders ist als überall auf der Welt: Der junge Mann verzehrt sich in sehnender Liebe nach seiner Schönen und möchte ihr die Sterne vom Himmel holen. Auch wenn Liebesheiraten immer noch die Ausnahme sind, Liebesgeschichten bilden den Kernbestand auch der indischen Mythen und Literatur, und sie sind das Thema der Themen in den erfolgreichen Filmen.

Ein junges Mädchen aus der Kaste der Shudras.

KASTENWESEN

Fast ebenso fremdartig und abstoßend wie Mitgiftmord oder Witwenverbrennung erscheint dem Westler das indische Gesellschaftsmodell der starren Kasten. Dabei wird übersehen, dass es sich bei »Kaste« nicht einmal um einen indischen Begriff handelt und dass die Einordnung in Gesellschaftsschichten nicht zuletzt auf die europäischen Kolonialherren zurückgeht und die soziale Wirklichkeit Indiens nur sehr unvollkommen beschreibt. Außerdem ist es so lange nun auch nicht her, seit die abendländische Ständegesellschaft das Leben bei uns beherrscht hat. Erklärungen zur Herkunft des Wortes »Kaste« gibt es diverse, beispielsweise die vom lateinischen *castus* (keusch, unvermischt), doch nützen solche Ableitungen wenig. Wichtig allein ist, dass die Portugiesen und nach ihnen die Briten den Begriff übernommen und ihn sozusagen indisiert haben. Jedenfalls hat die Klassifizierung auf die Selbstsicht der Inder abgefärbt.

Mit diesem Stichwort sind wir bei der indischen Eigenbezeichnung für das soziale Modell: *Varna* heißt der Begriff für das, was die Fremden »Kaste« genannt haben, und Varna bedeutet wörtlich »Farbe«, vermutlich zurückgehend auf Kleidungskennzeichen der verschiedenen Stände in der Gesellschaft, die sich nach der Eroberung Indiens durch die Arier gebildet hatten. Das sind vor allem vier große Gruppen, die dem Rang nach so zu gliedern sind: 1. Brahmanen, zu denen alle Gebildeten wie Priester, Philosophen, Gelehrte und religiöse Wortführer gehören; 2. die Kshatriyas, der Stand der Krieger, worunter auch Politiker, Offiziere und andere Mächtige zu verstehen sind; 3. die Vaishyas, Menschen die als Händler und Bauern für die Versorgung des Volkes zuständig sind; 4. die Shudras, Knechte und Sklaven aus der Bevölkerung der Unterworfenen. Als zu keiner Kaste gehörig, sondern außerhalb des Systems stehend, gelten die Parias, die »Unberührbaren«.

Diese Ordnung war und ist relativ erstarrt, doch ist dies nur weltlich zu verstehen. Vor der Religion, die gemeinhin für die Abschottung der Gesellschaft verantwortlich gemacht wird, sind alle Menschen gleich. Wer seinen Pflichten innerhalb seines Standes oder als Kastenloser nachkommt, die Götter verehrt und sich um seine spirituelle Vervollkommnung bemüht, kann als Paria wie als Brahmane die Erlösung *(Moksha)* erreichen. Ebenso kann ein Hochstehender durch Untugend so schlechtes Karma ansammeln, dass ihm eine minderwertige Wiedergeburt droht.

Die Gliederung nach vier Gruppierungen ist nur eine äußerst grobe. Im Verlauf der Geschichte und der immer feineren Arbeitsteilung haben sich zahllose (man spricht von über 3000) weitere Unter- und Nebenkasten auch nach Stämmen gebildet, wobei die »Geburtsgruppen« *(Jatis)* keineswegs überall gleichen Rang beanspruchen können. In einer Region gelten Weber als gehobener Stand, in anderen gehören sie zu den Dienern, ja die Klassifizierung kann von Ort zu Ort schwanken. Allgemein gültig ist nur das Viererraster, das nicht mit der Wohlstandsverteilung zu verwechseln ist. So gibt es Priester an kleinen Tempeln, die kaum ihr Auskommen haben. Ihr hoher gesellschaftlicher Rang nutzt ihnen da wenig. Anderseits haben es manche Shudras als Landarbeiter geschafft, sich beträchtlichen Besitz zu erwirtschaften. An ihrer niedrigen Kasteneinstufung ändert aber auch das nichts. Ein Shudra-Sohn wird nie eine Kshatriya-Tochter zur Frau bekommen. Man nennt das System der Kasten und Jatis endogam, das heißt, Ehen können nur gruppenintern geschlossen werden, sodass die Schranken auch durch Heirat nicht zu überwinden sind. Das manchmal zu hörende Argument, die Kastengliederung sei dem Bemühen entsprungen, eine rein an Leistung orientierte Ellbogengesellschaft zu verhindern, ist eine wenig überzeugende Bemäntelung eines auf Besitzstandswahrung ausgerichteten Denkens.

Die Abschottung geht so weit, dass Ranghöhere die Zusammenarbeit mit Tiefergestellten verweigern, was bei den modernen Produktionsmethoden zu nicht unerheblichen Problemen führen kann. Schon Männer wie Gandhi haben die Schwierigkeiten für einen Staat auf einem solchen Fundament in aller Deutlichkeit gesehen, und die Verfassungsväter Indiens haben denn auch 1949 die Kastengliederung aufgehoben – ohne durchschlagenden Erfolg allerdings. Die Immobilität blieb ein Klotz am politischen und ökonomischen Bein des jungen Staates. Man ging daher zu Quotierungen über, indem etwa im Staatsdienst Posten zu einem bestimmten Anteil an benachteiligte Kasten und Stämme zu vergeben sind. Das wiederum hat zu neuen Ungerechtigkeiten geführt und den Unmut der höheren Kasten hervorgerufen. An der Lage der Shudras ließ sich damit aber nicht wirklich etwas, an der der Parias fast gar nichts ändern, denn den fraglichen Personen fehlt es eben aufgrund der Kastenlosigkeit oder wegen der niedrigen Kastenzugehörigkeit an Vorbildung und sprachlicher Kompetenz, sodass ihnen auch im staatlichen Dienst

Die Parias (oder Haridschan) gehören keiner Kaste an, sondern stehen außerhalb aller gesellschaftlichen und sozialen Systeme.

wieder nur die Hilfsarbeiten und Schmutzposten vom Straßenfeger bis zum Müllwerker bleiben. Die modernen Kommunikationsmittel wie Internet und Fernsehen lassen allerdings eine gewisse Hoffnung keimen, dass begabte junge Leute – und Indien ist reich an ihnen – sich auf diesem Weg Bildungschancen und damit Aufstiegsmöglichkeiten schaffen können. Das überkommene Kastensystem selbst freilich wird wohl noch lange auch diesem Angriff trotzen.

AUFBRUCH IN DIE MODERNE

Trotz beachtlicher Minderheiten ist Indien ein Hindu-Staat. Die Religion und ihre Folgen wie etwa das Kastenwesen machen ihm den Aufbruch in die Moderne nicht leicht. Auch die schwache Stellung der Frau gehört hierher, denn ihre relative Rechtlosigkeit ist nicht zuletzt schuld daran, dass die indische Bevölkerung sich seit der Unabhängigkeit vor gut einem halben Jahrhundert verdreifacht hat, ohne dass die ökonomische Entwicklung hätte mithalten können. Wenn sie nicht noch weiter zurückfällt als ohnehin schon, dann wegen der bedenkenlosen Ausbeutung der Umwelt, die sich bereits in Versteppung und sinkenden Hektarerträgen bemerkbar macht. Dabei gehört Respekt vor der Natur und allen ihren Wesen zum Kernbekenntnis der Hindus. Doch wenn es um das nackte Überleben geht, dann sind Tugenden stets nur zweite Wahl. Entsprechend stark sind die sozialen Konflikte zwischen Arm und Reich, zwischen den Kasten, zwischen den Sekten und zwischen der Mehrheitsbevölkerung und den Minderheiten. Derartige Probleme, die auch den an sich toleranten Hinduismus an den Rändern radikalisiert haben, werden gern dadurch überspielt, dass man den Blick nach außen richtet und dort Bedrohungen ausmacht, gegen die es im Innern zusammenzustehen gilt.

Ein solcher Dauerfeind ist das muslimische Pakistan, und Kaschmir ist der Herd, auf dem der Konflikt am

Hindus verrichten ihre rituellen Waschungen am Ufer des Ganges in Benares (Varanasi). Koloriertes Foto aus dem Jahr 1906.

Kochen gehalten wird. Verschärfend kommt hinzu, dass den Nachbarn ähnliche Probleme plagen, sodass auch in Islamabad gern die indische Karte gespielt wird, wenn Unruhe in der Bevölkerung aufkommt. Die Verteufelung der jeweils anderen Religion war dabei schon immer ein probates Mittel, die eigenen Bataillone geschlossen zu halten. Dass dadurch die Minderheiten auf beiden Seiten in Lebensgefahr geraten, nehmen skrupellose Politiker in Kauf, manchmal sogar billigend, weil es den gewünschten Hass schürt. Massaker auf beiden Seiten der umstrittenen Grenze sind an der Tagesordnung. Die nukleare Rüstung beider Staaten macht die Lage am Indus zu einem Weltproblem, und die Präsenz der USA in der Region wegen ihres Anti-Terror-Kriegs trägt nicht eben zur Beruhigung bei. Jeder versucht die Supermacht auf seine Seite zu ziehen, und diese vermag die Balance bisher nur mit Mühe zu halten.

Allein massive wirtschaftliche Hilfe für beide, und zwar Hilfe zur Selbsthilfe sowie die Entschärfung der Bevölkerungsbombe versprechen Aussicht auf Erfolg. Die so schändlich missbrauchte Religion, gerade die hinduistische, könnte dabei durchaus Friedensfunktionen übernehmen, wenn sie sich auf die Botschaften von Männern wie Vivekananda oder Gandhi besinnen würde. Allerdings müsste sie sich dazu auch deren Einsichten zu Eigen machen, dass der Gleichheit der Menschen vor Gott auch die auf Erden an die Seite gestellt werden muss. Indiens Demokratie hat doch bewiesen, dass wenigstens in der Wahlkabine zwischen Brahmanen und Shudras, Männern und Frauen keine Unterschiede gemacht werden. Geschadet hat es dem Land nicht.

Daraus auch die sozialen Konsequenzen zu ziehen und ein zwar altehrwürdiges, aber längst nicht mehr zeitgemäßes System, nämlich das der Kasten und der Unterdrückung der Frauen, zu überwinden, wird zur immer dringlicheren Forderung in einer Welt, in der

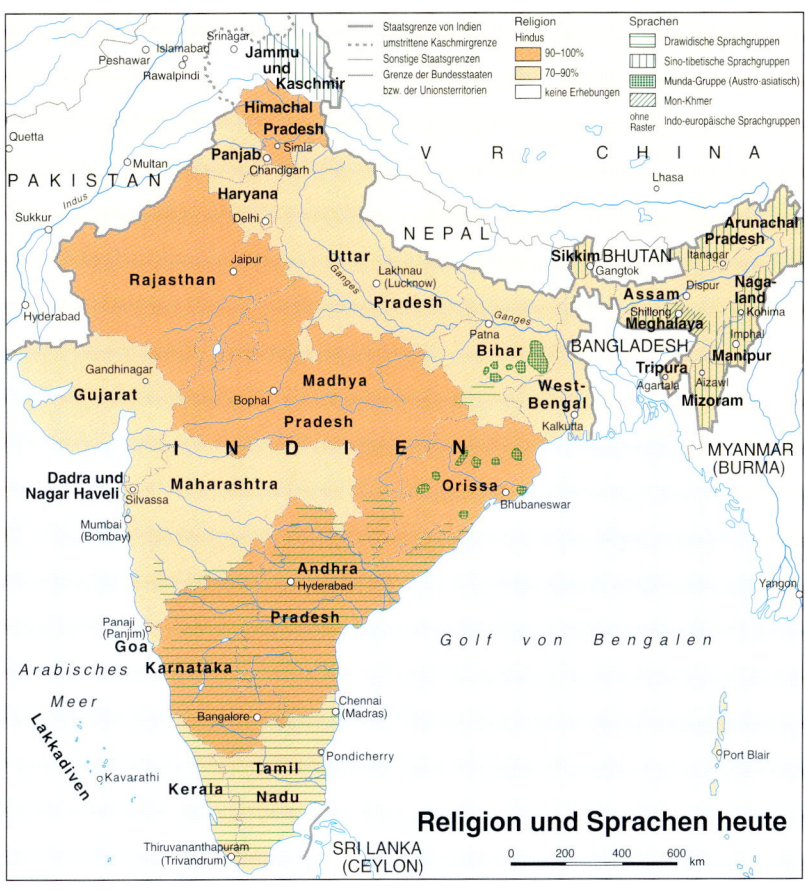

Religion und Sprachen heute

Indien sonst auf längere Sicht zu den Verlierern gehören würde. Dass es das nicht muss, beweisen die Erfolge auf dem Hightech-Sektor. Sie werden aber nur von Dauer sein, wenn sich die gesellschaftlichen Rahmenbedingungen wandeln. Die hinduistische Migration nach Europa und Amerika hat gezeigt, dass sich Hindus durchaus egalitären Gesellschaften anzupassen vermögen. Es werden keine Grundwahrheiten aufgegeben, wenn man von der Fiktion Abschied nimmt, ein Lehrer sei mehr als ein Tellerwäscher, ein Mann mehr als eine Frau. Im Gegenteil: Der Hinduismus im Westen hat seine Anziehungskraft auch deswegen entfalten können, weil er diesen Abschied zu vollziehen bereit gewesen ist. Natürlich ist das im Ursprungsland mit seinem Traditionsbestand ungleich schwerer, doch die Chance, die darin steckt, sollte Mut machen.

253

V Buddhismus

Der Buddhismus ist von den drei Stifterreligionen die älteste und gleichzeitig die mit der geringsten Anhängerschaft. Zu den von Buddha im 6./5. Jahrhundert v. Chr. verkündeten Lehren bekennen sich heute rund 400 Millionen Menschen, also kaum halb so viele wie zum Islam (Christentum 1,5 Milliarden). Die Zahlen aber sagen wenig über die Wirkung, denn buddhistische Gedanken haben sich auch in nichtbuddhistischen Ländern verbreitet und werden von vielen modernen Menschen mit Interesse wahrgenommen, die vom spirituellen Angebot anderer Religionen nicht die Antworten bekommen, nach denen sie suchen. Dieses Interesse speist sich aus der Tatsache, dass der Buddhismus die Erlösung nicht in ein mehr oder minder farbig ausgeschmücktes Jenseits verlegt, sondern die »Erleuchtung« im Hier und im Jetzt für möglich erklärt.

»Den« Buddhismus gibt es freilich so wenig wie die anderen Religionen in nur einer, sozusagen reinen Form. Er hat sich im Verlauf der Jahrtausende in verschiedener Weise entwickelt und begegnet uns in drei Hauptrichtungen sowie in vielen unterschiedlichen Interpretationen. Besonders eng an die erst lange nach Buddhas Tod aufgezeichneten Lehren lehnt sich das *Hinajana* (»Kleines Fahrzeug«) an, mit dem die Gläubigen in Sri Lanka, Birma, Thailand, Laos und Kambodscha dem Vorbild des Meisters nachstreben. Mit dem *Mahajana* (»Großes Fahrzeug«) bemühen sich Buddhas Anhänger vor allem in Nepal, Vietnam, Korea, China und Japan, das Ziel des Glaubens zu erreichen: die Befreiung aus dem ewigen Kreislauf der Wiedergeburten. Stark hinduistisch beeinflusst ist die dritte Strömung, der tibetische Lamaismus, der als *Vadjrajana* (»Diamantfahrzeug«) bezeichnet wird und in westlichen Ländern besondere Aufmerksamkeit auf sich gezogen hat.

Der Buddhismus ist eine sehr praktisch ausgerichtete Heilslehre auf der Basis der »vier edlen Wahrheiten«, die den »edlen achtfachen Pfad zur Tugend« weisen. Wer konsequent auf ihm fortschreitet, erreicht Befreiung vom Leiden, das nach den Lehren Buddhas Grundlage allen Lebens ist. Die dafür aufgestellten Regeln bestimmen das sittliche Verhalten der Buddhisten, vor allem der Gläubigen, die sich in Ordensgemeinschaften zusammengeschlossen haben oder die als mönchische Einsiedler leben. Nur sie können aus eigener Kraft das hohe Glaubensziel erreichen.

Die Laien hingegen sind nach strenger Hinajana-Lehre davon ausgeschlossen, während sie nach Mahajana-Lehre die Hilfe von bereits zu »Erleuchtungswesen« aufgestiegenen Menschen, den so genannten Bodhisattvas brauchen. Die Mönche, die auf dem Weg dorthin sind, erbitten von den Laien Almosen und geben ihnen damit die Möglichkeit, helfend am Erlösungswerk teilzunehmen, also ein Karma (Fundus an guten Taten) zu erwerben, das zu höherer Wiedergeburt und letztlich ebenfalls zur »Erleuchtung« berechtigt. Dieses Miteinander auf dem anspruchsvollen Pfad zur Überwindung des Leidens hat zu einer reichen Kloster- und Tempelkultur geführt und den Buddhismus im Volk tief verankert.

Die Figur des Buddha wurde immer wieder in Statuen verewigt.

*Gegenüberliegende Seite:
Meditierender Mönch im Tempel von Bodhgaya in Bihar (Indien).*

Vorbuddhistisches Indien

Wie so oft in der Weltgeschichte erlag zwischen 2000 und 1500 v. Chr. in Indien eine weit höher entwickelte Kultur dem Angriff kriegerischer Stämme, die aus dem südrussischen Raum über Afghanistan ins Indusgebiet vordrangen. Die hier blühenden Städte Harappa oder Mohenjo-Daro gingen bald nach dem Einfall der Arier unter, wie sich die Eroberer in ihrer indoeuropäischen Sprache, einer Vorform des Sanskrit, nannten. Das Wort *arya* bedeutet »Edler« und steht für das Überlegenheitsgefühl und den Herrschaftsanspruch der Neuankömmlinge, zu dem allerdings nichts als militärische Dominanz aufgrund von Streitwagen und fortgeschrittener Waffentechnik berechtigte. Als Hirtennomaden hatten die Arier keinerlei Verständnis für die wasserbauliche Infrastruktur der indischen Kultur, die durch die Zerstörung von Kanälen und Bewässerungsanlagen dann auch rapide verfiel.

Die Arier erkannten bald, dass die erworbenen Gebiete dank ihrer Fruchtbarkeit die umherziehende Lebensweise überflüssig machten, wurden als Bauern sesshaft und gründeten auch bald wieder städtische Zentren. Dabei schoben sie ihr Einflussgebiet immer weiter nach Osten ins Ganges-Tal vor und beherrschten schließlich den gesamten Norden des indischen Subkontinents.

Sie gliederten die Unterworfenen in ihr hierarchisches Modell der Gesellschaft ein, das sich aus Klassen, später Kasten genannt, zusammensetzte: An der Spitze standen die Priester oder Brahmanen, dann folgten die Krieger und die Bauern und ganz unten standen die besiegten Inder *(Drawiden)*. Begründet wurde diese Schichtung durch die Sage von einem gewaltigen Urmenschen, aus dessen Mund (also ganz oben) die Brahmanen hervorgegangen seien, aus den Armen die Soldaten, aus den Beinen die Bauern und aus den Füßen die, »die den anderen dienen« müssen.

Zunächst mag das eine noch recht flexible Gliederung gewesen sein, jedenfalls was die Arier selbst anging. Doch mit der Zeit verfestigte sich das Kastenwesen in dem Maße, in dem die bevorrechtigten Gruppen, also vor allem Priesterschaft und Militär, ihre Herrschaft zu sichern suchten. Schließlich war es unmöglich, etwa durch Heirat von der einen in die andere Schicht zu wechseln. Dazu trugen insbesondere die Brahmanen bei, die zu bezahlten Geistlichen wurden, denen allein das Zwiegespräch und der Kontakt zu den Göttern möglich war.

Und von denen hatten die Arier eine ganze Reihe mitgebracht: Naturgottheiten, Wald- und Flussgeister, bedrohliche und gütige Götter, die nach arischer Vorstellung alle aus ähnlichen Motiven wie die Menschen handelten. Deswegen spielten Brandopfer (Feldfrüchte, Tiere u. a.) die zentrale Rolle im Glauben der frühindischen Gesellschaft – Gaben also, die geeignet schienen, die eine oder andere Gottheit oder mehrere oder gar alle Götter günstig zu stimmen. Das Feuer sollte die Gaben den Göttern sozusagen mundgerecht machen, sodass sie im Gegenzug bereit waren, das zu gewähren, was man

Plastik einer Tänzerin aus Bronze. Die Statuette wurde in Mohenjo-Daro gefunden und stammt aus der Zeit der Induskultur (2500–1800 v. Chr.).

sich wünschte: Regen, gute Ernten, Reichtum für ein gutes Leben, Söhne für den Erhalt der Familie, Siege.

VEDEN UND ASKETEN

Hatte ursprünglich der Hausherr die kleineren täglichen Opfer für die Familie und das Gesinde selbst vornehmen können, so ging die Kompetenz dafür allmählich ganz auf die Brahmanen über. Sie ließen sich dafür fürstlich entlohnen, sodass sich die breiten Schichten des Volkes kaum noch größere Rituale leisten konnten. Die Religion entwickelte sich zu einer sakralen Geheimwissenschaft und wurde mehr und mehr zu einem Herrschaftsinstrument; sie entfremdete sich dem Volk. Es verstand die bedeutenden Brahmanen von den Göttern geoffenbarten Lehren ohnehin kaum noch, die schließlich gegen Ende des 2. Jahrtausends v. Chr. in den heiligen Schriften, den *Veden* (Einzahl: der *Veda* = »Wissen«) festgehalten wurden.

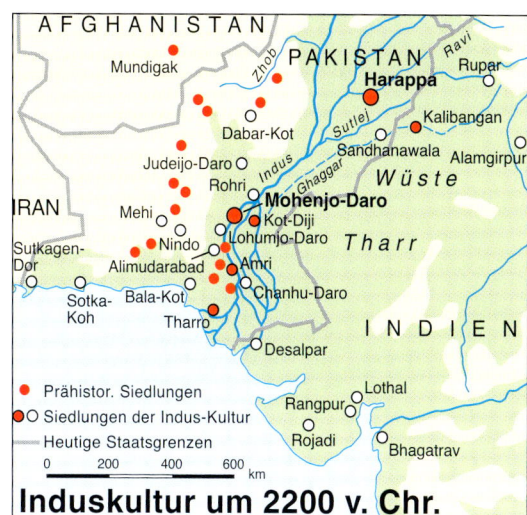

Dieses Nichtverstehen rührte schon daher, dass die Texte in Sanskrit niedergelegt waren, während das Volk sich in der Sprache Pali verständigte. Mehr als sechsfach so umfangreich wie die Bibel sind die Veden insgesamt. Vier Bücher bilden diese Gesamtheit: der älteste *Rigveda*, der Geschichten und Hymnen an die Götter enthält, der *Samveda* mit Liedern, wie sie bei der Vorbereitung von Opferhandlungen zu singen waren und sind, der *Yajurveda* mit Sprüchen zur Begleitung des Opferns selbst sowie der als letzter verfasste *Atharveda*, der Zaubersprüche versammelt, die bei Hochzeiten und Begräbnissen, zum Segnen und zur Verfluchung sowie als Hilfe zur Heilung von Krankheiten eingesetzt wurden und werden.

Es kann nicht Wunder nehmen, dass sich Unzufriedenheit über diese abgeschottete Experten-Religion breit machte. Sie lieferte ja keine Erklärung mehr für die Probleme des Alltags, und was sie über die Entstehung der Welt und den Kosmos zu sagen hatte, ging an den Bedürfnissen der Gläubigen nach Welterklärung ohnedies vorbei. Hinzu kam, dass die Brahmanen sich zunehmend selbst vergöttlichten, in-

Diese undatierte indische Miniatur zeigt einen meditierenden Yogi.

dem sie sich magische Kräfte attestierten, mit denen sie die Götter für oder gegen eine Person oder Sache einzunehmen vermochten. Sie baten nicht mehr um Beistand, sondern beanspruchten Lenkungsmacht. Auch daran entzündete sich Kritik, denn fromme Männer, die sich selbst auf die religiöse Suche gemacht hatten, sahen in solcher Unbescheidenheit eher einen der Gründe für krisenhafte Entwicklungen.

Diese waren seit dem 8. Jahrhundert v. Chr. in der indischen Gesellschaft unübersehbar; soziale Spannungen machten sich bemerkbar, und die Herausbildung von Städten schuf ein öffentliches Klima, das auch Kritik an den religiösen Traditionen nicht ausschloss. Die aufstrebenden Kaufleute und Bürger gewannen an Selbstbewusstsein und ließen sich nicht mehr ohne weiteres führen, sondern verlangten Mitwirkung auch im sakralen Bereich. Dieser Wandel lag nicht zuletzt an einer zunehmenden Vermischung der einstigen Eroberschicht mit der vorarischen Bevölkerung, was durch die strenge Kasten-Isolierung nie ganz zu verhindern gewesen war. Kulturelle und kultische Vorstellungen verändern sich bei einem solchem Prozess unvermeidlich. Die neuen Impulse, hinter denen auch ein wachsendes Bedürfnis nach mehr Innerlichkeit stand, nahm eine Bewegung von Wanderasketen *(Sramanas)* auf.

Sie fühlten sich abgestoßen von der materialistischen Gesinnung der Brahmanen und ihrer abgehobenen Theologie und suchten zunächst im einfachen Leben mit der Natur die Überwindung des Besitzdenkens. Dazu erforderlich war ein Herunterschrauben der Bedürfnisse aus der Erfahrung heraus, dass Selbstbeherrschung frei macht für Einsichten, die der Lebemann nie gewinnt. Dazu gehörte eben wegen der Abkehr vom Körperlichen die Ansicht, dass der Körper kein Selbst sei, sondern eben nur eine Verkörperung. Wovon? Die *Sramanas* schrieben den *Atharveda* durch die so genannten *Upanischaden* (»das Danebensitzen« [des Schülers neben dem Lehrer]) fort. Darin entwickelten sie die Anschauung, die Unsterblichkeit, der Wesenskern des Menschen sei *Atman* (»Hauch«), etwa unserem Begriff »Seele« entsprechend. Anders aber als mit unserem Wort wird damit nicht die Individualität betont, sondern die Beziehung zu *Brahman*, der »Allseele«, die den Kosmos hervorbringt und zusammenhält und über die keine nähere Aussage möglich ist.

Eine Miniatur im Moghul-Stil aus der zweiten Hälfte des 17. Jahrhunderts illustriert den Besuch bei einem Asketen.

KREISLAUF DER WIEDERGEBURTEN

Wegen dieser Beziehung, ja eigentlich Gleichsetzung ist Atman so ewig wie Brahman. Was aber geschieht dann mit ihm, wenn der konkrete von ihm »beseelte« Köper gestorben ist? Bisher gab es darauf nur die Antwort, die auch heute vielfach gegeben wird, der Mensch komme in den Himmel, was immer man sich darunter vorzustellen hat. Ob das nun die Aufnahme in die Götterwelt, die ewigen Freuden nach irdischer Manier oder das freie Schweifen durch den Kosmos sein sollte – den Sramanas erschien die Vorstellung zu einfach und als nicht vereinbar mit dem Anteil am Ewigen, das der Mensch durch Atman schon in seiner Erdenexistenz habe. Es könne nur so sein, dass der »Hauch« immer weiter beseele, wobei der untergegangene Leib durch einen anderen ersetzt werde.

Das Prinzip der Seelenwanderung *(Samsara)* oder der Wiedergeburt (Reinkarnation, wörtlich: »Wiederfleischwerdung«) oder mit dem griechischen Fachbegriff auch als *Metempsychose* bezeichnet, war entwickelt. Es wurde zur Grundlage aller religiösen Vorstellungen der indischen Kulte. Diese Form von ewigem Sein war viel leichter zu fassen als abstraktes Himmelsdasein oder fabulierte Paradiese. Auf der einen Seite konnte die Aussicht auf ewiges Hiersein tröstlich sein, in Not- und Krisenzeiten aber erschien es eher als Last. In den Jahrhunderten unmittelbar vor dem Auftreten des Buddha herrschte eine solche Krisenstimmung.

Die meisten Menschen lebten schließlich unter Umständen, deren ewige Fortsetzung kaum wünschbar sein konnte. Und so kam es zu weiterer Ausgestaltung der Lehre von den Wiedergeburten. Aus ihr nämlich ließ sich eine Ethik entwickeln, in der auch das Böse seinen Platz fand. Wo sich der Glaube an einen allmächtigen und allgütigen Gott schwer tut zu erklären, wie, wenn nicht durch diesen selbst, Verbrechen und Schlechtigkeit in die Welt kommen, warum manche bösen Menschen Erfolg und manche guten hingegen nur Leid ernten, da wissen die Seelenwanderer, dass Glück und Unglück Folgen des Verhaltens in früheren Existenzen sind.

Es gilt die einfache Gleichung, nach der gute Taten in einem künftigen Dasein belohnt und schlechte bestraft werden. Die Gesamtheit des Tuns und Denkens, das *Karma* eines Menschen bestimmt, ob er in eine niedrigere Kaste oder sogar als niedrigere Existenz (Tier, Pflanze) oder als höheres Wesen wiedergeboren wird. Natürlich gibt es auch Lohn und Strafe innerhalb einer Lebensspanne, doch müssen die Folgen des Handelns nicht an diese gebunden sein. Der Mensch hat also die Chance zu aufsteigenden Wiedergeburten. Doch wo endet dieser Kreislauf?

Junger Asket. Plastik aus dem 2.–3. Jahrhundert.

Ein Ende muss möglich sein: Jedes Dasein nämlich, auch eines auf höchster Stufe, ist Last, denn die Welt bleibt unvollkommen. Das war der nächste Erkenntnisschritt der Wanderasketen. Alles Bemühen sei daher darauf zu richten, den Zirkel der Wiedergeburten zu durchbrechen und dadurch *Moksha* (»Erlösung«) zu erreichen.

Da göttliche Hilfe dazu nicht zur Verfügung stehe, stelle sich die Aufgabe, dies aus eigener Kraft zu leisten. Darüber, wie das möglich sei, wie also Atman mit Brahman endgültig vereinigt werden könne, gab es unterschiedliche Ansichten, die allerdings eines gemeinsam hatten: möglichst weitgehende Entmach-

»Die sechs Stufen der Wiedergeburt«. Wandmalerei im Kloster Hemis in Ladakh.

tung des Körpers durch Askese. Atman nämlich sei an den Körper gebunden und dies behindere den Durchbruch zu Brahman.

Reich war und ist bis heute die Palette asketischer Übungen. Sie reicht von Ehelosigkeit (absoluter geschlechtlicher Enthaltsamkeit) über selbst auferlegte dauernde Schlaflosigkeit, striktes Fasten bis an den Rand des Todes oder sogar mit gewollter Todesfolge, Verharren in unnatürlicher Haltung über Tage, Monate oder gar Jahre. Askese predigten auch die *Jainas* oder *Dschainas* (wörtlich »Anhänger des Siegers«), deren Vollender *Mahavira* (»großer Held«) nur eine knappe Generation älter war als der Buddha, also noch zu dessen Lebzeiten lehrte. Er sah in gemeinsamem Meditieren und Fasten eine größere Chance für das Durchbrechen des Wiedergeborenwerdens *(Moksha)* und gründete daher Jaina-Bruderschaften, die seine strenge Lehre umsetzten.

Kernbegriff des Jainismus (Dschainismus) ist *Ahimsa* (»Nichtverletzen« oder »Nicht-Gewalt«). Jegliche Gewalt gegen lebende Wesen nämlich verstärke das Karma, das sich die Jainas dinglich vorstellen als einen Stoff, der Atman auf dem Weg zum obersten Prinzip (Brahman) behindere. Durch Verzicht auf Gewalt gegen Lebendiges könne der Jaina ein weiteres Anwachsen des Karma bremsen, durch Askese in jeder Form »verbrenne« er bereits angesammeltes Karma und schaffe so die Voraussetzung für die Lösung des Atman aus dem Kreislauf der Wiedergeburten. Die Jainas, zu deren Lehre sich noch heute fast vier Millionen Menschen bekennen, waren die ersten bewussten Vegetarier, von denen wir wissen.

Siddharta Gautama

Hüte dich, dass du nicht verkaiserst!« soll der Wahlspruch des römischen Herrschers Mark Aurel gewesen sein. Eine solche Mahnung hatte zwar der historische Buddha nicht nötig, doch seine Anhänger neigten zu allen Zeiten dazu, den Stifter der Weltreligion buchstäblich zu vergöttern. Dabei hat wohl kaum je ein religiöser Lehrer sein Ich so klein geschrieben, ja hätte es am liebsten ganz aus den Lehren getilgt wie Buddha. Die Strahlkraft seiner Persönlichkeit aber muss so groß gewesen sein, dass alle seine Mahnungen, von ihm als Person völlig abzusehen, in den Wind gesprochen waren.

Es ranken sich zahlreiche Legenden um den »Erleuchteten« (oder »Erwachten«), die seine tatsächliche Biografie fast völlig überwuchern. Nicht einmal die heute allgemein angenommene Lebensspanne von etwa 560–480 v. Chr. steht unzweifelhaft fest; es gibt erheblich spätere Datierungen. Was immer man über den Lebensweg Buddhas liest, es ist nie ganz frei von Ausschmückungen, Stilisierungen und Gewissheiten, die so gewiss eigentlich in keinem Punkt sind und es auch nicht sein können. Dazu ist die Quellenlage zu unsicher; alles, was wir wissen, stammt zudem aus weit später aufgezeichneten Berichten, an denen bereits die mächtige Dichterin Verehrung gefeilt hatte.

Wenn hier dennoch nicht nur das Gerüst der einigermaßen gesicherten Überlieferung geboten wird, dann auch wegen der Farbigkeit der legendären Züge. Sie zeigen zum einen den hohen Bedarf aller gläubigen Menschen an personaler Bewunderung und erklären zum anderen einen Teil des »Erfolgs« der Lehren Buddhas. Ohne seine überhöhte Figur wären die weit reichenden Wirkungen nicht voll zu verstehen. Besonders die Berichte über die (Wieder-)Geburt des Heiligen weisen Züge auf, wie wir sie aus der Weihnachtsgeschichte der christlichen Evangelien kennen, wozu auch die Behauptung gehört, dass die Mutter das Kind ohne männliches Zutun empfing. Weiter heißt es nach einer Legende: Am Hof von Raja (Fürst) Soddhana in Kapilavastu (im indisch-nepalesischen Grenzgebiet) herrschte gespannte Erwartung. Maya, die bereits vierzigjährige Lieblingsfrau des Hausherrn, sollte bald gebären. Sie bat ihren Mann, zu ihrer alten Mutter in Devadaha reisen zu dürfen, wo sie vertrautere Hilfe hätte. Ein Wagen wurde hergerichtet, berittene Begleiter schlossen sich an und ab ging es in südöstlicher Richtung. Der Zug war noch nicht weit gekommen, da setzten Wehen ein. Ganz in der Nähe des Dorfes Lumbini brachte Maya einen Sohn zur Welt, der aus ihrer Hüfte austrat, während sie sich stehend am Zweig eines Baumes festhielt. Der Säugling machte sogleich sieben Schritte in alle Himmelsrichtungen und sprach, indem er mit einem Arm zum Himmel, mit dem anderen zur Erde wies: »Ich bin der Größte in der Welt, dies ist meine letzte Geburt, enden werde ich das Leiden von Geburt, Alter und Tod.« Dabei sprossen unter jedem seiner Schritte Lotosblüten, ein Motiv, das in der buddhistischen Kunst vielfach zu finden ist.

Maya kehrte heim zu ihrem Mann, starb aber bereits eine

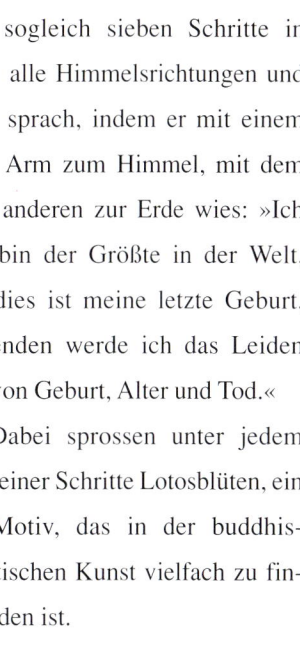

Die Geburt Prinz Siddhartas, des späteren Buddha. Nach der Legende gebar die Mutter Maya im Hain von Lumbini das Kind stehend aus der rechten Hüfte, wobei sie sich am Zweig eines Baumes festhielt.

261

Prinz Siddharta schneidet sich die Haare ab; neben ihm Brahma. Ausschnitt aus einer Wandmalerei mit Szenen aus dem Leben Buddhas.

Woche nach der Geburt des Sohnes, der nun von der Schwester der Mutter, zugleich zweite Frau des Vaters, aufgezogen wurde und den Vornamen Siddharta (»der das Ziel erreicht hat«) zum Familiennamen Gautama erhielt. Später wurde er nach dem Namen der Sippe auch Sakyamuni (»der Weise aus dem Geschlecht der Sakyas«) genannt. Die Nachricht von der Geburt des Fürstensohns machte im kleinen Land rasch die Runde. Sie erreichte auch den uralten Wahrsager Asita, der sie allerdings durch eine Vision von den Göttern erhielt und sich sogleich zum Palast aufmachte. Er wurde vom Fürsten vorgelassen und auf seine Bitten hin zum kleinen Sohn geführt. Asita erkannte auf den ersten Blick, dass er den kommenden Buddha, den »Erleuchteten«, sah und strahlte über das ganze zerfurchte Gesicht, über das aber wenig später bereits Tränen liefen. Soddhana erschrak und erkundigte sich, warum der Seher auf einmal so traurig sei. Er weine nicht, war die Antwort, weil er Schlimmes für den Knaben kommen sehe, sondern weil er selbst sterben werde, ehe Siddharta das »vollkommene Erwachen« *(Bodhi)* erleben und zu lehren beginnen werde.

Aus der Legende schält sich soviel heraus: Siddharta wurde in die Krieger- und Herrscherkaste geboren, also nicht in die höchste der Brahmanen. Es versteht sich, dass sein Vater Soddhana die Prophezeiung Asitas, der Sohn werde »ein Weltbeherrscher oder ein Weltüberwinder« werden, im ersteren Sinn deutete und alles daran setzte, einen geeigneten Nachfolger zu erziehen. Dennoch in Furcht, Siddharta könne sich allzu sehr mit spirituellen Fragen beschäftigen, schirmte er ihn vor solchen Einflüssen ab, sorgte für Bildung, Luxus und Zerstreuungen. Den erst Sechzehnjährigen verheiratete er mit der gleichaltrigen Kusine und Fürstentochter Yasodhara, um ihn auch dadurch fester an das weltliche Leben zu binden. Solche von den Eltern gestifteten Ehen müssen nicht unglücklich werden; von der des späteren Buddha ist jedenfalls nur das Beste überliefert, sicher nicht nur, weil dadurch die folgende »Karriere« noch erstaunlicher wirkt.

WEG IN DIE HAUSLOSIGKEIT

Es konnte nicht ausbleiben, dass den jungen Ehemann trotz aller Abschottung das Leben außerhalb des Palastes zu beschäftigen begann. Auch wenn der Vater unbeaufsichtigte Ausflüge zu dosieren versuchte, wusste sich Siddharta doch Freiheiten zu verschaffen und Erkundungsfahrten zu unternehmen. Dabei hatte der Fürstensohn vier schicksalhafte Begegnungen: Zunächst sah er einen alten Mann und fragte seinen Diener erstaunt, warum der hingekauerte Mensch so runzlig und verfallen aussehe. Er erfuhr, dass irgendwann jeder, also auch er selbst, so verfiele, wenn er alt genug würde. Bei der nächsten Gelegenheit begegnete Siddharta einem ähnlich heruntergekommenen Mann, doch hieß es von dem, er sei sehr krank und werde wohl sterben. Sterben? Was das heißt, erfuhr der Prinz bei einer folgenden Ausfahrt, als er einen aufgebahrten Toten sah und hörte, dass alle Menschen so enden. Die vierte Begegnung gab den Ausschlag zu einer völligen Wende im Leben des reichen jungen Mannes: Er traf einen bettelnden Mönch. Dieser, so erklärte man Siddharta, suche durch Verzicht auf Annehmlichkeiten, durch Fasten und durch Meditation nach geistigem Erwachen und nach Überwinden des Bösen in der Welt. Der Prinz kehrte zwar noch einmal heim, doch ließ er sich auch von der Meldung, ihm sei von seiner geliebten Frau Yasodhara ein Sohn mit Namen Rahula geboren worden, nicht mehr aufhalten. Der nach der Überlieferung damals 29-Jährige verließ mithin im Jahr 531 v. Chr. nächtens den Palast in einer einfachen Robe und begab sich in der Nachfolge des Bettelmönchs, den er gesehen hatte, auf Wanderschaft (»zog aus dem Haus in die Hauslosigkeit«), seelisch wie körperlich. Damit er aber seelisch ankomme beim Ziel der Erleuchtung, musste er den Körper durch Askese überwinden. Die richtige Methode wollte er bei Meistern der Sramanas erlernen.

Als besonders weise wurde ihm Arada Kalama gerühmt, zu dem Sakyamuni, wie Siddharta fortan gewöhnlich genannt wurde, nun wanderte. Der Lehrer war bald vom Eifer seines neuen Schülers so beeindruckt, dass er ihm Partnerschaft in der Leitung seiner Meditationsschule anbot. Viel Ehre für einen, der eigentlich noch in den Anfängen steckte. Doch der Ge-

Prinz Siddharta verlässt mit seinem Pferd Kanthaka sein Zuhause.

ehrte war sich gerade dessen nur zu bewusst und hatte eingesehen, dass ihn Arada Kalama wohl nicht wirklich würde weiterbringen können. Er lehnte daher bescheiden ab und wandte sich an Udraka Ramaputra. Auch ihn überzeugte der Ernst, mit dem Sakyamuni sich in Trance zu setzen und zu höherem Erkennen zu kommen suchte, vom hohen Talent des Schülers, und er bot ihm nun sogar die alleinige Leitung seiner Schule an. Doch auch hier war der künftige Buddha schnell an die Grenzen der yogaartigen Übungen gestoßen und hatte sie als Irrweg erkannt. Außerdem ging es ihm nicht darum, irgendeine noch so renommierte Schule zu leiten, sondern den Weg aus Leid und Unzufriedenheit zu finden.

Das konnte er wohl nur allein oder gemeinsam mit Männern, die seine Ziele zu teilen bereit waren. Nach einem knappen Jahr des Lernens bei Sramana-Meistern nahm Sakyamuni sein Heil selbst in die Hand, zog sich in die Wälder zurück und steigerte die bisher geübten Methoden der Askese radikal. Fünf Gleichgesinnte schlossen sich ihm an.

DER MITTLERE WEG

Sechs Jahre gingen dahin, Sakyamuni wurde nicht weiser, nur immer schwächer. Beim Versuch, den Atem möglichst lange anzuhalten, weil auch dadurch eine gewisse Trance zu erzielen ist, geriet er mehrmals in akute Lebensgefahr. Schließlich ging ihm auf, dass das nicht der richtige Weg zur inneren Freiheit sein könne, dass vielmehr »die Hingabe an die Selbstpeinigung leidvoll, unedel und nicht zum Ziel führend« sei. Als ihm dies im Jahr 525 v. Chr. dämmerte, kam gerade eine Frau des Dorfes vorüber und sah den entkräfteten Mönch. Mitleidig bot sie ihm Nahrung an, und Sakyamuni aß vom Reisbrei, den sie ihm reichte. Das beobachteten seine Gefährten, wandten sich enttäuscht ab und verließen ihren Führer, weil sie meinten, er wolle sich offenbar wieder der Völlerei ergeben. Sakyamuni aber fühlte sich gekräftigt und kam nach einem Bad im nahen Fluss Nairanjana vollends wieder auf die Beine.

Der »mittlere Weg«, wie er später das Prinzip der Mäßigung in allem nannte, hatte Sakyamuni wieder Energie verschafft. Er begab sich nach Bodh-Gaya, einem Ort im Süden des heutigen Bihar, setzte sich im Anblick eines Flusses unter einen Feigenbaum und beschloss, nicht eher aufzustehen, als bis er der »Erleuchtung« teilhaftig geworden oder gestorben sei. Nach 49 Tagen, in einer Vollmondnacht im Mai – heute findet bei Mai-Vollmond das höchste buddhistische Fest statt –, gelangte er tatsächlich zur tiefsten Einsicht in das Wesen aller Dinge und allen Seins. Der hundertarmige Mara aber, Herr des sechsten Himmels der Sphäre der Begierden, Verkörperung des Bösen, trat an ihn heran und wollte ihn im letzten Moment vom Weg des Heils abbringen. Ein Heer von Teufeln bot er auf, doch der Meditierende fürchtete sie nicht.

Dann schickte Mara seine schönsten Töchter, doch in Sakyamunis Augen wurden sie hässliche Greisinnen. Und auch Maras bestes Argument fruchtete nicht: »Lebe, Herr. Leben ist besser! Lebend kannst du gute Taten verrichten.« Der Meditierende antwortete:

Die Versuchung des Buddha unter dem Feigenbaum durch Mara und die Heerscharen des Bösen. Plastik aus dem 3. Jahrhundert n. Chr.

»Du Gefährte der Trägen, du Böser! Warum bist du hergekommen? Durch geringfügigen Tugendverdienst wird mir kein Nutzen. Denen (erst) durch Tugendverdienst ein Nutzen wird, zu denen soll Mara sprechen. Glaube und auch Kraft und Erkenntnis findet man bei mir. So mein Selbst anspannend – was fragst du da nach (meinem) Leben?«

Von den in Leidenschaft und Sünde Verstrickten ist diese Lehre nicht leicht zu begreifen. Gegen diesen Strom gehend, werden die fein (durchdachte), tiefe, schwer zu erkennende, genau (ausgearbeitete Lehre) die von Leidenschaft Befallenen nicht sehen, die von tiefer Finsternis Umhüllten.«

Die Wandmalerei an der Eingangsfassade des Wat Suwannaram in Thonburi (Thailand) illustriert den Sieg Buddhas über das Heer des Mara.

Aus dem Mönch und Weisen war endgültig der Buddha, der »Erleuchtete« und »Erwachte«, geworden; der Baum, unter dem er saß, heißt seitdem Bodhibaum (»Baum der Erleuchtung«). Drei Stufen hatte Buddha erklommen: die zur Erinnerung an seine unendlich vielen früheren Existenzen, die zum Wissen von Geburt und Tod und schließlich als entscheidende die zum Wissen, dass es ihm gelungen sei, den ewigen Kreislauf der Wiedergeburten zu durchbrechen. Dieses Leben, dessen war er sich fortan sicher, würde sein letztes sein.

Unsicher aber war er sich, ob er anderen den von ihm unter so vielen Mühen gefundenen Weg des Heils zeigen solle. Es kam ihm vor, als ähnele das dem Versuch, dem Blinden von der Farbe zu sprechen. Er fürchtete vom fruchtlosen Lehren nur »Ermüdung« und neigte eigentlich eher dazu, sich sogleich von der Welt abzuwenden. Wörtlich lautete seine Überlegung in Strophenform so:

»Unter Mühen haben ich (die Lehre) erkannt. Was soll ich sie jetzt verkünden?

DAS RAD DER LEHRE IN BEWEGUNG SETZEN

Diese Gedanken erreichten und alarmierten Brahma Sahampati: »Zugrunde geht, o weh, die Welt, dahinschwindet, o weh, die Welt, weil ja das Gemüt des Vollendeten, des Heiligen, des vollkommen Erwachten der Gleichgültigkeit zuneigt, nicht dem Verkünden der Lehre.« Brahma Sahampati nahm die Gestalt eines Mannes an und trat vor den »Erhabenen«. Inständig bat er ihn, sich doch zur Verkündigung durchzuringen, denn es gebe sehr wohl einige Menschen, die so wenig »befleckt« seien, dass sie die Lehre doch verstünden. Nach langer Diskussion erklärte sich schließlich Buddha bereit, die Last auf sich zu nehmen, indem er erklärte: »Geöffnet ist des Unsterblichen Tor für die, welche hören; entsenden sollen sie Vertrauen.«

Damit aber haperte es selbst bei denen, die sich Buddha als die am ehesten für seine Botschaft Geeigneten nach sorgsamem Abwägen aussuchte: seine fünf Gefährten, die mit ihm die schweren asketischen

Übungen über Jahre praktiziert hatten. Sie waren nach Benares (heute: Varanasi) gezogen, wohin ihnen Buddha nun folgte und sie im Gazellenhain (Tierpark) von Isipatana fand. Als sie ihn kommen sahen, waren sie nicht gerade erbaut, dachten sie doch, ihr einstiger Führer sei rückfällig geworden. Die Bedenken aber verflogen wie Nebelschwaden vor dem Sonnenlicht, als Buddha sie begrüßte. Sie sahen einen Verwandelten vor sich, dem offenbar ein Schritt gelungen war, um den sie immer noch vergeblich rangen. Sie baten um Teilhabe an seinen Erkenntnissen, Buddha ließ sich bei ihnen nieder und begann seine Predigt von den »vier edlen Wahrheiten«, die den Kern seiner gesamte Lehren ausmachen. Das war die Geburtsstunde der Weltreligion Buddhismus oder, mit den Worten der Schrift, der Moment, in dem vom »Erhabenen das Rad der Lehre in Bewegung gesetzt worden war«.

Noch 45 Jahre blieben Buddha zur Verbreitung seiner Lehre, die bei den ersten Zuhörern auf fruchtbaren Boden gefallen war und die einer von ihnen sogar zur Gänze verstanden hatte. Die Schar der Jünger wuchs, die der Anhänger im mittleren Gangestal sogar ins Ungemessene. Dabei machte es Buddha niemandem leicht, ihm zu folgen. Er verlangte selbstständiges Denken und unermüdlichen Kampf um Einsicht. Auch ein Nonnenorden kam auf Anregung seines engen Weggefährten Ananda hinzu und vergrößerte die Gemeinde *(Sangha)*. Als Buddha den Tod nahen fühlte, machte er sich auf ins Land seines Ursprungs und erreichte schließlich die Stadt Kushinagari (heute: Kasia bei Gorakhpur an der nepalesischen Grenze). Dort wandte er sich nochmals an seinen Vetter, Freund und Diener Ananda mit der Mahnung:

»Es könnte sein, Ananda, dass euch der Gedanke käme, wir haben keinen Lehrer mehr. So, Ananda, sollt ihr es nicht ansehen. Die Lehre und die Ordnung, Ananda, die euch von mir gepredigt und verkündet worden ist, die soll nach meinem Hingang euer Lehrer sein.«

Dann starb der »Erleuchtete« (um 480 v. Chr.) zum letzten Mal. Seine Anhänger kamen noch im gleichen Jahr zu einem Konzil zusammen, auf dem sie die Lehren und die Ordensregeln zusammenstellten, die Buddha aufgestellt hatte. Sie lernten die Texte auswendig, trugen sie über Jahrhunderte mündlich weiter, ehe sie schließlich im 1. Jahrhundert v. Chr. aufgezeichnet wurden.

Das war in Kürze der Lebenslauf des historischen Buddha, genauer: der letzte Lebenslauf des Religionsstifters. Ihm waren nach eigener Lehre unendlich viele Verkörperungen vorausgegangen, eingeteilt in drei große Äonen und in 91 kürzere. Dabei war er als Höllenwesen, Tier, Mensch und Gottheit aufgetreten. Nach traditionell indischer Vorstellung waren auch die überirdischen Wesen eingebunden in den Kreislauf der Wiedergeburten. Buddha empfahl ihre Verehrung und Achtung, denn wer sie ehre, den würden auch sie ehren, und wen sie achteten, dem werde auch ihre Achtung zuteil.

Buddha konnte gegenüber allen anderen religiösen Überzeugungen tolerant sein, weil sein Heilsziel außerhalb allen Glaubens lag, nämlich im Durchbrechen der zwanghaften Wiederkehr *(Samsara)*.

BEFREIUNG VON NAME UND FORM

Danach hatte im Nirvana kein Wesen, hatte nichts und niemand noch Gewalt über ihn oder andere Buddhas, denn von ihnen bleibt nichts nach dem letzten Sterben. Sie haben die Vergänglichkeit überwunden durch völliges Vergehen. So heißt es von einem Buddha in den Schriften, dass er nach Erreichen der Vollkommenheit durch Freitod aus dem letzten Leben geschieden sei, woraufhin sich ein Schleier von Rauch und Dunkelheit in alle Himmelsrichtungen ausgebreitet habe. Das sei aber nicht der Rückstand des Vollkommenen gewesen, sondern Mara, der Böse und Herr des Begeh-

Gegenüberliegende Seite:
Der Mahabodhi-Tempel in Bodhgaya (Bihar, Indien) soll vor dem Bodhibaum errichtet worden sein, unter dem Buddha die Erleuchtung erlangte.

Buddha in Begleitung von Schülern. Relief aus dem 3. Jahrhundert.

rens, der sich auf die Suche nach dem Bewusstsein des Entschwundenen gemacht habe. Er habe aber nichts mehr gefunden, denn der Heilige sei ins Nirvana eingegangen, und sein Bewusstsein sei nirgends mehr auffindbar gewesen. Mit dem Nirvana nämlich verhält es sich so:

»Ebenso wie die Flamme im Wind flackernd, die, vom Wind berührt, zur Ruhe geht, nicht mehr zu sehen ist, so tritt auch der Weise – befreit von ›Name und Form‹ oder von den fünf unreinen Daseinsgruppen – ein in die Ruhe, ist für niemanden mehr zu sehen ... Ihn, der die Ruhe erreicht hat, kann kein Maß messen, von ihm zu sprechen gibt es keine Worte. Was der Geist erfassen kann, verschwindet. So bleibt jeder Weg zu einer Erörterung verschlossen.«

Summiert man die vorangegangenen Verkörperungen Buddhas, kommt man auf Zahlen, welche die von modernen Kosmologen berechnete Dauer des Universums billionenfach überschreiten. Damit aber soll nur ausgedrückt werden, dass Sein von Ewigkeit zu Ewigkeit nicht vergeht und den Menschen ins Joch ebenso ewiger Wiedergeburten *(Samsara)* zwingt. Erst wer ein Buddha wird, wer also zum Nirvana, dem vollkommenen »Verlöschen« und »Verwehen«, erwacht, kann über das »Meer der Wiedergeburten« das »Ufer der Erlösung« erreichen. Zur »Erleuchtung« aber kann nur der kommen, der auch schon in früheren Existenzen Wissen und Verdienste angesammelt und beschlossen hat, ein *Bodhisattva* (»Erleuchtungswesen«), also ein künftiger Buddha zu werden. Selbst dann aber bleibt er noch ein Mensch, bis er den letzten Lebenslauf vollendet hat. Diesen absolviert er aus Mitleid mit allen Wesen, die das Samsara noch nicht überwunden haben und denen er dabei helfen möchte. Buddha nannte sich daher auch Tathagata, »der wie seine Vorgänger zur Wahrheit Gegangene«, von der er Mitteilung mache.

Daher auch die Gründung des Mönchs- und des Nonnenordens. Die Angehörigen lebten wie seinerzeit üblich als Wanderasketen und erst wesentlich später in Klöstern. Die Regeln orientierten sich an hinduistischen Orden, wenn auch mit erheblichen Veränderungen. Auch hier handelte Buddha nach dem Grundsatz, dass alles, was dem Überwinden von Begierden, Leid und Weltverhaftetheit, also dem Weg zur Erlösung dient, zu begrüßen ist, während anderes, wie Spekulationen über Götter und Dämonen, als nebensächlich gelten muss oder aber dann, wenn es beim Bemühen um Wissen, Beruhigung und Erleuchtung hinderlich sein könnte, abgelehnt wird. Buddha stieß auf mancherlei Kritik vonseiten der Etablierten, doch nahm er sie mit Gelassenheit: »Nicht ich streite mit der Welt, es ist die Welt, die mit mir streitet.«

Die vier edlen Wahrheiten

Vieles an den Gesprächen und Lehrreden Buddhas erinnert an die von Platon überlieferten Dialoge des Sokrates: Der Lehrer fragt so, dass dem Schüler (Mönch) von selbst aufgeht, was richtig und was zu verwerfen ist. Es ist eine ähnliche »Hebammenkunst« *(Mäeutik)*, mit der Buddha seine Hörer zur Erkenntnis führt. Auch er geht dabei strikt logisch vor. Wer erst einmal seine Grundvoraussetzung akzeptiert hat – und es spricht eigentlich nichts gegen sie – der wird auch weiter folgen. Diese plausible Grundannahme ist die Kausalität, die Buddha walten sieht. Alles hat Ursachen, und die Folgen sind das, was wir in der Wirklichkeit bemerken, erleben und erleiden. Alles Entstehen und Vergehen ist bedingt, und es gilt, die jeweiligen Bedingungen so gut wie möglich zu erkennen. Diese Methode gelingt zunächst immer nur in Ansätzen, doch liefert sie Hinweise und erlaubt dem Menschen, die Wirkungen bis zu einem gewissen Grade zu steuern, also auch die Wiedergeburten und letztlich deren Beendigung, Ziel allen buddhistischen Strebens.

Es wurde bereits erwähnt, dass Buddha selbst zweifelte, ob andere verstehen würden, was ihm bei der »Erleuchtung« klar geworden war. Mit Glauben nämlich ist es bei seiner Lehre nicht getan, sie muss als reine und vor allem als eigene Wahrheit begriffen werden. Natürlich hätte Buddha durch Wundertaten zu überzeugen versuchen können, doch lehnte er solche Augenwischerei ab. Wunder, derer er nach der Überlieferung viele vollbrachte, setzte er nie als Beweismittel ein, sondern nur aus Mitleid. Und er verwies es auch seinen Jüngern, um des bloßen Effekts willen Zauberei oder sonstige Taschenspielereien zu nutzen oder sich mit solchen Fähigkeiten zu brüsten. Alles, was er und die Seinen lehrten, sollte eigener Überzeugung entspringen, da nur Überzeugte zu überzeugen vermögen. Und auch das gelingt nur, wenn der Lehrende zu dosieren versteht.

Dass es nur auf den Kern der Sache ankomme, verdeutlichte Buddha seinen Schülern so: Er nahm ein paar Laubblätter in die Hand und fragte, ob diese mehr seien als alle Blätter im Wald zusammen. Die Schüler, gewöhnt an ungewöhnliche Fragen des Meisters, schüttelten natürlich den Kopf und bestätigten, dass im Wald insgesamt viel mehr Blätter wüchsen, als Buddha in der Hand habe. Der Heilige nickte und sagte:

»Ebenso, ihr Mönche, habe ich Vieles erkannt; nur Weniges habe ich euch gelehrt. Ich habe jedoch nicht gehandelt wie jene Lehrer, die ihre Fäuste schließen und ihre Geheimnisse für sich behalten, denn ich habe euch die vier Wahrheiten gelehrt.

Votiv-Stupas in Bodhgaya in Bihar (Indien).

Sie sind es, was von Nutzen ist; sie sind die Prinzipien des religiösen Lebens; sie führen zu Abwendung vom Weltleben, Entsagung, Erlöschen, Frieden, höherer Geisteskraft, vollkommener Erleuchtung, zum Nirvana. Darum habe ich sie euch gelehrt.«

Damit ist das Stichwort gefallen: Buddhas gesamte Lehre (der *Dhamma*) kristallisiert sich um die vier edlen Wahrheiten, die der »Vollendete« gleich in seiner ersten Lehrrede im Gazellenhain von Benares vor den einstigen Gefährten dargelegt hat. Alles ist Leiden; im Begehren liegt der Ursprung des Leidens; das Leiden (*Dukkha*) geht zu Ende im Nirvana; ins Nirvana führt der von Buddha entdeckte Weg.

DIE ERSTE EDLE WAHRHEIT

Dukkha – das Leiden – ist der zentrale Begriff des Buddhismus, denn alles Bemühen um Ausbruch aus dem Kreislauf der Wiedergeburten ist darauf gerich-

Bettelmönchorden im Buddhismus entstanden auf der Basis des zentralen Elements der Besitzlosigkeit.

tet, Dukkha zu überwinden. Alles Sein ist qua Vergänglichkeit immer Leiden, so glücklich sich der Mensch momentan fühlen mag, denn auch das Glück ist vergänglich und alles Vergehen leidvoll, in höchster Form das Sterben. Wer aber wiedergeboren werde, ist dazu verurteilt, immer aufs Neue zu vergehen, also zu leiden. Mithin sind auch Geburt, Krankheit und Alter, die notwendig zum Tod führen, immer Leiden. Buddha leugnet Glück nicht, er begreift es aber als Leiden, weil es keinen Bestand haben kann. Es hat sogar noch eine zusätzliche Leidensqualität, indem es zum Anhaften *(Upadana)* verführt und sogar zu einer Gier werden kann, der schwersten Form des Anhaftens, nach mehr von den damit verbundenen angenehmen Gefühlen. So erhöht sich der unvermeidliche Trennungsschmerz, denn wir können nichts behalten auf dieser Welt des Entstehens, des vorübergehenden Bestehens und des schließlichen Vergehens.

Das verdeutlicht die Geschichte der Begegnung Buddhas mit einer Frau, deren Baby soeben gestorben war. Hier hatte das Glück in der Mutterliebe bestanden; das Leiden der Frau war entsprechend groß. Sie warf sich vor Buddha nieder und weinte sich förmlich die Seele aus dem Leib. Stockend begann sie von ihrem Unglück zu sprechen und brach schließlich in die verzweifelte Frage aus: »Was soll ich tun, Ehrwürdiger? Ich weiß mir keinen Rat mehr.« Buddha schwieg einen Moment und entgegnete dann: »Für dich gibt es nur eine Hilfe. Gehe dort in das große Dorf und bringe mir ein Senfkorn aus jeder Hütte, in der es noch nie einen Trauerfall gegeben hat.«

Die Frau stand hoffnungsfroh auf und eilte ins Dorf. Doch wo immer sie klopfte vernahm sie nur Seufzen auf ihre Frage und hörte traurige Geschichten vom Sterben, das offenbar kein Haus verschont hatte. Nach vielen Stunden kehrte die Frau müde, aber nicht mehr so traurig zu Buddha zurück. Als er nach den Senfkörnern fragte, wies sie ihre leeren Hände vor und sagte: »Ehrwürdiger, du hast mich verstehen gelehrt, dass der Tod unausweichlich ist. Lass mich bei dir bleiben und lehre mich mehr.«

Zur näheren Erläuterung der Allgegenwart des Leidens entwickelte Buddha Existenzkategorien und unterschied fünf Daseinsgruppen *(Khanda)*: die aus den vier Grundelementen Erde, Feuer, Wasser und Luft bestehende Körperlichkeit oder Gestalt *(Rupa)*; die angenehmen, unangenehmen oder neutralen Empfindungen *(Vedana)*; die Wahrnehmungen *(Sanna)*; die Geistesformationen *(Sankhara)*; das Bewusstsein *(Vinnana)*. Danach entstehen die Empfindungen durch den Kontakt zwischen den sechs inneren Organen (Auge, Ohr, Nase, Zunge, Körper, Geist) und den entsprechenden sechs äußeren Objekten (Aussehen, Geräusch, Geruch, Geschmack, Berührung, geistiges Objekt). Und auch das Bewusstsein existiert in solcher Sechszahl: Seh-, Hör-, Riech-, Schmeck-, Körper- und Geistesbewusstsein. Alle Daseinsgruppen unterliegen ebenso dem Gesetz des Wandels wie alles andere, das in der Welt ist. Sie sind genauso wenig von Bestand und bieten keinen Halt, sondern sind nur das wehende Kleid des Leidens.

Das hört sich alles recht exotisch an, steht unserer aktuellen Welt aber näher, als viele glauben. Übertragen

Dieses Schieferrelief, auf dem Buddha dargestellt ist, ist ein frühes Beispiel für die Gandahra-Kunst aus dem 2. und 3. Jahrhundert.

wir die Sprache ins Heutige, so geben die Definitionen sehr gut wieder, wie selbst unsere Wohlstandswelt von einem Gefühl des Mangels erfüllt ist. Da hat einer einen spannenden Beruf, einen höchst luxuriösen Wagen, eine propere Villa, eine gesunde Familie. Könnte das aber alles nicht noch spannender, luxuriöser, properer, gesünder sein? Immer kennt man jemanden, dem es noch besser geht, und manchmal gelingt es dem einen oder anderen selbst, die nächste höhere Stufe des Wohllebens zu erklimmen. Was stellt er fest? Das Mangelgefühl verlässt ihn nicht, das Glück schwindet immer dann, wenn man meint es erhascht zu haben.

Auf den Mangel, der in Hütten wie Palästen gleichermaßen, obschon natürlich nicht in gleicher Weise zu Hause ist, haben die Religionen unterschiedliche Antworten. Die des Buddhismus lautet: Zu überwinden ist er nur durch Sieg über das Vergehen, also über das Sein, das in jeder Form Leiden ist. Daraus hat man der Lehre *(Dhamma)* Buddhas den Vorwurf gemacht, sie sei ein durch und durch pessimistisches Konzept. Das trifft nicht zu, denn Buddha weist den Ausweg ins Nirvana, wobei der Wortteil »Weg« entscheidend ist. Nicht erst nach dem »Verlöschen« ist Frieden erreichbar, der Mensch kann sich ihm bereits in dieser Welt nähern durch Er-

Jambhala, der buddhistische Gott des Reichtums, und sein Gefolge.

kenntnis bis hin zur völligen Erleuchtung. Schrittweise, vom *Dhamma* auf dem achtfachen Pfad geführt, erreicht der Gläubige Seelenruhe.

NICHT-SELBST – ANATTA

Weisheit und Mitgefühl sind die irdischen Ziele auf dem Weg zur Beendigung der Wiedergeburten. Und ein erster Schritt besteht in der klaren Unterscheidung zwischen Dukkha und unserer Reaktion darauf, in der Abkopplung voneinander. Gewöhnlich trennen wir nicht zwischen Ärger, Sorge, Jammer, Leid und unserem begleitenden Gefühl. Buddha aber lehrt den gelassenen Umgang mit den Auslösern, die ja ebenso vergehen wie unsere Empfindung. Dahinter steckt nicht die einfache Gleichung: »Problem erkannt, Problem gebannt«, sondern ein Bewusstseinswandel, eine in der Erkenntnis von den Dukkha-Mechanismen verankerte Ruhe. Sie zu erreichen, gibt es verschiedene Methoden, von Meditation bis zur Askese, wobei allerdings stets zu beachten ist, dass Übermaß in jedem Fall von Übel ist.

Alle Übungen aber versprächen kaum Erfolg, wenn nicht zuvor Klarheit über die Formen des Leidens gewonnen ist. Buddha nannte drei: unmittelbar erfahrenes Leid wie Krankheit oder Not; vom ständigen

Wandel aller Bedingungen und Erscheinungen verursachtes Leid; Leid angesichts der Vergänglichkeit. Die Wiedergeburten verewigen diese Leidensformen, wobei die erste bei der Wiedergeburt als Höllenwesen, Tier oder Gespenst überwiegt, während beim Menschen Glück und Leid im üblichen Sinn in Balance sind und im Götterdasein das, was man landläufig Glück nennt, dominiert. Leidvoll aber sind alle Existenzen, denn sie unterliegen auch den beiden anderen Formen des Leids. Daher gilt der Satz Buddhas: »Während du auf dieser langen Reise ziellos von Geburt zu Geburt irrst, sind mehr Tränen über dich vergossen worden, als Wasser in den vier Ozeanen ist.«

Und die angesprochene Reise hat nicht nur kein Ziel, sie hat auch kein Subjekt, sie ist ohne konstantes Ich oder ewige Seele *(Atta)*. Ob spontane Empfindungen von Geräuschen oder Gerüchen, ob Reaktionen der Geistesformationen darauf, ob ihre Bewusstwerdung – alles ist in ständigem Fluss, auch der Strom der aufeinander folgenden Existenzen besteht nur aus zusammenhanglosen Momentaufnahmen, die miteinander nur gemeinsam haben, dass sie flüchtig sind. Eine Seele, die den Wandel von Anfang an unwandelbar begleitet, lässt sich nirgends entdecken. Der griechische Philosoph Heraklit formulierte: »Niemand kann zweimal in denselben Fluss steigen, er steigt in jeweils anderes Wasser und jedesmal als ein anderer, weil auch der Mensch sich unaufhörlich wandelt. Wie die Gestalt nicht die Person ist, ist die Person kein ewiges Selbst.« Mit dieser Lehre vom Nicht-Selbst *(Anatta)*, brach Buddha radikal mit den vedischen Traditionen, die auf der persönlichen Seele aufgebaut sind. Selbst die fünf Daseinsgruppen spiegeln nur ein Selbst vor, nähren eine Ich-Illusion. Sie ähnelt der Einbildung, die Flamme sei von Dauer, sei ein Etwas. Dabei wissen wir genau, dass sie in jedem Moment erneut entsteht und dass nur das Tempo des Verbrennungsprozesses diese Illusion hervorbringt.

Buddha geht allerdings nicht so weit, den Glauben an eine stabile Persönlichkeit für böse oder gar für sündhaft zu erklären. Menschen, die Gestalt und Person für ein Selbst halten, können durchaus den Pfad der Tugend wandeln und sich damit um eine Wiedergeburt als Mensch oder bei besonderen Verdiensten gar als Gott bemühen. Wenn sie sich aber von der Illusion nicht vollständig lösen, werden sie aus dem Zirkel der ewigen Wiederkehr nicht ausbrechen können, denn die Lösung vom Begehren, vom Anhaften *(Upadana)*, gelingt dann nicht. Schon der kleinste Rest von Ich-Täuschung vernichtet die Chancen auf Erlösung im Nirvana.

Skulptur eines Mädchens, das sich in einem Spiegel betrachtet. Selbstgefälligkeit und Eitelkeit gelten im Buddhismus als Verfehlungen, weil diese Eigenschaften unstillbares Verlangen widerspiegeln.

Novizen meditieren nach dem Gebet in der Schule des Tempelbezirks Wat Pho in Bangkok (Thailand).

DIE ZWEITE EDLE WAHRHEIT

»Dies nun, o Mönche, ist die edle Wahrheit von der Leidensentstehung. Es ist dieser ›Durst‹ (Tanha), der zur Wiedergeburt führt, verbunden mit Vergnügen und Lust, an dem und jenem sich befriedigend, nämlich der Liebestrieb, der Selbsterhaltungstrieb, die Sucht nach Reichtum.«

Das waren Buddhas erste Worte zu den Gefährten im Gazellenhain von Benares über die Ursache für das Leiden *(Dukkha)*. Er hat sie später aufs Feinste ausgelegt, so fein, dass es schwer fällt zu folgen. Daher hier nur eine Andeutung der Ursachenkette, wie sie Buddha als Antrieb für das Rad der Existenzen erläutert hat: Wie das Wort »Ursache« schon sagt, ist alles Geschehen bedingt, bringt jede Tat *(Karma)* eine Frucht hervor, die bei Reife auf den Täter herabfällt. Da die Reifezeit nicht selten die Dauer eines Lebens überschreitet, treffen die Folgen oft erst in künftigen Existenzen ein. Diese »Ernte« kann positiv sein bei guten Handlungen und sich etwa in der Qualität einer Wiedergeburt als Mensch oder gar als Gottheit manifestieren. Sie kann aber auch negativ sein und zur Wiedergeburt als Höllenwesen oder Tier führen. Das jedoch sind nur sozusagen die Großfolgen. Das Karma straft und belohnt auch im Kleinen, sodass nichts Zufälliges geschieht. Und Karma diverser Existenzen summiert sich, Verdienstliches wie Untaten laufen auf Konten auf, die das weitere Sein bestimmen und sogar im Falle höchster Verdienste zur Erleuchtung führen können.

Das Rad der Kausalität hat nach Buddha zwölf Glieder, die vereinfacht folgendermaßen ineinander greifen: Unwissenheit *(Avijja)* steht am Anfang einer Umdrehung, Avijja prägt die Karmaformationen *(Sankhara)*, diese das Bewusstsein *(Vinnana)*, das wiederum die geistigen und physischen Prozesse oder Namen und Form *(Namarupa)* beeinflusst. Sie ihrerseits bilden die sechs Grundlagen des Bewusstseins *(Salayatana)*, die erforderlich sind für die Kontakte *(Phassa)* der inneren Organe mit den äußeren Objekten. Die Kontakte lösen Empfindungen *(Vedana)* aus, und diese erzeugen Tanha, was oben recht unscharf als »Durst« übersetzt worden ist. Der Durst ist verantwortlich für das Anhaften *(Upadana)* an den fünf Daseinsgruppen und für das Begehren von immer mehr. Das verhindert die Lösung vom Kreislauf der Wiedergeburten *(Samsara)*, sodass die nächste Existenz unvermeidlich kommt. Begehren steht also hinter dem Werden *(Bhava)*, weil es Taten hervorbringt, die alle Wesen weiter auf das Rad des Samsara flicht und neue Geburt *(Jati)* und damit wiederum Alter und Tod, also Dukkha, erzeugt. Mit neuer Avijja folgt die nächste Umdrehung des Rades.

Verständlich wird die Darstellung erst, wenn wir sie auf unseren Alltag übertragen, der uns ja reichlich Stoff für das liefert, was der Buddha das Verlangen, die Gier, den Durst, kurz Tanha nennt. Das Verlangen richtet sich auf das, was man noch nicht hat, aber haben möchte, und auf das, wovon man noch mehr möchte. Es beschreibt ganz allgemein das bereits im Zusammenhang mit der ersten edlen Wahrheit erwähnte Mangelempfinden.

In weniger heftiger Form äußert sich Tanha durch Hast, gut zu beobachten bei Mahlzeiten, die hintergeschlungen werden. Der momentane Bissen wird gar nicht mehr goutiert, man ist bereits beim nächsten. Das geht bis zur Sorge, beim Schmecken könnten die anderen Sinne zu kurz kommen, sodass nebenbei noch der Fernseher läuft oder eine Zeitung durchgeblättert wird. So wird in eine Zeiteinheit so viel gepackt, dass nichts mehr recht genossen oder auch nur bedacht wird. Und dennoch fragt sich der eilige Zeitgenosse am Abend des Tages oder sogar des Lebens, wo denn der Tag, wo das Leben geblieben sei. Dass er selbst für dessen Flüchtigkeit durch Unrast gesorgt hat und die zentrale buddhistische Forderung nach Achtsamkeit sträflich missachtet hat, kommt den wenigsten in den Sinn oder doch erst, wenn es zu spät ist.

KAUFRAUSCH UND EITELKEIT

Eine andere Form von Tanha äußert sich im ungebremsten Konsum, und es hilft meist gar nichts, dass Kaufen die dahinter stehende Gier nie zu stillen vermag, sondern eher steigert.

Buddha erläuterte das mit einem Beispiel: Ein Mann schlenderte über den Markt. Da sah er in den Auslagen eines Gemüsehändlers schöne leuchtend rote Peperoni und er las den erstaunlich niedrigen Preis. So schöne Schoten und ein so vorteilhaftes Angebot! Da musste der gute Mann einfach zugreifen. Und er dachte: Je mehr ich kaufe, desto günstiger habe ich mich eingedeckt. Er kaufte einen ganzen Korb voll Peperoni. Und obwohl er daheim feststellte, dass er allenfalls für eine Hand voll Verwendung hatte, mochte er sich nicht eingestehen, dass er sich verkauft hatte, sondern begann die scharfen Schoten begierig zu verzehren. Und er hörte auch nicht auf damit, als ihm längst die Tränen über die Wangen liefen, sein Mund ihm wie ein glutheißer Ofen vorkam und der ganze Kopf glühte. Ein Nachbar kam vorüber und fragte den knallroten Kerl, warum er um alles in der Welt nicht endlich aufhöre, Peperoni in sich hineinzustopfen. »Ich hoffe immer noch«, stöhnte der Gefragte, »dass ich irgendwann auf eine süße Schote stoße.« Nichts kann absurd genug sein, wenn die Gier den Menschen im Griff hat.

Eine besondere Form von Tanha ist die Eitelkeit, der »Durst« nach Beifall, nach Anerkennung und nach Statussymbolen. Auch dieses Verlangen kann unstillbar werden, weil dahinter Unzufriedenheit mit sich selbst steckt. Hat man die angestrebte Beförderung erreicht, die Auszeichnung erhalten, die Medaille gewonnen, wächst der Wunsch nach Mehr fast automatisch, denn alle diese »Ehrungen« erzeugen angenehme Gefühle, von denen man nicht genug bekommen kann.

Und eine letzte Form von Tanha sei erwähnt. Da Gier und Habenwollen mit den gleichen Gelüsten anderer immer wieder kollidieren, ja kollidieren müssen, führen sie leicht zu Neid und schließlich zu Hass. Er richtet sich gegen andere, die haben, was man für sich selber möchte. Und selbst wenn man es nicht bekommen kann, so möchte man doch dem, der es hat, Schaden zufügen. So kommt durch Gier die Feindschaft in die Welt, die nicht nur dem Feind schadet, sondern auch den beschädigt, der hasst, denn seine Taten sind von Leidenschaft verdorben und die Früchte, die sie tragen werden, werden ebenso verdorben sein und für den Täter früher oder später Dukkha erzeugen. Buddha sagte es mir den folgenden Worten: »Verzehrt von Gier, erbost durch Hass streiten Fürsten mit Fürsten, Adlige mit Adligen, Priester mit Priestern, Hausväter mit anderen Hausvätern, die Mutter mit ihren Kindern, die Kinder mit dem Vater, Bruder mit Bruder, Schwester mit Bruder, Freund mit Freund. Und im Streit bekämpfen sie sich mit Fäusten, Stöcken und Schwertern. Sie verletzen sich dabei oder kommen sogar um. Von Tanha getrieben brechen Menschen in fremde Häuser ein, stehlen, lügen und betrügen. Dies sind die heillosen Folgen von Tanha.«

Dass Gier und Hass letztendlich zu Krieg führen, ist im Buddhismus eine logische Schlussfolgerung.

Letztlich steckt Unwissenheit (*Avijja*) hinter dem Verlangen, das Dukkha erzeugt, und zwar Unwissenheit im Sinne von nicht richtigem Verstehen der vier edlen Wahrheiten. Die zweite spielt dabei insofern eine Schlüsselrolle, weil sie zeigt, wie Verlangen (*Tanha*) zum Anhaften (*Upadana*) führt und erst dadurch Leiden schafft. Lässt der Mensch das Verlangen auf sich beruhen, folgt ihm also nicht und verzichtet auf die Tat, so kommt auch kein verdorbenes Karma zustande. Da Verlangen wie alles vergänglich ist, wartet der Weise das Vergehen ab. So sind seine Taten nicht von Leidenschaft und Verblendung belastet und frei von selbstbezogener Gier.

DIE DRITTE EDLE WAHRHEIT

Wir müssen noch einen Moment beim Durst (*Tanha*) verweilen, denn seine Entstehung sagt auch, wie er zu überwinden ist. Und da er zum Anhaften, zum Hängen an den fünf Daseinsgruppen führt, genauer: verführt, können wir uns nur lösen von ihnen, wenn es gelingt, Tanha auszuschalten. Das geht nicht etwa mit dem Löschen des Durstes, denn das steigert ihn noch, wie wir gesehen haben. Überwindung meint Auslöschen.

Eine Erleuchtung wie die Buddhas und das damit verbundene Eingehen ins Nirvana (»Verlöschen«) haben alle gläubigen Buddhisten zum Ziel. Grundlage dieser Lehre über das Erreichen des Ufers der Erlösung ist Buddhas Kernsatz: »Was immer auch dem Entstehen angehört, alles gehört auch der Vernichtung an!« Wie aber können sie etwas dafür tun, wenn doch ihr momentanes Sosein, ihre Lage und ihre Verfasstheit Ergebnis früheren Handelns sind? Es ist ein häufiges Missverständnis, der Mensch sei nach buddhistischer Lehre völlig bestimmt von seinem Karma (den mehr oder weniger verdienstvollen Taten in früherer Zeit und in allen vorangegangenen Existenzen). Dann hätte Buddha sich jede Lehre sparen können, die ja gerade den Weg zum Heil weisen will. Eine Prädestinationslehre im Sinne von umfassender Vorherbestimmung lag Buddha fern, er verkündete vielmehr die Möglichkeiten, sich aus den Fesseln des Karma zu befreien. Dazu muss belastendes früheres Karma abgebaut und dafür gesorgt werden, dass sich nicht neues durch unheilsames Tun anhäuft. Dann ist nach Buddha Erlösung möglich. Seine Erleuchtung hatte ihm ja die dritte edle Wahrheit in aller ihrer Klarheit gezeigt: Es gibt ein Ende, ein Aufhören des Leidens *(Dukkha)* im Nirvana. Erfahren hatte er aber auch, dass schon der Weg dorthin heilsam ist. Der Mensch nämlich kann den Sieg über sich bereits auf Erden vorbereiten, indem er stufenweise zur Erkenntnis von den Zusammenhängen von Begehren und Anhaften kommt und sich allmählich löst vom fruchtlosen Tanha (Durst, Verlangen). Er muss dazu nach und nach das Verlangen in sich abtöten, wobei Meditationsübungen ebenso helfen wie mäßiges Fasten. Geduld ist ebenfalls wichtig, denn sie lehrt Abwarten, bis Wünsche wie alles Vergängliche vergehen. Gelassenheit lässt sich trainieren, und ein weiterer Schritt ist gelungen, wenn wir Verzicht als Gewinn kennen lernen.

Wenn dann der Sieg errungen ist, steht die Tür zum Nirvana offen. Was aber ist dieses »Verlöschen«? Darüber gehen die Aussagen auseinander, ja, nach Buddha ist sogar keinerlei Aussage darüber möglich.

Duesum Khyenpa, der erste Karmapa Lama (1110–1193) bei der Meditation. Tibetische Sitzstatue aus dem 14. Jahrhundert.

Und doch gibt es einige Hinweise: Zum einen ist Eingehen ins Nirvana nicht gleichbedeutend mit dem Tod des Erleuchteten. Buddha selbst hat noch 45 Jahre nach der Erleuchtung gelehrt, und auch andere im Buddhismus verehrte Heilige haben ihr Erdenleben fortgesetzt. Klar ist nur, dass es für sie das letzte war, weil sie mit der Erleuchtung aus dem Leiden *(Dukkha)* bringenden ewigen Kreislauf der Wiedergeburten *(Samsara)* ausgeschieden sind. Ist also Nirvana spätestens beim Tod des Buddha mit »Vernichtung« gleichzusetzen? In gewisser Weise ja, denn es findet sich von seinem Bewusstsein und von seinen Daseinsgruppen, auch wenn sie beim Buddha »rein« sind, keine Spur mehr.

Andererseits aber ist er mit dem Eingehen ins Nirvana nicht einfach verschwunden, denn seine Lehre (der *Dhamma*) lebt weiter und mithin sein Vorbild, dem die Gläubigen auch deswegen nachstreben, weil ihnen Nirvana als höchstes Glück gilt, als Lohn für die in unendlich vielen Existenzen durch tugendhaftes Tun angesammelten Verdienste.

Manche Lehrer sehen denn auch schon in den heilsamen Wirkungen eines konsequenten Lebens auf die Erleuchtung hin sozusagen einen Vorgeschmack auf das Nirvana. Die allmähliche Befreiung von Verlangen, Frustrationen und Ärger wird als Glück erlebt, wie es von dem völligen Erlöschen von Unwissenheit

Liegender Buddha beim Eintritt in das höchste Nirvana.

(Avijja), Begierde (Tanha) und mithin von Anhaften (Upadana) noch gesteigert werden wird. Von Vernichtung der Person ist in diesem Zusammenhang nirgends die Rede, denn ein Selbst im individualistisch-westlichen Sinn kennt der Buddhismus nicht. Es ist mit dem ins Nirvana eingegangenen Buddha wie mit dem Feuer, das es gibt, auch wenn im Moment nichts brennt, wie mit dem Wind, wenn er nicht weht.

DIE VIERTE EDLE WAHRHEIT

In seiner ersten Lehrrede in Benares nannte Buddha den Gefährten als vierte edle Wahrheit den »mittleren Weg« und bezeichnete ihn als »edlen achtgliedrigen Pfad«, der zur Erleuchtung und damit zum Nirvana führt. Die acht Glieder sind danach: »rechte Einsicht (1), rechter Entschluss (2), rechte Rede (3), rechte Tat (4), rechter Wandel (5), rechtes Streben (6), rechte

Wachheit (7), rechte Versenkung (8).« Die Übersetzungen differieren beträchtlich, und vor allem hat das Pali-Wort *samma* Probleme bereitet. Es wird üblicherweise mit »recht« übersetzt, doch suggeriert die Vokabel ein falsches Pendant. *Samma* ist nämlich nicht als Gegensatz zu »falsch« zu verstehen, sondern eher zu »unvollkommenen«, »nicht ausgereift«. Mit »vollkommen« ist der Wortgehalt jedenfalls besser getroffen. Ähnliche Schwankungen gibt es auch bei den Substantiven: Statt »Einsicht« heißt es oft »Ansicht«, aus »Tat« bei manchen »Handeln«, statt »Wandel« findet sich oft »Lebenswandel« oder auch »Lebensunterhalt« usw. Wir werden beim Betrachten der einzelnen Punkte sehen, was jeweils gemeint ist.

Hier ist zunächst einmal festzuhalten, dass die Reihenfolge von Buddha offenbar willkürlich festgelegt und schon gar nicht als Rangfolge gemeint ist. In der buddhistischen Praxis bilden denn auch den Anfang die Glieder drei bis fünf, es folgen sechs bis acht und erst zum Schluss eins und zwei. Das, was als »Pfad« bezeichnet ist, stellt also eher ein Bündel an Voraussetzungen für die Gewinnung von Erlösung dar und keine schrittweise Annäherung Punkt für Punkt. Die erste Gruppe (3–5) wird unter dem Begriff »Sittlichkeit« *(Sila)* zusammengefasst, die zweite (6–8) unter dem Rubrum »Meditation« *(Samadhi)* und die dritte (1–2) wird als »Weisheit« *(Panna)* etikettiert. In dieser Reihenfolge werden die acht Glieder des »edlen Pfads« im Folgenden auch vorgestellt.

SITTLICHKEIT

Über das »rechte Reden« heißt es bei Buddha:

»Der Lüge sich enthalten, der Grobheit sich enthalten,
des Plapperns sich enthalten – das nennt man, o Mönche,
rechte Rede.«

Übersetzt für uns Heutige heißt das behutsamen und korrekten Gebrauch machen von der Sprache, dem wichtigsten Medium beim Umgang mit anderen. Dazu gehört zunächst Wahrhaftigkeit, die auch darin bestehen kann, dass wir es sagen, wenn wir die Wahrheit nicht kennen. Keinesfalls zu dulden ist moralisch die vorsätzliche Verbreitung von Unwahrheiten; sie sind nicht nur Betrug an dem, der das Gesagte glaubt, sondern können auch zu Streit und Schlimmerem führen. Die christlichen zehn Gebote sagen es fast ebenso: »Du sollst nicht falsch Zeugnis reden wider

deinen Nächsten!« Gegen diesen richtet sich auch die unerlaubte grobe Rede, die mit verletzenden Worten und Beschimpfungen arbeitet. Der dritte Aspekt, der das unnötige Daherplappern betrifft, umfasst auch die Erkenntnis, dass Geschwätz immer auf Kosten von fundierten Gesprächen geht und obendrein das Zuhören beschädigt. Gerade aber die Tugend des offenen Hinhörens auf das, was ein Partner offenbart, gehört zum Gebot der »rechten Rede«.

Über die »rechte Tat« (das rechte Handeln) heißt es bei Buddha:

»Des Umbringens von Lebewesen sich enthalten, dem Nehmen von Nichtgegebenem sich enthalten, des unsittlichen Liebeslebens sich enthalten – das nennt man, o Mönche, rechte Tat.«

Genauer müsste im ersten Teil des Gebots »atmende Wesen« stehen, denn Buddha meint Menschen und Tiere, Pflanzen hatten nicht diesen Rang für ihn. Das Verbot des Tötens bezieht sich also nicht nur auf Mord und Totschlag, sondern auch auf das Schlachten und Jagen von Tieren. Wie alle sittlichen Gebote gilt auch dieses in besonderer Weise für die Mönche und Nonnen, die sich daher bis heute weitgehend vegetarisch ernähren. Aber auch unter buddhistischen Laien ist das Vegetariertum sehr verbreitet. Ähnlich weit gefasst ist das Verbot zu stehlen: Da geht es generell um das unheilsame Habenwollen, die Gier und speziell um das Entwenden fremden Eigentums, Ursache von viel Leid nicht nur beim Bestohlenen, sondern auch beim Dieb, der schädliches Karma damit anhäuft. Ähnlich belastet sich, wer die sexuelle Selbstbestimmung nicht achtet, Minderjährige verführt oder die Ehe bricht. Unter das Verdikt fallen auch die Prostitution und der sexuelle Missbrauch von Abhängigen.

Über den »rechten Wandel« heißt es bei Buddha:

»Wenn hier, o Mönche, ein edler Anhänger falschen Wandel aufgegeben hat und ein Leben rechten Wandels führt, so wird das, o Mönche, rechter Wandel genannt.«

Was hier ein wenig durch sich selbst erklärt ist, betont den Wert der Umkehr auf falschem Weg und Besinnung auf den richtigen, tugendhaften. Er besteht vor allem in Rücksicht auf andere Menschen und, wie oben gesagt, auch auf sonstige »atmende Wesen«. Ganz praktisch wird das dort, wo Buddha seinen Anhängern empfiehlt Berufe wie Schlachter, Jäger, Waffen- und Drogenhändler oder Gastwirte zu meiden. An vielen Stellen weist Buddha darauf hin, dass ein klarer Geist für die spirituelle Praxis ebenso wichtig ist wie im Alltag, denn nur mit klarem Kopf entwickeln wir das erforderliche Mitgefühl für das Mitwesen, Basis der gebotenen Rücksicht. Dazu muss niemand Einsiedler oder auch nur Mönch werden. Sich dem anderen zuzuwenden, das ist Kern des »rechten Handelns«.

MEDITATION

Über das »rechte Streben« (oder »Bemühen, Anstrengung«) heißt es bei Buddha:

»Da, o Mönche, spannt ein Mensch den Willen an, um entstandene böse, unheilvolle Dinge zum Verschwinden zu bringen; er müht sich, strengt sich an; er übt das Gemüt, ertüchtigt es. Er spannt seinen Willen an, um nicht entstandene heilsame Dinge zum Entstehen zu bringen ... Er spannt seinen Willen an, um entstandene heilsame Dinge zur Festigung, nicht zur Lockerung, zur Vervielfachung, zur vollen Entwicklung, zur Entfaltung, zur Vollendung zu bringen. Das nennt man, o Mönche, rechtes Streben.«

Hier wird den vielfältigen Zerstreuungen der Kampf angesagt und zur Suche nach innerer Ruhe aufgefordert. Dafür gibt es in der Literatur eine ganze Reihe von Vorschlägen, wie Ablenkung abzubauen ist und wie schlechte Gewohnheiten korrigiert, während lobenswerte erworben und erworbene lobenswerte kultiviert werden können. Dazu gehören Übungen, wie sie im Yoga durch Erlernen verschiedener Körperhaltungen, durch Atembeherrschung, durch Konzentration auf Begriffe oder innere Befindlichkeit bis hin zur Trance bekannt sind. Auch hier wieder Buddhas Warnung vor Übertreibung: Einen Mönch, der frustriert vom mangelhaften Meditationserfolg aufgeben wollte, fragte er, ob er wisse, wie eine Laute mit zu schlaffen oder mit zu straffen Saiten klinge. Der Mönch verstand: Die richtige Balance gehört zum »rechten Streben«. Über die »rechte Wachheit« (oder »Achtsamkeit«) heißt es bei Buddha:

Sitzender Buddha in Beruhigungsgeste. Plastik aus dem 1. Jahrhundert n. Chr.

»Da, o Mönche, verharrt der Mensch beim Körper über den Körper wachend, eifrig, einsichtig, aufmerksam, nach Aufgabe von Gier und Unmut in der Welt; bei den Gefühlen über die Gefühle wachend, eifrig ...; bei dem Gemüt über das Gemüt wachend, eifrig ...; bei den Gegebenheiten über die Gegebenheiten wachend, eifrig, einsichtig, aufmerksam nach Aufgabe von Gier und Unmut in der Welt – das nennt man, o Mönche, die rechte Wachheit.«

Dieses Gebot verlangt nach Ruhe, damit sich der Meditierende auf Körper, Empfindungen und Geist konzentrieren kann, ohne durch andere Aktivitäten in Anspruch genommen zu sein. Der angestrebte Zustand wird an anderen Stellen verglichen mit dem Absetzen von Trübungen in einer Flüssigkeit, die umgerührt worden ist. Erst nach langer Ruhe lagern sich die buchstäblich aufgeregten Partikel ab. Bei der Wachheit dem Körper gegenüber kommt es auf genaue Beobachtung des Luftholens und des Ausatmens, der Körperhaltung und der Körperteile an. Beim achtsamen Umgang mit den Empfindungen wird der Meditierende ihrer Vergänglichkeit bewusst. Wache Kontrolle des Geistes lehrt, welche aufsteigenden Gedanken Gier, Hass oder Verblendung erwecken können und daher zu meiden sind. Achtsame Betrachtung der Gegebenheiten enthüllt deren Nicht-Selbst *(Anatta)*.

Über die »rechte Versenkung« (oder »Sammlung«) heißt es bei Buddha sehr ausführlich, dass es vier Stufen (»Schauungen«) gibt: Auf der ersten legt der Meditierende »Begierden« und »unheilvolle Gedanken« ab und erreicht durch Nachdenken und Überlegen »einsamkeitsgeborene heitere Glückseligkeit«. Auf der zweiten gewinnt er durch das Zurruhekommen von Nachdenken und Überlegung »persönlichen Frieden« und »geistige Konzentration« und damit »versenkungsgeborene heitere Glückseligkeit«. Auf der dritten findet er in »Heiterkeit und Leidenschaftslosigkeit« zum glücklichen Verharren. Und schließlich gewinnt er völligen Gleichmut *(Upekkha)*, das ist die »leidlose, glücklose, gleichmütig-wachsame, vollkommen reine vierte Schauung« der »vier edlen Wahrheiten«, die dann nicht nur einleuchten, sondern regelrecht leuchten in der »rechten Versenkung«

WEISHEIT

Über die »rechte Einsicht« (oder »Erkenntnis«) heißt es bei Buddha:

»Nun, o Mönche, das Wissen vom Leiden, das Wissen von der Entstehung des Leidens, das Wissen von der Aufhebung des Leidens, das Wissen von dem zur Aufhebung des Leidens führenden Pfad – das nennt man, o Mönche rechte Einsicht.«

Kurz: Vollkommene Erkenntnis erlangt der Gläubige, der die »vier edlen Wahrheiten« versteht und sich ganz nach ihnen richtet. Das ist nicht bloß rational gemeint, sondern wie alles bei Buddha ganzheitlich: Die Wahrheiten müssen in ihrer umfassenden Geltung auch emotional verinnerlicht werden, sodass sie die Ich-Illusion auszulöschen vermögen und damit das gierige Anhaften an der Daseinsgruppe wie an den äußeren Objekten. Sie sind es in ihrer Flüchtigkeit nicht wert, dass man ihren Reizen folgt. Damit wird nicht der Seinsverachtung das Wort geredet, sondern nur dazu aufgerufen, die Dinge so zu sehen, wie sie sind – eben nicht von Dauer –, und Vorkommnisse hinzunehmen, wie sie eintreten.

Über den »rechten Entschluss« heißt es bei Buddha:

»Der Entschluss zur Entsagung, der Entschluss zur Enthaltung von Bosheit, der Entschluss des Nichtschädigens – das nennt man, o Mönche, rechten Entschluss.«

Aus der Erkenntnis des Zusammenhängens mit allem wächst notwendig das Gebot der Friedfertigkeit, denn es fördert den eigenen Frieden. Auch Verzicht auf alles irgendwie Entbehrliche gehört zwingend dazu, denn er schont das mit uns Zusammenhängende und mithin das eigene Wesen. Schließlich kommt uns das »Nichtschädigen« genauso zugute, denn nichts nimmt Schaden in der Welt, ohne dass auch wir Schaden nehmen. Haben wir den Schaden zudem selbst angerichtet, häuft diese Tat schädliches Karma an und verlängert den Weg des Leidens durch weiteres Gefesseltsein im ewigen Kreislauf der Wiedergeburten. Und da schon die Absicht im Buddhismus ebenso viel gilt wie die eigentliche Tat, sind auch alle schädigenden Impulse zu unterdrücken durch Beherrschung und Entsagung. In dieser Haltung wird liebevoller Umgang mit allem zur Weisheit.

Auf der Insel Lantau (Hongkong) steht diese 1990 errichtete Buddha-Statue.

Die heiligen Schriften

Die beiden großen Richtungen des Buddhismus, das *Hinajana* (»Kleines Fahrzeug«) und das *Mahajana* (»Großes Fahrzeug«), unterscheiden sich hinsichtlich dessen, was sie zu den heiligen Schriften rechnen: Für Anhänger des Hinajana kann nur das kanonische Geltung beanspruchen, was bis spätestens ein Jahrhundert nach dem Ende des letzten Lebens des Buddha (also bis etwa 380 v. Chr.) entstanden ist. Das lässt sich zwar nur selten mit Bestimmtheit sagen, denn schriftlich fixiert wurden selbst die ältesten Texte erst Jahrhunderte danach, doch hat die Überlieferung über die ersten beiden buddhistischen Konzile bestimmte Lehrreden und -gespräche, Ordensregeln und anderes in diesem Sinne als direkt von Buddha stammend kanonisiert. Im Mahajana gelten auch spätere Texte als heilig, denn sie können nach dieser Schule ebenfalls von Buddha stammen, der ja außer seinem natürlichen Leib auch einen übernatürlichen besessen habe, der immer wieder Lehren offenbart hat. Dabei handelt es sich um solche, für die seine Zeitgenossen noch nicht das nötige Verständnis aufgebracht hätten. Nach einer Legende soll er solche Texte in die Obhut eines Drachen in der Unterwelt gegeben haben. Von dort habe sie ein späterer Heiliger geholt, als schließlich die Zeit für ihre Verkündigung gekommen war.

Obwohl diese unterschiedlichen Überlieferungen in anderen Schulen gravierende Folgen vor allem für die jeweiligen buddhistischen Kulte hatten, soll hier nur der vom Hinajana anerkannte Pali-Kanon, das so genannte *Tipitaka* (»Dreikorb«) vorgestellt werden, weil diese Schriften von allen anerkannt werden und die Basis der buddhistischen Lehre *(Dhamma)* bilden. Die drei »Körbe« sind: das *Sutta-Pitaka* (»Korb der Schriften«), das *Vinaya-Pitaka* (»Korb der Disziplin«) und das *Abhidhamma-Pitaka* (»Korb der besonderen Lehre«).

»KORB DER SCHRIFTEN«

Die meisten der bisher zitierten Stellen stammen aus dem Sutta-Pitaka, denn darin ist der eigentliche Dhamma in Buddhas eigenen Worten dargelegt. Zunächst befremdet beim Lesen ein iterativer (wiederholender) Duktus, indem vieles viele Male wortwörtlich genauso gesagt wird. Mit der Zeit aber entwickelt dieser Stil eine hohe Suggestionskraft und sorgt dafür, dass die Ausführungen sich nachhaltig im Gedächtnis festsetzen. Das oft Litaneihafte entfaltet eine ganz eigenartige sprachliche Anmutung, wobei auch die bildhafte Ausdrucksweise und einprägsame Vergleiche eine Rolle spielen. Das gilt allerdings für die fünf Teile, in die dieser »Korb« sortiert ist, in unterschiedlicher Weise. Sie sind nicht so sehr nach inhaltlichen Kriterien angeordnet, sondern nach der Länge der Stücke in den einzelnen »Unterkörben« oder Sammlungen, *Nikaya* genannt.

Den Anfang macht denn auch eine Sammlung *(Dighanikaya)* mit 34 sehr umfangreichen Lehrreden des Buddha. Der nächste Teil *(Majjhimanikaya)* hat wesentlich mehr Suttas (Lehrreden), nämlich 152, die aber knapper gehalten sind. Sie ähneln inhaltlich denen in ersten Teil und gelten als ziemlich ur-

Skulptur der Vajravarahi, einem Dakini, der weiblichen Form einer persönlichen Schutzgottheit.

sprünglich, wofür ihre Schlichtheit spricht. Es folgen die beiden Sammlungen *Samyuttanikaya* und *Anguttaranikaya* mit jeweils weit über 2000 gruppenweise oder nach Zahlenangaben geordneten Reden und Gesprächen, die zum Teil in Versen gehalten sind. Das lässt sich in den Übersetzungen allerdings nur schwer nachempfinden, da Pali-Verse nicht nach unseren Hörgewohnheiten komponiert und durch den Zwang zu korrekter Inhaltswiedergabe noch zusätzlich belastet sind. Diese vier Sammlungen ähneln sich von den inhaltlichen Aussagen her sehr, und vieles steht in mehreren davon.

Ganz anders der fünfte Teil, der leicht irreführend »Sammlung der kleinen Stücke« *(Khuddakanikaya)* benannt ist, obwohl durchaus größere Stücke darin vorkommen. Sie sind aber vergleichsweise poetischer als die ersten vier Sammlungen und bieten allerlei Spruchweisheiten, Fabeln, Märchen, Gleichnisse, Gebete, Anekdoten. Fünfzehn Werke höchst unterschiedlicher Art bilden diese Sammlung. Zu nennen sind beispielsweise das berühmte *Dhammapada*, das in mehreren Hundert unvergleichlichen Versen die Grundsätze buddhistischer Sittenlehre darlegt, und das verwandte *Suttanipata*, das ebenfalls in gebundener (metrischer) Rede sich kritisch mit dem Brahmanismus beschäftigt. Unter den weiteren dreizehn Werken verdienen die *Jatakas* (»Geburtsgeschichten«) besondere Erwähnung. Es sind 547 Geschichten, die einen großen Teil des ganzen »Korbes« ausmachen und lehrhaft von den früheren Existenzen Buddhas berichten. Daran soll deutlich werden, welchen Einfluss das früher angesammelte Karma auf die späteren Existenzen hat.

Es gibt dann in der fünften Sammlung noch allerlei Spruchweisheiten, eine wohl erst spät eingefügte »Genealogie« des Buddha durch Darstellung von 24 Vorgängern, Berichte von Totengeistern und ihrem elenden Schicksal aufgrund von schlechtem Karma und schließlich finden sich immer wieder auch Bemerkungen über Frauen, die Versuchungen, die von ihnen ausgehen und wie Mann sie bestehen kann, sowie die Rolle der Nonnen in der *Sangha* (Gemeinde).

»KORB DER DISZIPLIN«

Das war das Stichwort für den zweiten »Korb«, *Vinaya-Pitaka*, einen Text, der sich dem Mönchswesen widmet. Breit geht Buddha hier im ersten Teil auf die Alltagspraxis und auf die 227 Vergehen ein, mit denen die Ordensleute gegen die Regeln verstoßen würden: Sie betreffen den Umgang mit Nichtgeweihten, Essensvorschriften, Verhalten im Krieg, Verbot von Rauschmitteln, Kleidervorschriften, Baderegeln, korrekte Wiedergabe der Lehre, Almosengeben und -nehmen, Umgangsformen, Schlichtung von Konflikten usw. Bei Mord, Diebstahl und Unzucht ist der Ausschluss des Täters aus dem Orden vorgesehen.

Überhaupt geht es immer wieder auch um sexuelle Fragen, also darum, wie sich der geweihte Mönch Frauen gegenüber verhalten soll. Danach gehört bereits jegliche körperliche Berührung vom Händedruck bis zum Übershaarstreichen zu den bußpflichtigen Vergehen; alles Weitergehende sowieso, und als besonders verwerflich gilt die Ausnutzung der Stellung als »Frommer« zur Erschleichung des Geschlechtsverkehrs durch die Behauptung, dieser »Dienst« fördere das Heil der Frau. Kuppelei steht solchem Vergehen kaum nach.

Zwei weitere Teile dieses Korbes regeln die Aufnahme in den Orden und den Tagesablauf der Mönche und Nonnen, die ja zunächst nicht in klösterlicher Gemeinschaft lebten, sondern einzeln oder in Gruppen wanderten und meditierten. Daher finden sich auch Vorschriften zum Verlassen des bürgerlichen Umfelds (»Ziehen in die Hauslosigkeit«), Verhalten in der Regenzeit und zur Gestaltung von Feiern. Eine besonders strenge Ermahnung gilt der Verpflichtung aller geweihten Personen, Verstöße gegen die Regeln öffentlich zu bekennen, damit das dadurch geschädigte Karma wieder abgebaut und die Gemeinschaft vor Folgen (Gerüchten, Imageverlust u. a.) bewahrt wird. Des weiteren wird die Autorität der kanonischen Texte durch die Schilderung der beiden ersten Konzile fundiert und eine Art Biografie Buddhas mitgeteilt.

»KORB DER BESONDEREN LEHRE«

Obwohl das *Abhidhamma-Pitaka* erst zwischen dem 3. vor- und dem 3. nachchristlichen Jahrhundert entstanden ist, rechnet das Hinajana diesen dritten Teil des Tipitaka zum Pali-Kanon; für das Mahajana gehört es ohnedies zu den heiligen Schriften. Es ist literarisch weniger bedeutend als die beiden ersten »Körbe«, dafür aber strenger in der Diktion, stark systematisiert und in seinem Frage-und-Antwort-Aufbau besonders lehrhaft. Die sieben darin enthaltenen Stücke beschäftigen sich mit psychologisch-philosophischen Fragen und setzen sich mit ketzerischen Ansichten und Praktiken auseinander. Dabei anerkennen sie durchaus unterschiedliche Meinungen der buddhistischen Schulen und grenzen sich nur dort ab, wo sie mit den Grundlehren kollidieren. Insofern bietet dieser »Korb« gutes Studien- und Lehrmaterial.

Ein junger Novize begleitet mit Musikinstrumenten den liturgischen Gesang im Tempel Jokhang in Lhasa (Tibet).

Hinajana, Mahajana, Vadjrajana

Buddha verglich seine Lehre gern mit einem Floß, das es den Gläubigen ermöglicht, über das Meer der Wiedergeburten überzusetzen und das Ufer des Nirvana zu erreichen. Spätere Richtungen des Buddhismus erhielten sozusagen je nach Besatzung und Beschaffenheit ihres Floßes eine entsprechende Bezeichnung. Die ursprüngliche strenge Auslegung der Buddha-Lehren sah den Weg zur Erleuchtung und damit zur Erlösung im Nirvana im Grunde nur für geweihte Personen als gangbar an, da sie die völlige Hingabe beim Bemühen um vollkommenes Erwachen für unabdingbar hielt.

Solche elitäre und auf die eigene Erlösung konzentrierte Interpretation schlug sich in der zunächst spöttisch gemeinten Bezeichnung für diese Auslegung nieder: *Hinajana* – »Kleines Fahrzeug« nannten es diejenigen, die eine stärkere Hinwendung zur Rettung auch von Laienanhängern forderten und sich daher als *Mahajana* – »großes Fahrzeug« verstanden. Sie lehrten, dass Geweihte, also Mönche und Nonnen, ihren tugendhaften Lebenswandel auch für diejenigen mitgehen müssten, die der Welt nicht so völlig entsagen könnten. Diese Forderung nahm das Mitleidsgebot Buddhas auf und prägte das Mahajana, das sich nach Zentral- und Ostasien verbreitete. Dabei erhielt es vor allem in Tibet eine esoterisch-magische Färbung, deren Reichtum an Facetten, aber auch deren Unzerstörbarkeit sich im Sanskrit-Namen *Vadjrajana* (»Dia-

In einem Kloster in Sri Lanka unterrichtet ein buddhistischer Mönch einen jungen Novizen.

mantfahrzeug«) für diese Richtung niederschlug. In der folgenden Darstellung der Entwicklung der Lehren Buddhas nach seinem irdischen Ende wird auf diese großen Strömungen einzeln eingegangen.

Über das erste Konzil in Rajagaha gleich nach dem Tod des Gautama Buddha wurde bereits gesprochen. Die dort erreichte Einigkeit über die originalen Aussprüche Buddhas verlor sich bald, sodass auf weiteren Konzilen Klärungen herbeigeführt werden sollten. Hierbei vertieften sich aber manche Gräben nur. Streit gab es vor allem wegen mancher von Mönchsgemeinschaften eingeführten Neuerungen, die von den Dogmatikern in allen Religionen meist vehement abgelehnt wurden. Da der Buddhismus aber wesentlich zum Zusammenhalt des ersten indischen Großreiches unter König Aschoka (272–236 v. Chr.) beitrug, bemühte sich seine Regierung ihrerseits um dessen Einigkeit im Sinne der Tradition: Aschoka wurde durch blutige Kriege zum Buddhismus bekehrt und bekannte sich zur pazifistischen und vegetarischen Lehre, die er durch seinen Sohn Mahinda auch nach Ceylon tragen ließ. Er propagierte Mitleid und Freigebigkeit, hielt seine Untertanen zur Wahrhaftigkeit an und konnte die Spaltung der buddhistischen Gemeinde durch ein Konzil in Pataliputra (heute Patna) vorübergehend überwinden.

THERAVADA

Die brahmanische Reaktion und die einsetzende Hinduisierung zeigte bald Spuren im indischen Buddhismus, während der auf Ceylon sich bis in die Jetztzeit als widerstandsfähig erwies. Aus seinem Ursprungsland aber zog er sich allmählich zurück und war spätestens im 13. Jahrhundert mit dem Vordringen des Islam weitgehend erloschen. Das machte er durch Verbreitung nach Zentral-, Süd- und Ostasien mehr als wett, sodass sich heute mehrere hundert Millionen Menschen zum Buddhismus bekennen. Dabei kam es

zu einer Zweiteilung in die dem Hinajana zuneigende südliche Form in Ceylon, Birma, Thailand, Laos und Kambodscha und in mahajanistische Strömungen in Tibet, China, Korea und Japan. Den südlichen Buddhismus nennt man auch *Theravada*, ein Pali-Wort mit der Bedeutung »Lehre der Ordensältesten«. Schon daran ist eine orthodoxe Prägung zu erkennen. Daraus folgt ein stark mönchisch orientierter Kult, der in diesen Ländern durch zum Teil kostbarste und monumentale Tempel- und Klosterbauten zum Ausdruck kommt. Diese Entfaltung von religiöser Pracht kontrastiert seltsam mit dem asketisch-bescheidenen Leben der Kultträger, eben der Mönche. Die mageren Gestalten in den orangefarbenen Überwürfen bilden zudem einen auffallenden Gegensatz zu den nicht selten recht beleibten Buddha-Figuren, die das Tempelinnere beherrschen. Der Religionsstifter posiert gewöhnlich überlebensgroß, ja manchmal sogar gigantisch im farbigen Dämmer, umgeben von kleineren Skulpturen, die seine wichtigsten Jünger darstellen. Ihre lackierten und vergoldeten Körper gewinnen im flackernden Licht vieler Kerzen und in der Stille des Raums ein gewisses Leben, das ihr gelassenes Ruhen nicht als Starre erscheinen lässt. Freundlich

Betende Frau vor einer großen sitzenden Buddha-Figur auf Sri Lanka.

und weltzugewandt bei aller inneren Sammlung sind die meisten Gesichtsdarstellungen Buddhas, wobei die Größe der Figuren für seine hohe Bedeutung und die immensen Fähigkeiten des Erhabenen steht.

In der Frühzeit wurde er allenfalls symbolisch als Elefant, als bloßer Fußabdruck oder zeichenhaft dargestellt. Wohl erst in der Berührung mit der hellenistischen Kultur entwickelte sich eine buddhistische Kunst, die sich nun auch die realistische, wenn auch stilisierte Darstellung des »Erleuchteten« zutraute. Ebenso ist es mit den Tempeln, die ursprünglich unbekannt waren, da buddhistischer Kult sozusagen ambulant ausgeübt wurde und nur Ansätze einer Reliquienverehrung kannte, wie sie heute etwa in Kandy (Sri Lanka) um einen Zahn Buddhas ausgeübt wird. Insofern stellt der auf Ceylon zur Blüte gereifte Theravada in gewissem Sinn auch eine Abkehr von den Ursprüngen dar. Klöster und die in sie integrierten oder doch von ihnen betriebenen Tempel sind spätere Errungenschaften und in der eigentlichen Lehre, dem Dhamma, nicht vorgesehen. Am Dhamma aber hat man inhaltlich sonst strikt festgehalten, was vor allem in der Meditationspraxis zum Ausdruck kommt.

Auch sie ist ursprünglich geweihten Personen allein vorbehalten gewesen, Laien haben höchstens die Anfangsgründe von den Mönchen erlernt oder anhand der Schriften zu üben versucht. Das hat sich mit dem wachsenden westlichen Interesse daran heute etwas gelockert. Unter den Geweihten gab und gibt es eine Zweiteilung: Man trifft Mönche, die kultische Handlungen in der und für die Öffentlichkeit vornehmen und Laien an den Klosterschulen unterrichten. Das höhere Ansehen aber genießen in Sri Lanka und in den anderen Theravada-Ländern die so genannten Waldmönche, die der Welt gänzlich entsagt haben und in der Einsamkeit die Vervollkommnung suchen. Beide Gruppen sind nicht strikt geschieden, denn das Eremitendasein kann durchaus auch als Vorstufe späterer Lehrtätigkeit und als Abhärtung gegen die Versuchungen in der Welt gedacht sein, in die diese Mönche dann zurückkehren. Sie können schon aus Gründen der Nahrungsbeschaffung – Buddha lehrte den »mittleren Weg«, lehnte also übertriebene Askese ab – nicht jeglichen Kontakt zur Außenwelt meiden und finden sich oft auch zu Festen in Siedlungen und Tempeln zum gemeinsamen Ritus ein.

MEDITATION

Danach ziehen sie sich wieder zu den Meditationsübungen zurück, über die hier nichts Ausführliches mitgeteilt werden kann, einmal weil die Praktiken höchst vielfältig sind, zum anderen weil sie ohne Anleitung durch einen Lehrer kaum zum Erfolg führen können. Nur ganz allgemein lässt sich sagen, dass es stets um aufmerksames Beobachten *(Sati)* geht, wobei sich diese Aufmerksamkeit auf Körper, Gefühle, Geisteszustände und Geistesobjekte richtet. Schon die Konzentration auf den Körper, seine Funktionen, Tätigkeiten und Teile erfordert ein aufwändiges Übungsprogramm. Dabei spielt, wie schon erwähnt, die Beobachtung des Atmungsvorgangs eine zentrale Rolle. In vergleichbarer Weise verlaufen die Beobachtungen von allen Vorgängen auch des Denkens und Fühlens. Je abstrakter freilich die Meditationsebene ist, desto ausdauernder wird der Schüler üben müssen, bis alle nicht auf den Gegenstand der Meditation gerichteten Gedanken verschwinden und dieser Gegenstand ganz klar und umfassend wahrgenommen ist. Das wird ganz deutlich, wenn man sich einmal vorstellt, man sei schlechter Laune und versuche darüber zu meditieren, sich die Stimmung ganz bewusst zu machen, ihre Entstehung und ihr Vergehen, ihre genaue Art und ihren Einfluss zu erfassen. Das ist sehr schwer, und bis Buddhas Rat hilft, dauert es: Er schlägt vor, alle mit der Gestimmtheit verbundenen Gefühle möglichst präzise zu benennen, den genauen Begriff dafür zu finden und erst zu ruhen, wenn man zufriedenstellende Bezeichnungen für alle gefunden hat. Nur dann gelingt es mit der Zeit, aus dem Käfig der Stimmung und der damit verbundenen Gefühle zu entkommen.

Bei aller Meditation gilt es vor allem, die »fünf Hindernisse« (Nivarana) zu überwinden: Verlangen oder gar Gier nach sinnlichen Objekten und Reizen, Ärger, Trägheit, innere Unruhe und Zweifel. Es versteht sich, dass wirklicher Erfolg solcher Meditation nur bei langjähriger, intensiver Übung möglich ist. Daher ist die »südliche« Theravada-Richtung des Buddhismus sozusagen eine Religion für Experten, während die Laien sich durch Unterstützung der Mönche (Nonnen gab es seit dem 11. Jahrhundert nicht mehr, seit 1999 ist aber erneut die volle Ordination für Frauen möglich) mit Almosen und Spenden für die Klöster Verdienste erwerben und sich damit eine höhere Wiedergeburt ermöglichen, der direkte Weg zur Erleuchtung und ins Nirvana ist ihnen in der momentanen Existenz in der Regel aber versperrt. Das hat der Wirkmächtigkeit dieser Strömung keinen Abbruch getan, beinahe im Gegenteil: Zum einem steht jedem Gläubigen der Weg in die klösterliche Gemeinschaft *(Sangha)* offen, zum anderen haben die gebildeten Mönche in manchen Staaten und in vielen Epochen enormen politischen Einfluss gewonnen. Die Verbreitung der Lehren Buddhas in der Hinajana-Tradition erhielt dadurch zusätzliche Schubkraft.

Die Aschoka-Säule, die in Delhi nahe der Freitagsmoschee steht, verkündet die Edikte Kaiser Aschokas in der Brahmi-Schrift.

MAHAJANA

Ein gewisser Widerspruch in Buddhas Lehren ist nicht zu übersehen: Der Erhabene lehrt den Weg zur Erleuchtung, der ein so hohes Maß an Konzentration und Meditation verlangt, dass für Weltliches kaum Raum

bleibt. Die Berufenen sind sogar auf die Hilfe der Laienanhänger angewiesen, damit sie sich derart intensiv spirituell betätigen können. Andererseits verhieß Buddha den unablässig Bemühten als Endstufe ihrer irdischen Laufbahn das Erwachen zu Weisheit und Mitleid. Gerade dieses Mitleid mit den Wesen, denen noch nicht die Befreiung von Dukkha gelungen ist – und streng genommen wegen ihres Anhaftens an der Welt in der jetzigen Existenz auch gar nicht gelingen kann –, gerade das für sie geforderte Mitgefühl soll auf dem Weg zur Erleuchtung aufgebaut und zu einem Wesenszug werden.

Das ist nicht nur spirituell oder als Aufforderung zur religiösen Unterweisung der Noch-Irrenden gemeint, sondern auch karitativ. Woher aber ein angespannt um geistig-körperliche Entspannung Ringender, der selbst auf Hilfe angewiesen ist, Kraft und Zeit für Hilfeleistungen nehmen soll, bleibt ungeklärt.

Kein Wunder, dass sich die Stimmen mehrten, die es ungerecht fanden, dass den Mönchen und Nonnen Erlösung winken sollte für ihren tugendhaften Wandel, während denen, die sie tatkräftig unterstützen, allenfalls gewisse Vorteile bei der Wiedergeburt in Aussicht gestellt würden. Diese Stimmen beriefen sich gern auf die vielen *Jatakas* (Geburtsgeschichten), die von den guten Taten Buddhas in seinen früheren Existenzen erzählen. Damit habe dieser so viele Verdienste erworben, dass er eben zu dem geworden ist, was er den Buddhisten ist: zum Erleuchteten und damit zum leuchtenden Vorbild. Warum sollte das bei den aktiven Tugenden, mit denen die Laien die Heilssucher fördern, anders sein? Zumindest sei von den Mönchen und Nonnen zu erwarten, dass sie für Almosen, Spenden, Unterkunft und Pflege sich auch für das Heil derer einsetzen, denen sie diese Dienste verdanken. Mitleid und Mitgefühl könne keine Einbahnstraße sein. Und: Nicht die Erlösung Einzelner, sondern die aller Wesen sei das wahre Mitleidsgebot.

Diese Forderung machten sich viele Buddhologen in den Jahrhunderten nach Buddhas letztem Erdenleben zu Eigen und entwickelten die Lehre von den Bodhisattvas, den Erleuchtungswesen. Dabei handelt es sich um Heilige wie den Buddha selbst, als er noch auf Erden wandelte. Dieser hatte ja auch nicht sogleich das für ihn nun erreichbar gewordene Nirvana verwirklicht, sondern war aus Erbarmen mit den Unerlösten bei ihnen geblieben und hatte gelehrt bis zu seinem seligen, weil endgültigen Ende.

Diese Endgültigkeit geriet durch den Ausbau der Lehre von den Bodhisattvas ins Wanken. Zwar erlaubte sich niemand Zweifel daran, dass Buddha und alle, die es ihm gleichgetan hatten oder gleichtun würden, ins Nirvana eingehen, doch wurde der Zeitpunkt dafür unendlich weit über den irdischen Tod hinaus verschoben. Ein Bodhisattva könne schon aus dem Mitleidsgebot heraus sich nicht ins Nirvana abwenden, ehe er alles für die Erlösung der noch Unerlösten getan habe. Er sei also auch noch nach dem Ableben auf Erden anrufbar und zur Hilfe für die Leidenden bereit. Und Buddha selbst ebenfalls, der ja weiterhin Lehren (*Suttas*, Sanskrit: *Sutras*) offenbare.

Diese Lehre nimmt also sozusagen alle mit ins Boot und wird daher »Großes Fahrzeug« (Mahajana) genannt. Es ist geschmückt mit einer Vielzahl von Heiligenfiguren, denn das Mahajana kennt nicht nur Menschen, die als Bodhisattvas, also als künftige Buddhas, segensreich wirken, sondern noch viel mehr transzendente Buddhas und Bodhisattvas, die über verschiedene Sphären (Welten) herrschen, spezifische Aufgaben wahrnehmen und in vielfältiger Weise erscheinen können, um die Gläubigen zur Befreiung aus dem Samsara (Rad der Wiedergeburten) zu geleiten oder ihnen auch aus momentanen Nöten zu helfen. Sonst thronen sie in Paradiesen, die sie mit dem Strahlen ihrer »Genusskörper« erleuchten. Solche Ausweitung der Buddhaschaft führte zu einem verzweigten

Gegenüberliegende Seite:
Vor allem der Mahajana-Buddhismus tendiert in der Darstellung des Erleuchteten zu monumentalen Skulpturen. Diese Buddha-Statue in Leshan in der Volksrepublik China wurde zwischen 713 und 803 von Mönchen des dortigen Klosters in den Felsen gehauen und hat eine Höhe von 71 Metern.

Drei Bodhisattvas in unterschiedlicher Darstellung: Links und rechts: Avalokiteshvara (der Beschützer Tibets); in der Mitte: der Bodhisttava der Wahrheit, der vierarmige Manjushri.

Heiligenkult und inspirierte die buddhistische Kunst und Literatur nachhaltig.

DIE LEHRE VON DER LEERE

Erstaunlich angesichts dieser Vielfalt ist eine weitere zentrale Aussage im Mahajana: Wie das Hinajana kennt es kein beständiges, ewiges Selbst und hält das Ich für eine Illusion, teilt also die Anatta-Lehre. Während jedoch die Hinajana- oder Theravada-Philosophen den Gegebenheiten, den zusammengesetzten materiellen Dingen wie den Objekten des Geistes und den Empfindungen eine gewisse Realität, wenn auch eine sehr flüchtige, zugestehen, lehrt das Mahajana die völlige Leere (*Sunnata*, Sanskrit: *Shunyata*) aller Dinge und Gegebenheiten. Sie seien pure Erscheinungen ohne jedes Eigenmerkmal und ohne jede Substanz. Bildlich ausgedrückt: Die im Pali-Kanon festgehaltene Lehre nimmt an, dass die Dinge leere Gefäße sind, das Mahajana spricht ihnen obendrein die Gefäßhaftigkeit ab. Die Dinge sind danach nicht bloß nichtig, weil vergänglich, sondern die Dinge sind schlicht und ergreifend überhaupt nicht.

Diese schwierige, hochabstrakte Konstruktion war es sicher nicht, die dem Mahajana-Buddhismus zu so weiter Verbreitung verhalf. Das lag eher an der Farbigkeit seiner Legenden, an den himmlischen Visionen und an den Heilsverheißungen durch die helfenden und anrufbaren Bodhisattvas und Buddhas. Im Grunde sind sie ja Ersatz für die Götter, die es im Hinajana zwar auch gibt als hohe zu verehrende Wesen, die aber wie die Menschen und alle anderen Wesen im Samsara gefangen sind; Buddha ist auch ihr Lehrer. Das Mahajana hat neue buddhistische überirdische Vorbilder geschaffen, die dem Gläubigen die Richtung weisen und die an seiner Erlösung mitwirken. Das machte die Attraktivität dieser freundlichen Schule des Buddhismus aus, die in Indien zwischen dem 1. vorchristlichen und dem 3. nachchristlichen Jahrhundert entstand, sich dann nach Norden zurückzog und dort Wurzeln schlug. In Nepal, im heimatlichen Gebiet des Buddha, gibt es sie heute noch am nördlichen Rand des Subkontinents.

VADJRAJANA

Die Ausbreitung des Buddhismus erfolgte also in der Mahajana-Form. Doch während er bereits den hohen Riegel des Himalaja überwunden hatte, bildete sich sozusagen als Nachhut noch auf indischem Boden um 500 n. Chr. eine Spielart des Mahajana, die zwar weit später vor dem hinduistischen Druck nach Norden auswich, sich dort aber, nämlich in Tibet und in westlichen Schulen bis heute erhalten hat. Sie war mit dem Hinduismus viel länger kompatibel, weil sie aus dessen Fundus magische und rituelle Elemente übernahm und sie buddhistisch umformte: das Vadjrajana (»Diamant-Fahrzeug«). Schon dieser Name zeigt die Verbindung zum Hinduismus, der mit *Vadjra* (tibetisch: *Dorje*) den »Donnerkeil des Gottes Indra« meint. Der

Donnerkeil wurde im Buddhismus dann zum Diamanten umgedeutet, der als Symbol des männlichen Prinzips und zugleich in seiner Unzerstörbarkeit und Makellosigkeit die Leere aller Gegebenheiten sinnbildlich verkörpert.

Dass im Vadjrajana Elemente indischer Naturreligiosität wirksam sind, lässt sich auch an den *Tantras* (Sanskrit: »Gewebe, Zusammenhang«) erkennen, den Lehrtexten, wie sie auch der Hinduismus kennt. Im Buddhismus sind sie freilich eher rituelle Anleitungen als Aussagen über die, wenn auch nur scheinbare, Dualität des Seienden, die durch Wiedervereinigung stets von Neuem auf das ungeteilte Eine zurückgeführt werden muss. Immerhin sind im Vadjrajana-Kult und in seiner Kunst noch Momente der alten, seinerzeit durchaus auch sexuell gemeinten Verschmelzungsriten und magischen Praktiken bemerklich. Mit den Tantras kommt der tibetische Gläubige allerdings nur insofern in Berührung, als er an den von einem *Lama* (tibetisch: »Höherstehender«) praktizierten Kulthandlungen teilnimmt. Selbst der Novize in einem Kloster hat einen weiten Weg vor sich, ehe er sich tantrischen Übungen nähern kann. Und ohne Anleitung durch einen *Guru* (Sanskrit: »Lehrer«) oder *Lama* (tibetisch: »Höherstehender«) darf er das nie, wobei dieser nicht unbedingt als Person, aber doch als Autorität und Schützer spirituell anwesend sein muss. Hier haben wir ein weiteres wesentliches Moment des tibetischen Buddhismus: Die zentrale Rolle des Lama, der den Buddha nicht nur darstellt, sondern an seiner Stelle agiert und, salopp gesagt, so etwas wie eine Abkürzung zum Heil darstellt. Bemüht sich der Theravada-Buddhismus um Erkenntnis der Leidhaftigkeit aller Gegebenheiten und um Klärung der Ursachen dafür (Anhaften an der Welt), ehe er nach vielen Existenzen den edlen achtfachen Pfad einschlägt, so macht sich der Vadjrajana-Anhänger sogleich auf den Weg zur Erleuchtung, die anders als im Theravada bereits innerhalb einer Lebensspanne zu verwirklichen ist. Natürlich mit ungeheuren Mühen, aber eben dank des Lamas doch möglich. Schon die vorbereitenden Übungen (tibetisch: *Ngöndro*) nehmen Jahre in Anspruch: Nach einer Phase der »hunderttausend« Niederwerfungen vor dem Lama folgt die Flucht zu diesem, der den werdenden Mönch nach und nach mit Erleuchtungsgeist (Sanskrit: *Bodhicitta*) erfüllt. Der Segen des Lamas ermöglicht die entsprechende Lenkung des Geiststroms.

Der Potala in Lhasa (Tibet) war bis 1959 der Sitz des Dalai Lama.

Ngawang Lobsang Tenzin Gyatso, der 14. Dalai Lama, ist höchster geistlicher Lehrer und weltlicher Herrscher Tibets; nach der Besetzung Tibets durch China 1950 flüchtete er und lebt seit 1959 im indischen Exil.

Eine tibetische Plastik aus dem 18. Jahrhundert, die den sitzenden Yidam Hevajra (ewiger Blitz) in Vereinigung mit seiner Partnerin Prajna (Weisheit) darstellt.

WEG ZUR WEIHE

Natürlich sind dazu unerschütterliches Vertrauen und gänzliche Hingabe an den Lama nötig, denn nur dann vermag der Segen überzugehen auf den Schüler. Zugleich bewirkt die Hingabe eine innere Sammlung, die andere Gedanken als die auf die Erleuchtung gerichteten ausblendet: »Hingabe«, heißt es in einem tibetischen Gebet, »ist der Kopf der Meditation.« Sie also ist weit mehr als Sympathie, ja sogar fast das Gegenteil, denn nicht auf das persönliche Gegenüber kommt es an, sondern auf die Kraft, die in ihm anwesend ist und unreine Erfahrungen auf die reine Stufe hebt. Es muss ein Vertrauen herrschen, das über mehr als eine Lebensspanne gewachsen zu sein, ja vom Buddha selbst herzurühren scheint. Das braucht auch in der konkreten Beziehung Zeit zum Reifen, denn jeder Versuch, sozusagen auf Kraft Hingabe zu erzeugen, wird immer nur Gekünsteltes hervorbringen. Wahre Hingabe wird zu einem inneren Gefühl, neben dem nichts anders mehr wichtig ist und alles Störende zur Ruhe kommt.

Ein Novize, der so weit gekommen ist, kann den Lama nun um Weihe (Sanskrit: *Abisheka*) bitten. Diese braucht er zur weiteren Vervollkommnung durch Nutzung der *Sadhana* (zu Sanskrit *sadh*: »ans Ziel gelangen«). Das sind in stark verrätselter Sprache gehaltene tantrische Texte mit Anweisungen für höhere Formen der Meditation. Wegen der Dunkelheit der Aussagen ist der fortgeschrittene Schüler noch stärker auf den Guru oder Lama angewiesen, weil es sonst zu Missdeutungen und entsprechenden spirituellen Schäden kommen kann. Nicht das wörtliche Verstehen bringt den Schüler weiter, sondern die Auslegung durch den Lama, der ihm die Weihe spendet. Dabei erhält der Jünger einen *Yidam* (tibetisch: »fester Geist«), ein *Mandala* (Sanskrit: »Kreis, Abschnitt«) und ein *Mantra* zugewiesen, ein schwer zu übersetzender Begriff für eine kraftgeladene Silbe oder mehrere solche Silben, die der Übende gebetsmühlenartig wiederholt, weil sie Ausdruck des ihm zugeteilten Yidams sind und ihm so Schutz gewähren.

Der Buddhismus in China

Händler brachten die Lehre von den vier edlen Wahrheiten wohl schon früh über die Berge nach Nordchina, andere erreichten mit den Nachrichten über den Buddha und seine Verkündigung auf dem Seeweg den Süden des Reichs der Mitte. Doch der Buddhismus hatte es schwer in dem uralten Kulturland, das ganz seinen Traditionen lebte. Sie basierten vor allem auf der Staatsphilosophie des Konfuzius (551–479 v. Chr.), eines Zeitgenossen Gautama Buddhas, und auf den Lehren der Volksreligion des Daoismus. Hinzu kam, dass der Buddhismus den Chinesen unangenehm streng erschien mit seinen, wenn auch gemäßigten Askese-Vorschriften und anstrengenden Methoden der Meditation.

KONFUZIANISMUS

Es kann nicht Wunder nehmen, dass eine vom Konfuzianismus geprägte Gesellschaft zunächst mit Argwohn den wandernden buddhistischen Asketen begegnete. Einzelgänger mussten in der auf soziales Verhalten ausgerichteten Kultur exotisch wirken oder gar auf Ablehnung stoßen. Auch die buddhistischen Texte kamen beim Volk nicht recht an und wenn, dann wurden sie daoistisch umgedeutet. Das lag daran, dass die ersten Übersetzungen im 1. nachchristlichen Jahrhundert noch sehr unbeholfen waren, weil man noch keine entsprechende chinesische Begrifflichkeit entwickelt und sich mit Anleihen beim Daoismus beholfen hatte. Deswegen gab es als erste Texte auch vornehmlich kürzere, bei denen es mehr um Meditation als um die vier edlen Wahrheiten ging. Dieser frühe chinesische Buddhismus nutzte die Übersetzungen des parthischen Mönchs An Shigao, der gegen 148 n. Chr. die damalige chinesische Hauptstadt Luoyang in der Provinz Henan erreichte.

Chinesische Tuschzeichnung (Tang-Dynastie) »Karawane auf der Seidenstraße«.

Erst mit dem Ende der Han-Dynastie (220 n. Chr.), als China in tiefen politischen Wirren versank, wuchs auch der spirituelle Bedarf der Menschen und damit der Stellenwert des Buddhismus, der einen Ausweg aus dem irdischen Elend verhieß. Hinzu kam ein Einbruch von Grenzvölkern in den chinesischen Norden und die damit verbundene Vertreibung der Herrscher nach Süden. Das Land wurde auf fast drei Jahrhunderte hinaus in einen Nord- und einen Südteil aufgespalten. Neues politisches Zentrum des Südens wurde die Region um das heutige Nanjing, wo allerdings nur etwa ein Zehntel der chinesischen Bevölkerung lebte. Die aus dem Norden vertriebenen hohen Würdenträger und Intellektuellen wandten sich in diesem bitteren Exil dem Buddhismus zu, der sich hier daher in einer recht elitären Form etablierte. Den Schlusspunkt setzte der um 520 aus Südindien zugewanderte Mönch Bodhidharma, der dem Studium der heiligen Schriften kritisch gegenüberstand und eine persönliche Weitergabe der Lehre empfahl. Mit dem Wahlspruch »Wer sein wahres Wesen erfährt, findet den Buddha«, wurde er Begründer des Chan- oder Zen-Buddhismus, der in Japan zu voller Blüte kommen sollte.

TEILUNG UND WIEDERVEREINIGUNG

Auch die neuen Herren des Nordens entdeckten für sich den Buddhismus, aber in einem eher politischen Sinn als ein Gegenmittel gegen den verwurzelten Konfuzianismus, der sie dem unterworfenen Volk entfremdete. Sie förderten daher die inzwischen entstandenen Klöster der Buddhisten, und einige Mönche erlangten sogar erheblichen politischen Einfluss, sodass der Buddhismus in den Rang einer Staatsreligion aufrückte. Dazu aber durfte er nicht so abgehoben sein wie die Südversion, sondern musste eben etwas für das Volk zu bieten haben. Das eine war ganz handfest, nämlich Steuerbefreiung und Freistellung von Zwangsarbeit für Mönche und Klosterangehörige, was den Reichtum der Klöster massiv förderte. Dadurch wurden sie anziehend auch für die Bauern, die sich in ihren Schutz begaben. Im Gegenzug dazu wurde die Lehre für Laien wesentlich attraktiver gemacht, indem ihnen der Weg zur Erlösung nicht kraft eigener Tugend vorgezeichnet, sondern durch Almosen und Opfer sowie durch Gebete zu vielen Buddhas und Bodhisattvas geebnet wurde.

Neue Impulse erhielt der Buddhismus dann auch durch die Wiedervereinigung des Landes nach drei Jahrhunderten unter der Sui-Dynastie (581–618). Die gemeinsame, wenn auch verschieden interpretierte Religion erleichterte den beiden auseinander gedrifteten Teilen Chinas die allmähliche innere Einigung. An ihr hatte vor allem die nachfolgende Tang-Dynastie (618–907) entscheidenden Anteil auch dadurch, dass Mönche nach Indien entsandt wurden, die weitere grundlegende Schriften beschaffen sollten. Bedeutendster dieser Männer war wohl Xuanzang, der wegen seiner Leistung nach dem Sanskrit-Wort für den Pali-Kanon auch *Tipitaka* (»Dreikorb«) genannt wurde. Er war kurz vor dem Jahr 600 in der heutigen Provinz Hunan geboren worden und als etwa 30-Jähriger nach Indien gereist. Fünfzehn Jahre hielt er sich dort auf und besuchte alle buddhistischen Zentren. Sein Reisebericht darüber gehört zu den wichtigen Quellen über das frühmittelalterliche Indien und den Buddhismus der Zeit. Er diente aber auch als Stoff für einen der bekanntesten chinesischen Abenteuerromane des 16. Jahrhunderts: »Die Reise nach dem Westen« von Wu Cheng'en.

520 Werke des Hinajana und des Mahajana soll Xuanzang im Jahr 645 nach China mitgebracht haben, 75 davon übersetzte er in der verbleibenden Lebenszeit bis 664. Er schuf eine gültige chinesische Terminologie für die buddhistischen Schriften und machte sie so erheblich populärer, als es die bisherigen unzulänglich übersetzten Texte waren. Besonders wichtig wurde die vollständige Darstellung der Meditationspraxis des *Yogachara* (Sanskrit: »Ausüben des Yoga«). Yoga, wörtlich übersetzt »Joch«, wird hier als Vereinigung mit Gott verstanden. Sie wird durch Yogachara in vier Stufen erreicht: Vorbereitender Weg durch Erkenntnis, dass es nur »Geist« gibt und keine Objekte und auch keine Subjekte; Weg des Anschauens mit dem Ziel des »vorstellungsfreien Wissens«, der »Beseitigung der Befleckung« und der »Umwälzung der Grundlage«; Weg der geistigen Schöpfung,

Nahe der chinesischen Oasenstadt Dunhuang im Nordwesten Chinas liegen die »Grotten der Tausend Buddhas«.

auf dem die vorigen Errungenschaften vervollkommnet werden; Endweg durch Anhalten des Kreislaufs der Wiedergeburten und Verwirklichung des »Körpers der Großen Ordnung«.

BILDUNG VON SCHULEN

Mit der Tang-Dynastie brach das so genannte Goldene Zeitalter des Buddhismus in China an, wobei sich vier bedeutende Schulen bildeten: *tian tai* (»Schule der himmlischen Plattform«), *hua yan* (»Blumengirlande-Schule«), *jing-tu-zong* (»Reines-Land-Schule«) sowie der *Chan*- oder Zen-Buddhismus. Alle diese Schulen basierten zwar auf den Lehren Buddhas und damit auf den vier edlen Wahrheiten und sie standen auch alle in der Mahajana-Tradition, doch sie hatten in unterschiedlicher Weise chinesisches Gedankengut adaptiert und setzten verschiedene Schwerpunkte: Die Tien-tai-Schule stützte sich vor allem auf das so genannte Lotos-Sutra (»Lehrrede vom Lotos des guten Gesetzes«), in dem Mahajana- und Hinajana-Elemente verwoben sind. Buddha soll es gegen Ende seiner Lehrtätigkeit verkündet haben, aufgeschrieben aber wurde es allerdings erst um 200 n. Chr. Die Differenz spielt insofern keine Rolle, als Buddha vom Tien tai nicht historisch aufgefasst wurde, sondern als Verkörperung der Lehre. Die Schule sah in Nagarjuna, einem buddhistischen Weisen des 2. Jahrhunderts und legendären Begründer des Mahajana-Buddhismus, ihren ersten Patriarchen, erhielt aber erst gegen Ende des 6. Jahrhunderts ihre endgültige Ausprägung. Sie lehrt die Leerheit aller Dinge, anerkennt aber ihre vorübergehende Wirklichkeit als Phänomene, die dem Absoluten, der »Soheit«, entsprossen und sinnlich erfahrbar seien. Diese beiden Wahrheiten werden in einer dritten im Wortsinn aufgehoben, denn diese steht über beiden, umfasst sie in der »Soheit« und löst den Widerspruch auf. Alle Dinge haben mithin Buddha-Natur und alle können daher teilhaben an der Erlö-

sung. Die Lehren des Tien tai erreichten im 9. Jahrhundert auch Japan.

Die im 7. Jahrhundert entstandene Hua-yan-Schule erhielt ihren Namen von der für sie wichtigsten Schrift, dem Avatamsaka-Sutra (»Lehrrede von der Blumengirlande«), das nicht von Gautama Buddha stamme, sondern Aussagen aller Buddhas enthalte. Das Schweigen des historischen Buddhas symbolisiere die »Leere« allen Seins. Diese ist zugleich die

Diese fast 14 Meter hohe Buddha-Figur ist Teil eines buddhistischen Höhlentempels und steht am Südhang der Wuzhou-Berge. Er ist das Wahrzeichen Yungangs (Provinz Shanxi).

Das »Taima-Mandala« ist eine bildliche Darstellung der Lehren des Reinen Landes. Das Zentrum ist der Buddha Amitabha im Westlichen Paradies.

»Totalität« aller Dinge, die alle völlig gleich und alle voneinander abhängig sind und nur unterschiedlich erscheinen. Insofern sind Vielheit und Einheit eins, weil das Eine alles umfasst und das Viele in Eines mündet. Das Leere ist das starre, ewig gültige Gesetz, unter dem alles steht, die vergänglichen Phänomene entstammen der Dynamik der Totalität. Eines ist ohne das andere nicht denkbar, wie denn auch im Universum alles einander bedingt. Da Hua yan die Beziehungen der Phänomene untereinander betonte und sich weniger um Spekulation über das Absolute kümmerte, entwickelte die Schule einen weltzugewandten Charakter. Für sie sind alle Dinge wie die einzelnen Wellen des Meeres Ausdruck desselben schaffenden universalen Prinzips und daher in vollkommener Harmonie miteinander verbunden. Hua yan fasste im 8. Jahrhundert auch in Japan Fuß.

REINES LAND

Die Jing-tu-zong-Schule wurde die populärste und überdauerte auch spätere Buddhisten-Verfolgungen. Sie war eine Gründung des Mönchs Hui Yuan, der auch als Patriarch der »Reines-Land-Schule« verehrt wird. Er war gründlich konfuzianisch geschult und kannte die religiösen Bedürfnisse seines Volkes. Nach Jahrzehnten als Mönch auf dem Berg Lu in der heutigen Provinz Jiangxi versammelte er als 58-Jähriger im Jahr 402 seine über hundert Schüler vor einem Bildnis des Buddha Amitabha (Sanskrit: »Grenzenloses Licht«) und legte mit ihnen das Gelübde ab, im »Westlichen Paradies« (Sanskrit: *Sukhavati*) wiedergeboren zu werden. Statt Paradies wird auch »Reines (Buddha-)Land« übersetzt, wovon die so gegründete Schule ihren Namen hat.

Herrscher über dieses Land ist der genannte Buddha, zu dem die Gläubigen hingebungsvolles Vertrauen gewinnen sollen durch Anrufung und Meditation. Eigene Kraft nämlich reicht nach der Reines-Land-Lehre nicht zur Erlösung, erst der Buddha Amitabha könne dank seiner Kraft für eine Wiedergeburt im seinem Paradies sorgen, wo durch weiteres Praktizieren die Erlösung erlangt werden wird. Mit dem Rezitieren des Namens des Buddha gewinne der Gläubige das geforderte Vertrauen, bis ihm Amitabha selbst erscheine und das »Reine Land« schauen lasse. Kein Wunder, dass dieser »leichte Weg« von den Menschen begrüßt wurde und auch in Japan seit dem 7. Jahrhundert zunehmend Anhänger fand. Sie alle vertrauen auf die 48 Gelübde Amitabhas, dass er alle Wesen auf dem Weg zur Erlösung unterstützen werde.

Die Bäume aber wuchsen auch in China für den Buddhismus nicht in den Himmel. Als die Religion ihren Zweck der inneren Neuverschmelzung der einst getrennten Landesteile erfüllt hatte, besannen sich die Tang-Kaiser im 9. Jahrhundert auf ihre eigentlichen chinesischen Wurzeln. Buddhismus? Der stammte doch aus Indien, und er bot auch anders als der Konfuzianismus im Kern eigentlich nichts, was auf Erden hilfreich sein konnte. Die Reines-Land-Lehre war ja nur eine künstlich volksnah gestaltete Version, die jederzeit wieder rückfällig werden konnte. Außerdem waren die Klöster inzwischen nicht nur mächtig, sondern vor allem reich geworden, da viele Bürger ihnen ihr Vermögen vermacht hatten in der Hoffnung, dadurch Vorteile bei der Wiedergeburt zu erlangen. Das Geld war damit für den Staat verloren, der den Orden ja Steuerbefreiung gewährt hatte. Auch religiös überzeugte der Buddhismus nun die Herrscher nicht mehr, die ihre Abstammung nun auf Laozi (Lao-tse), den Begründer des Daoismus zurückführten.

Im Jahr 845 kam es zu einer ersten Welle blutiger Buddhisten-Verfolgung, bei der es vor allem um Konfiskation von Klostereigentum ging. Nur die Asketen der Chan- oder (japanisch) Zen-Bewegung und die Anhänger der volkstümlichen Reines-Land-Schule blieben einigermaßen unbehelligt. Die anderen Richtungen versuchten sich unter dem staatlichen Druck anzupassen und machten sich manches Element des Daoismus zu Eigen. Die beiden Religionen ähnelten einander ohnedies in vielen Zügen, was den anfänglichen Erfolg des Buddhismus im Reich der Mitte befördert hatte und jetzt sein Überleben sicherte. Er kam sogar unter der Song-Dynastie (960–1279) erneut zu einer gewissen Blüte, ehe er in der Mongolenzeit und danach zwar weiter existierte, doch nie mehr seine einstige Höhe zu erreichen vermochte.

Blumenopfer zu Füßen des Avukana-Buddha, einer 13 Meter hohen Buddha-Statue aus dem 8.–9. Jahrhundert.

Entfaltung in Korea und Japan

Wir haben gesehen, dass sich zwei Stränge des Buddhismus in China gebildet hatten: der nördliche unter der Fremdherrschaft zentralasiatischer Eroberer und der südliche um Nanjing, wohin sich der kaiserliche Hof aus der einstigen Hauptstadt Chang'an (»Ewiger Friede«) nordwestlich des heutigen Xi'an in der Provinz Shaanxi abgesetzt hatte. Beide Richtungen griffen denn auch auf Korea über, die nördliche auf dem Landweg ins koreanische Königreich Koguryo im Norden der Halbinsel, wo der Buddhismus 392 Staatsreligion wurde; der südliche, etwas abgehobenere Buddhismus kam auf dem Seeweg in die beiden anderen koreanischen Königreiche – nach Paekche 384 und nach Silla anderthalb Jahrhunderte später. Und auch die asketische Bewegung des Chan kam als *Son* in Korea und später als Zen in Japan zum Tragen. Wichtig daran war weniger der religiöse Import als vielmehr der kulturelle Schub, der für die östlich gelegenen asiatischen Länder bedeutete: Schrift und höfische Bräuche formten zusammen mit dem neuen Kult die koreanische wie von dort aus etwas zeitverzögert die japanische Kultur, die in der Entwicklung weit hinter der chinesischen zurückgeblieben waren. Den Sprung über das Japanische Meer schaffte der Buddhismus nicht zuletzt wegen der Rivalität der drei koreanischen Staaten. Der König von Paekche suchte nach Verbündeten gegen die Konkurrenz und entsandte eine Delegation ins Inselreich, die eine vergoldete Statue des Buddha und allerlei Kultgerät als Geschenke mit sich führte. Dem Reich Paekche nützten sie letztlich wenig, obwohl die Japaner den Kontakt begrüßten. In Korea nämlich setzte sich Mitte des 7. Jahrhunderts mit chinesischer Hilfe das Königreich Silla durch. Chinesischer Einfluss blieb hier über die Jahrhunderte hin ohnedies immer prägend. In Japan aber hatte der koreanische Besuch erhebliche Wirkung: Ob es dem damaligen japanischen Herrscher Kinmei (531–571) die neue Religion angetan hatte oder eher die Kunstfertigkeit der Koreaner – er erkannte jedenfalls, dass er Buddha bestens gegen Thronrivalen ausspielen konnte, denn diese hingen dem Shintoismus an, eine Vielgötterlehre, die es mit der Verkündigung des Erhabenen nicht würde aufnehmen können.

SHINTOISMUS

In der Frühform war der Shintoismus auch wegen seiner regionalen Zersplitterung dem Buddhismus tatsächlich weit unterlegen, und die Dynastie des Kinmei-Tenno setzte sich und die buddhistische Religion daher schließlich auch durch, sodass schon der Nachfolger Shotoku 573 zum Alleinherrscher aufsteigen und das Zeitalter des japanischen Absolutismus einläuten konnte. Er übernahm chinesisches Hofzeremoniell, zentralisierte die Verwaltung und nannte sich wie sein Kollege im Reich der Mitte »Himmelssohn«, unbeschadet der Tatsache, dass der eigentliche Buddhismus keinen »Gott« kennt, von dem der Kaiser seine Macht hätte herleiten können, wie er es tat. Die Handhabe dazu lieferte ihm die Reine-Land-Lehre, die sich ja durch Vergöttlichung des Buddha Amida (chinesisch: Amitabha) bereits von der ursprünglichen Lehre weit entfernt hatte. Diese Schule fand nicht nur beim Herrscher, sondern auch beim Volk besonderen Anklang, da sie die Menschen nicht überforderte. Wer sich höheren spirituellen Mühen unterziehen wollte, konnte sich der Tien-tai-(japanisch: *Tendai-*)Schule zuwenden, die ebenfalls in Japan Fuß fasste.

KONFLIKTFREIES MITEINANDER

Shotoku-Taishi, so der volle Name mit der Bedeutung »Prinz der heiligen Tugenden«, regierte für eine Tante, die sich als buddhistische Nonne in eines der frühen Klöster zurückgezogen hatte. In seinen Erlassen finden sich Grundgedanken des Buddhismus wie etwa der einer gelassenen Duldsamkeit den Fehlern anderer oder anderen Meinungen gegenüber: »Wer vermag zu beurteilen, wer von uns gut oder schlecht ist? Wir alle sind abwechselnd weise und dumm, wie ein Ring ohne Ende«, heißt es da. Shotoku sorgte auch dafür, dass aus China und Korea spiritueller Nachschub in Gestalt von Mönchen und Schriften kam, pflegte engen Kontakt mit dem chinesischen Hof und erwies sich als Meister der Nachahmung dessen, was er für nützlich erkannt hatte. Dazu gehörte die Förderung des Laien-Buddhismus, denn eine Stütze für die Herrschaft konnte die Religion nur werden, wenn sie das Volk erfasste und nicht auf geweihte Personen beschränkt blieb. Außerdem konnten buddhistische Tugenden wie Freigebigkeit und Fürsorge für andere den sozialen Zusammenhalt fördern, so wie die Toleranz ein konfliktfreies Nebeneinander von Shintoismus und Buddhismus, ja ein Miteinander möglich machte. Kein Wunder, dass es beim Tod des Regenten im Jahr 622 schon fast ein halbes Hundert buddhistische Tempel und anderthalb tausend Mönche und Nonnen gab. Sie bildeten jedoch nur die geistliche Elite und waren gehalten, vor allem für das Wohl des Hofes und der herrschenden Schicht zu beten. Welcher Schule sie sich zurechneten, spielte nicht einmal für sie selbst eine zentrale Rolle, weil die verschiedenen buddhistischen Richtungen für die jeweils anderen erstaunlich offen waren. Insgesamt sechs große buddhistische Sekten, womit eigentlich nur Orden oder Schulen gemeint sind, zählte man im Mittelalter in Japan. Die Lehrunterschiede waren nicht einmal für die Gebildeten ohne weiteres zu erkennen und galten bei vielen nur als Facetten derselben Weltsicht.

Für die spirituellen Dienste der Mönche und Nonnen gewährten ihnen die Kaiser Steuerfreiheit und be-

Das große Eingangstor (Torii) des Itsukushima-Schreins auf der Miyajima-Insel (Japan).

dachten die Klöster mit erheblichen Landschenkungen. Das erlaubte wiederum jene Prachtentfaltung in den Tempeln, die das Volk schon qua Bewunderung an sie band. Die abstrakten Lehren überließ es den Priestern und hielt sich an Erlösungshoffnungen wie sie mit vielen Buddhas verbunden waren. Die Landbevölkerung kam mit dem Buddhismus ohnedies hauptsächlich durch wandernde Asketen in Berührung, die die unterschiedlichsten Kult-Formen praktizierten und beliebt waren als Heiler und Helfer bei allerlei Problemen. Dass sie durch ihren tugendhaften Wandel auch für die Erlösung deren etwas taten, die keine Zeit für die nötige Versenkung und keine Kraft für die Askese hatten, war in allen Mahajana-Schulen herrschende Lehre. Und da es in dieser um die Erleuchtung ging und nicht um Konkurrenz zu den Gottheiten des Volkes, gab es auch keine Konflikte. Die Buddhisten sahen die *Kami*, die Shinto-Götter, wie seinerzeit Buddha selbst die indischen als genauso vom Kreislauf der Wiedergeburten *(Samsara)* betroffen an wie die Menschen und die anderen Wesen. Auch sie brauchten die Hilfe von Bodhisattvas, wenn sie sich aus den Fesseln befreien wollten. So gesehen bildete für die Japaner der Buddhismus eigentlich nur das Dach ihrer Religion, unter dem für die angestammten Kulte und später sogar für das Christentum durchaus auch Platz war.

Ein hoher Geistlicher während einer Prozession zum Daibutsu, einer kolossalen Buddha-Figur, im Todai-ji-Tempel in Nara (Japan).

Konflikte bahnten sich eher an zwischen der weltlichen Macht und den immer einflussreicher werdenden Klöstern in der Hauptstadt Nara. Schließlich entzogen sich die Herrscher diesem Einfluss im Jahr 784 durch Verlegung der Residenz nach Heian-kyo, dem heutigen Kyoto. Auch hier bildeten sich Klöster, deren Macht aber lange vom kaiserlichen Hof gut kontrolliert wurde, vor allem weil unter den Mönchen keine Einigkeit herrschte, sondern Eifersüchteleien aufkamen, die sogar durch regelrechte Klosterheere ausgetragen wurden. Der Glaube kam darüber natürlich mit der Zeit zu kurz, auch im Umfeld des Kaisers, der mehr und mehr eine Marionette der Hofaristokratie wurde. Das schwächte die Kontrolle über das Land, wo Regionalfürsten, meist aus der Kriegerkaste *(Bushi)*, zunehmend unabhängig zu schalten begannen. Schließlich ging die Macht fast ganz auf diese *Shogune* (Feldherren) über mit dem Zentrum in Kamakura, von wo aus seit etwa 1185 de facto regiert wurde und wo der Kronfeldherr *(Seii Taishogun)* als oberster Krieger seines erblichen Amtes waltete.

TARIKI UND JIRIKI

Das Volk erreichte der Buddhismus, wie schon erwähnt, vornehmlich mit der Reines-Land-Lehre und der Verehrung des als Gott verstandenen Buddhas

Amida (chinesisch: Amitabha). Er kam dem Heil suchenden Gläubigen weit entgegen, denn es genügte nach der in Japan weiter entwickelten Schule schon, die Formel Namu-Amida-Butsu (Verehrung [sei] dem Buddha Amida!), das so genannte *Nenbutsu*, möglichst oft zu sprechen, wollte der Beter Erlösung erlangen. Diese weitere Vereinfachung der chinesischen Lehre ging zurück auf einen Mönch namens Honen (1133–1212). Er war in der Zeit des politischen Umbruchs zur Überzeugung gekommen, dass der Mensch aus »eigener Kraft« (japanisch: *Jiriki*) nicht zum Erwachen kommen könne, sondern dass alles von der Gnade des Buddhas Amida abhänge, der den Zugang zu seinem »westlichen Paradies«, eben dem »Reinen Land«, dem ihm ganz ergebenen Gläubigen zur Wiedergeburt öffnen könne. Erlösung verspreche mithin nur die »Kraft des Anderen« *(Tariki)*, und die Anrufung Amidas sei nicht nur Bitte darum, sondern auch Dank für dessen Bereitschaft, dem schwachen Menschen beizustehen. 1198 verfasste Honen seine »Sammlung über das ursprüngliche Gelübde und die Buddha-Anrufung«, die zum Katechismus seiner Schule wurde. Honens Anhänger sind heute noch die stärkste Gruppe unter den japanischen Buddhisten, die sich auch auf Honens fast noch berühmteren Schüler Shinran-Shonin (1173–1262) berufen.

Diesen Ruhm des Mönchs begründete nicht zuletzt eine höchst weltliche Tat: Shinran, der seine Schüler nie als solche ansah, sondern als seine Freunde und Kameraden, bezeichnete sich selbst als »unwissenden Kahlkopf« und wollte auch spirituell nichts Besonderes sein. Ausdruck dieser Bescheidenheit wurde seine Eheschließung mit der »Nonne Enshin«, von der er fünf Kinder bekommen haben soll. Dieser Schritt, in seiner Ungeheuerlichkeit und in der Wirkung in gewissem Sinn vergleichbar mit Luthers Ehe mit der Nonne Katharina von Bora, wird als entscheidende Wende hin zu einem ausgeprägten Laien-Buddhismus verstanden. Ihm gab Shinran die Überzeugung mit auf den Weg, dass tugendhafter Wandel und genaues Befolgen der buddhistischen Gebote zur glückhaften Wiedergeburt im »Reinen Land« nicht erforderlich seien. Tugend ergäbe sich allein schon aus purer Dankbarkeit Amida gegenüber und sei Ausdruck der Vorfreude auf die Erlösung durch ihn. Es entwickelte sich aus diesem Hochgefühl heraus auch ein Nenbutsu-Tanz, bei dem die Anrufung Amidas von rhythmischen Bewegungen begleitet wird.

Die diametral entgegengesetzte Lösung für die spirituelle Not der Epoche fand ein Zeitgenosse Honens, oder genauer: er fand sie für den japanischen Buddhismus wieder. Der Mönch Eisai (1141–1215), auch Yosei genannt, lernte

Mönche während einer Prozession zum Daibutsu im Todai-ji-Tempel in Nara (Japan).

auf zwei Reisen nach China die Praxis des *Chan*, japanisch: »Zen«, kennen. Dabei handelt es sich um eine Meditationslehre, die im 6. Jahrhundert entwickelt, aber wie alle Lehren mit mehr oder weniger Berechtigung auf Buddha selbst zurückgeführt wurde. Wörtlich bedeutet der Begriff *Zen* (Pali: *Jhana*, Sanskrit: *Dhyana*) »Versenkung« und zielt auf das, was Buddha unter dem Bodhibaum zuteil wurde: vollkommenes Erwachen (japanisch: *Satori*). Und wie Buddha strebten und streben Zen-Anhänger das aus »eigener Kraft« (japanisch: *Jiriki*) an. Buddha hat zwar in seinen Gesprächen und Lehrreden vielerlei Hinweise gegeben, wie der Meditierende zur »rechten Sammlung« kommen könne, doch wirkungsvolle Techniken entwickelten sich erst mit der Zeit. Ein Meister und damit erster Pariarch des Chan/Zen wurde Bodhidharma (um 470–543), von dem schon die Rede war. Er brachte seine Lehre um 520 nach China und praktizierte sie im Kloster Shaolin in der heutigen Provinz Henan. Sein Ruhm und bald auch seine Lehre drangen nach Korea und im 7. Jahrhundert auch nach Japan vor, doch zündete der Zen-Funke dort erst durch Eisai.

ZEN UND ZAZEN

Dafür aber umso nachhaltiger, sodass Japan zum Kernland des Zen-Buddhismus wurde. Eisai führte die Lehre des Chinesen Lin-chi (gestorben 867) fort, der in Japan Rinzai genannt wird, sodass Eisais Meditationsrichtung auch Rinzai-Zen heißt. Sie löste sich ganz von den Riten und Dogmen der anderen Schulen und legte alle Betonung auf die innere Wesensschau. Der um Erwachen bemühte Mensch muss sich dazu so zu konzentrieren verstehen, dass er schließlich frei wird von allen Formen von Gedanken, Visionen oder Vorstellungen. Das lässt sich natürlich erst in jahrelanger Übung erreichen und verlangt vor allem Training des *Zazen* (»Sitzen in Versunkenheit«), ein Verharren in vollkommener Ruhe im Lotussitz.

Dabei hockt der Übende mit aufrechtem Oberkörper auf einem Kissen am Boden, den linken Fuß auf den rechten Oberschenkel gelegt (halber Lotussitz), möglichst aber auch den rechten Fuß auf den linken Oberschenkel legend (ganzer Lotussitz), den rechten Handrücken auf dem linken Fuß und den linken Handrücken auf die Handfläche der Rechten (sodass beide in Schalenform ruhen), wobei die Daumenspitzen einander berühren; die Zunge verweilt am Gaumendach, der Mund bleibt geschlossen, die Augen hingegen sind geöffnet; der Atem geht leicht, kommt aber aus der Tiefe »vom Nabel her«. In dieser Haltung, weder vor- noch zurückgeneigt, rückt man sich zurecht und versinkt in Meditation, in der man sich von jedem Gedanken löst, damit man in die »Buddha-Sphäre« gelangen kann, die jenseits aller Worte, Willensakte und Wahrnehmungen liegt.

Das aber ist bereits die Endstufe, zu der ein langer Weg führt. Hilfsmittel in den ersten Übungen sind wie schon von Buddha selbst empfohlen Atembeobachtungen, Körperwahrnehmung und dazu die Beschäftigung mit den so genannten *Koan*. Der japanische Begriff bedeutet wörtlich »öffentlicher Aushang«, meint aber paradoxe (griechisch: übergedankliche) Aufgaben, die mit dem Verstand nicht zu lösen sind und daher bestens geeignet sind, die Grenzen des Denkvermögens zu demonstrieren.

Mu (chinesisch: *Wu*) heißt zu deutsch so viel wie »nichts«, »das Nichts« oder schlicht »nicht«, steckt in der Vorsilbe »un-« oder meint das Adverb »kein«; kurz: Genaues sagt es nicht. Als ein Mönch einmal den Meister Chao-chou (9. Jahrhundert) fragte: »Hat ein Hund wirklich Buddha-Wesen?«, bekam er zur Antwort: »Mu.«

Seitdem wird dieses Koan von Zen-Lehrern zur ersten Schulung in Gedankenbefreiung eingesetzt, denn es kann darauf, was der Meister damit hat sagen wollen, nimmermehr eine schlüssige rationale Antwort, sondern nur eine spirituelle geben, die sich jeder Übende selbst erwerben muss und die auch nicht als Lehre weitergeben kann.

Insgesamt kennt der Zen-Buddhismus rund 1700 solche Koan, von denen wegen Überschneidungen und ähnlicher Konstruktion manche nicht mehr verwendet werden. Zum Grundbestand der Zen-Schulung gehören rund 500 Koan, die der Adept nach und nach beherrschen lernt.

Koan und Zazen dienen daher genau dem, was Buddha die Befreiung vom Anhaften *(Upadana)* nennt. Nur lehrt der Rinzai-Zen, dass so vollkommenes Erwachen nicht erst nach unzähligen Existenzen, sondern schon im jetzigen Leben möglich ist, wenn

Zen-Gärten wie dieser im Kamigamo-Schrein in Kyoto dienen in ihrer Schlichtheit und Reduzierung auf das Wesentliche dem Übenden zur Kontemplation und Meditation.

auch nur durch hartes Üben. Geschichten über berühmte Zen-Meister sind deswegen so beliebt, weil sie zeigen, wie sich deren Erwachtsein bereits zu ihren letzten Lebzeiten (sie durchbrechen ja den Kreislauf der Wiedergeburten) äußert.

Eisai stieß in Japan mit seiner Lehre auf erheblichen Widerstand der etablierten Buddhismusschulen, fand aber auch von mächtiger Seite Unterstützung. Die Militärbefehlshaber in Kamakura begrüßten die strenge Zucht, die Zen von den Anhängern verlangt, und zogen sie den formenreichen Ritualen der überkommenen Religionsausübung vor. Sie überzeugte zudem Eisais 1198 verfasster »Traktat über den Schutz des Staates durch die Förderung des Zen«, in dem er den hohen Wert der Meditation für eine Erziehung zu männlicher Haltung betonte. Nur am Rande sei erwähnt, dass der Zen-Meister auch Begründer der japanischen Tee-Kultur war. Er hatte schon von der ersten Chinareise Samen des Teestrauchs mitgebracht und begann mit der Züchtung. Das Getränk aus den Blättern erwies sich als höchst förderlich zur Gewinnung der Klarheit, die es für erfolgreiche Meditation braucht, und fand daher rasche Verbreitung. Diese Herkunft aus dem sakralen Bereich hat die japanische Tee-Zeremonie nachhaltig geprägt, sodass sie auch im Alltag noch immer etwas Rituelles hat.

Der Rinzai-Zen ging dem zwei Generationen jüngeren Mönch Dogen (1200–1253) noch nicht weit ge-

Der »Goldene Pavillon« des Kinkaku-ji-Tempels in Kyoto wurde 1397 erbaut und nach einem Brand im Jahre 1955 rekonstruiert.

nug. Für ihn haftete den Übungen durch die Koan und durch Schriftenkunde noch zu viel Beiwerk an. Außerdem missbilligte er, dass Meditieren mit einer Absicht verbunden wurde, nämlich dem Erwachenwollen. Das beschädige die Tiefe der Sammlung und sei auch nicht nötig, da alle Wesen bereits Buddha-Natur hätten und dies lediglich nicht wüssten. Ihre ohnehin gegebene Erleuchtung müsse durch Zen dem Meditierenden nur innerlich aufgehen, dann wisse er sich aufgehoben im Nirvana. Der Übende strebe nicht zum Erwachen, sondern übe im Zustand des Erwachtseins. Jeder Augenblick sei daher das Erweckungserlebnis. Nicht der Erfolg der Meditation zähle, sondern die Meditation sei ein Wert an sich. Oder mit einem geflügelten deutschen Wort gesagt: »Der Weg ist das Ziel.« Dogens Lehre, niedergelegt in seinem Werk »Schatzkammer der Erkenntnis der wahren Lehre«, wird Soto-Zen genannt. Ihre Radikalität schmälerte ihre Popularität, sodass sie nicht den Rang des Rinzai-Zen errreichte.

Dieser bot noch einen weiteren Vorzug in den Augen der Machthaber: Die Rinzai-Mönche, die regelmäßig nach China fuhren, ließen sich dort auch im Neokonfuzianismus ausbilden und bekamen so ein spirituelles und zugleich ein politisch-ethisches Fundament, was sie zu höchsten Staatsämtern befähigte. Die Rinzai-Klöster erlebten daher einen ungeheuren Aufschwung in der Kamakura-Zeit, sie wurden mit erheblichen Schenkungen bedacht und sorgten überdies dafür, dass auch andere buddhistische Schulen sich reformierten.

Die spirituelle und kulturelle Erneuerung im 13. Jahrhundert trug sicher auch dazu bei, dass zwei Angriffe der Mongolen, denen China bereits zum Opfer gefallen war, 1274 und 1281 gegen Japan scheiterten. Auch die folgenden inneren Unruhen in der Muromachi-Zeit (1336–1573) wurden überstanden und mündeten in eine Stabilisierung, die auch von den Portugiesen zunächst nicht erschüttert wurde, als sie 1542/43 in Japan landeten. Selbst die 1549 einsetzenden christlichen Missionsbemühungen wurden anfangs toleriert und hatten auch nicht unerhebliche Erfolge. Der Argwohn der Militärbefehlshaber aber wuchs und es kam zu Unterdrückungsmaßnahmen. Als die Christen dagegen 1637/38 rebellierten, setzte eine regelrechte Verfolgung ein. Zudem wurde das Land für alle Ausländer außer für Chinesen und Niederländer geschlossen, die ihren Handel aber auch nur über Nagasaki abwickeln und nicht ins Landesinnere durften. So gedeihlich das für die innere Stabilität sein mochte, so negativ wirkte sich die bis 1853 andauernde Abschottung kulturell und auch religiös aus. Das Land stagnierte geistig und geistlich, auch wenn es wirtschaftlich prosperierte.

Der herrschende Buddhismus hatte daher die Kraft zur Gegenwehr eingebüßt, als es im Zuge der Öffnung Japans zu einer Rückbesinnung der Führungsschicht auf die shintoistische Urreligion des Landes kam. Nachdem der letzte Shogun 1867 zurückgetreten war, machte der nun wieder allein herrschende 122. Tenno Musuhito den Shintoismus zur Staatsreligion. Der Buddhismus im Land profitierte aber eher davon, dass er seine staatstragende Rolle ausgespielt hatte, konnte er sich doch neu auf die Inhalte besinnen, deren Pflege für die Renaissance der Religion in aller Welt wichtige Impulse setzen sollte.

Ein portugiesisches Schiff mit Besatzung aus Goa im Hafen von Nagasaki, ab 1639 dem einzigen Außenhandelshafen Japans. Abgesehen von dieser Ausnahme schottete sich das Land für die nächsten 200 Jahre komplett vom Ausland ab.

Das restliche Südostasien

Man könnte meinen, dass sich die buddhistische Praxis im gesamten Südosten Asiens gleich oder doch ähnlich darstellt, herrscht doch in all diesen Ländern die Theravada-Version. Keine Religion aber bleibt unberührt von den historischen Schicksalen der Staaten, in denen ihre Anhänger leben. So blieb Thailand als einzigem Staat der Region eine europäische Kolonialherrschaft erspart, und der Nachbar Birma (heute Myanmar) geriet anders als etwa Laos oder Kambodscha nie massiv in den Sog des Kommunismus. Dafür war hier der indische Einfluss noch stärker als in den weiter östlich gelegenen Ländern. Es empfiehlt sich daher, die betreffenden Länder in kurzen Abrissen unter besonderer Berücksichtigung der religiösen Entwicklung nacheinander vorzustellen.

In kaum einem anderen vom Buddhismus geprägten Land gibt es eine so enge Verbindung zwischen Mönchen und Laien wie in Myanmar.

BIRMA/MYANMAR

Die Anfänge sind wie überall nur legendär fassbar: Danach soll Buddha selbst seine Lehre ins vorderste der hinterindischen Reiche gebracht haben. Das dürfte freilich eher frommer Wunsch als historische Tatsache sein. Schon mehr für sich hat die – allerdings auch nicht belegbare – Annahme, dass der mächtige König Aschoka im 3. Jahrhundert v. Chr. auch für die Missionierung Birmas gesorgt habe, zu einer Zeit also, als dort noch keinen Birmanen, sondern das Volk der Mon herrschte, von dem heute nur noch verschwindende Reste übrig sind. So steht es in Chroniken aus Ceylon (heute: Sri Lanka), wohin ja ebenfalls Abgesandte Aschokas unter Führung seines Sohnes die Lehren des Hinajana (Theravada) gebracht hatten. Das aber bereitet den Historikern Probleme, denn die ersten Nachrichten über buddhistische Aktivitäten in der östlichen Nachbarschaft Indiens weisen auf Mahajana-Spuren hin. Genaueres aber über die Mon-Kultur wissen wir erst weit nach der Zeitenwende, als schon von Nordwesten her tibeto-birmanische Stämme die Flusstäler abwärts vordrangen und in Zentral-Birma wie im Arakan-Gebirge Herrschaftsschwerpunkte bildeten.

Unter König Anoratha (1044–1077) griffen die Birmanen dann nach dem Mon-Reich in Südbirma, und der Anlass dazu soll von höchst seltsamer religiöser Natur gewesen sein: Ein Mon-Mönch habe den König, so die Legende, im Theravada-Buddhismus unterrichtet und ihn von dieser »reinen« Lehre des Buddha überzeugt. Als Anoratha aber um Überlassung der heiligen Schriften des Tipitaka gebeten habe, soll der Mönch sich geweigert und auch keine der erbetenen Reliquien herausgegeben haben. Das habe den König so erzürnt, dass er 1057 zum Feldzug gegen den Süden blies, die Mon unterwarf, sich in den Besitz der gewünschten Schriften setzte und die feindliche Königsfamilie in seine Hauptstadt Pagan am linken Ufer des Irawadi brachte. Vermutlich ging es bei diesem Krieg wie immer nur um Macht, doch scheint es unbestritten, dass die Birmanen danach den Theravada-Buddhismus angenommen haben. Die vorher bei ihnen dominierenden tantrischen Mönche verloren rapide an Einfluss und verschwanden schließlich ganz aus dem Land.

Noch zweihundert Jahre herrschte die Dynastie von Pagan, ehe die Mongolen unter Großkhan Kubilai (1215–1294) das Reich verwüsteten und viele der über 5000 Tempel und Stupas (Pagoden) zerstörten; nur an die tausend sind heute noch in der einstigen Hauptstadt zu sehen. Es folgte eine Zeit der Wirren, denn die Mongolen hatten vielfältige Völkerbewegungen in Gang gebracht, die die Grenzlinien verwischten und unter anderem auch dazu führten, dass sich ein neues Mon-Reich mit der Hauptstadt Pegu nördlich von Rangun bildete. Die Mon-Könige, vor allem Dhammaceti (1472–1492), kümmerten sich intensiv um spirituelle Erneuerung, denn der Buddhismus war nicht nur religiöses sondern aufgrund der hohen Bedeutung der Klöster auch staatliches Fundament des Reiches. Außerdem war der genannte Herrscher wie viele seiner Vorgänger und Nachfolger selbst zunächst Mönch gewesen. Immerhin hielt sich das Mon-Reich noch fast drei Jahrhunderte, auch weil die Birmanen von der Dauerfehde mit Siam (Thailand) absorbiert waren.

FREMDHERRSCHAFT

Dann aber, Mitte des 18. Jahrhunderts erlag der letzte Mon-König dem birmanischen Druck, sein Land ging im Gesamtstaat auf, dem allerdings auch bald das Totenglöcklein läutete. Das lag auch an der expansiven Politik der Könige aus der nun herrschenden Konbaung-Dynastie, die zu Zusammenstößen mit den Nachbarn, insonderheit mit den Briten in Indien führte. 1826 musste Birma das Arakan-Gebiet im

Westen abtreten, 1852 sicherten sich die Briten die Kontrolle über das wegen der Häfen wichtige Niederbirma, und 1885 war Birma schließlich ganz in britischer Hand als Teil der Kronkolonie Indien. Und der Buddhismus? Die Religion profitierte eher von der Konfliktlage, weil sich die letzten Könige auf sie als stabilisierendes Element besannen. 1871 berief der vorletzte Herrscher Mindon (1853–1878) ein Konzil ein, das die heiligen Schriften, das Tipitaka, einer gründlichen Revision unterzog und gültig auf 729 Marmortafeln kodifizierte. Sie wurden in der zentralen Pagode der 1851 neu gegründeten Hauptstadt Mandalay aufgestellt. Die britischen Kolonialherren trafen daher auf ein gefestigtes Glaubensfundament, auf dem Bestrebungen zur Rückgewinnung der Unabhängigkeit aufbauen konnten.

Wäre es nur die politische Unterwerfung gewesen, hätten Mönche sich wohl kaum zum Widerstand entschlossen. Sie waren es seit Jahrhunderten gewöhnt, sich allein um den Kult zu kümmern und politische Abstinenz zu üben. Doch mit der englischen Herrschaft kam es zu einer Art Kulturschock, weil nun in das lange streng abgeschlossene Land vor allem geschäftstüchtige Inder strömten und ganze Branchen zu dominieren begannen. Auch brachten sie ihre hinduistischen Kulte mit, die sich mit dem Buddhismus weit schlechter vertrugen als die christlichen Ansichten der Kolonialherren. So kam es immer wieder zu Revolten, bei denen auch Mönche eine Rolle spielten, weil sie das baldige Kommen des erhofften zukünftigen Buddha Matreya verkündeten und zum Durchhalten aufriefen. Beliebte Parole: »To be a Burman is to be a Buddhist« (Birmane sein heißt sich zum Buddhismus bekennen).

Die Befreiungsbewegung erhielt durch die Unterstützung durch die buddhistische Gemeinde *(Sangha)* des Landes wachsenden Zulauf. Mit dem Zweiten Weltkrieg gingen die Briten und mit ihm kamen die Japaner. Sie hielten das Land, zunächst herzlich von der Bevölkerung begrüßt, 1942 bis 1945 besetzt. Die anfängliche Begeisterung aber über den Einmarsch der vielfach ebenfalls buddhistischen Japaner verflog sehr rasch, denn ihre Besatzungsmethoden waren erheblich härter als es die Herrschaft der Briten je gewesen war. Diese kehrte nach Kriegsende vorübergehend zurück, wickelte sich aber sozusagen nur noch selbst ab, denn am 4. Januar 1948 erhielt Birma seine volle Unabhängigkeit zurück und musste nun seinen Weg zwischen dem starken kommunistischen Einfluss aus der Sowjetunion und aus China auf der einen und der national geprägten buddhistischen Tradition auf der anderen Seite finden. Nach einigen linken Experimenten wurde deutlich, dass eine Herrschaft über »das Lieblingsvolk Buddhas« ohne Berücksichtigung des religiösen Moments immer scheitern würde.

Das haben alle nachfolgenden Regime – gleich ob autoritär, demokratisch oder militärisch – mehr oder weniger umfassend beherzigt, auch wenn es nicht so weit kam, den Buddhismus zur Staatsreligion zu erheben, wie es zeitweilig erwogen wurde. Nirgendwo aber ist die Verbindung zwischen Mönchen und Laien so eng und vertraut wie in Birma. Das liegt daran, dass der Theravada-Buddhismus hier besonders das Abhidhamma-Pitaka betont, dessen »besondere Lehren« als überaus weise und erkenntnisfördernd gelten. Auch die Möglichkeit, nur befristet in ein Kloster einzutreten, hat die innige Verbindung zwischen Laien und geweihten Lehrern verstärkt.

Das gute Einvernehmen rührt zudem daher, dass es der Buddhismus verstanden hat, den alten Volksglauben an die Nats (Schutz- und Naturgottheiten) zu integrieren. Wie schon in Indien, wo Buddha die hinduistischen Götter durchaus in Geltung ließ, konnte der Buddhismus in Birma die vom Volk verehrten Sippen-, Dorf- und nationalen Nats tolerieren, weil sie ja wie alle anderen Wesen in das *Samsara* eingebunden bleiben und mithin der buddhistischen Erlösung ebenso bedürftig sind wie die Menschen.

THAILAND

Auch wenn Birma wegen der räumlichen Nähe zu Indien stärker durch dessen Kultur beeinflusst worden ist, so sind ihre Spuren auch in Thailand sehr deutlich zu erkennen. Die Khmer, die im 1. nachchristlichen Jahrtausend einen Teil des Gebiets von Angkor aus kontrollierten, hatten den hinduistischen Glauben adaptiert, die verwandten Mon, die das restliche Land bewohnten, waren buddhistisch geworden und hatten das Reich Dvaravati in Zentralthailand gebildet. In beiden Landesteilen aber gab es auch den jeweils anderen Einfluss, buddhistische und brahmanische Züge existierten nebeneinander wie im Ursprungsland Indien. Buddhistisch, allerdings in der Mahajana-Tradition, waren auch die Thai, von denen das Land heute den Namen hat. Sie drangen von Südchina aus im 11. Jahrhundert in den Nordteil ein und vermischten sich in der Folgezeit mit den Mon. Gemeinsam waren sie stark genug, die Könige von Angkor zu stürzen und um 1240 das Reich von Sukhotai zu gründen, das seine Herrschaft bis tief in den Süden auf die Halbinsel Malakka auszudehnen vermochte. Erstaunlicherweise setzte sich dabei der strengere Theravada-Buddhismus durch, verdrängte bald völlig alle mahajanischen Elemente und wurde bereits unter König Rama Khamheng (1275–1317) Staatsreligion.

Bis heute lassen sich die religiösen Impulse spüren, die von dieser Entscheidung ausgehen, obwohl vom einstigen Herzen des Reiches, der Hauptstadt Sukhotai, nur noch freigelegte Ruinen künden; die Stadt blühte nur bis 1378 und verlor dann die Selbstständig-

Unterricht an der Schule des Klosters Viang Chad' in Sukhotai (Nordthailand).

Figur eines Dämons als Tempelwächter im Wat-Phra-Kaeo-Tempel (Tempel des Smaragd-Buddha) in Bangkok.

keit: Monumentale Buddha-Figuren in allen Tempeln erzählen vom reichen Kult. Insgesamt 37 Tempelanlagen haben die Archäologen im Zentrum gezählt, wo die Wiege der wuchtigen Thai-Architektur stand. Bemerkenswert vor allem der Königstempel Wat Mahathat mit aufrecht stehenden Buddhas und die 185 *Chedis*, wie die Reliquien-Schreine genannt werden. Rama Khamhengs Enkel Lü Thai hatte zur Pflege der reinen Lehre eigens Mönche aus Ceylon kommen lassen, die den Thai (oder Siamesen, wie sie auch genannt werden) die heiligen Schriften in der Pali-Version mitbrachten. Pali ist denn auch bis heute die sakrale Sprache des Theravada-Kults in Thailand.

Wesentlich mehr Zeit zur Ausbildung buddhistischer Pracht als Sukhotai hatte das nördlich von Bangkok gelegene Ayutthaya (thailändisch: Krung Kao) am Menam, wohin sich seit 1350 das Machtzentrum verlagerte. In dieser Stadt, die im 16. Jahrhundert vorübergehend von den Birmanen beherrscht wurde, entstanden zahlreiche Kultbauten, die aufwändigsten in der Spätzeit unter König Maha Dhammaraja II. (1733–1758). Ausgedehnte Palast-, Kloster- und Tempelanlagen machten die allerhöchste Stadt zu einer Perle buddhistischer Baukunst und brachten einen ganz eigenen Ayutthaya-Stil hervor, der sich durch präzise Symmetrie auszeichnet. Schon 1767 aber fiel Ayutthaya erneut den Birmanen zum Opfer, die sich dieses Mal nicht mit der Besetzung begnügten, sondern erhebliche Zerstörungen anrichteten. Seit 1956 wird an einer vorsichtigen Restaurierung der wichtigsten Bauten gearbeitet, die zusammen mit den Ruinen seit 1991 UNESCO-Weltkulturerbe sind.

LAOS UND KAMBODSCHA

Die beiden weiteren hinterindischen oder indochinesischen Länder haben eine vielfach miteinander verwobene Geschichte, sodass sie gemeinsam porträtiert werden sollen: Den Khmer, bis heute Staatsvolk (70 Prozent) Kambodschas, sind wir schon im frühen Thailand begegnet. Sie hatten, wie erwähnt, aus Indien den Hinduismus übernommen, den Buddhismus lernten sie zunächst in der Mahajana-Form kennen. Götterhimmel gehörten daher zum Grundbestand ihrer Vorstellungswelt, und es nimmt nicht Wunder, dass die Könige selbst vergöttlicht wurden. Dieser Devaraja-Kult, benannt nach dem Sanskrit-Wort für »Gottkönige«, führte zu einer architektonischen und zeremoniellen Prachtentfaltung, die vom Buddhismus nahtlos übernommen wurde und sehr zu seiner Popularität beitrug. Zwischen Buddha und den Göttern des Kults kam es zu allerhand Vermischungen, und erst als von Siam (Thailand) her der Theravada-Buddhismus nach Kambodscha griff, wurde wenigstens von den Mönchen eine Abgrenzung vorgenommen. Im Volk blieb es bei der beliebten Mixtur, wie sie sich etwa in den Staunen erregenden Bauruinen von Angkor spiegelt. Der genaue Zeitpunkt der Übernahme des Theravada durch die Khmer lässt sich nicht ausmachen, doch dürfte er mit dem Siegeszug der Thai zusammenhängen, denen ja auch Angkor zum Opfer fiel. In Laos geschah das etwa gleichzeitig. Dort ist für das 14. Jahrhundert die erste Reichsbildung und der erste König Fa Ngum belegt, der eine Khmer-Prinzessin geheiratet haben und von deren königlichem Vater zur Einhal-

312

tung der strengen Theravada-Zucht angehalten worden sein soll. Besagter Schwiegervater soll Fa Ngum auch die heiligen Schriften des Buddhismus geschickt haben und eine Buddha-Statue namens Luang Prabang, nach der bis 1563 die Hauptstadt des Reiches Lan Chang (»Land der Millionen Elefanten«), später Laos, hieß. Danach wurde die Residenz nach Vieng Chang (»Stadt des Sandelholzes«, heute: Vientiane) am Mekong verlegt. Die Khmer-Könige mussten 1431 Angkor endgültig aufgeben und wählten Phnom Penh zum Regierungssitz.

Kambodscha wie Laos konnten sich gegen Thailand im 19. Jahrhundert nur behaupten, indem sie französische Hilfe annahmen. Sie wurden damit Teil von Französisch-Indochina, konnten aber dank der Liberalität der Kolonialherren ihre religiöse Entwicklung bruchlos fortsetzen. Allerdings gingen die späteren Kämpfe um die Wiedergewinnung der Unabhängigkeit nicht spurlos an den Klöstern vorüber, die im Gegenteil oft aktiv mitwirkten, im Zweiten Weltkrieg aber japanische Besatzung hinnehmen mussten. Anders als in Birma, wo die Briten schon bald die Aussichtslosigkeit der erneuten Errichtung von kolonialer Herrschaft einsahen, kamen die Franzosen nach 1945 wieder und konnten erst im Indochina-Krieg nach der Niederlage von Dien Bien Phu 1954 zur Aufgabe gezwungen werden. Damit war die Leidenszeit der östlichen Länder Hinterindiens noch nicht vorüber, denn die USA traten in Vietnam an die Stelle der Franzosen und suchten mit Waffengewalt die südostasiatische Flanke gegen den Kommunismus zu sichern. Dabei wurden auch Laos und Kambodscha erheblich in Mitleidenschaft gezogen.

Schwerste Folgen für die Buddhisten und ihre Klöster aber hatte erst die amerikanische Niederlage in den 1970er-Jahren: Nun setzten sich in beiden Ländern die Kommunisten durch und brachten das religiöse Leben weitgehend zum Erliegen. Die in Kambodscha seit 1975 herrschenden Roten Khmer richteten unter den Gläubigen unvorstellbare Blutbäder an, und auch in Laos vermochte der *Sangha* nur unter scharfen Restriktionen weiterzuexistieren; der oberste buddhistische Patriarch floh 1979 nach Thailand. Erst mit dem Zusammenbruch der Sowjetunion und der Öffnung Chinas konnte allmählich eine Liberalisierung greifen, von der auch Tempel und Klöster profitieren.

Der Tempel Angkor Vat in Kambodscha ist das größte Bauwerk Südostasiens.

Buddhismus heute

Vor etwa tausend Jahren hatte der Buddhismus seine größte Ausdehnung erreicht und war an seine Grenzen gestoßen. Es stand ihm nun ein schmerzhafter Prozess der Zurückdrängung bevor, vor allem im Ursprungsland Indien, wo er Hinduismus und Islam weichen musste. Als friedfertigste und aufgrund der Lehre von der Leere toleranteste Weltreligion tat sich der Buddhismus schwer gegen expansive Rivalen und später gegen aggressive Ideologien. Auch aus Indonesien wurde er vom Islam verdrängt und hielt sich in der ursprünglichen Form (Hinajana) nur auf Ceylon (Sri Lanka) und

Gewalttätige Demonstrationen in Lhasa für die Unabhängigkeit Tibets von China. Vor allem während der Kulturrevolution in den Jahren 1966–1976 wurden die meisten Kulturdenkmäler und religiösen Zentren Tibets zerstört.

in Hinterindien. Immerhin blieben ihm auch China, Korea, Japan und Tibet, wenn auch in der Mahajana-Version. Doch auch diese Bastionen gerieten in Gefahr im Zeitalter des Kolonialismus, der anfangs in der missionarischen katholischen Form durch die Portugiesen in Asien auftauchte. Auch die folgende holländisch-protestantische Spielart zeichnete sich nicht gerade durch Duldsamkeit aus. Erst die Briten und Franzosen brachten aus ökonomischem Interesse etwas mehr Verständnis für die fremden Kulturen auf, doch der öffentliche Einfluss des Buddhismus litt natürlich auch unter ihrem Regiment.

Alle diese Bedrohungen aber führten im 19. Jahrhundert zu einer bedeutsamen Wende: Die Buddhisten entdeckten die Religion als Stifterin von nationaler Identität. Vor allem in den britischen Kolonien Ceylon und in Birma wurde der Sangha (die mönchsgeführte buddhistische Gemeinde) zum Träger einer Erneuerung kultureller wie politischer Art. Unabhängigkeitsstreben und Religion wurden als zwei Seiten derselben Medaille gesehen, sodass die Religion der Gelassenheit und der Innerlichkeit sogar zu einer gewissen Wehrhaftigkeit fand. Das hatte auf Ceylon tragische Folgen, denn es zerriss die von hinduistischen Tamilen im Norden und buddhistischen Singhalesen im Süden bevölkerte Insel und stürzte sie in einen blutigen Bürgerkrieg, der bis heute andauert. Erfolgreicher verlief die birmanische Entwicklung, weil hier ethnische Konflikte gering blieben und eine religiöse Aufheizung der sozialen Probleme vermieden werden konnte. Thailand hatte das meiste Glück, weil es von kolonialem Druck verschont wurde und auch ideologisch einigermaßen unbehelligt existieren konnte.

Zwar kann man nicht sagen, dass der Kommunismus den Buddhismus hat auslöschen können, doch dort, wo die marxistische Ideologie zur Macht kam wie in der Volksrepublik China, in Vietnam und Kambodscha, sank die Religion zur Bedeutungslosigkeit herab. In Tibet, wo der ideologische Angriff sogar militärisch geführt wurde, fristet eine Reihe von Klöstern zwar weiter ein scharf kontrolliertes Dasein, doch viele Mönche und Gläubige sind vor den Chinesen, die 1951 das Land annektierten, wie ihr geistliches Oberhaupt, der Dalai-Lama, geflohen und ins Exil gegangen. Hinzu kommt in allen Ländern, selbst in den kommunistischen, eine Säkularisierung durch westliche Muster, Konsumwünsche und kapitalistischen Druck. Die Jugend hat sich vielerorts vom Glauben

In thailändischen Klöstern ist es traditionell üblich, dass am Morgen die Mönche und Novizen mit einem Gefäß das Kloster verlassen, um von der Bevölkerung ihre Mahlzeiten für den Tag als Almosen zu erbitten.

der Vorfahren ebenso getrennt wie in Europa. Die Massenkommunikation bleibt ebenfalls nicht ohne Wirkung auf die Wertvorstellungen und untergräbt die Bereitschaft, sich den Mühen eines religiösen Lebens zu unterziehen.

BUDDHA IM WESTEN

Das aber ist nur die eine Seite der Entwicklung. Parallel dazu verläuft eine Respiritualisierung eben durch die Globalisierung, die dem Buddhismus neue Nischen beschert hat. Das ist vor allem dort der Fall, wo die Ökonomisierung besonders giftige Blüten treibt und einen verbreiteten Überdruss an der glitzernden Warenwelt mit ihren inzwischen als trügerisch durchschauten Versprechungen hervorgebracht hat: im Westen. In nennenswertem Umfang kann davon erst in der allerneuesten Zeit die Rede sein, doch erste Aufmerksamkeit zog die östliche Weisheitslehre schon im 19. Jahrhundert auf sich. Das geschah durch den christlich-buddhistischen Zusammenprall in der Kolonialzeit, der einerseits zur religiösen Erneuerung in Asien, andererseits aber auch auf christlicher Seite zu Zweifeln führte, ob denn die nie in Frage gestellte Überlegenheit der eigenen Religion tatsächlich so unstrittig sei. Ein Markstein wurde das »Große Streitgespräch von Panadura« auf Ceylon im Jahr 1873. Diskutanten waren ein buddhistischer Mönch und zwei christliche Geistliche, und zum Export der buddhistischen Position kam es dadurch, dass das Protokoll noch im gleichen Jahr ins Englische übersetzt und in Amerika verbreitet wurde.

Leider wurde der Impuls von einer Abenteurerin und religiösen Fantastin aufgegriffen, sodass zunächst eine höchst abstruse und zudem mit allerlei anderen spiritistischen und esoterischen Elementen vermischte Kunde über die asiatische Nirvana-Lehre nach Europa und in die USA drang: Helena Blavatsky (1831–1891), die sich als Zirkusreiterin, Medium, Tintenfabrikantin und Schriftstellerin versucht hatte, war schon 1852 in Indien gewesen. Folgenreich

Gegenüberliegende Seite: Ein buddhistischer Mönch unterrichtet einen jungen Novizen im Kloster Tang Pu in Ayutthaya (Thailand).

wurde ihre dortige Begegnung mit dem Buddhismus erst durch das genannte Protokoll, das sie und ihren Freund, den Ex-Obristen Henry Steel Olcott (1832–1907), veranlasste, 1875 die »Theosophische Gesellschaft« zu gründen.

Wesentlich besser, aber auch nur in groben Zügen über den Buddhismus unterrichtet war schon früher als die Theosophen der deutsche Philosoph Arthur Schopenhauer (1788–1860). Seine Interpretation wurde wegen der Gedankentiefe und der stilistischen Brillanz seiner Schriften erheblich folgenreicher und beeinflusste Denker wie Nietzsche, Dichter wie Thomas Mann und Psychologen wie Sigmund Freud.

Als erster Europäer ließ sich ein Engländer 1900 in Birma zum buddhistischen Mönch ordinieren, der deutsche Violinist Anton Gueth (1878–1957) folgte schon 1902 und erhielt den Namen Nyanatiloka. Er lebte in Sri Lanka, wo er 1911 selbst ein Kloster gründete und es als Abt führte. Dieses Kloster wurde zu einer beliebten Anlaufstelle für Europäer, die den Buddhismus näher kennen lernen wollten. Das hatte Rückwirkungen auch auf die Heimatländer: internationale und andere nationale Gesellschaften bildeten sich in Europa und in den USA. Sie existierten nicht sonderlich lange, doch spiegelten sie das wachsende westliche Interesse an der östlichen Religion in einer Zeit schwerer Erschütterungen im Abendland, die in den Ersten Weltkrieg mündeten.

Heute haben Veranstaltungen, auf denen etwa der Dalai-Lama, das Oberhaupt des tibetischen Vadjrajana-Buddhismus, auftritt, ungeheuren Zulauf. Es kommen in der Mehrzahl Neugierige, doch auch die Gemeinde der organisierten Buddhisten wächst rasch. Das liegt zum einem an der Zuwanderung von Menschen aus den buddhistischen Ländern, zum anderen aber auch an einem Sinndefizit, das immer mehr Menschen verspüren, und an den vielfältigen Kontakten durch Ferntourismus und Medien.

Dass von der Sinnsuche eine uns zunächst so fremd anmutende Religion stärker profitiert als die Kirchen, die eher einen Schwund an Mitgliedern beklagen, liegt eben an der Exotik, aber auch daran, dass der Buddhismus keinerlei missionarischen Druck ausübt. Ja, gerade der individualistische Zug kommt westlichen Auffassungen und einer Zeit entgegen, in der die Menschen immer weniger Zeit haben. Buddhistische Praktiken brauchen keine Gemeinschaft, sondern können jederzeit und überall, allein und gemeinsam ausgeübt werden. Die Sorge, das könne die ohnedies um sich greifende Fragmentierung der Gesellschaft noch fördern, ist unbegründet. Es geht im Buddhismus ja gerade um zweierlei: eigene Vervollkommnung und, daraus notwendig resultierend, Mitgefühl mit allen Wesen. Der Buddhist findet von ganz allein zur Solidarität mit anderen, zumal mit solchen, die leiden.

Die buddhistische Welt heute

Register

A
Abaelard, Peter 112
Abbas 158
Abbasiden 158, 159, 160, 161, 163, 164, 166, 169
Abdul Hamid II. 173
Abdul Meschid II. 173
Abel 32, 151
Abhidhamma-Pitaka 283, 285, 310
Abisheka 294
Ablasshandel 117
Abraham 6, 8, 22, 32, 38, 151, 176
Abrahamiten 8
Abu Bakr 154
Abu Talib 142
Ad al-Malik 158
Adam 22, 152
Adhvaryu 201
Adonai 22
Adventisten 125
Afrika 6, 68, 96, 98, 100, 167, 171, 189
Aga 171
Aggada 35
Aghoris 230
Aglabiten 159, 164
Agni 204, 205
Ägypter 9, 73
Ahasveros 28
Ahimsa 218, 236, 260
Ahmad ibn Tulun 164
Ahura Masda 133
Aijubiden 165, 166
Aischa 143, 154, 155
Alarich 100
Alemannen 103
Aleppo 8
Alexander der Große 72
Alexandria 90, 132, 154
Alfons VI. 43
al-Ghazali 189
Ali ibn Abi Talib 155
Alija 53, 54, 62
al-Kamil 166
Allah 139, 140, 145, 146, 147, 150, 151, 152, 153, 174, 175, 176, 177, 179, 180, 185, 187, 190
al-Mahdi 159
al-Mansur 158, 159
Almoraviden-Dynastie 43
Almosen 181, 183, 243, 254, 289, 291, 296
al-Muqtafi 163
al-Mutasim 161
Altes Testament 118
Amalekiter 12
Amida 300, 303
Amitabha 298, 300, 303
Amtskirche 112, 126
Ananda 267
Anatta 272, 273, 281, 292
Anguttaranikaya 284
Anoratha 309
ansar 143, 154
Antigonos 19
Antiochos IV. 18, 28
Antipater 19
Antisemitismus 6, 55, 57
Antonius 94
Apostel 68, 88, 92, 98, 104, 108, 114
Apostelgeschichte 85, 88, 91, 92
Arabien 134, 138, 170, 184
Arafat, Yasser 66
Aramäer 12
Aranyakas 202, 206, 208

Arier 192, 194, 195, 196, 199, 200, 226, 233, 250, 256
Aristoteles 167
Arjuna 210, 212, 214, 215
arkan 174
Artaxerxes 16
Artharvans 202
Arya 194
Aschkenas 46, 47
Aschkenasim 42, 46, 48
Aschoka 287, 309
Ashvina 247
Asita 262
Askese 203, 218, 228, 229, 260, 263, 264, 272, 288, 295, 302
Asparas 203
Assimilation 6, 52, 53, 55, 56
Assyrer 15
Atatürk 173
Atembeherrschung 280
Atharvaveda 199, 200, 201, 202
Atharveda 257, 258
Atman 207, 214, 244, 258, 259, 260
Atta 273
Attila 101
Auferstehung 81, 82, 130, 153
Aufklärung 30, 50, 127, 165
Augsbuger Interim 120
Augsburger Religionsfriede 119, 120, 121
Augustinus 99
Augustus 20, 70, 71
Aurelius Augustinus 99
Aurobindo, Sri 234, 235
Auschwitz 60
Autodafé 46
Avatamsaka 297
Avatara 222
Averroës 167
Avignon 110
Avijja 274, 275, 276, 278
Ayatollah 152, 188, 189
Ayodhya 209
Ayutthaya 312

B
Baal Schem Tow 49
Babylon 8, 15, 17
Babylonier 17
Babylonische Gefangenschaft 110
Badr 145
Bagdad 158, 159, 161, 163, 164, 166
Bali 205
Bangkok 312
Baptisten 125
Bar Kochba 21
Bar Mizwa 37, 38, 75
Barbarossa 110
Basler Konzil 116
Bat Mizwa 39
Bathseba 12
Beduinen 55, 132, 134, 138, 146
Begehren 270, 273, 275, 277
Bemidbar 32
Ben Gurion, David 64
Benares 226, 267, 270, 274, 278
Benedikt von Nursia 102
Benedikt XVI. 129
Benediktiner 113

Bereschit 32
Berit Mila 38
Beschneidung 6, 37, 38, 86, 147, 186
Bestattungen 245
Bet ha-Knesseth 21
Bethlehem 19, 74, 75, 97, 132
Bhagavadgita 192, 212, 214, 215, 217, 220, 221
Bhagavata 215, 222, 223
Bhakti 212, 214, 215, 221, 228
Bhava 275
Bibel 9, 10, 25, 30, 32, 38, 45, 68, 74, 125, 132, 199, 231, 257
Bijas 201
Birkat Kohanim 38
Birma 254, 287, 308, 309, 310, 311, 313, 314, 316
Bischöfe 93, 98, 100, 107, 108
Blavatsky, Helena 315
Bodhi 262
Bodhibaum 265, 304
Bodhicitta 293
Bodhidharma 295, 304
Bodhisattva 268, 291
Bonifatius 104, 110
Bonifatius VIII. 110
Börne, Ludwig 52
Brahma 192, 205, 207, 215, 217, 220, 222, 227, 265
Brahmacharya 243, 244
Brahman 198, 207, 214, 220, 221, 234, 242, 244, 258, 259, 260
Brahmanas 202, 206, 208
Brahmanen 196, 197, 199, 201, 202, 206, 208, 212, 215, 217, 221, 228, 230, 231, 233, 239, 244, 247, 250, 253, 256, 257, 258, 262
Brahmanismus 215, 217, 284
Brahmo Samaj 231, 234
Buchara 157
Buddha 132, 198, 203, 217, 254, 259, 260, 261, 262, 264, 265, 267, 268, 269, 270, 271, 272, 273, 274, 275, 276, 277, 278, 279, 280, 281, 282, 283, 284, 286, 287, 288, 291, 292, 293, 294, 295, 297, 298, 300, 302, 303, 304, 305, 306, 309, 310, 312, 313, 315
Buddhajayanti 248
Buddhismus 206, 215, 217, 254, 267, 270, 272, 277, 278, 282, 283, 286, 287, 289, 292, 293, 295, 296, 297, 298, 299, 300, 301, 302, 303, 307, 309, 310, 311, 312, 313, 314, 315, 316
Bundeslade 12, 13, 32
Bundschuh 119
Bushi 302
Buyiden 161, 164, 189
Byzanz 97, 132, 136, 138, 154, 159, 163, 168

C
Caesar 19, 70, 71, 103
Caesarea 19, 21, 89
Caesaropapismus 100

Calvin, Johannes 119
Calvinisten 125
Canossa 109
Ceylon 287, 288, 309, 312, 314, 315
Chadidja 139, 142
Chaldäa 8
Challot 25
Chanukka 18, 26, 28
Charidjiten 156
Chassidismus 6, 47, 48, 49, 50
Chewra Kaddischa 40
Childerich III. 105
China 211, 254, 287, 295, 296, 297, 298, 300, 301, 304, 306, 307, 310, 314
Chinmoy, Sri 200, 207
Chlodwig I. 103
Chorasan 158
Christentum 6, 33, 45, 55, 68, 87, 89, 94, 96, 97, 98, 99, 103, 106, 108, 125, 126, 127, 128, 132, 175, 179, 181, 190, 198, 233, 254, 302
Christianisierung 138
Christusmonogramm 96
Chrodechilde 103
Cluny 108
Córdoba 166, 167
Cyrenaika 156

D
Damaskus 8, 12, 65, 87, 88, 154, 156, 158, 164, 166
Dämonen 45, 73, 78, 140, 202, 203, 204, 218, 248, 268
Dämonenglauben 192
Dana 243
Daoismus 295, 299
Darwin, Charles 56
Daseinsgruppen 268, 271, 273, 275, 276, 277
Dasharatha 209
Dayananda Sarasvati 233
Debarim 32
Decius 95
Delhi 128, 210
Deuteronomium 32
Devas 203, 207
Dhamma 270, 272, 277, 283, 288
Dhammapada 284
Dharma 220
Dhyana 304
Diaspora 6, 17, 21, 25, 26, 27, 28, 29, 30, 36, 86, 87
Digambaras 218
Dighanikaya 283
Diokletian 95, 96
Dionysius Exiguus 74
Dionysos 73
Divali 248
Djihad 142, 189
Dogen 306
Dominikaner 114, 115, 116
Dominikus 114
Donatus 96
Donnerkeil 204, 292, 293
Dorje 292
Draupadi 210, 211
Drawiden 256
Dreieinigkeit 83, 220
Dreikorb 283, 296

Dreyfus, Alfred 53, 54
Dschainas 217, 218, 260
Dschainismus 217, 260
Dukkha 270, 271, 272, 274, 275, 276, 277, 291
Durga 227, 247, 248, 250
Duryodhana 211
Dvaitadvaita 223
Dvaravati 311

E
Ebionim 86
Edom 15
Edomiter 12
Eheschließung 37, 163, 227, 303
Eingottlehre 16, 68, 151, 215
Einsiedlerwesen 94
Eisai 303, 304, 306
El Cid 43, 167
Elieser ben Jehuda 31
Emanzipation 30, 50, 52, 53, 54, 56, 184
Ephesos 88
Ephraim 12, 15
Eremiten 94, 117, 244
Erleuchtung 229, 254, 263, 264, 265, 268, 269, 270, 272, 274, 276, 277, 278, 286, 289, 291, 293, 294, 302, 306
Erlösung 68, 84, 99, 117, 142, 203, 207, 211, 217, 218, 221, 229, 251, 254, 259, 268, 273, 276, 277, 279, 286, 291, 292, 296, 297, 298, 302, 303, 311
Esra 16, 17, 30
Esther 26, 28, 30
Euphrat 8, 136
Eva 25
Evangelien 68, 74, 75, 76, 79, 86, 89, 90, 91, 92, 117, 130, 261
Evangelisten 74, 75, 79, 91
Evangelium 84, 90, 91, 92, 126, 212
Exodus 9, 10, 26, 28, 32, 62

F
Fa Ngum 312, 313
Fasten 27, 107, 176, 177, 181, 248, 260, 263, 277
Fatiha 149, 151
Fatima 130, 143, 155, 164, 188
Fatimiden 163, 164, 165, 167, 189
fatwa 184
Feiertage 25, 26, 35, 248
Felsendom 166
Ferdinand I. 120
Ferdinand II. 46, 121, 122
Feste 6, 26, 178, 246, 247, 248
fiqh 182
Franken 42, 103, 119, 165
Franz von Assisi 115
Franziskaner 47, 114, 115, 116
Friedrich Barbarossa 109
Friedrich II. 109, 110, 166
Friedrich III. 118
Friedrich V. 121
Fruchtbarkeitsriten 194
Fustat 164

G
Galerius 96
Galiläa 21, 34, 35, 76, 84
Gallien 70, 103, 105
Gandhi, Indira 224
Gandhi, Mahatma 235, 236, 237, 238, 251, 253
Ganesha 226, 227, 246, 247, 248
Ganges 196, 197, 220, 226, 241, 243, 256
Garuda 220
Gautama 197, 262, 287, 295, 297
Gayatrimantra 244
Gaza-Streifen 64, 66
Geburtskirche 97
Gegenreformation 120, 121
Gehinnom 40
Geiserich 100
Gemara 35
Genesis 32
Germanen 56, 100, 102
Gerschom Ben Jehuda 47
Gesetzestafeln 6, 27
Gethsemane 97
Ghassaniden 136
Gigul 45
Gilead 12
Girisha 227
Gitagovinda 223
Glaubensbekenntnis 84, 98, 146, 174, 180
Glaubensgrundsätze 68
Gleichnisse 35, 77, 92, 284
Gnaeus Pompeius Magnus 19, 70
Gnosis 73
Gobind Singh 223, 224
Goethe 50, 52
Golanhöhen 64, 65
Golfkrieg 189
Golgatha 80, 97
Goliath 11, 151
Gomorrha 84
Götter 18, 71, 73, 95, 151, 192, 195, 196, 198, 199, 200, 201, 202, 203, 204, 205, 210, 211, 215, 217, 221, 222, 240, 242, 244, 250, 251, 256, 257, 258, 268, 292, 302, 310
Götterbilder 242
Gottesliebe 84, 212, 214, 221
Gottfried von Bouillon 47
Gottheiten 151, 175, 194, 203, 204, 207, 217, 239, 240, 242, 245, 247, 248, 302
Götzendienst 83, 117
Grabeskirche 97, 164
Granada 46, 167
Gregor 102, 103, 104, 109, 115
Gregor II. 104
Gregor IX. 115
Gregor VII. 109
Griechen 168, 172, 197
Grihastha 244
Großwesir 171, 172
Guru 214, 217, 223, 224, 229, 233, 244, 293, 294

H
Ha 18, 19, 169
hadithe 160, 182, 187
Hadjar al-Aswad 138
Hadjdj 143, 158, 178, 179, 185

hadsch 148
Haganah 64
Hagia Sophia 97
Hagiographen 30
Halacha 35, 67, 72, 75, 89
Haman 28
hammam 157, 171
Haran 8, 9
Harappa 194, 195, 204, 256
Hari 219, 220
Haritalika Tij 248
Harun al-Raschid 159, 161
Hasmonäer 18, 19
Hassan 156
Hauptgottheiten 192, 203
Hawdala 25
Hebräisch 30, 44
Hedschra 150, 154
Heidenmission 89, 91
Heilserwartung 77, 91
Heinrich III. 108
Heinrich IV. 108
Hellenisten 86, 87
Héloise 112
Herodes 19, 20, 71, 72, 74, 76, 78, 79, 87
Herodes Agrippa I. 87
Herodes Antipas 76, 78
Herodion 19
Herzl, Theodor 6, 54
Hidjra 143, 150, 154
Himalaja 211, 225, 227, 238, 240, 292
Himmelfahrt 84, 98, 123, 126
Hinajana 254, 283, 285, 286, 287, 289, 292, 296, 297, 309, 314
Hinduismus 192, 194, 195, 198, 199, 200, 206, 208, 212, 214, 215, 217, 219, 222, 229, 231, 232, 233, 234, 238, 239, 243, 244, 248, 252, 253, 292, 293, 312, 314
Hira 136, 138, 140, 154
Hiram 13
Hitler, Adolf 54, 56, 57, 59, 60, 128
Hohelied 30
Hohepriester 17, 18, 21, 27, 88
Holi 248
Hölle 40, 100, 140, 153, 211
Holocaust 26, 61
Honen 303
Honorius III. 115
Hotar 200
Humanismus 127
Hus, Jan 110, 116, 118
Husain 158, 187

I
I.N.R.I. 80
Ibn Rusd 167
Idrisiden 159
Idumäa 19
Ikonen 107
Imam 187
Indien 64, 132, 171, 195, 198, 199, 204, 218, 224, 231, 233, 237, 238, 239, 247, 248, 250, 252, 253, 256, 292, 296, 298, 309, 310, 311, 312, 314, 315
Indonesien 130, 192, 314
Indra 203, 204, 205, 217, 219, 292
Indus 17, 163, 192, 194, 197, 204, 253
Inkarnation 209, 210, 212, 220, 222
Innozenz III. 48, 115, 167
Inquisition 45, 114, 115, 126

Intifada 65, 66
Investitur 109
Iran 130, 158, 174, 176, 189
Isaak 9, 32, 38
Isabella I. 46
Islam 6, 22, 43, 68, 109, 110, 130, 136, 138, 140, 142, 146, 147, 149, 152, 154, 156, 157, 158, 160, 163, 168, 170, 173, 174, 175, 177, 179, 180, 181, 184, 185, 189, 190, 191, 198, 223, 233, 238, 248, 254, 287, 314
Islamismus 190
Israel ben Eliezer 49
Iwrith 31

J
Jad 33
Jaffa 15
Jahwe 6, 22
Jainas 217, 260
Jainismus 260
Jakob 9, 32, 53
Janitscharen 168
Japan 254, 287, 295, 297, 298, 300, 301, 303, 304, 306, 307, 314
Jatadhara 226
Jatakas 284, 291
Jati 275
Jazid 157, 158
Jebusiter 13
Jehova 22
Jerusalem 12, 13, 15, 16, 17, 18, 19, 21, 26, 27, 31, 33, 34, 35, 42, 47, 52, 53, 64, 65, 66, 72, 78, 79, 85, 87, 88, 89, 91, 92, 97, 110, 119, 154, 158, 164, 165, 166
Jerusalemer Talmud 35
Jesus 20, 21, 47, 68, 74, 75, 76, 77, 78, 79, 80, 81, 83, 84, 86, 87, 88, 90, 91, 94, 117, 128, 129, 132, 138, 176
Jhana 304
Jiddisch 30
Jiriki 302, 303, 304
Joachim von Floris 115
Johannes 76, 78, 79, 90, 91, 92, 114, 119, 129, 140
Johannes der Täufer 90
Johannes Paul II. 129
Johannes XXIII. 129
Johannesevangelium 92, 153
Jom ha-Schoa 26
Jom Kippur 26, 27, 28, 65
Jonathan 19
Jordan 12, 15, 62, 76
Jordanien 64, 65
Joseph 9, 32, 75
Josia 15
Josua 30, 75
Juda 9, 12, 15, 17
Judas 15, 18, 28, 79, 84, 92
Judas Makkabäus 18, 28
Judenchristen 89
Judenhass 6, 54
Judenhut 48
Judentum 6, 21, 22, 32, 34, 36, 39, 40, 47, 49, 52, 54, 55, 71, 86, 147
Jünger 78, 84, 85, 87, 88, 91, 100, 140, 223, 267, 287, 294
Justinian I. 101

K
Kaaba 138, 147, 148, 178, 179
Kabbala 6, 45

Kabbalisten 45
Kabir 223
Kabul 157
Kaddisch 40
Kain 32, 84, 151
Kaiphas 79, 80
Kairo 154, 164, 166, 184
Kaiserkult 95, 96
Kalender 21, 24, 25, 28, 176
Kali 227, 230, 233, 242, 250
Kalif 158, 159, 161, 163, 166, 174
Kalixtiner 116
Kamakura 302, 306
Kambodscha 254, 287, 308, 312, 313, 314
Kami 302
Kanaaniter 9, 12, 32
Kanda 209
Kandy 288
Kapalas 230
Kapernaum 78
Karawanen 132, 136, 137, 143
Karl der Große 112
Karl Martell 43, 157
Karl V. 118, 120
Karma 207, 211, 218, 222, 223, 251, 254, 259, 260, 274, 276, 277, 280, 282, 284, 285
Kartäuser 113
Karthago 13, 156
Kaschmir 252
Kasten 117, 206, 209, 215, 217, 233, 237, 244, 250, 251, 252, 253, 256, 258
Katakomben 89
Kauravas 197, 210, 211, 212
Keter 33
Ketubba 39
Ketuvim 30
Ketzer 110, 114, 187
khafd 186
Khanda 271
Khediven 172
Khmer 311, 312, 313
Khomeini, Ayatollah 152, 189
Khuddakanikaya 284
Kiddusch 25
Kinda 136
Kindermord 74
Kinmei 300
Klagemauer 13, 20, 66
Kleidervorschriften 148, 186, 284
Kleinasien 15, 72, 87, 88, 103, 154, 159, 168, 170, 173
Klöster 99, 104, 114, 288, 289, 296, 298, 300, 302, 306, 309, 313
Klosterschulen 288
Koan 304, 305, 306
Koguryo 300
Kohelet 30
Kolonialismus 182, 190, 231, 314
Konbaung-Dynastie 309
Konfuzius 295
Kongregationen 113
Konstans 98
Konstantin der Große 89
Konstantinische Schenkung 98
Konstantinopel 97, 101, 102, 103, 105, 106, 107, 110, 156, 157, 163, 168, 169
Konstanzer Konzil 110
Konventualen 115
Konvertiten 45, 46
Konzentrationslager 59, 62
Konzile 107, 283, 285

Koraisch 137, 139
Koran 10, 130, 140, 147, 149, 151, 152, 153, 155, 160, 161, 174, 175, 176, 177, 179, 181, 182, 183, 184, 185, 186, 187, 189, 199, 232
Koranschulen 163
Koran-Texte 149
Korea 254, 287, 300, 301, 304, 314
Kreuzigung 82, 84
Kreuzzüge 109
Kriegsgott 204
Krishna 192, 210, 211, 212, 214, 215, 217, 220, 221, 222, 223, 226, 227, 240, 242, 250
Kshatriyas 250
Ktesiphon 154
Kubilai 309
Kufa 136, 155, 158
Kulthandlungen 32, 293
Kyros II. 15

L
Lachmiden 136
Lakshmana 209
Lakshmi 227, 247, 248, 249
Lama 293, 294, 314, 316
Lamaismus 254
Langobarden 102, 103, 105
Lanzmann, Claude 61
Laos 254, 287, 308, 312, 313
Laozi 299
Laubhüttenfest 26, 27
Lehrbücher 30
Leiden 76, 82, 83, 89, 127, 153, 206, 218, 254, 261, 270, 271, 272, 274, 276, 277, 282
Leo der Große 101
Leo III. 105
Leschon hakodesch 30
Lessing 50, 165
Leviticus 32
Libanon 64, 65
Lichterfest 18, 26, 28, 248
Liebknecht, Karl 57
Linga 226, 229, 240
Lingayat 228, 229
Lokalgötter 246
Lotos-Sutra 297
Lotussitz 304
Lü Thai 312
Ludwig II. 170
Lueger, Karl 56
Lukas 70, 75, 79, 80, 81, 83, 85, 90, 91
Lulaw 27
Luther, Martin 116, 117, 118, 119
Luxemburg, Rosa 57

M
Maariv 37
Mahabharata 192, 197, 209, 210, 211, 212, 248
Mahajana 254, 283, 285, 286, 289, 291, 292, 296, 297, 302, 309, 311, 312, 314
Mahakala 230
Mahapuranas 215
Mahashivaratri 248
Mahatma 237, 238
Mahavira 217, 218, 260
Mahayogi 225
Mahdi 187
Mahinda 287
Maimonides 35, 167
Majjhimanikaya 283
Makkabäer 18
Mamelucken 165, 166
Mandala 294, 310
Mandalas 199

Mantra 244, 294
Mantras 201
Manu 205, 208, 217
Mara 264, 265, 267
Mari 8
Maria 75, 91, 123
Markus 77, 90, 91
Marr, Wilhelm 55, 56
Marranen 45
Marwan II. 158
Masada 19, 21
Mattathias 18, 19
Matthäus 76, 77, 81, 90, 91, 100
Matzen 29
Mauren 167
Maxentius 96
Maximilian I. 121
Maya 203, 229, 261
Mazzot 29
Medina 137, 143, 145, 146, 148, 149, 150, 155, 179, 182
Meditation 178, 215, 225, 235, 241, 244, 263, 272, 279, 280, 289, 294, 295, 298, 304, 306
Medresen 163
Mehmed Ali 166, 172
Mehmed II. Fatih 169
Meister Eckart 114
Mekka 132, 136, 137, 138, 139, 142, 143, 145, 146, 147, 148, 149, 158, 174, 177, 178, 179, 180, 182, 185
Melanchthon, Philipp 120
Mendelssohn 50
Mennoniten 125
Meor ha-Gola 47
Merowinger 103, 104
Messias 20, 21, 40, 72, 75, 77, 86, 90
Metempsychose 259
Methodisten 125
Michna 37
Mindon 310
Minjan 38, 39
Mischle 30
Mischna 35, 38
Missionsauftrag 85
Missionsreisen 88
Missionstätigkeit 68, 102, 104
Mitra 204
Mizwa 38, 39, 40
Moabiter 12
Moawija 155, 156, 157, 187
Mohammed 130, 139, 140, 142, 143, 145, 146, 147, 148, 149, 150, 151, 153, 155, 161, 164, 174, 175, 176, 180, 182, 186, 187
Mohel 38
Mohenjo-Daro 194, 256
Moksha 206, 207, 211, 251, 259, 260
Mon 309, 311
Mönche 94, 102, 104, 112, 114, 218, 226, 244, 254, 269, 274, 279, 280, 281, 282, 284, 286, 287, 288, 289, 296, 301, 306, 309, 310, 312, 314
Mönchswesen 284
Mongolen 163, 166, 169, 307, 309
Monogamie 185
Monophysiten 137
Monotheismus 68, 151, 175, 198, 215, 223
Monte Cassino 102
Mordechai 28
Mormonen 125
Moschee 143, 147, 156, 161, 166, 171, 178, 179, 180

Moses 9, 10, 53, 151, 176
mudschahirun 154
Muezzin 179
Muhammad ibn-Ali 158
Müntzer, Thomas 119
Murti 240, 241, 247
Muslime 43, 66, 83, 103, 130, 139, 140, 142, 143, 147, 149, 152, 156, 157, 160, 163, 167, 168, 169, 176, 177, 178, 179, 182, 183, 184, 187, 238
Myanmar 308, 309
Mysterienkulte 73
Mystiker 114

N
Nächstenliebe 47, 76, 91, 115, 123, 125, 165, 223
Nagasaki 307
Namarupa 275
Namu-Amida-Butsu 303
Nanak 223
Narayama 220
Nataraja 226
Naturgottheiten 256, 310
Nazareth 20, 68, 75, 80
Nebukadnezar II. 15
Nenbutsu 303
Nepal 192, 254, 292
Nero 89
Ngöndro 293
Nicaea 126
Nikaya 283
Nikolaus 106, 107
Ninive 15
Nippur 17
Nirvana 267, 268, 270, 272, 273, 276, 277, 278, 286, 289, 291, 306, 315
Nivarana 289
Nomaden 134, 136, 138
Nonnen 218, 233, 280, 284, 286, 289, 291, 301
Norbert von Xanten 113
NSDAP 57, 59
Numeri 32
Nürnberger Gesetze 58

O
Observanten 115
Offenbarung 10, 12, 22, 29, 32, 92, 140, 189
Oktavian 73
Olcott, Henry Steel 316
Omaijaden 43, 156, 157, 158, 159, 164, 166, 167, 187
Omaijaden-Dynastie 43, 166, 167
Omar I. ibn al-Chattab 154
Opfer 6, 18, 29, 35, 47, 60, 61, 68, 89, 109, 122, 127, 165, 166, 196, 199, 202, 203, 206, 211, 212, 217, 221, 238, 239, 247, 249, 257, 296, 307, 312
Opferfest 177, 178
Orakelspruch 196
Orchan 168
Ordensregeln 267, 283
Osman 168
Osmanisches Reich 130, 168
Ostern 28, 29, 82, 84, 85, 86, 98
Ostgoten 100, 101
Ostjuden 42, 56
Othman 149, 155
Othman ibn Affan 155
Otto I. 108

P
Padma 227
Paekche 300
Pagan 309
Pagoden 239, 309
Pakistan 223, 224, 233, 238, 252

Palästina 6, 8, 9, 15, 31, 34, 53, 54, 62, 63, 64, 66, 68, 70, 71, 72, 73, 109, 116, 136, 154, 164, 189, 191
Pali 257, 279, 283, 284, 285, 287, 292, 296, 304, 312
Pandavas 197, 210, 211, 212
Pandschab 194, 223, 224
Pandu 210, 211
Panna 279
Pantheismus 198
Paradies 145, 190, 298, 303
Parias 237, 250, 251
Parochet 33
Parsismus 132
Parther 19, 95
Pascha 171, 172, 173
Pashupata 229
Pashupati 194
Passah 28, 45, 80, 81, 85
Passahfest 79, 92
Passahmahl 79, 87
Passion 83, 89
Pataliputra 287
Patna 287
Patriarch 35, 107, 298, 313
Patrimonium Petri 102, 105
Paulus 87, 88, 89, 90, 91
Pentateuch 10, 22, 30, 32
Perser 15, 16, 136, 137, 138, 154
Pessach 26, 28, 29
Petra 132
Petrus 78, 79, 85, 87, 89, 92, 97, 100, 101, 102
Pfingsten 29, 84, 85
Pharao 9, 10, 13
Pharisäer 47, 71, 72, 77, 78, 80, 86
Phassa 275
Philister 11, 12
Phönikier 13
Pilgerfahrt 143, 146, 148, 177, 178, 179, 185
Pilgerreise 146
Pippin III. 104
Pippinsche Schenkung 105
Pius XII. 129
Platon 269
Pogrome 48, 53
Polytheismus 83, 198
Pompeius 19, 70, 71
Pontifex Maximus 71
Pontius Pilatus 20, 80
Prädestination 153
Prämonstratenser 113
Prasada 241, 242
Presbyterianer 125
Presbyterium 93
Priester 18, 30, 32, 127, 196, 199, 201, 202, 220, 228, 233, 241, 250, 251, 256, 276
Prinz Eugen 172
Psalmen 30, 37
Ptolemäer 17
Pujas 241, 242, 244, 247
Puranas 192, 215, 217, 220, 222, 225, 226
Purandara 204
Purim 26, 28
Puritaner 125
Purohita 196

Q
Quäker 125
Qumran 33, 74

R
Rabbi 34, 35, 38, 40, 49, 75
Rabin, Itzhak 66
Rad der Lehre 265, 267
Radha 223, 226, 250
Rahula 263
Raja 196, 261
Rajagaha 287
Rama 192, 209, 238, 240, 248, 249, 311, 312
Ramakrishna 233, 238
Ramayana 209, 220
Rammohan Roy 231
Ranakpur 218
Rassenschande 58
Ratzinger, Kardinal 129
Rechtsgelehrte 177
Reconquista 43, 46, 109, 167
Reformation 68, 118, 119, 120, 121, 124, 127
Reichskristallnacht 59
Reinkarnation 259
Renaissance 118, 307
Rhadasoami 224
Richelieu 122
Rigveda 199, 200, 201, 205, 219, 226, 233, 257
Rinzai 304, 305, 306
Rita 203
Ritus 6, 56, 72, 93, 116, 138, 208, 240, 245, 288
Robert von Molesme 113
Rom 19, 21, 48, 53, 70, 71, 87, 89, 91, 93, 96, 97, 100, 101, 102, 104, 105, 106, 107, 108, 110, 114, 118, 123, 125, 127, 132
Römer 8, 17, 19, 20, 21, 70, 72, 77, 80, 134
Rosch ha-Schana 26
Rudolf II. 121
Rudra 204, 205, 225
Rupa 271

S
Sabbat 18, 24, 25, 37, 38, 77
Sabha 196
Sadduzäer 71, 79, 80
Sadhana 294
Sadhus 226
Sakyamuni 262, 263, 264
Saladin 165
Salamanassar V. 15
salat 147, 179, 180
Salayatana 275
Salomo 12, 13, 15, 30, 35, 47, 151
Salomo ben Isaak 35, 47
Samadhi 279
Samaveda 199, 200, 201
Samhitas 199, 206
Samiti 196
Samsara 192, 207, 223, 259, 267, 268, 275, 277, 291, 292, 302, 310
Samuel 11, 12, 30, 47
Samveda 257
Samyuttanikaya 284
San Vitale 101
Sangha 267, 284, 289, 310, 313, 314
Sanna 271
Sanskrit 195, 199, 204, 209, 256, 257, 286, 291, 292, 293, 294, 296, 298, 304, 312
Sarasvati 247, 248
Sargon II. 15
Sassaniden 132, 136, 154, 159
Sati 227, 246, 289
Satori 304
Saul 11, 12, 87, 88
Saulus 87, 88
Schächten 24
scharia 182, 183, 190
Schawuot 26, 29
Scheidung 186
Schemot 32
Schicksalsglaube 138, 153
Schiiten 130, 156, 158, 161, 163, 174, 182, 184, 187, 188
Schisma 68, 106
Schiwa 41
Schofar 26
Scholastik 112
Schopenhauer 316
Schöpfungsgeschichte 152
Schrein 12, 33, 34, 242
Schreine 242, 312
Schtetl 49, 53
Schul 21, 49
Sebaste 19
Seder-Teller 29
Seder-Tisch 29
Seelenheil 40, 48, 68, 249
Seelenwanderung 45, 192, 259
Sefirot 45
Seldschuken 163, 164, 165, 168
Seleukiden 18, 28, 70
Selim I. Yavuz 169
Sephardim 6, 42
Septuaginta 75
Seuse, Heinrich 114
Sevilla 43, 45
Shaivismus 226, 227, 228, 229, 233
Shakti 226, 227, 228, 229
Shambu 225
Shesha-Naga 220
Shigao 295
Shikaras 240
Shintoismus 300, 301, 307
Shiva 192, 194, 195, 204, 205, 215, 217, 220, 221, 222, 225, 226, 227, 228, 229, 230, 240, 241, 242, 250
Shoa 22, 61, 62, 63
Shogun 307
Shotoku 300, 301
Shraddha 245
Shruti 199, 208
Shudras 250, 251, 253
Shunyata 292
Shvetaketu 207
Shvetambaras 218
Siam 309, 312
Sichem 15
Siddharta 262, 263
Siffin 155
Sigismund 110
Sikhismus 223
Sila 279
Silla 300
Silvester 105
Simchat Tora 27
Simon Bar Kosiba 21
Sinai 6, 10, 29, 32, 64, 65
Sinan 171
Singer, Isaac Bashevis 49
Singhalesen 314
Sintflut 22, 32, 151
Sita 209, 249
Sittlichkeit 279
Smriti 192, 208, 215

Soddhana 261, 262
Söderblom, Nathan 128
Sodom 84
Sokrates 269
Soma 196, 200, 203, 204
Song-Dynastie 299
Sophienkirche 97
Spanien 13, 43, 44, 45, 46, 70, 109, 143, 157, 158, 166, 167, 170
Speisevorschriften 32, 35, 37
Speyrer Reichstag 118
Sramanas 197, 258, 259, 263
Sri Lanka 192, 254, 288, 309, 314, 316
Staufer 110, 166
Stephanos 87
Stupas 309
Suezkanal 64, 65
Sufismus 130
Sui-Dynastie 296
Sukhavati 298
Sukhotai 311, 312
Sukkot 26, 27
Sulaiman 170, 171
Sultan 161, 163, 166, 168, 169, 170, 173
Sunnata 292
Sunnismus 165, 188
Sunniten 130, 164, 182, 184, 187, 188
Surya 203, 204, 219, 220
Sutras 291
Suttanipata 284
Sutta-Pitaka 283
Suttas 283, 291
Synagoge 25, 26, 27, 33, 37, 38, 39, 87, 143
Synagogen 21, 29, 34, 49, 59, 72, 88, 239
Synoptiker 92
Syrer 165
Syrien 15, 19, 64, 65, 70, 71, 138, 139, 154, 155, 164, 169, 170, 189

T
Tagore, Devendranath 232
Tahara 40
Tallit 37
Talmud 6, 34, 35, 38, 47
Tamilen 314
Tang-Dynastie 296, 297
Tanha 274, 275, 276, 277
Tantrismus 227
Targum 30
Tariki 302, 303
Tas 33
Tathagata 268
Tauler, Johannes 114
Tefillin 37
Tell Mukajir 8
Tempel 13, 16, 17, 18, 21, 28, 29, 66, 72, 75, 79, 89, 166, 200, 218, 221, 224, 228, 233, 239, 241, 242, 243, 244, 246, 287, 288, 301, 309, 312
Tempelarchitektur 239
Tempelgottheiten 200
Tendai 300
Tenno 300, 307
Terefa 24
Thailand 254, 287, 308, 309, 311, 312, 313, 314
Theoderich 100, 101
Theodosius 99
Theophagie 73
Theravada 287, 288, 289, 292, 293, 308, 309, 310, 311, 312, 313
Theresienstadt 62
Thomas von Aquin 114
Tibet 211, 286, 287, 292, 314
Tiglatpileser III. 15
Tilly 121, 122
Timur 169
Tipitaka 283, 285, 296, 309, 310
Tirthankaras 217, 218
Tischa be-Aw 26
Togrilbeg 163
Toledo 42, 43, 166, 167
Toleranz 16, 50, 120, 127, 163, 164, 165, 167, 176, 192, 233, 242, 301
Toleranzedikt 96
Tora 6, 17, 25, 27, 29, 30, 31, 32, 33, 34, 35, 38, 39, 41, 47, 72, 86
Tora-Schrein 27
Tora-Zeiger 33
Totengott 203
Trajan 21, 132
Transjordanien 64
Trimurti 220, 222
Trinitätslehre 83
Tu bi Schewat 26
Tyrus 13

U
Udgatri 200
ulama 160, 177, 182, 184, 188
Uma-Haimavati 227
umma 139, 142, 145, 146, 150, 173, 174, 181, 182, 187
Unfehlbarkeit 123
Universalkirche 68, 116, 124
Upadana 271, 273, 275, 276, 278, 305
Upanayana 244
Upanischaden 258
Upanishaden 206, 207, 208, 214, 225, 231
Upapuranas 215
Ur 8
Urgemeinde 85, 90, 93
Utraquisten 116

V
Vadjra 204, 292
Vadjrajana 254, 286, 292, 293, 316
Vaishnavismus 219, 222, 226, 227
Vaishyas 250
Valerian 95
Vandalen 100, 101
Vanaprastha 244
Varanasi 226, 267
Varna 250
Varnhagen von Ense 52
Varuna 203, 204, 217
Vedana 271, 275
Vedanta 206
Veden 192, 195, 198, 199, 203, 204, 206, 207, 208, 217, 228, 257
Vernichtungslager 62
Vielehe 47, 130
Vielgötterei 83, 138, 140
Vielgötterlehre 198, 300
Vielgötterwelt 9, 217
Vietnam 254, 313, 314
Vinaya-Pitaka 283, 284
Vinnana 271, 274
Vishnu 192, 204, 205, 209, 210, 212, 214, 215, 217, 219, 220, 221, 222, 223, 225, 227, 228, 242, 248

Vivekananda 233, 234, 253
Vorherbestimmtheit 130, 153
Vyasa 210

W
Waijkra 32
Waldpriester 203
Wallenstein 121, 122
Wallfahrtsstätten 79
Wanderasketen 197, 217, 258, 259, 268
Wanderprediger 78, 99, 114
Wannseekonferenz 60
Wartburg 118
Wassernymphen 203
Weimarer Republik 57
Weisheit 187, 272, 279, 282, 291
Weltkirchenrat 128
Westbank 65, 66
Westgoten 42, 100, 103
Wiedergeburt 207, 218, 222, 251, 254, 259, 273, 274, 289, 291, 298, 303
Wiedertäufer 119, 125
Wien 169, 172
Winfried 104
Witwenverbrennung 232, 246, 250
Wladimir von Kiew 106
Wormser Konkordat 109
Wormser Reichstag 118
Wunder 9, 70, 71, 74, 85, 92, 108, 114, 121, 129, 182, 188, 196, 235, 257, 269, 291, 295, 298, 301, 312

X
Xerxes I. 28
Xuanzang 296

Y
Yajurveda 199, 200, 201, 257
Yama 245
Yatrib 137, 142, 143, 145
Yidam 294
Yoga 194, 223, 225, 229, 234, 235, 280, 296
Yogachara 296
Yudhishthira 211

Z
Zahlenmystik 45
zakat 181
Zarathustra 132
Zen-Buddhismus 295, 297, 304, 305
Zion 12, 17, 53, 57, 66
Zionismus 6, 53, 54
Zisterzienser 113
Zölibat 39
Zoroaster 133
Zoroastrismus 132, 133, 142
Zweistromland 8, 15, 17, 134, 136, 187, 189
Zwingli, Ulrich 119
Zwölfer-Schia 188

Bildquellennachweis
Alle Abbildungen: Archiv für Kunst und Geschichte, Berlin, außer Seite 67, 111, 129, 305, 313: dpa, Frankfurt/Main und Seiten 68, 69, 111, 113, 128: Silvestris, Kastl
Karten: Ingenieurbüro für Kartographie J. Zwick, Gießen